OEUVRES COMPLÈTES

DE SHAKSPEARE.

IMPRIMERIE DE V° DONDEY-DUPRÉ,
46, rue Saint-Louis, 46

OEUVRES COMPLÈTES

DE SHAKSPEARE

TRADUCTION NOUVELLE

PAR

BENJAMIN LAROCHE.

TOME DEUXIÈME

PARIS.

LIBRAIRIE DE CHARLES GOSSELIN,
Éditeur de la Bibliothèque d'Élite,
9, RUE SAINT-GERMAIN-DES-PRÉS.

MDCCCXLIII

TOUT EST BIEN QUI FINIT BIEN,

COMÉDIE EN CINQ ACTES.

PERSONNAGES.

LE ROI DE FRANCE.
LE DUC DE FLORENCE.
BERTRAND, comte de Roussillon.
LAFEU, vieux seigneur.
PAROLE, parasite à la suite de Bertrand.
UN INTENDANT, au service de la comtesse de Roussillon.
UN BOUFFON,
UN PAGE.
LA COMTESSE DE ROUSSILLON, mère de Bertrand.
HÉLÈNE, protégée de la Comtesse.

UNE VIEILLE VEUVE de Florence.
DIANE, sa fille.
VIOLENTA, voisines et amies de la veuve.
MARIANNE,
PLUSIEURS JEUNES SEIGNEURS FRANÇAIS qui ont pris du service avec Bertrand dans la guerre de Florence.
SEIGNEURS DE LA COUR DU ROI, OFFICIERS ET SOLDATS FRANÇAIS ET FLORENTINS.

La scène est partie en France, partie en Toscane.

ACTE PREMIER.

SCÈNE I.

Le Roussillon. — Un appartement dans le palais de la Comtesse.

Entrent BERTRAND, LA COMTESSE DE ROUSSILLON, HÉLÈNE et LAFEU, tous en deuil.

LA COMTESSE. En me séparant de mon fils, j'enterre un second époux.

BERTRAND. Et moi, en m'éloignant de vous, madame, je pleure de nouveau la mort de mon père : mais je dois me conformer aux ordres du roi, auquel je suis soumis en ma double qualité de pupille [1] et de sujet.

LAFEU. Dans le roi, vous trouverez, vous, madame, un époux, et vous, seigneur, un père : un homme si universellement bon ne peut manquer de l'être pour vous; vos vertus feraient naître la bienveillance là où elle n'est pas; à plus forte raison sont-elles sûres de la rencontrer là où elle abonde.

[1] Autrefois en Angleterre, la tutelle des fils de haute maison était, de droit dévolue au roi.

LA COMTESSE. Y a-t-il quelque espoir d'amélioration dans la santé du roi?

LAFEU. Il a congédié ses médecins, madame : après avoir, sous leur direction, perdu son temps à espérer, il n'a recueilli de leurs soins d'autre avantage que de perdre avec le temps jusqu'à l'espérance.

LA COMTESSE, *montrant Hélène.* Cette jeune personne avait un père, — oh! *avait!* que de douleurs ce mot réveille! — un père dont la science égalait presque la loyauté; si elle l'avait égalée, elle eût rendu la nature immortelle, et la mort, faute d'ouvrage, aurait eu congé. Dans l'intérêt de sa majesté, plût à Dieu qu'il fût vivant! la maladie du roi n'existerait plus.

LAFEU. Comment nommez-vous, madame, l'homme dont vous parlez?

LA COMTESSE. C'était un homme célèbre à juste titre dans sa profession : il se nommait Gérard de Narbonne.

LAFEU. C'était effectivement un homme fort habile; dernièrement encore le roi en parlait avec admiration, et le regrettait vivement : il vivrait encore, si la science pouvait garantir du trépas.

BERTRAND. Quelle est, seigneur, la maladie qui consume les jours du roi?

LAFEU. Une maladie de langueur.

BERTRAND. C'est la première fois que je l'apprends.

LAFEU. Je vous serai obligé de n'en point parler. — Cette jeune personne est donc la fille de Gérard de Narbonne?

LA COMTESSE. Son unique enfant, seigneur, et c'est à mes soins qu'il l'a léguée. J'espère qu'elle réalisera les promesses de son éducation; elle a un caractère qui embellit encore les qualités les plus belles; car c'est chose déplorable lorsque des qualités aimables accompagnent une âme impure; elles deviennent un piége. En elle, ces dons sont relevés encore par l'absence de tout artifice; elle tient de son père sa rectitude morale; mais elle ne doit qu'à elle seule son caractère bienveillant.

LAFEU. Vos éloges, madame, font couler ses larmes.

LA COMTESSE. C'est le meilleur sel dont une jeune fille puisse assaisonner les éloges qu'on lui donne. Jamais le souvenir de son père n'approche de son cœur sans que la tyrannie de sa douleur n'enlève à ses joues les couleurs de la vie. Allons, Hélène, en voilà assez: sans quoi on pourrait croire votre affliction plus extérieure que réelle.

HÉLÈNE. Mon affliction pour être extérieure n'en est pas moins réelle.

LAFEU. Une douleur modérée est un tribut que nous devons aux morts, une douleur excessive est l'ennemie des vivants.

LA COMTESSE. Si les vivants ne s'arment pas contre la douleur, son excès l'aura bientôt rendue mortelle.

BERTRAND. Madame, je désire votre bénédiction.

LAFEU. Que voulez-vous dire?

LA COMTESSE. Sois béni, Bertrand! et puisses-tu ressembler à ton père par les qualités de l'âme comme par l'extérieur! Puisse ta vertu rivaliser avec ta naissance, et ta bonté égaler ta noblesse! Aime tout le monde, ne te fie qu'à bien peu; ne fais de mal à personne. Aie le pouvoir de nuire à ton ennemi, sans jamais en faire usage; et garde ton ami aussi soigneusement que ta propre vie : qu'on te reproche de te taire, jamais d'avoir parlé. Ajoute à ces dons tous ceux que le ciel voudra t'accorder, et qu'implorent pour toi mes prières! adieu. — (*A Lafeu.*) Seigneur, c'est un courtisan novice; veuillez l'aider de vos conseils.

LAFEU. Les meilleurs que me suggéreront mes lumières, il peut les attendre de mon amitié.

LA COMTESSE. Que le ciel le bénisse! — Adieu, Bertrand.
La Comtesse sort.

BERTRAND, *à Hélène.* Puissiez-vous voir se réaliser les vœux que votre pensée aura formés! Soyez la consolation de ma mère, votre protectrice, et consacrez-lui tous vos soins.

LAFEU. Adieu, ma belle enfant; vous devez soutenir la réputation de votre père.
Bertrand et Lafeu sortent.

HÉLÈNE, *seule.* Oh! plût à Dieu que ce fût là mon unique souci! — Je ne pense point à mon père, et les larmes données à sa mémoire par des yeux illustres l'honorent plus que celles que j'ai versées pour lui. Comment était-il? je l'ai oublié; mon imagination ne conserve qu'une seule image, celle de Bertrand. C'est fait de moi; plus de vie pour moi, si Bertrand s'éloigne. Il est tellement au dessus de moi! Autant vaudrait aimer quelque astre brillant du ciel, et songer à en faire mon époux; je ne puis me mouvoir dans sa sphère; il faut me contenter de réfléchir de loin les obliques rayons de son éclatante lumière. Mon ambitieux amour trouve en lui-même son supplice : l'humble biche qui aspirerait à l'amour du lion serait condamnée à se consumer sans espoir. C'était un supplice, il est vrai, mais un supplice charmant, que de le voir à toute heure du jour, de m'asseoir auprès de lui, et de graver son front arqué, son œil d'aigle, les boucles de sa chevelure, sur les tablettes de mon cœur, de ce cœur bien fait pour contenir son image charmante. Mais maintenant il est loin de moi, et à mon imagination idolâtre il ne reste plus que son souvenir adoré. Qui vient ici?

Arrive PAROLE.

HÉLÈNE, *continuant*. Un homme de sa suite. Je l'aime à cause de lui : et cependant je le connais pour un menteur effronté, un sot et un lâche; mais ces défauts invétérés lui vont si bien, qu'on les héberge, tandis que l'inflexible vertu se morfond en plein air; aussi voyons-nous souvent la sagesse indigente au service de la sottise opulente.

PAROLE. Dieu vous garde, belle reine!

HÉLÈNE. Et vous aussi, monarque!

PAROLE. Monarque? Non.

HÉLÈNE. Reine? Pas davantage.

PAROLE. Méditez-vous sur la virginité?

HÉLÈNE. Il y a du militaire en vous; j'ai une question à vous faire : l'homme est l'ennemi de la virginité; comment pouvons-nous la barricader contre ses attaques?

PAROLE. Tenez-le à distance.

HÉLÈNE. Oui; mais il nous livre sans cesse de nouveaux assauts, et quelque courage qu'elle mette à se défendre, notre virginité est faible. Enseignez-nous le moyen de faire une belle résistance.

PAROLE. Il n'y en a pas; une fois le siège mis devant la place, l'homme fera jouer les mines, et vous fera sauter.

HÉLÈNE. Dieu préserve notre pauvre virginité des mines et de leur explosion! — L'art de la guerre n'enseigne-t-il aucun moyen par lequel les jeunes filles puissent faire sauter les hommes?

PAROLE. La virginité une fois à terre, l'homme n'en sautera que plus vite en l'air; si alors vous le jetez bas, vous vous exposez à perdre votre cité par la brèche que vous-même aurez pratiquée. Dans le gouvernement de la nature, il n'est pas d'une bonne politique de conserver la virginité; c'est une perte de laquelle il résulte un gain réel; pour produire une vierge, il faut qu'il y ait une virginité de perdue. L'étoffe dont vous fûtes formée est celle dont on fait les vierges; d'une virginité perdue, il en naît dix autres; la garder toujours, c'est l'annuler à jamais; c'est une compagnie trop insipide, il faut s'en défaire.

HÉLÈNE. Je veux la défendre quelque temps encore, dussé-je mourir vierge.

PAROLE. Il n'y a pas grand'chose à dire en sa faveur; elle est contraire aux lois de la nature. Parler en faveur de la virginité, c'est accuser sa mère, ce qui est infailliblement un manque de respect; se pendre ou mourir vierge, c'est même chose; c'est un véritable suicide, en punition duquel on mérite d'être enterré sur la voie publique, loin de toute terre consacrée, comme coupable d'attentat à la nature. La virginité se consume et meurt en se dévorant elle-même. D'ailleurs, la virginité est morose, orgueilleuse, frivole, pleine d'amour-propre, le péché le plus expressément défendu par les canons. Ne la gardez pas; avec elle vous ne pouvez que perdre; débarrassez-vous-en; dans dix ans elle se sera décuplée, ce qui est un intérêt fort honnête, et le principal n'en sera pas moins intact; défaites-vous-en au plus vite.

HÉLÈNE. Comment faire, seigneur, pour la perdre à sa guise?

PAROLE. Voyons un peu. Ce serait, parbleu, un mauvais moyen que d'aller aimer qui ne l'aime pas; c'est un article qui perd son lustre en magasin; plus on le garde, plus il perd de sa qualité; défaites-vous-en pendant qu'il est encore de vente. La virginité ressemble à un vieux courtisan qui porte un costume à l'antique, riche, mais passé de mode, comme ces broches et ces cure-dents qu'on ne porte plus aujourd'hui. Vieille date figure mieux dans un gâteau que sur le visage; une vieille virginité ressemble à une poire sèche et ridée, laide à voir, désagréable au goût; c'est une poire flétrie qui était bonne autrefois : c'est une poire flétrie, vous dis-je; que voulez-vous en faire?

HÉLÈNE. Je n'en suis point là encore; je veux conserver mon cœur vierge; votre maître y trouvera tout à la fois une mère, une amante, une amie, un phénix, un général, un ennemi, un guide, une déesse, une souveraine, un conseil, une maîtresse adorée, une humble ambition, une humilité fière, un accord discordant, un harmonieux désaccord, une foi sincère, un délicieux naufrage, et des milliers de ces noms affectueux et charmants que l'aveugle amour prodigue. Alors, il sera, — je ne sais ce qu'il sera : — Dieu lui soit en aide! — La cour est un endroit où l'on apprend bien des choses; — Et pour ce qui est de lui, c'est un homme, —

PAROLE. Quel homme est-ce?

HÉLÈNE. Un homme à qui je veux du bien. — C'est dommage, —

PAROLE. Qu'est-ce qui est dommage?

HÉLÈNE. Que les souhaits n'aient pas un corps, car alors nous autres, nées sous une humble étoile, réduites à ne faire que des vœux, nous pourrions du moins en faire sentir les effets à ceux que nous aimons, et traduire par des actes des pensées renfermées dans notre sein, et dont ils ne nous savent aucun gré.

Entre **UN PAGE.**

LE PAGE. Monsieur Parole, mon maître vous demande.

Le Page sort.

PAROLE. Adieu, ma petite Hélène; si je puis me ressouvenir de vous, je penserai à vous quand je serai à la cour.

HÉLÈNE. Monsieur Parole, vous êtes né sous une étoile charitable.

PAROLE. Sous la constellation de Mars.

HÉLÈNE. J'en étais sûre.

PAROLE. Pourquoi?

HÉLÈNE. La guerre vous a tellement mis bas, qu'il faut nécessairement que vous soyez né sous la pression de Mars.

PAROLE. Dans sa prédominance.

HÉLÈNE. Dans son mouvement rétrograde.

PAROLE. Pourquoi cela?

HÉLÈNE. En combattant vous reculez toujours.

PAROLE. C'est pour prendre mes avantages.

HÉLÈNE. C'est aussi pour notre avantage et dans l'intérêt de notre sûreté, que la peur nous fait prendre la fuite. Quoi qu'il en soit, le courage et la peur, mêlés ensemble, constituent en vous une vertu d'excellente qualité, et qui vous fera un long usage.

PAROLE. Je suis si pressé, qu'il m'est impossible de vous faire une réponse piquante ; je reviendrai courtisan parfait, et mon instruction servira à vous former, pourvu que vous compreniez les conseils d'un courtisan, et les avis que je vous donnerai, sans quoi vous mourrez dans votre ingratitude, et votre ignorance vous perdra. Adieu. Quand vous en aurez le temps, dites vos prières ; quand vous ne l'aurez pas, pensez à vos amis ; procurez-vous un bon mari, et traitez-le comme il vous traitera : sur ce, adieu.

Il sort.

HÉLÈNE, *seule*. Souvent c'est en nous-mêmes que résident les ressources que nous attribuons au ciel ; le destin nous donne libre carrière ; il ne met des entraves à nos projets que lorsque nous y mettons nous-mêmes de la tiédeur. Quelle est la puissance qui me fait aspirer si haut dans mon amour ? Pourquoi m'est-il donné de voir, sans pouvoir jamais rassasier ma vue ? Quelque distance qui sépare les objets faits l'un pour l'autre, souvent la nature les rapproche et les réunit. Les entreprises extraordinaires sont impossibles à ceux qui mesurent les difficultés matérielles des choses et s'imaginent que ce qui fut ne saurait être. Quelle femme a-t-on vue mettre tout en usage pour montrer ce qu'elle vaut, sans que le succès ait couronné son amour ? — La maladie du roi, — Peut être que je m'abuse, mais mon parti est pris, et ma résolution est immuable.

Elle sort.

SCÈNE II.

Paris. — Un appartement dans le palais du Roi.

Bruit de fanfares.

Entrent LE ROI, avec sa suite et PLUSIEURS SEIGNEURS. Il tient des lettres à la main.

LE ROI. Les Florentins et les Siennois sont en guerre : les succès et les pertes ont été balancés, et ils continuent la lutte avec courage.

PREMIER SEIGNEUR. C'est ce qu'on dit, sire.

LE ROI. Et c'est croyable. Cette nouvelle nous est confirmée par notre cousin d'Autriche, qui nous avertit que les Florentins se préparent à nous demander de prompts secours ; cet ami, qui nous est si cher, anticipe leurs propositions et semble nous conseiller un refus.

PREMIER SEIGNEUR. L'affection et la sagesse dont il a donné des preuves à votre majesté donnent du poids à ses conseils.

LE ROI. Il a décidé notre réponse, et la demande de Florence est rejetée avant même que son envoyé soit venu. Quant à ceux de nos gentilshommes qui désirent se ranger au service toscan, ils sont libres de se ranger sous l'une ou l'autre bannière.

DEUXIÈME SEIGNEUR. Cela pourra servir d'école à notre jeune noblesse, qui brûle d'agir et de se signaler.

LE ROI. Qui vient ici?

Arrivent BERTRAND, LAFEU et PAROLE.

PREMIER SEIGNEUR. Sire, c'est le comte de Roussillon, le jeune Bertrand.

LE ROI. Jeune homme, vous avez les traits de votre père; la nature prodigue semble vous avoir formé avec une sollicitude toute particulière. Puissiez-vous avoir également hérité des qualités morales de votre père! Soyez le bienvenu à Paris.

BERTRAND. Que votre majesté veuille recevoir mes remercîments et mes hommages.

LE ROI. Plût à Dieu que j'eusse aujourd'hui la santé que j'avais lorsque votre père et moi, unis par une étroite amitié, nous fîmes ensemble nos premières armes! Il prit une part active à toutes les guerres de ce temps-là, et s'était formé à l'école des plus braves capitaines. Il conserva longtemps sa vigueur; mais la vieillesse maudite nous atteignit tous deux, et vint clore notre carrière active. Je me sens rajeunir quand je parle de votre excellent père : dans sa jeunesse, il avait cet esprit caustique que je remarque dans nos jeunes seigneurs d'aujourd'hui; mais leurs plaisanteries retournent à leurs auteurs, sans avoir été remarquées de personne, et ils ne donnent pas comme lui à leur légèreté le passe-port de qualités honorables. Courtisan accompli, son orgueil ou ses saillies ne portaient aucune empreinte de mépris ou d'amertume; ou si cela lui arrivait, c'était pour répondre aux provocations de ses égaux. Il savait le moment précis où il devait parler, et alors sa langue obéissait à sa volonté : ses inférieurs n'étaient pas par lui traités comme tels; il abaissait sa hauteur à leur humble niveau. Il les rendait fiers de son humilité, et sa modestie s'inclinait devant leurs éloges maladroits. Voilà l'homme dont l'exemple devrait servir de modèle à notre époque; en s'y confirmant attentivement, on reconnaîtrait que nous n'avons fait que rétrograder.

BERTRAND. Sire, sa mémoire est gravée en caractères plus glorieux dans votre cœur que sur sa tombe, et son épitaphe est moins honorable pour lui que les paroles de votre bouche royale.

LE ROI. Que ne suis-je encore avec lui! Il avait coutume de dire, — il me semble encore l'entendre; ses paroles rationnelles n'allaient pas frapper l'oreille d'un vain bruit; elles se gravaient dans l'âme et y fructifiaient. — « Puissé-je cesser de vivre! » — ainsi débutait sa douce et rêveuse parole, à la suite d'un innocent badinage; — « Puissé-je cesser de vivre, quand ma lampe manquera d'huile, plutôt que d'être un objet de risée pour ces jeunes esprits dont l'engouement dédaigne tout ce qui n'est pas nouveau, dont le jugement ne s'étend pas au delà du cercle de leur toilette, et dont les idées changent plus vite que la forme de leur pourpoint. » — Tels étaient ses vœux : après lui, ce sont aussi les miens. Puisque je ne rapporte plus à la ruche ni miel ni cire, il est temps que je la quitte pour faire place à d'autres travailleurs.

DEUXIÈME SEIGNEUR. Vous êtes aimé, sire ; ceux qui sont les moins portés à en convenir seraient les premiers à vous regretter.

LE ROI. J'occupe une place, je le sais. — Combien de temps y a-t-il, comte, que le médecin de votre père est mort?

BERTRAND. Sire, environ six mois.

LE ROI. S'il vivait, j'essayerais de ses conseils. — Prêtez-moi votre bras; — les autres médecins m'ont usé à force de remèdes; — la nature et la maladie sont aux prises; laissons-les décider la question. Soyez le bienvenu, comte; mon fils ne m'est pas plus cher que vous.

BERTRAND. Je remercie votre majesté.

Ils sortent. Bruit de fanfares.

SCÈNE III.

Le Roussillon. — Un appartement dans le palais de la Comtesse.

Entrent LA COMTESSE, son INTENDANT et son BOUFFON.

LA COMTESSE. Maintenant, je suis prête à vous entendre. Que pensez-vous de cette demoiselle?

L'INTENDANT. Madame, je souhaite que le soin que j'ai pris de me conformer à vos désirs trouve sa place dans le registre de mes services passés; car nous blessons notre modestie, et nous ternissons l'éclat de nos mérites quand nous les publions nous-mêmes.

LA COMTESSE, *montrant le Bouffon*. Que fait ici ce maraud? Va-t'en, drôle; je veux bien ne pas ajouter foi à toutes les plaintes qu'on m'a faites sur ton compte; en cela je suis trop bonne, car je sais que tu es capable d'avoir commis ces méchants tours, et que le talent ne t'a pas plus manqué pour cela que la volonté.

LE BOUFFON. Vous n'ignorez pas, madame, que je suis un pauvre diable.

LA COMTESSE. C'est bon.

LE BOUFFON. Non, madame, il n'est pas bon pour moi que je sois un pauvre diable, quoique bien des riches soient damnés; mais si votre seigneurie veut me donner la permission de m'établir, Isabeau et moi, nous ferons de notre mieux.

LA COMTESSE. Tu veux donc te réduire à la mendicité?

LE BOUFFON. Je me borne à mendier votre consentement dans cette affaire.

LA COMTESSE. Dans quelle affaire?

LE BOUFFON. L'affaire d'Isabeau et la mienne. Au service, on n'amasse pas des rentes, et je crois que Dieu ne me bénira que lorsque j'aurai procréé des rejetons; car, comme l'on dit, les enfants sont une bénédiction.

LA COMTESSE. Dis-moi pourquoi tu veux te marier.

LE BOUFFON. Mon pauvre corps l'exige, madame. Je ne puis résister à la chair, et il faut bien suivre, quand c'est le diable qui tire.

LA COMTESSE. Sont-ce là toutes les raisons de ta seigneurie?

LE BOUFFON. J'ai encore d'autres raisons telles quelles, des raisons de piété.

LA COMTESSE. Peut-on les connaître?

LE BOUFFON. J'ai été jusqu'à ce jour, madame, une créature pécheresse, comme vous et comme tout ce qui est composé de chair et de sang, et le fait est que je me marie par esprit de pénitence.

LA COMTESSE. Marie-toi plutôt que d'être vicieux.

LE BOUFFON. Je n'ai point d'amis, madame, et j'espère m'en procurer à l'aide de ma femme.

LA COMTESSE. Maraud! ce sont des ennemis que ces amis-là!

LE BOUFFON. Vous êtes dans l'erreur, madame, ce sont des amis, et de vrais amis encore. Ces gens-là viennent faire pour moi la besogne dont je suis las. Celui qui laboure mon champ épargne mon attelage, et me laisse recueillir la récolte; s'il me fait cocu, en revanche, il travaille pour moi. Celui qui console ma femme soigne ma chair et mon sang; celui qui soigne ma chair et mon sang aime mon sang et ma chair; celui qui aime mon sang et ma chair est mon ami; *ergo*, celui qui courtise ma femme est mon ami. Si les hommes voulaient se résigner à être ce qu'ils sont, il n'y aurait rien à craindre dans le mariage; car le jeune Charbon le puritain, et le vieux Poysam le papiste, quoiqu'ils puissent différer en religion, se ressemblent sous le point de vue conjugal; leurs têtes sont semblables, et ils peuvent croiser leurs cornes, comme le pourraient faire les béliers d'un troupeau.

LA COMTESSE. Tu seras donc toujours obscène et médisant?

LE BOUFFON. Je suis prophète, madame, et je dis la vérité sans détour.

> Une ballade fort touchante
> Nous apprend un fait très-certain;
> Par nature le cocu chante:
> Le mariage est l'œuvre du destin.

LA COMTESSE. Allons, va-t'en; je ne veux plus te parler.

L'INTENDANT. Voudriez-vous, madame, lui dire d'appeler Hélène? c'est d'elle que j'ai à vous entretenir.

LA COMTESSE. L'ami, dis à ma demoiselle de compagnie que je désire lui parler; c'est Hélène que je veux dire.

LE BOUFFON *chante*.

> C'est donc pour cet objet charmant
> Que les Grecs ont saccagé Troie!

>C'était bien la peine, vraiment
>De Priam elle était la joie ;
>Immobile, elle soupira,
>Puis ces mots elle murmura :
>S'il en est, que Dieu me pardonne
>Sur neuf mauvaises une bonne,
>Par tous les saints du paradis,
>C'est qu'il en est une bonne sur dix.

LA COMTESSE. Comment ! une sur dix ! tu altères la chanson, faquin.

LE BOUFFON. Oui, madame, une bonne femme sur dix ; c'est une amélioration que j'ai faite à la chanson. Que le bon Dieu veuille qu'il en soit ainsi pour tout le monde, toute l'année ! En fait de femmes, on ne se plaindrait pas de la dîme, si j'étais monsieur le curé. Une sur dix, dites-vous ? Ah ! s'il naissait une bonne femme à l'apparition de chaque comète ou à chaque tremblement de terre, la loterie humaine serait bien améliorée : à cette loterie-là, un homme a plus de chances de tirer son propre cœur que d'attraper une bonne femme.

LA COMTESSE. Veux-tu sortir, drôle, et faire ce que je te commande !

LE BOUFFON. Faut-il que l'homme soit aux ordres de la femme, sans qu'il en arrive malheur ! Quoique la probité ne soit pas puritaine, elle ne fait de mal à personne : elle porte le surplus de l'humanité sur la robe noire d'un cœur gros de chagrin. — Allons, je pars, je vais dire à Hélène de venir ici.

Le Bouffon sort.

LA COMTESSE. Eh bien, de quoi s'agit-il ?

L'INTENDANT. Je sais, madame, que vous aimez tendrement votre demoiselle de compagnie.

LA COMTESSE. C'est vrai ; son père l'a léguée à mes soins ; elle mérite personnellement l'affection que je lui porte ; je lui dois plus que je ne lui donne, et je lui donnerai plus qu'elle ne demandera.

L'INTENDANT. Madame, ce matin je me trouvais plus près d'elle qu'elle ne l'eût désiré ; elle était seule, et se parlait à elle-même, sans se douter que ses paroles fussent entendues par d'autres que par elle. J'ai compris à son langage qu'elle aimait votre fils. « La fortune, disait-elle, n'est pas une déesse, puisqu'elle a établi une telle différence entre nos deux positions ; l'amour n'est point un dieu, s'il ne déploie sa puissance que lorsque les conditions sont égales ; Diane n'est pas la reine des vierges puisqu'elle laisse sa prêtresse succomber à la première attaque, et ne fait rien pour la délivrer. » Elle débitait tout cela du ton le plus douloureux que j'aie jamais vu à une jeune fille; j'ai cru qu'il était de mon devoir de vous en informer sur l'heure; j'ai pensé que quelque malheur pouvant résulter de tout ceci, il importait que vous en fussiez instruite.

LA COMTESSE. Vous vous êtes fidèlement acquitté de votre devoir; ne communiquez à personne ce que vous savez; j'avais déjà conçu à cet égard des soupçons, mais si vagues que je ne savais trop ce que je devais en croire. Laissez-moi, je vous prie; renfermez ce secret au fond de votre âme; je vous remercie de votre loyale sollicitude. Nous reparlerons de cela une autre fois.

L'Intendant sort.
Entre HÉLÈNE.

LA COMTESSE. Voilà comme j'étais quand j'étais jeune. La nature a voulu que ce fût là notre partage ; c'est une épine inséparable de la rose de notre jeunesse ; notre sang est à nous, et ceci fait partie de notre sang. C'est la marque et le sceau d'une nature vraie, que l'énergique passion de l'amour imprimée dans un jeune cœur. Le souvenir de mes beaux jours passés me rappelle les mêmes fautes ; — mais alors ce n'étaient pas des fautes à mes yeux. Je le vois bien maintenant; je lis son mal dans ses yeux éteints.

HÉLÈNE. Que désirez-vous de moi, madame?

LA COMTESSE. Vous savez, Hélène, que je suis pour vous une mère?

HÉLÈNE. Vous êtes mon honorable maîtresse.

LA COMTESSE. Non; mais une mère. Pourquoi pas une mère? Quant j'ai prononcé ce mot de mère, il m'a semblé que vous voyiez un serpent. Qu'y a-t-il donc dans ce nom de mère, que vous ne pouvez l'entendre sans tressaillir? Je le répète, je suis votre mère, et je vous mets au nombre des enfants que mes entrailles ont portés : on a vu souvent l'adoption rivaliser de tendresse avec la nature ; elle nous donne une tige naturelle née de semences étrangères. Vous ne m'avez jamais coûté de douleurs maternelles, et pourtant je vous témoigne toute la tendresse d'une mère. — Miséricorde divine ! jeune fille, est-ce que cela vous glace le sang, que je me dise votre mère? Qu'avez-vous? Pourquoi autour de vos yeux cet arc aux changeantes couleurs, cet arc d'Iris, messagère de larmes? Pourquoi? Parce que je vous appelle ma fille?

HÉLÈNE. Je ne le suis pas.

LA COMTESSE. Je vous dis que je suis votre mère.

HÉLÈNE. Pardonnez-moi, madame; le comte de Roussillon ne saurait être mon frère; je suis d'une naissance obscure, lui d'une naissance illustre; mes parents sont inconnus; tous les siens sont nobles. Il est mon maître, mon seigneur bien-aimé : et moi je dois vivre et veux mourir son humble vassale. Il ne doit pas être mon frère.

LA COMTESSE. Ni moi votre mère?

HÉLÈNE. Vous êtes ma mère, madame. Plût à Dieu que vous fussiez réellement ma mère, pourvu que mon seigneur votre fils ne fût pas mon frère! — Je ne désire pas le ciel plus ardemment que je ne souhaiterais vous voir notre mère à tous deux, pourvu que je ne fusse pas sa sœur. Est-il absolument nécessaire, si je suis votre fille, qu'il soit mon frère?

LA COMTESSE. Non, Hélène; vous pouvez être ma belle-fille. Fasse le ciel que ce ne soit pas là votre pensée! Ces noms de fille et de mère vous font donc bien de l'impression? Eh quoi! vous pâlissez encore? Mes craintes ont enfin surpris le secret de votre amour : le mystère de votre penchant pour la solitude s'explique maintenant, et j'ai découvert la source de vos larmes. La chose n'est plus douteuse; vous aimez mon fils; vous ne pourriez sans rougir dissimuler votre passion, et prétendre que vous ne l'aimez pas. Dites-moi donc la vérité, avouez-moi votre amour. — Vos joues le confessent; et vos yeux le voyant se manifester si clairement dans toute votre personne, le proclament aussi dans leur langage; une coupable et infernale obstination enchaîne seule votre langue dans l'espoir de rendre la vérité douteuse. Parlez : cela est-il? Si cela est, vous avez fait un très-bon choix; si cela n'est pas, jurez-le-moi. Dans tous les cas, je vous en supplie, au nom du ciel et de l'intérêt que je vous porte, dites-moi la vérité.

HÉLÈNE. Madame, pardonnez-moi.

LA COMTESSE. Aimez-vous mon fils?

HÉLÈNE. Ne l'aimez-vous pas, madame?

LA COMTESSE. Point de détours. Mon amour pour lui est fondé sur un lien patent et sacré. Allons, allons, révélez-moi l'état de votre cœur; car votre passion se trahit pleinement.

HÉLÈNE, *se jetant aux genoux de la Comtesse.* Eh bien, je l'avoue ici à deux genoux, à la face du ciel et devant vous, ce que j'aime plus que vous-même, ce que je préfère à tout, le ciel excepté, c'est votre fils.—Mes parents étaient pauvres, mais honnêtes.—Ainsi est mon amour : n'en soyez pas offensée ; car ma tendresse ne saurait lui nuire en rien. Je ne le poursuis pas de présomptueuses avances ; je ne le voudrais même pour époux qu'après l'avoir mérité, et cependant je ne sais pas comment je pourrai le mériter jamais. Je sais que j'aime en vain, que je n'ai point d'espoir ; je sais l'inutilité de mes efforts, et toutefois dans ce vase fuyant, je continue à verser les eaux de mon amour ; pareil à l'Indien, dans ma pieuse erreur, j'adore le soleil qui luit sur son adorateur et ne le connaît pas. Madame, que votre haine ne soit pas le châtiment de mon amour. Ne me punissez pas d'aimer celui que vous aimez ; vous-même, dont la vertueuse vieillesse atteste une jeunesse sans reproche, si jamais il vous est arrivé de nourrir de chastes désirs et une tendre flamme, si bien que Diane et Vénus se réunissaient en vous, oh ! daignez prendre pitié de la jeune fille qui ne peut s'empêcher d'aimer sans espoir de retour, qui sait qu'elle ne trouvera pas ce qu'elle cherche, énigme vivante qui vit de ce qui la fait mourir.

LA COMTESSE. Parlez-moi franchement ; n'avez-vous pas depuis quelque temps formé le projet d'aller à Paris?

HÉLÈNE. Oui, madame.

LA COMTESSE. Dans quel but? dites-moi la vérité.

HÉLÈNE. Je vous la dirai, j'en jure par la grâce du ciel. Vous savez que mon père m'a laissé en mourant certaines recettes d'une efficacité merveilleuse et éprouvée, certains spécifiques souverains, m'ordonnant de conserver avec soin ces ordonnances comme beaucoup plus importantes qu'elles ne le paraissent. Parmi ces recettes, il en est une infaillible pour la cure des maladies de langueur, de la nature de celle dont le roi est attaqué sans espoir de guérison.

LA COMTESSE. Était-ce pour cela que vous vouliez aller à Paris, dites-le-moi?

HÉLÈNE. C'est mon seigneur, c'est votre fils qui m'en a suggéré l'idée ; sans lui, Paris, la médecine et le roi seraient probablement bien loin de ma pensée.

LA COMTESSE. Mais lors même que vous seriez en mesure d'offrir au roi vos services, pensez-vous qu'il les accepterait? Il est d'accord avec ses médecins : ils sont convaincus, lui, que leurs soins sont impuissants, eux, qu'ils ne peuvent rien pour lui. Comment ajouteraient-ils foi à l'habileté d'une jeune fille étrangère à la science, lorsque la faculté, après avoir épuisé tout son savoir, a dû laisser le mal suivre son cours?

HÉLÈNE. Quelque chose de bien supérieur à la science de mon père, qui pourtant était le plus instruit de sa profession, me dit que la recette qu'il m'a léguée sera bénie par mon heureuse étoile; et si vous vouliez, madame, me permettre de tenter l'aventure, je m'engagerais sur la vie à guérir le roi pour tel jour et à telle heure.

LA COMTESSE. Le croyez-vous?

HÉLÈNE. J'en suis sûre, madame.

LA COMTESSE. Eh bien, Hélène, je vous permets de partir; je vous fournirai les moyens et la suite nécessaires, et vous recommanderai à ceux des miens qui sont à la cour. Je resterai ici et prierai Dieu qu'il bénisse votre entreprise. Partez demain, et soyez persuadée que tout ce que je pourrai faire pour vous, je le ferai.

Elles sortent.

ACTE DEUXIÈME.

SCÈNE I.

Paris. — Un appartement dans le palais du Roi.
Bruit de fanfares.

Entrent LE ROI, *avec sa suite, entouré de* JEUNES SEIGNEURS, *qui viennent prendre congé avant de partir pour la guerre de Florence;* BERTRAND PAROLE.

LE ROI. Adieu, mon jeune seigneur; ne perdez jamais de vue ces principes d'un guerrier; — et vous, seigneur, recevez aussi mes adieux. Partagez-vous mon conseil : si chacun de vous se l'approprie tout entier, c'est un don capable de recevoir toute l'extension désirable, et il y en aura assez pour tous deux.

PREMIER SEIGNEUR. Nous espérons, sire, après avoir appris le métier de la guerre, revenir et vous retrouver en bonne santé.

LE ROI. Non, non, cela est impossible; et néanmoins mon

cœur est entier encore, et le mal qui assiége ma vie ne saurait l'abattre. Adieu, mes jeunes seigneurs; que je meure ou que je vive, montrez-vous de dignes fils de la France. Faites voir à la haute Italie, à la honte de ces hommes qui n'ont hérité que de la décadence du dernier empire, que vous êtes venus, non pour courtiser la gloire, mais pour la posséder. Quand les plus braves faibliront, consommez votre conquête, et que la renommée proclame votre nom. Encore une fois, adieu.

DEUXIÈME SEIGNEUR. Puisse la santé servir à souhait votre majesté!

LE ROI. Défiez-vous de ces Italiennes; on dit que lorsqu'elles demandent, nos Français ne peuvent rien leur refuser. Prenez garde d'être captifs avant d'avoir combattu.

TOUS DEUX. Nos cœurs garderont vos sages avis.

LE ROI. Adieu. — (*A un de ses gens.*) Aidez-moi.

Le Roi se retire sur un lit de repos.

PREMIER SEIGNEUR, *à Bertrand.* Se peut-il, seigneur, que nous vous laissions derrière nous?

PAROLE. Ce n'est pas sa faute; l'ardeur, —

DEUXIÈME SEIGNEUR. Oh! c'est une superbe campagne

PAROLE. Admirable; j'ai vu ces guerres.

BERTRAND. On me retient ici, et on ne cesse de me corner aux oreilles : « Vous êtes trop jeune; l'année prochaine; c'est trop tôt. »

PAROLE. Mon cher, si vous en avez une si forte envie, partez bravement sans demander congé.

BERTRAND. On me laisse ici comme un coursier oisif, qui frappe inutilement de son pied le pavé sonore, jusqu'à ce que tout l'honneur ait été moissonné, et qu'il ne reste plus que des épées de bal [1]. Par le ciel! il faut que je parte secrètement.

PREMIER SEIGNEUR. C'est une évasion honorable.

PAROLE. Comte, hasardez cette peccadille.

DEUXIÈME SEIGNEUR. Si vous voulez, je serai votre complice; sur ce, adieu.

BERTRAND. Je ne puis me détacher de vous; et notre séparation est un supplice intolérable.

PREMIER SEIGNEUR. Adieu, capitaine.

DEUXIÈME SEIGNEUR. Mon cher monsieur Parole, —

---

[1] La coutume était de danser l'épée au côté.

PAROLE, *prenant un air de matamore.* Nobles héros, mon épée et les vôtres sont sœurs. Un mot encore, mes damoiseaux; un mot, bonnes lames. — Vous trouverez dans le régiment des Spinii un certain capitaine Spurio qui porte sur la joue gauche une cicatrice, un souvenir de guerre; c'est cette épée qui la lui a faite: dites-lui que je suis en vie, et notez bien ce qu'il vous dira de moi.

DEUXIÈME SEIGNEUR. Nous n'y manquerons pas, noble capitaine.

PAROLE. Favoris de Mars, que ce dieu vous protége!

Les Seigneurs sortent.

PAROLE, *continuant, à Bertrand.* Quel parti prenez-vous?

BERTRAND. Je reste; le roi, —

Il s'arrête en voyant le Roi se lever.

PAROLE. Soyez un peu plus courtois avec ces nobles seigneurs; vous vous êtes renfermé dans les limites d'un adieu glacial; soyez plus expressif avec eux, car ce sont les coryphées de l'étiquette; ils marchent, mangent, parlent et se meuvent sous l'influence de la règle établie; et quand ce serait le diable qui conduirait la mesure, il faudrait encore les imiter et les suivre. Courez les rejoindre, et prenez congé d'eux plus longuement que vous n'avez fait.

BERTRAND. C'est ce que je ferai.

PAROLE. De braves gens, et qui m'ont tout l'air de bien manier l'épée.

Bertrand et Parole sortent.

Entre LAFEU.

LAFEU, *se prosternant devant le roi.* Pardon, sire, pour moi et pour le message que j'apporte.

LE ROI. Je te condamne à te relever.

LAFEU, *se relevant.* En ce cas, vous voyez debout devant vous un homme qui a, lui-même, apporté son pardon. Je voudrais, sire, que vous vous fussiez mis à genoux devant moi pour me demander pardon, et que, sur mon ordre, vous vous fussiez relevé comme je viens de le faire.

LE ROI. Je le voudrais aussi; je voudrais, après vous avoir fendu la tête, m'être ainsi prosterné pour vous en demander excuse.

LAFEU. Grand merci; mais, sire, venons au fait; voulez-vous être guéri de votre infirmité?

LE ROI. Non.

LAFEU. Ah! vous ne voulez pas de raisins, mon royal renard? oh! vous en voudriez si vous pouviez y atteindre : j'ai trouvé un médecin capable de donner la vie aux pierres, d'animer un marbre, et de vous faire danser une sarabande le plus gaiement et le plus lestement du monde; son seul contact suffirait pour ressusciter le roi Pépin; que dis-je? pour faire prendre la plume au grand Charlemagne, et lui faire écrire à elle-même une lettre d'amour.

LE ROI. Qui, elle?

LAFEU. Mais le médecin, sire; il est arrivé ici un docteur femelle; veuillez la voir. J'en jure sur ma foi et mon honneur, si toutefois, après la légèreté de ce début, je puis parler sérieusement, je me suis entretenu avec une personne dont le sexe, l'âge, les paroles, la sagesse et la fermeté, m'ont plongé dans un étonnement tel, que je ne puis l'attribuer uniquement à ma faiblesse. Voulez-vous la voir, — car c'est là l'objet de sa demande, — et savoir l'objet qui l'amène? cela fait, moquez-vous de moi tout à votre aise.

LE ROI. Eh bien, mon cher Lafeu, amenez-moi l'objet de votre admiration, afin que je la partage, ou que je vous en guérisse, en m'étonnant de votre étonnement.

LAFEU. Oh! je vous convaincrai, et cela avant que la journée soit finie.

Il sort.

LE ROI. Ce sont là ses prologues ordinaires pour aboutir à des riens.

Rentre LAFEU, avec HÉLÈNE.

LAFEU. Venez, venez; voici sa majesté; expliquez-vous devant elle; vous ne m'avez pas l'air d'un conspirateur; des conspirateurs comme vous, sa majesté les redoute peu : je suis l'oncle de Cressida [1], et ne crains pas de vous laisser ensemble; adieu.

Il sort.

LE ROI. Jeune beauté, est-ce à moi que vous avez affaire?

HÉLÈNE. Oui sire. Gérard de Narbonne était mon père, homme habile dans sa profession.

LE ROI. Je l'ai connu.

HÉLÈNE. Dès lors, il est inutile que je fasse son éloge; il

Voir la pièce intitulée *Troïle et Cressida*.

suffit que vous le connaissiez. Sur son lit de mort, il me légua diverses recettes ; il en est une surtout, le fruit le plus précieux de sa longue pratique, et l'enfant chéri de sa longue expérience ; il m'ordonna de la conserver soigneusement comme un troisième œil, plus inestimable que les deux autres : c'est ce que j'ai fait. Ayant appris que votre majesté est atteinte d'une maladie que le remède laissé par mon père est principalement destiné à combattre, je viens, en toute humilité, vous l'offrir ainsi que mes services.

LE ROI. Je vous rends grâces, jeune fille ; mais je ne crois pas à la cure que vous m'annoncez : quand nos docteurs les plus instruits m'abandonnent, quand la faculté a unanimement déclaré que tous les efforts de l'art ne peuvent rien contre un mal sans espoir, je ne dois pas déshonorer mon jugement, ni me laisser égarer par une folle espérance, au point de prostituer à des empiriques le traitement d'une maladie incurable ; je ne dois pas compromettre ma réputation de sagesse en accueillant un secours insensé, alors que dans mon opinion tout secours est inutile.

HÉLÈNE. Cela étant, la conscience d'avoir fait mon devoir me payera de mes peines. Je ne vous presse plus d'accepter mes soins, mais je supplie humblement votre royale bienveillance de vouloir bien me faire ramener aux lieux d'où je viens.

LE ROI. A moins d'être ingrat, je ne puis moins faire pour vous ; vous avez eu l'intention de me secourir ; recevez de moi les remercîments qu'adresse un mourant à ceux qui font des vœux pour sa vie ; mais je connais parfaitement mon état, et vous n'y connaissez rien ; je sais le péril où je suis, et vous n'y savez point de remède.

HÉLÈNE. Puisque vous avez renoncé à tous les remèdes, quel mal y a-t-il à ce que j'essaye ce que je puis faire pour vous ? Celui qui accomplit les œuvres les plus grandes, les accomplit souvent par les plus faibles mains : l'Ecriture nous montre la sagesse parlant par la voix de l'enfance, alors que les juges sur leur siége n'étaient que des enfants ; on voit de faibles sources donner naissance à de grands fleuves, et on a vu de vastes mers se tarir en présence des puissants incrédules qui niaient les miracles. Souvent l'attente est trompée, quand les probabilités sont les plus grandes, et c'est quand on y compte le moins, quand on désespère, que souvent elle se réalise.

LE ROI. Je ne dois point vous entendre. Adieu, jeune fille :

vos services n'étant point utilisés, c'est à vous-même à vous payer; des offres non agréées ont pour salaire des remercîments.

HÉLÈNE. C'est ainsi que le mérite inspiré voit d'une parole détruire ses projets. Il n'en est pas de celui qui connaît toutes choses comme de nous qui jugeons de tout sur les apparences; mais il y a présomption à nous, d'attribuer aux hommes ce qui est l'œuvre du ciel. Sire, consentez à la tentative que je veux faire; mettez, non pas moi, mais le ciel à l'épreuve. Je ne suis pas un imposteur qui annonce un but et qui en a un autre en vue; mais j'ai la certitude, et vous pouvez m'en croire, que mon art n'est pas impuissant, ni votre maladie incurable.

LE ROI. En êtes-vous certaine? Dans quel espace de temps espérez-vous me guérir?

HÉLÈNE. Avec l'aide de celui de qui toute aide doit venir, avant que les coursiers du soleil aient fait parcourir deux fois à son char enflammé sa course journalière, avant que l'humide Hespérus ait éteint deux fois dans les vapeurs de l'Occident sa lampe somnifère, avant que le sablier du pilote ait compté vingt-quatre fois le cours rapide du temps, tout ce qu'il y a de maladif en vous se séparera de la partie saine; la santé reprendra son cours, et la maladie mourra.

LE ROI. Quel gage de certitude me donnerez-vous.

HÉLÈNE. Si je ne réussis pas, taxez-moi d'impudence; traitez-moi de prostituée; que ma honte soit publiée en tous lieux et colportée dans des ballades flétrissantes; que ma réputation de jeune fille soit diffamée; qu'on me mette au rang de ce qu'il y a de plus infâme, et qu'on me fasse mourir au milieu des tortures.

LE ROI. Je ne sais, mais il me semble qu'un esprit céleste parle par ta bouche, et dans ce faible organe je crois entendre sa voix puissante : ce que dans l'état ordinaire des choses, ma raison jugerait impossible, je le crois possible maintenant. Tu dois tenir à l'existence; car tout ce qui donne du prix à la vie, jeunesse, beauté, sagesse, courage, vertu, tout ce qui fait ici-bas le bonheur, tu le possèdes; hasarder tous ces biens, c'est l'indice d'une habileté consommée ou du plus monstrueux désespoir. Charmant docteur, j'essayerai de tes prescriptions; si je meurs, ce sera ta mort que tu auras toi-même ordonnée.

HÉLÈNE. Si je dépasse le temps fixé, si je n'accomplis pas ce que j'ai promis, qu'on me fasse mourir sans miséricorde : je l'aurai mérité. Si je ne vous sauve pas, qu'on me donne le mort; mais si je vous sauve, que me promettez-vous?

LE ROI. Demande toi-même ce que tu voudras.

HÉLÈNE. Mais me l'accorderez-vous?

LE ROI. Oui, j'en jure par mon sceptre et par mes espérances de salut.

HÉLÈNE. Eh bien, parmi les jeunes hommes qui dépendent de vous, vous me donnerez, de votre royale main, le mari que je demanderai : bien entendu que je ne pousserai point l'arrogance jusqu'à faire tomber mon choix sur le sang royal de France; que je ne chercherai pas à perpétuer mon nom obscur en l'alliant à celui d'un membre de votre famille; je me bornerai à demander pour époux un de vos vassaux que je puis choisir et que vous pouvez m'accorder.

LE ROI. Voici ma main; remplis ta promesse, et ton vœu era exaucé; fixe toi-même l'époque à ton gré; je me mets entièrement sous ta direction. Je devrais te questionner davantage, quoique, après tout, ce que j'apprendrais de plus ne pût rien ajouter à ma confiance en toi; je devrais te demander d'où tu viens, où tu vas, — mais, sans autres questions, tu es la bienvenue, et je t'accueille sans réserve. — (*Appelant ses gens.*) Qu'on vienne m'aider; holà! quelqu'un! — Si tu tiens ta promesse, mes actes rivaliseront avec les tiens.

Bruit de fanfares. Ils sortent.

SCÈNE II.

Le Roussillon. — Un appartement dans le palais de la Comtesse.

Entrent LA COMTESSE et LE BOUFFON.

LA COMTESSE. Viens çà, l'ami; je vais mettre à l'épreuve ton savoir-vivre.

LE BOUFFON. Vous trouverez en moi le vivre florissant et le savoir des plus maigres. Je sais qu'il ne s'agit que de m'envoyer à la cour.

LA COMTESSE. A la cour! De quel endroit fais-tu cas, si tu fais fi de celui-là? Rien qu'à la cour!

LE BOUFFON. En vérité, madame, si Dieu a donné à un homme tant soit peu de savoir-vivre, à la cour il peut le mettre de côté; là, celui qui ne sait pas faire la belle jambe, ôter son chapeau, baiser sa main et ne rien dire, n'a ni jambes, ni main, ni bouche, ni chapeau; et un pareil être, à vrai dire, n'est pas fait pour la cour : mais pour ce qui est de moi, j'ai une réponse toute prête pour toutes les occasions.

LA COMTESSE. Ce doit être une bien belle réponse, que celle qui répond à toutes les questions.

LE BOUFFON. C'est comme la chaise du barbier qui va à toutes les carrures.

LA COMTESSE. Est-ce qu'effectivement ta réponse va à toutes les questions?

LE BOUFFON. Comme de l'argent dans la main d'un procureur, comme un écu à une courtisane, comme la bague au doigt, comme des crêpes le mardi gras, comme une danse gaillarde le premier mai, comme la cheville au trou, les cornes au cocu, comme une femme acariâtre à un mari bourru, comme les lèvres de la nonne à la bouche du moine, comme le *pouding* à son enveloppe de pâte.

LA COMTESSE. Et tu as une réponse à ce point universelle?

LE BOUFFON. Depuis le duc jusqu'au constable, elle s'ajuste à toutes les questions.

LA COMTESSE. Ce doit être une réponse d'une épouvantable longueur, que celle qui répond à toutes les demandes.

LE BOUFFON. C'est moins que rien en vérité, si les savants voulaient l'apprécier à sa juste valeur. Je vais vous la dire avec toutes ses dépendances. Demandez-moi si je suis un courtisan ; il n'y a pas de mal à apprendre.

LA COMTESSE. A redevenir jeune, si nous le pouvons. Je vais faire la folle en te questionnant, dans l'espoir que ta réponse me rendra plus sage. Dites-moi, monsieur, êtes-vous un courtisan?

LE BOUFFON. *Oh! mon Dieu, monsieur!* — Voilà une manière bien simple de se tirer d'affaire ; — encore, encore une centaine de questions semblables.

LA COMTESSE. Monsieur, je suis un pauvre diable de vos amis qui vous est sincèrement attaché.

LE BOUFFON. *Oh! mon Dieu, monsieur!* — Ferme, ferme; ne m'épargnez pas.

LA COMTESSE. Je pense, monsieur, que vous ne pouvez manger d'un mets aussi commun.

LE BOUFFON. *Oh! mon Dieu, monsieur!* — Allez, continuez; vous trouverez, je vous assure, à qui parler.

LA COMTESSE. Il n'y a pas longtemps, monsieur, que vous avez été fustigé, autant que je puis le croire.

LE BOUFFON. *Oh! mon Dieu, monsieur!* — Ne m'épargnez pas.

LA COMTESSE. Tu dis : *Oh! mon Dieu! ne m'épargnez pas*, à propos de fustigation ; c'est en effet une réponse très-pertinente. Je vois que tu ne figurerais pas mal sous le fouet, si on t'y mettait.

LE BOUFFON. Jamais ma mauvaise étoile ne m'avait plus mal servi dans mes *Oh! mon Dieu! monsieur!* — Je vois que les choses peuvent servir longtemps, mais pas toujours.

LA COMTESSE. Je fais là, ma foi, un joli usage de mon temps, de le passer à rire avec un fou.

LE BOUFFON. *Oh! mon Dieu! monsieur!* — Parbleu! le voilà encore bien placé.

LA COMTESSE. En voilà assez. Revenons à ton message. (*Lui donnant une lettre.*) Donne cette lettre à Hélène, et demande-lui une réponse immédiate. Recommande-moi au souvenir de mes connaissances et de mon fils ; ce n'est pas une grande, —

LE BOUFFON. Une grande recommandation pour eux.

LA COMTESSE. Une grande besogne pour toi : tu me comprends?

LE BOUFFON. Très-fructueusement ; je serai là avant que mes jambes y soient.

LA COMTESSE. Reviens promptement

Ils sortent dans deux directions opposées.

SCÈNE III.

Paris. — Un appartement dans le palais du Roi

Entrent BERTRAND, LAFEU et PAROLE.

LAFEU. On dit que le temps des miracles est passé, et nous avons des philosophes qui transforment en événements ordinaires et familiers les phénomènes surnaturels et incompréhensibles. Voilà ce qui fait que nous nous jouons des prodiges les plus effrayants ; nous retranchant dans une science illusoire quand nous devrions nous résigner humblement à une vague terreur.

PAROLE. Parbleu! c'est le prodige le plus étonnant qui ait apparu dans nos temps modernes.

BERTRAND. C'est vrai.

LAFEU. Se voir abandonné de tous les gens de l'art, —

PAROLE. C'est ce que je dis : abandonné de Galien et de Paracelse.

LAFEU. De tous les hommes les plus éclairés et les plus instruits, —

PAROLE. C'est vrai ; c'est ce que je dis.

LAFEU. Qui l'avaient condamné comme incurable, —

PAROLE. C'est cela même ; c'est ce que je dis.

LAFEU. Comme un homme que rien ne pouvait sauver, —

PAROLE. C'est juste ; comme un homme dont —

LAFEU. Dont la vie était incertaine et la mort assurée.

PAROLE. C'est cela ; vous dites bien ; c'est comme cela que je l'aurais dit.

LAFEU. Je puis dire avec vérité que c'est véritablement une nouveauté dans le monde.

PAROLE. C'est vrai, et ceux qui voudront en prendre connaissance la trouveront, — dites-moi donc l'endroit ?

LAFEU. C'est un drame divin joué par un acteur terrestre.

PAROLE. C'est justement ce que j'aurais dit ; c'est cela même.

LAFEU. Par ma foi, le Dauphin n'est pas plus vigoureux ; je veux dire sous le rapport, —

PAROLE. Oh ! c'est étrange ! très-étrange ! voilà tout ce que je puis dire ; et celui-là devra être d'un esprit bien pervers, qui ne reconnaîtra pas dans cet événement, —

LAFEU. L'œuvre du ciel.

PAROLE. C'est justement ce que je dis,

LAFEU. Par les mains du plus faible, —

PAROLE. Et du plus débile ministre a éclaté la puissance la plus grande et la plus transcendante ; ce qui, indépendamment de la guérison du roi, est une raison pour que nous soyons —

LAFEU. Universellement reconnaissants.

Entrent LE ROI *et sa suite, et* HÉLÈNE.

PAROLE. C'est ce que je voulais dire ; vous avez fort bien dit. Voici le roi.

LAFEU. Gaillard et ingambe, par ma foi ! — Tant qu'il me restera une dent dans la bouche, j'en aimerai mieux les jeunes filles. Comment donc, mais c'est qu'il est capable de danser un galop[1] !

PAROLE. Mort du vinaigre ! n'est-ce pas Hélène que je vois ?

LAFEU. Pardieu ! je pense que c'est elle.

LE ROI, *à un de ses gens.* Allez, faites venir ici tous les seigneurs qui sont à ma cour. — (*Le Domestique sort.*) — (*A Hélène.*) Ma libératrice, asseyez-vous auprès de votre malade, et de cette main rajeunie à laquelle vous avez rendu le mouvement et la vie, recevez pour la seconde fois la confirmation de ma promesse. Je suis prêt à vous faire le don que vous aurez choisi, et j'attends que vous le nommiez.

Entrent PLUSIEURS SEIGNEURS.

LE ROI, *continuant.* Jeune fille, promenez autour de vous vos regards ; je puis disposer de tous ces nobles bacheliers ; j'ai sur eux les droits d'un souverain et d'un père ; faites librement votre choix ; vous avez le pouvoir de choisir, ils n'ont pas celui de refuser.

HÉLÈNE. Que le sort fasse échoir à chacun de vous une belle et vertueuse maîtresse, quand il plaira à l'amour ! — à chacun, hormis un seul.

LAFEU. Je donnerais mon cheval bai tout caparaçonné pour être aussi vert que ces jeunes damoiseaux, et pour n'avoir pas plus de barbe au menton.

LE ROI. Regardez-les bien ; il n'en est pas un qui ne soit de noble race.

HÉLÈNE. Messieurs, le ciel a, par mes mains, rendu la santé au roi.

TOUS. Nous le savons, et nous en rendons grâces au ciel.

HÉLÈNE. Je ne suis qu'une jeune et simple vierge, et c'est là ma plus grande richesse ; je répète que je ne suis qu'une simple vierge. — Sous le bon plaisir de votre majesté, j'ai déjà fini ; la rougeur est sur mon visage, et semble me dire : « Je rougis de l'obligation où tu es de choisir ; mais si l'on te refuse, que la pâleur de la mort reste pour toujours sur ton visage, je n'y reparaîtrai plus. »

LE ROI. Faites votre choix : quiconque refusera votre amour, perdra le mien.

---

[1] *A coranto,* une courante ; on voit que notre galop moderne date de loin. *Nil novi sub sole.*

HÉLÈNE. Maintenant, ô Diane! je déserte tes autels, et c'est vers l'Amour, vers ce Dieu puissant, que s'adressent mes soupirs. — (*A un des Seigneurs.*) Seigneur, êtes-vous disposé à écouter ma requête?

PREMIER SEIGNEUR. Et à vous l'accorder.

HÉLÈNE. Je vous rends grâces, seigneur; je n'ai plus rien à vous dire.

Pendant le dialogue entre Hélène et les Seigneurs de la cour, Lafeu et Parole s'entretiennent à quelque distance; ils voient la pantomime des acteurs, sans entendre leurs paroles.

LAFEU, *à Parole.* J'aimerais mieux être l'objet de son choix que de jouer ma vie à croix ou pile.

HÉLÈNE, *à un autre Seigneur.* Seigneur, la noblesse qui étincelle dans vos beaux yeux me fait une réponse menaçante avant même que j'aie parlé. Puisse l'Amour vous faire une fortune vingt fois plus haute que celle de la personne qui forme pour vous ce vœu, et que son humble amour.

DEUXIÈME SEIGNEUR. Je n'aspire à rien de mieux qu'elle, avec votre permission.

HÉLÈNE. Agréez mon vœu! Puisse l'Amour l'accomplir; sur ce, je prends congé de vous.

LAFEU, *à Parole.* Est-ce qu'ils la refusent tous? S'ils étaient mes fils, je les ferais fouetter ou je les enverrais au grand Turc pour en faire des eunuques.

HÉLÈNE, *à un troisième Seigneur.* Ne vous effrayez pas si je prends votre main; je ne vous ferai jamais avec intention aucun mal: que tous vos vœux soient exaucés! Et si jamais vous vous mariez, puisse le ciel vous accorder mieux que moi!

LAFEU. Ces jeunes gens sont de glace; aucun d'eux ne veut d'elle; assurément ce sont des bâtards des Anglais; il n'est pas possible qu'ils aient eu des Français pour pères.

HÉLÈNE, *à un quatrième Seigneur.* Vous êtes trop jeune, trop heureux, et trop noble, pour vouloir un fils formé de mon sang.

QUATRIÈME SEIGNEUR. Beauté charmante, je ne pense pas ainsi.

LAFEU. Voilà encore une bonne grappe. — Je suis sûr que ton père buvait du vin, — mais si tu n'es pas un âne, je suis un écolier de quatorze ans; je te connais.

HÉLÈNE, *à Bertrand.* Je n'ose dire que je vous choisis;

mais je voue ma vie à vous servir et me place toute entière sous votre direction et votre pouvoir. — Voilà mon époux.

LE ROI. Eh bien, jeune Bertrand, prends-la; elle est ta femme.

BERTRAND. Ma femme, mon souverain seigneur? Je supplie votre majesté de permettre que dans une affaire de cette nature je m'en rapporte à mes propres yeux.

LE ROI. Ne sais-tu pas, Bertrand, ce qu'elle a fait pour moi?

BERTRAND. Sire, je le sais; mais j'ignore pourquoi je dois l'épouser.

LE ROI. Tu sais qu'elle m'a retiré de mon lit de douleur.

BERTRAND. Mais s'ensuit-il, seigneur, que mon malheur doive payer le prix de votre guérison? Je la connais parfaitement; elle a été élevée à la charge de mon père. Moi! j'épouserais la fille d'un pauvre médecin! — Que plutôt je sois à jamais déshonoré!

LE ROI. Ce qui en elle excite ton dédain, c'est l'absence de titres; qu'à cela ne tienne, je puis lui en donner. Chose étrange! si l'on mêlait ensemble nos sangs divers, il serait impossible de les distinguer par la couleur, le poids ou la chaleur; comment se fait-il donc qu'une différence si grande les sépare? S'il est vrai qu'elle soit tout ce qu'il y a au monde de plus vertueux, si elle n'a contre elle que sa qualité de fille d'un pauvre médecin, c'est la vertu que tu dédaignes, pour un vain nom. Mais n'agis point ainsi. Quand la vertu éclate dans un rang obscur, l'action vertueuse ennoblit son auteur. Là où il n'y a que des titres et point de vertu, l'illustration n'est que factice. Le bien et le mal sont bons ou mauvais par eux-mêmes, indépendamment des qualifications qu'on leur donne. Ce n'est pas le nom, mais la qualité d'une chose qui constitue sa valeur. Hélène a en partage jeunesse, beauté, vertu; ces biens, elle les a hérités en ligne directe de la nature, et leur possession est honorable : ce qui ne l'est pas, c'est de se glorifier d'être fils de l'honneur, et de ne pas ressembler à son père; la distinction la plus glorieuse est celle que nous devons à nos actes, et non celle que nos aïeux nous ont transmise. Les titres sont de vains mots prodigués sur les tombes; c'est un trophée menteur qui décore la première sépulture venue, tandis que souvent la poussière et un indigne oubli recouvrent les cendres les plus vertueuses. Que te dirai-je? Si cette jeune personne te convient pour femme, je puis créer le

ACTE II, SCENE III.

reste; elle t'apporte en dot sa personne et sa vertu; j'y joindrai les titres et la fortune.

BERTRAND. Je ne puis l'aimer, et je ne ferai pas d'efforts pour y parvenir.

LE ROI. Il serait honteux pour toi que cela te coûtât le moindre effort.

HÉLÈNE. Sire, je suis heureuse de vous voir parfaitement rétabli; ne parlons plus du reste.

LE ROI. Mon honneur est compromis; pour le degager, je suis dans la nécessité de déployer mon pouvoir. Allons, prends sa main, jeune orgueilleux, indigne d'un tel don; toi, qui dans tes insultants dédains repousses mon affection et son mérite; toi qui ne soupçonnes pas qu'en mettant avec elle ma faveur dans la balance, ton poids sera trouvé bien léger; toi qui ne veux pas voir qu'il dépend de nous de transplanter tes honneurs là où il nous plaira de les faire croître. Contiens tes mépris; obéis à notre volonté qui travaille pour ton bien; n'écoute pas un vain orgueil; mais, dans l'intérêt de ta fortune, montre sur-le-champ l'obéissance que ton devoir te prescrit et que tu dois à mon autorité; sinon, je te retire pour jamais ma sollicitude, et t'abandonne aux vertiges et aux erreurs de la jeunesse et de l'ignorance; ma vengeance et ma haine s'appesantiront justement et sans miséricorde sur ta tête. Parle: j'attends ta réponse.

BERTRAND. Pardon, mon gracieux souverain; je soumets à vos yeux mon imagination : quand je considère tous les biens dont vous êtes la source, et quel immense lot d'honneur s'attache où vous l'ordonnez, je ne trouve plus rien à reprendre dans la jeune fille qu'un noble orgueil me faisait dédaigner; le suffrage du roi lui tient lieu de naissance.

LE ROI. Prends-la par la main, et dis-lui qu'elle est tienne; je te promets de combler l'intervalle entre sa fortune et la tienne, ou d'ajouter considérablement à cette dernière.

BERTRAND. Je prends sa main.

LE ROI. Que le bonheur et la faveur du roi sourient à ce contrat : la cérémonie suivra immédiatement le consentement des parties, et aura lieu dès ce soir; la fête sera différée jusqu'à l'arrivée de nos amis absents. Bertrand, si tu l'aimes, ce sera un hommage sacré rendu à ton roi; autrement tu serais coupable.

Le Roi sort avec sa suite, suivi de Bertrand, d'Hélène et des Seigneurs.

LAFEU. Écoutez, monsieur ; un mot, s'il vous plaît.

PAROLE. Qu'y a-t-il pour votre service ?

LAFEU. Votre seigneur et maître a bien fait de se rétracter.

PAROLE. Se rétracter ? — Mon seigneur et maître ?

LAFEU. Oui, est-ce que je ne parle pas un langage intelligible ?

PAROLE. Un langage bien rude à l'oreille, et qu'on ne peut comprendre sans qu'il s'en suive une effusion de sang. Mon maître ?

LAFEU. Êtes-vous le camarade et l'égal du comte de Roussillon ?

PAROLE. De quelque comte que ce soit, de tous les comtes, de tout ce qui est homme.

LAFEU. De tout ce qui est le valet du comte ; quant à être l'égal du maître lui-même, c'est autre chose.

PAROLE. Vous êtes trop vieux, seigneur ; qu'il vous suffise de savoir que vous êtes trop vieux.

LAFEU. Je te dirai, mon bel ami, que j'ai qualité d'homme, c'est à quoi l'âge ne te fera jamais parvenir.

PAROLE. Ce que j'oserais bien, je n'ose pas le faire.

LAFEU. Pendant deux repas, je t'ai pris pour un homme tolérablement pourvu de sens : tu débitais assez bien tes voyages ; cela pouvait passer ; toutefois, aux pavillons dont tu étais pavoisé, je soupçonnais fort que tu devais être un navire de médiocre tonnage. — Je t'ai trouvé à présent ; quand je te perdrais, cela me serait égal ; c'est tout au plus si tu mérites qu'on se baisse pour te ramasser.

PAROLE. Si vous n'aviez pas le privilége de l'âge pour vous protéger, —

LAFEU. Ne te plonge pas trop avant dans la colère, de peur de hâter le moment de l'épreuve ; — et si une fois, — que Dieu ait pitié d'un poltron tel que toi ! Adieu donc, porte percée à jour ; je n'ai pas besoin de t'ouvrir, je vois à travers. Donne-moi la main.

PAROLE. Seigneur, vous m'outragez d'une manière indigne.

LAFEU. Oui, de tout mon cœur, et tu le mérites.

PAROLE. Seigneur, je ne l'ai pas mérité.

LAFEU. Oh ! de tout point, et je n'en rabattrai pas un atome.

PAROLE. Fort bien, j'en deviendrai plus sage.

ACTE II, SCÈNE III.

LAFEU. Le plus tôt que tu pourras sera le mieux ; car tu as furieusement à virer de bord. Si jamais on te lie dans ton écharpe, et qu'on te batte par dessus le marché, tu sauras alors ce que c'est que d'allier la fierté à la servitude. J'ai envie de continuer notre connaissance, ou plutôt l'étude que je fais de toi, afin de pouvoir dire dans l'occasion : « Voilà un homme que je connais. »

PAROLE. Seigneur, vous me vexez d'une manière intolérable.

LAFEU. Je voudrais t'infliger les peines de l'enfer, et pouvoir continuer éternellement ton supplice ; mais ma vigueur passe comme je passe devant toi, aussi vite que l'âge me le permet.

Il sort.

PAROLE, *seul.* Allons, tu as un fils sur lequel je me laverai de cet affront, hideux et dégoûtant vieillard. — Allons, soyons patient ; ces grands seigneurs ont leurs coudées franches. Si jamais une occasion favorable se présente, je le battrai sur ma vie, fût-il deux fois plus grand seigneur qu'il n'est. Je n'aurai pas plus d'égard pour son âge que si c'était, — oh ! je le battrai, si jamais je le rencontre.

Rentre LAFEU.

LAFEU. L'ami, votre seigneur et maître est marié, je vous l'annonce : vous avez une nouvelle maîtresse.

PAROLE. Je prie instamment votre seigneurie de vouloir bien m'épargner ces insultes. Le comte est mon bienveillant seigneur ; mais je n'ai de maître que celui que je sers là-haut.

LAFEU. Qui ? Dieu ?

PAROLE. Oui, seigneur.

LAFEU. C'est le diable qui est ton maître. Pourquoi croises-tu tes bras de cette manière ? veux-tu faire de tes manches une paire de chausses ? Les autres valets en font-ils autant ? sur mon honneur, si j'étais de deux heures seulement plus jeune, je te battrais : à mon avis, tu es un objet d'aversion universelle, et chacun devrait te fustiger ! Il me semble que tu as été créé tout exprès pour servir de but aux nazardes.

PAROLE. Ce traitement est dur et bien peu mérité, seigneur.

LAFEU. Allons donc : tu as été battu en Italie pour avoir enlevé un pépin d'une grenade ; tu es un vagabond et non un voyageur ; tu es plus effronté envers les seigneurs et autres personnages honorables que ne t'y autorise l'écusson de ta naissance et de tes qualités. Tu ne mérites pas un seul mot de plus, sans quoi je t'appellerais drôle. Je te laisse.

Il sort.

Entre BERTRAND.

PAROLE. Bon, bon ! c'est cela, — bon, bon ! gardons la chose secrète pendant quelque temps.

BERTRAND. Perdu pour jamais, et condamné à d'éternels soucis.

PAROLE. Qu'avez-vous, mon cher ami ?

BERTRAND. Quoique je l'aie solennellement acceptée pour femme, en présence du prêtre, je ne partagerai jamais son lit.

PAROLE. Quoi ? qu'y a-t-il, mon cher ami ?

BERTRAND. O mon cher Parole ! ils m'ont marié. Je veux partir pour la guerre de Toscane, et jamais mon lit ne la recevra.

PAROLE. La France est un vrai chenil, elle ne mérite pas d'être foulée par les pieds d'un honnête homme. A la guerre !

BERTRAND. Voici des lettres de ma mère ; j'en ignore encore le contenu.

PAROLE. Il faudrait le savoir. A la guerre, mon enfant, à la guerre ! Il tient son honneur renfermé dans une boîte, celui qui reste chez lui auprès de sa moitié, dépensant dans ses bras la vigueur virile qui devrait lui servir à maîtriser les bonds et la fougue de l'ardent coursier de Mars. Partons pour d'autres climats ! La France est une étable, et nous qui y restons de vraies rosses. Allons donc, à la guerre !

BERTRAND. Oui, j'irai ; je la renverrai chez moi ; j'informerai ma mère de ma haine pour elle et du motif de ma fuite ; j'écrirai au roi ce que je n'ose lui dire : les dons qu'il vient de me faire me défrayeront dans ces guerres d'Italie où tant de braves sont allés combattre : la guerre est un état paisible, comparée à un foyer qu'on abhorre, à une femme qu'on déteste.

PAROLE. Êtes-vous bien sûr que cette fantaisie durera ?

BERTRAND. Venez avec moi dans ma chambre ; vous me conseillerez. Je veux la renvoyer sur-le-champ ; demain je pars pour l'Italie et l'abandonne à sa douleur solitaire.

PAROLE. A la bonne heure, voilà des balles qui rebondissent et qui sont sonores. — Cela est dûr. Un jeune homme qui se marie est un homme perdu. Partons donc, et abandonnons-la le plus joliment du monde ; allons, le roi vous a joué là un vilain tour ; mais, chut ! c'est comme cela.

Ils sortent

SCÈNE IV.

Un autre appartement dans le même palais.

Entrent HÉLÈNE et LE BOUFFON.

HÉLÈNE. Ma mère m'envoie ses compliments affectueux ; se porte-t-elle bien ?

LE BOUFFON. Elle ne se porte pas bien, et pourtant elle est en bonne santé ; elle est très-gaie, et cependant elle n'est pas bien ; mais grâce à Dieu, elle est fort bien, et rien ne lui manque dans ce monde ; mais cela n'empêche pas qu'elle n'est pas bien.

HÉLÈNE. Si elle est bien, quel mal a-t-elle donc qui l'empêche d'être bien ?

LE BOUFFON. En vérité, elle est fort bien, à deux choses près.

HÉLÈNE. Quelles sont ces deux choses ?

LE BOUFFON. L'une, qu'elle n'est pas dans le ciel, où Dieu veuille qu'elle aille promptement ! l'autre, qu'elle est sur la terre, d'où le ciel veuille promptement la retirer !

Entre PAROLE.

PAROLE. Dieu vous bénisse, heureuse dame !

HÉLÈNE. Je me flatte, seigneur, que mon bonheur a votre aveu.

PAROLE. Vous avez mes vœux pour qu'il aille toujours en augmentant, et mes vœux encore pour qu'il dure. — (*Au Bouffon.*) Ah ! te voilà, drôle ! comment se porte notre vieille dame ?

LE BOUFFON. Pourvu que vous ayez ses rides et moi son argent, je voudrais qu'elle fût comme vous dites.

PAROLE. Mais je ne dis rien.

LE BOUFFON. Vous n'en faites que plus sagement ; car souvent la langue d'un homme cause sa ruine. Ne rien lire, ne rien faire, ne rien savoir et ne rien avoir, c'est là une grande partie de votre mérite, qui est à peu près l'équivalent de rien.

PAROLE. Arrière ! tu es un drôle.

LE BOUFFON. Vous auriez dû dire que je suis un drôle parlant à un drôle ; c'eût été la vérité.

PAROLE. Allons, tu es un fou spirituel; je t'ai trouvé.

LE BOUFFON. M'auriez-vous par hasard trouvé en vous? ou bien vous a-t-on chargé de me trouver? La recherche n'a pas été infructueuse. Puissiez-vous trouver qu'en vous le fou abonde, au grand contentement du monde, et au redoublement notoire de son rire!

PAROLE. Un drôle avisé, ma foi, et bien nourri. — (*A Hélène.*) Madame, mon seigneur part ce soir; une affaire des plus sérieuses l'appelle. Il sait ce qu'il vous doit; il reconnaît les devoirs que l'amour lui impose, mais il est forcé d'en ajourner l'accomplissement. Cette abstinence et ces délais seront rachetés plus tard par d'ineffables délices; le bonheur qui suivra n'en sera que plus doux, et la coupe du plaisir s'emplira jusqu'aux bords.

HÉLÈNE. Qu'exige-t-il de moi?

PAROLE. Que vous preniez immédiatement congé du roi, en donnant cette détermination comme venant de vous et la colorant des prétextes les plus plausibles que vous pourrez trouver.

HÉLÈNE. Qu'ordonne-t-il encore?

PAROLE. Qu'après avoir obtenu cela, vous attendiez ses ordres ultérieurs.

HÉLÈNE. Ses volontés seront exécutées ponctuellement.

PAROLE. Je vais le lui dire.

HÉLÈNE. Je vous en prie. — (*Au Bouffon.*) Viens, toi!

Ils sortent.

SCÈNE V.

Un autre appartement dans le même château.

Entrent LAFEU et BERTRAND.

LAFEU. J'espère bien que votre seigneurie ne le prend pas pour un guerrier.

BERTRAND. Oui, certes, pour un guerrier vaillant, et qui a fait ses preuves.

LAFEU. Vous le tenez de lui-même.

BERTRAND. Et d'autres témoignages incontestables.

LAFEU. Alors mon cadran va mal; j'avais pris ce pinson pour une fauvette.

BERTRAND. Je vous assure, seigneur, que c'est un homme fort instruit et non moins brave.

LAFEU. En ce cas, j'ai péché contre ses lumières, et transgressé contre sa valeur; mon état est d'autant plus dangereux, que j'ai beau interroger ma conscience, je n'y trouve pas le moindre repentir. Le voici qui vient; réconciliez-nous, je vous prie, je veux rechercher son amitié.

Entre PAROLE.

PAROLE, *à Bertrand*. Cela sera exécuté, seigneur.

LAFEU, *à Parole*. Pourriez-vous me dire quel est son tailleur?

PAROLE. Seigneur?

LEFEU. Oh! je le connais bien; oh! oui, c'est un excellent artiste, un fort bon tailleur.

BERTRAND, *à part, à Parole*. A-t-elle été trouver le roi?

PAROLE. Oui, seigneur.

BERTRAND. Partira-t-elle ce soir?

PAROLE. Comme vous l'aurez décidé.

BERTRAND. J'ai écrit mes lettres, enfermé mes trésors dans ma cassette, commandé nos chevaux; et ce soir, à l'heure où je devrais prendre possession de ma fiancée, où je devrais...

LAFEU. C'est quelque chose qu'un voyageur honnête homme à la fin d'un repas; mais celui qui ment dans les trois tiers de ses récits, et qui se sert d'une vérité connue pour faire passer des milliers de riens, celui-là mérite qu'on l'entende une fois, et qu'on le batte trois. — Dieu vous garde, capitaine!...

BERTRAND. S'est-il passé quelque chose de désobligeant entre ce seigneur et vous, monsieur?

PAROLE. Je ne sais pas en quoi j'ai pu tomber dans la disgrâce de ce noble seigneur.

LEFEU. Vous y êtes tombé en plein avec armes et bagages, et après vous en être dépêtré, vous fuirez à toutes jambes sans demander votre reste.

BERTRAND. Il se pourrait que vous vous fussiez mépris sur son compte.

LAFEU. Et c'est ce qui m'arrivera toujours, dussé-je le surprendre en prières. Adieu, seigneur, et croyez-moi, il ne saurait y avoir d'amande dans cette coquille légère; son âme est dans ses habits; ne vous fiez point à lui en matières importantes: j'ai apprivoisé de ces animaux-là, et je connais leur nature. (*A Parole.*) Adieu, monsieur; j'ai mieux parlé de vous que vous ne l'avez mérité et que vous ne le mériterez jamais; mais nous devons rendre le bien pour le mal.

Il sort.

PAROLE. C'est une tête peu sensée.

BERTRAND. C'est ce que je crois.

PAROLE. Comment!..... est-ce que vous ne le connaissez pas?

BERTRAND. Si fait, je le connais parfaitement; il jouit d'une bonne réputation. — Voici venir mon tourment.

Entre HÉLÈNE.

HÉLÈNE. Seigneur, suivant l'ordre que vous m'en avez donné, j'ai parlé au roi, et obtenu de lui la permission de partir immédiatement; seulement il désire vous entretenir en particulier.

BERTRAND. J'obéirai à sa volonté. Ne vous étonnez pas, Hélène, de mon procédé qui ne paraît s'accorder ni avec les circonstances ni avec les devoirs qu'elles m'imposent : je n'étais point préparé à cette union; voilà ce qui cause le désordre et la confusion où vous me voyez. Ceci m'oblige à vous prier de vous mettre immédiatement en route pour retourner chez moi; ne me demandez pas pourquoi j'exige cela de vous; contentez-vous de le deviner; car mes raisons sont meilleures qu'elles ne le semblent, et les nécessités qui me dominent sont plus grandes qu'elles ne vous le paraissent à la première vue, vous qui ne les connaissez pas. Voici pour ma mère. (*Il lui remet une lettre.*) Il s'écoulera deux jours avant que je vous voie; ainsi je vous laisse à la direction de votre prudence.

HÉLÈNE. Seigneur, tout ce que je puis dire, c'est que je suis votre très-obéissante servante.

BERTRAND. Allons, allons, ne parlons plus de cela.

HÉLÈNE. Et tant que je vivrai, je m'efforcerai d'acquérir ce qui me manque et ce que mon humble étoile m'a refusé, pour être au niveau de ma haute fortune.

BERTRAND. Laissons cela, je suis très-pressé : adieu; rendez-vous chez moi.

HÉLÈNE. Je vous prie de m'excuser, seigneur, si...

BERTRAND. Eh bien! que voulez-vous dire?

HÉLÈNE. Je ne mérite pas le trésor que je possède; je n'ose

dire qu'il est mien, et cependant il l'est..... mais comme un voleur craintif, je voudrais dérober ce qui m'appartient légitimement.

BERTRAND. Que voulez-vous?

HÉLÈNE. Quelque chose, — peu de chose, — rien. — Je n'ose vous dire ce que je voudrais, — seigneur, — mais non, — des étrangers, des ennemis se séparent; ils ne s'embrassent pas.

BERTRAND. Ne perdez pas de temps, je vous prie; à cheval au plus vite.

HÉLÈNE. Je n'enfreindrai point vos ordres, seigneur.

BERTRAND, à *Parole*. Où est le reste de mes gens, monsieur? — (*A Hélène.*) Adieu.

Hélène sort.

BERTRAND, *continuant.* Va dans mon château, où je ne remettrai jamais les pieds, tant que je pourrai tenir l'épée ou entendre le tambour. — Partons, et quittons la France!

PAROLE. Bravo! courage!

Ils sortent.

ACTE TROISIÈME.

SCÈNE I.

Florence. — Un appartement dans le palais du Duc. — Bruit de fanfares.

Entre LE DUC DE FLORENCE, avec sa suite. DEUX SEIGNEURS FRANÇAIS et quelques autres l'accompagnent.

LE DUC. Ainsi, vous venez d'entendre de point en point les raisons fondamentales de cette guerre, dont les graves intérêts ont déjà fait couler beaucoup de sang et en feront répandre encore.

PREMIER SEIGNEUR. La justice et le droit semblent être de votre côté; les torts et l'iniquité du côté de vos adversaires.

LE DUC. Aussi sommes-nous on ne peut plus étonnés que, dans de telles circonstances, notre cousin de France ferme son cœur aux demandes de secours que nous lui avons adressées.

DEUXIÈME SEIGNEUR. Seigneur, je ne suis pas initié aux secrets de notre gouvernement, et je ne puis vous en parler qu'en homme qui arrange les augustes conseils des rois d'après ses notions imparfaites ; je serais donc fort embarrassé de vous dire ce que j'en pense, attendu qu'en ces matières je me suis presque toujours trompé dans mes conjectures.

LE DUC. Que le roi de France en agisse comme il lui plaira.

DEUXIÈME SEIGNEUR. Du reste, j'ai la certitude que chaque jour vous verrez accourir quelques-uns de nos jeunes gentilshommes que le repos fatigue, et qui viendront chercher ici un remède à leur ennui.

LE DUC. Ils seront les bienvenus, et tous les honneurs dont nous pourrons disposer seront leur partage. Vous connaissez vos postes ; vous remplacerez dans le commandement les premiers qui tomberont demain au champ de bataille.

Bruit de fanfares. Il sortent.

SCÈNE II.

Le Roussillon. — Un appartement dans le palais de la Comtesse.

Entrent LA COMTESSE et LE BOUFFON.

LA COMTESSE. Tout s'est passé comme je le désirais, sauf qu'il ne revient point avec elle.

LE BOUFFON. Sur ma parole, mon jeune maître me semble un homme fort mélancolique.

LA COMTESSE. Sur quoi le juges-tu ainsi ?

LE BOUFFON. C'est que, voyez-vous, il regarde sa botte et chante ; il en rajuste le revers et chante ; il fait une question et chante ; il se cure les dents et chante ; je connais un homme qui, atteint de ce genre de mélancolie, a vendu un fort beau domaine pour une chanson.

LE COMTESSE. Voyons ce qu'il écrit, et quand il compte revenir.

Elle ouvre la lettre.

LE BOUFFON. Je n'ai plus de goût pour Isabeau depuis que j'ai été à la cour ; nos Isabeau de campagne ne sont rien, comparées aux Isabeau de la cour ; mon Cupidon n'a plus de cervelle, et je commence à aimer comme un vieillard aime l'argent, sans appétit.

LE COMTESSE. Qu'avons-nous ici ?

LE BOUFFON. Ce que vous avez là.

Il sort.

LA COMTESSE, *seule*, *lisant.* « Je vous envoie une bru ;
» elle a guéri le roi, et moi elle m'a perdu. Je l'ai épousée ;
» mais elle n'a point partagé mon lit, et j'ai juré de rendre ce
» refus éternel. On vous apprendra que je me suis enfui de
» France : avant qu'on vous le dise, je me hâte de vous en in-
» former. Pourvu que le monde soit suffisamment large, je ne
» saurais mettre entre elle et moi trop de distance. Agréez mes
» devoirs. Votre infortuné fils, BERTRAND. »

C'est mal à toi, jeune homme imprudent et sans frein, de fuir les faveurs d'un si bon roi, et d'attirer son indignation sur ta tête, en méprisant une fille vertueuse, digne des respects d'un monarque.

Rentre LE BOUFFON.

LE BOUFFON. O madame ! il y a de tristes nouvelles que nous apportent deux militaires et ma jeune maîtresse.

LA COMTESSE. De quoi s'agit-il ?

LE BOUFFON. Oh ! il y a aussi quelque chose de consolant dans ces nouvelles ; il y a quelque chose de consolant ; votre fils ne sera pas tué sitôt que je le croyais.

LA COMTESSE. Pourquoi serait-il tué ?

LE BOUFFON. C'est ce que je dis, madame, s'il est vrai qu'il soit décampé, comme on l'assure ; le danger consiste à tenir tête de pied ferme ; c'est ce qui cause la mort de bien des hommes, et par contre, la naissance de bien des enfants. Les voilà qui viennent ; ils vous en diront davantage : pour ma part, tout ce que j'ai entendu dire, c'est que votre fils est décampé.

Le Bouffon sort.

Entrent HÉLÈNE et DEUX GENTILSHOMMES.

PREMIER GENTILHOMME. Dieu vous garde, madame !

HÉLÈNE. Madame, monseigneur est parti, parti pour toujours.

DEUXIÈME GENTILHOMME. Ne dites pas cela.

LA COMTESSE. Armez-vous de patience. Messieurs, j'ai éprouvé de si nombreuses alternatives de joie et de douleur, qui ni l'une ni l'autre ne sauraient à la première secousse ébranler mon âme. — Où est mon fils, je vous prie ?

DEUXIÈME GENTILHOMME. Madame il est parti pour servir dans l'armée du duc de Florence. Nous l'avons rencontré se dirigeant vers ce pays d'où nous venons nous-mêmes, et où, après avoir expédié à la cour quelques affaires, nous comptons retourner.

HÉLÈNE. Jetez les yeux sur cette lettre, madame; voilà mon passe-port. (*Elle lit.*) « Quand tu auras obtenu de moi l'an-
» neau que je porte au doigt, et qui ne me quittera jamais ;
» quand tu me montreras un enfant de mes œuvres, et dont
» je sois le père, alors appelle-moi ton époux; mais cet alors
» là ne sera jamais. » C'est là une phrase terrible.

LA COMTESSE. Avez-vous apporté cette lettre, messieurs ?

PREMIER GENTILHOMME. Oui, madame; et d'après ce qu'elle contient, nous regrettons la peine que nous avons prise.

LA COMTESSE. Chère Hélène, veuille reprendre courage; si tu gardes pour toi seule toutes les douleurs, tu m'en voles la moitié. Il était mon fils; mais j'efface son nom de mon cœur, et je n'ai d'enfant que toi. — C'est donc vers Florence qu'il s'est dirigé ?

DEUXIÈME GENTILHOMME. Oui, madame.

LA COMTESSE. Pour embrasser la carrière des armes ?

DEUXIÈME GENTILHOMME. Tel est son noble dessein : et croyez-moi, le roi lui conférera tous les honneurs dont il pourra disposer en sa faveur.

LA COMTESSE. Retournez-vous dans ce pays ?

PREMIER GENTILHOMME. Oui, madame, sur les ailes de la célérité la plus rapide.

HÉLÈNE, *lisant*. « Jusqu'à ce que je n'aie plus de femme,
» la France ne me sera rien. »

LA COMTESSE. Cela est-il dans sa lettre ?

HÉLÈNE. Oui, madame.

PREMIER GENTILHOMME. Ce ne peut être qu'un écart de sa main, auquel son cœur n'a point participé.

LA COMTESSE. La France ne lui sera rien jusqu'à ce qu'il n'ait plus de femme ! Il n'y a personne ici qui soit trop bon pour lui, elle seule exceptée ; elle mérite d'avoir pour époux un seigneur servi par une vingtaine de jeunes étourdis comme lui, proclamant à toute heure leur souveraine maîtresse. qui était avec lui ?

PREMIER GENTILHOMME. Un domestique seulement, et un gentilhomme que j'ai connu autrefois.

LA COMTESSE. N'était-ce pas Parole ?

PREMIER GENTILHOMME. Lui-même, madame.

LA COMTESSE. Un drôle des plus vicieux et plein de scélératesse. Ses conseils corrompent l'excellente nature de mon fils.

PREMIER GENTILHOMME. Effectivement, madame, cet homme a une ample provision de mauvaises qualités dont il sait tirer bon parti.

LA COMTESSE. Vous êtes les bienvenus, messieurs; je vous prie, quand vous verrez mon fils, de lui dire que son épée ne saurait jamais lui reconquérir l'honneur qu'il a perdu; je vous prierai en outre de vouloir bien vous charger d'une lettre pour lui.

DEUXIÈME GENTILHOMME. Nous sommes à vos ordres, madame, pour cela, comme aussi pour toutes les affaires dont vous voudrez bien nous charger.

LA COMTESSE. Ce sera donc à titre de revanche. Voulez-vous venir?

La Comtesse et les deux Gentilshommes sortent.

HÉLÈNE, *seule. Jusqu'à ce que je n'aie plus de femme, la France ne me sera rien!* La France ne lui sera rien jusqu'à ce qu'il n'ait plus de femme. Tu n'en auras pas, comte de Roussillon, tu n'en auras pas en France; dès lors la France redeviendra tout pour toi. Malheureux comte! c'est donc moi qui te chasse de ton pays et qui expose tes membres délicats aux chances de la guerre qui n'épargne personne! c'est moi qui t'exile d'une cour charmante, où tu servais de point de mire aux œillades des belles, pour t'exposer en but aux balles des mousquets! O toi, messager de mort, plomb meurtrier qui voles sur des ailes de feu, détourne-toi de ton but; perce l'air en sifflant, et ne touche pas mon époux! Qui que ce soit qui tire sur lui, c'est moi qui dirige le tube fatal; qui que ce soit qui dirige le fer contre sa poitrine, c'est moi, misérable, qui la présente à ses coups; et sans le tuer, je suis la cause de sa mort. Ah! que plutôt je me trouve face à face avec le lion féroce, alors que la faim lui arrache d'affreux rugissements; que plutôt toutes les calamités que la nature tient en réserve pleuvent à la fois sur moi! Non, reviens, comte de Roussillon, reviens de ces lieux où la gloire ne s'acquiert qu'au prix d'une blessure et souvent même de la vie. Je vais partir; c'est mon séjour en ces lieux qui t'en tient éloigné. Y resterai-je dans ce but? Non, non, quand on y respirerait l'air du paradis, quand on y serait servi par les anges. Je vais partir, afin que la triste nouvelle de ma fuite aille consoler ton oreille. Accours, ô nuit! jour, hâte-toi de finir! Infortunée, je veux m'éloigner furtivement à la faveur des ombres.

Elle sort.

SCÈNE III

Bruit de fanfares.

Florence. — Devant le palais ducal.

Arrivent LE DUC DE FLORENCE, BERTRAND, Seigneurs, Officiers, Soldats et autres.

LE DUC. Je vous confie le commandement de notre cavalerie, et je fonde de grandes espérances sur les succès que vous promet la fortune.

BERTRAND. Seigneur, c'est une charge au-dessus de mes forces; toutefois, je ferai mon possible, à tout événement, pour justifier votre choix.

LE DUC. Partez donc; et puisse la fortune, caressante maîtresse, sourire à vos heureux efforts!

BERTRAND. A dater d'aujourd'hui, ô Mars! je me range sous tes étendards; égale seulement mes actes à ma volonté, et tu trouveras en moi un amant de la guerre, un ennemi de l'amour.

Ils s'éloignent.

SCÈNE IV.

Le Roussillon. — Un appartement dans le palais de la Comtesse.

Entrent LA COMTESSE *et* L'INTENDANT.

LA COMTESSE. Hélas! et comment avez-vous pu vous charger de sa lettre? Du moment qu'elle m'écrivait, ne pouviez-vous pas deviner qu'elle ferait ce qu'elle a fait? Relisez-la.

L'INTENDANT. « Je vais en pèlerinage à Saint-Jacques; mon
» ambitieux amour m'a rendue coupable; pour expier ma
» faute, je me suis engagée par un saint vœu à fouler pieds
» nus la terre humide et froide. Écrivez, écrivez à mon maître
» chéri, à votre fils bien-aimé, de s'éloigner du sanglant théâ-
» tre de la guerre; faites que son existence soit heureuse et
» paisible, pendant que, de mon lointain exil, je bénirai son
» nom avec une ardente ferveur: priez-le de me pardon-
» ner les fatigues et les dangers qu'il a déjà subis à cause de

» moi. Junon vindicative[1], je l'ai envoyé loin de la cour et de
» ses amis, vivre au milieu des camps, s'exposer aux dangers
» et à la mort qui marchent sur les pas des héros. Il est trop
» bon et trop beau pour la mort et pour moi ; la mort que je
» vais chercher moi-même, afin de le laisser libre. »

LA COMTESSE. Ah ! quels poignants aiguillons dans ses paroles les plus douces ! — (*A l'Intendant.*) Rinaldo, je ne vous aurais pas cru capable de la laisser ainsi partir ; si je lui avais parlé, je l'aurais détournée de son dessein ; c'est ce qu'elle a voulu éviter par son départ précipité.

L'INTENDANT. Pardonnez-moi, madame. Si je vous avais remis cette lettre avant la nuit, on aurait encore pu se mettre sur ses traces ; et toutefois elle écrit que toute poursuite serait vaine.

LA COMTESSE. Quel ange bénira cet indigne époux ? Il est impossible qu'il prospère, à moins, ô Hélène ! que tes prières, que le ciel se plaît à entendre, et aime à exaucer, ne détournent de lui la colère du juge suprême. — Écrivez, Rinaldo, à l'indigne époux d'une telle femme ; que chaque mot lui rappelle un mérite qu'il n'a point apprécié à sa juste valeur ; exprimez-lui énergiquement ma douleur profonde, dont il paraît si peu s'inquiéter. Qu'un messager lui soit immédiatement dépêché. — Quand il apprendra son départ, peut-être qu'il reviendra ; j'espère qu'elle-même, informée de son retour, hâtera aussi le sien, ramenée par le plus pur amour. Je ne sais lequel des deux m'est le plus cher. — Procurez-vous le messager. — Mon cœur est accablé de tristesse, et j'ai la faiblesse de l'âge ; la douleur me demande des larmes, et l'affliction me fait parler.

Ils sortent.

SCÈNE V.

Hors des murs de Florence. — On entend de loin un bruit de trompettes.

Arrivent UNE VIEILLE VEUVE de Florence, DIANE, VIOLENTA, MARIANNE, et plusieurs Bourgeois.

LA VEUVE. Venez, venez ; s'ils se rapprochent de la ville, nous perdrons toute la beauté du coup d'œil.

DIANE. On dit que le comte français a rendu de signalés services.

LA VEUVE. On assure qu'il a fait prisonnier le général ennemi et qu'il a tué de sa main le frère du duc. Nous avons

---

[1] Allusion aux travaux d'Hercule, entrepris pour obéir aux ordres de Junon

perdu nos peines; ils ont pris une direction opposée. Écoutez! vous pouvez en juger au son de leurs trompettes.

MARIANNE. Allons, retournons chez nous, et contentons-nous du récit qu'on nous en fera. Croyez-moi, Diane, défiez-vous de ce comte français. L'honneur d'une jeune fille fait sa gloire, et l'honnêteté est le plus riche héritage.

LA VEUVE. J'ai dit à ma voisine les démarches faites auprès de toi par un gentilhomme, ami du comte.

MARIANNE. Je connais ce drôle, un nommé Parole, que l'enfer confonde! un infâme agent que le jeune comte emploie dans ces sortes d'affaires. — Diane défiez-vous d'eux; leurs promesses, leurs offres, leurs serments, leurs cadeaux, sont des instruments de luxure qui cachent des projets différents de ceux qu'ils semblent annoncer : ils ont séduit plus d'une jeune fille; le malheur est que l'exemple redoutable du naufrage de l'innocence ne profite pas aux autres; toutes viennent se prendre dans les filets tendus pour leur ruine. Je pense n'avoir pas besoin de vous en dire davantage : j'espère que vous trouverez en vous-même la force de rester ce que vous êtes, quand vous n'auriez à craindre d'autres dangers que celui de perdre votre innocence.

DIANE. Vous pouvez être tranquille sur mon compte.

Arrive HÉLÈNE, *déguisée en pèlerine.*

LA VEUVE. Je l'espère bien. — Voici une pèlerine qui s'avance vers nous : je suis sûre qu'elle vient loger chez moi; c'est là qu'ils s'envoient les uns les autres; je vais la questionner. — Dieu vous garde, pèlerine. Quel pèlerinage avez-vous entrepris?

HÉLÈNE. Celui de Saint-Jacques le Grand. Enseignez-moi, je vous prie, où logent les pèlerins.

LA VEUVE. A l'auberge de Saint-François, ici, près de la porte de la ville.

HÉLÈNE. Est-ce là mon chemin?

On entend le bruit lointain d'une marche guerrière.

LA VEUVE. Oui. — Écoutez! ils viennent par ici. Sainte pèlerine, si vous voulez attendre que les troupes soient passées, je vous conduirai à l'endroit où vous devez loger; d'autant plus que je connais l'hôtesse comme moi-même.

HÉLÈNE. Est-ce vous?

LA VEUVE. Avec votre permission, pèlerine.

ACTE III, SCÈNE V.

HÉLÈNE. Je vous remercie, et j'attendrai ici votre loisir.

LA VEUVE. Vous venez sans doute de France?

HÉLÈNE. Effectivement.

LA VEUVE. Vous allez voir ici un de vos compatriotes qui a rendu de grands services.

HÉLÈNE. Son nom, je vous prie?

DIANE. Le comte de Roussillon. Le connaissez-vous?

HÉLÈNE. Seulement pour en avoir entendu parler; il jouit d'un grande réputation; mais je n'ai jamais vu son visage.

DIANE. Quel qu'il soit il s'est vaillamment conduit. Il s'est enfui de France, dit-on, parce que le roi l'avait marié contre son gré. Croyez-vous que cela soit vrai?

HÉLÈNE. Oui, certes, c'est la pure vérité; je connais sa femme.

DIANE. Il y a un gentilhomme de la suite du comte qui parle d'elle fort peu avantageusement.

HÉLÈNE. Quel est son nom?

DIANE. Monsieur Parole.

HÉLÈNE. Oh! je suis de son avis: sous le point de vue des qualités et du mérite, elle est si inférieure au comte lui-même, que ce n'est pas la peine d'en parler; tout son mérite, à elle, consiste dans la pureté de sa vertu, que je n'ai entendu contester par personne.

DIANE. Pauvre dame! c'est un rude esclavage que d'être la femme d'un époux qui vous déteste.

LA VEUVE. L'infortunée! en quelque lieu qu'elle soit, un poids bien douloureux doit peser sur son cœur. Cette jeune fille que vous voyez pourrait lui jouer un tour bien cruel si elle voulait.

HÉLÈNE. Que voulez-vous dire? L'amoureux comte lui fait peut-être la cour dans des vues déshonnêtes?

LA VEUVE. C'est cela même; il emploie avec elle tous les moyens qui peuvent, en pareille circonstance, flétrir l'honneur fragile d'une jeune fille; mais elle est armée contre ses attaques, et lui oppose une vertueuse défense.

MARIANNE. Dieu nous préserve qu'il en soit autrement!

En ce moment passe, tambours battant, enseignes déployées, une colonne de l'armée florentine; Bertrand et Parole en font partie.

LA VEUVE. Ils viennent; les voici. Celui-ci est Antonio, le fils aîné du duc. Celui-là est Escalus.

HÉLÈNE. Où est le Français?

DIANE. Celui que vous voyez avec un panache. C'est un brave guerrier. Pourquoi faut-il qu'il n'aime pas sa femme S'il était plus rangé, il serait bien plus aimable. — N'est-ce pas que c'est un bien bel homme?

HÉLÈNE. Je le trouve fort bien.

DIANE. C'est dommage qu'il soit si peu rangé. — (*Montrant Parole.*) Voilà le mauvais sujet qui l'entraîne à mal faire; si j'étais sa femme, j'empoisonnerais le scélérat.

HÉLÈNE. Où est-il?

DIANE. C'est ce magot en écharpe : je voudrais bien savoir ce qui lui donne un air si piteux.

HÉLÈNE. Peut-être a-t-il été blessé dans le combat.

PAROLE. Perdre notre tambour! allons.

MARIANNE. Il faut qu'il y ait quelque chose qui le vexe singulièrement : voyez; il nous a reconnues.

LA VEUVE, *faisant la révérence.* La peste l'étouffe!

MARIANNE. C'est bien la peine de faire la révérence à un entremetteur!

Bertrand et Parole s'éloignent avec la colonne.

LA VEUVE. Les troupes sont passées; venez, pèlerine; je vais vous mener à votre logement; vous y trouverez quatre ou cinq pénitents qui ont entrepris le pèlerinage du grand saint Jacques.

HÉLÈNE. Recevez mes humbles remercîments : si cette dame et cette jeune fille veulent me faire l'honneur de souper ce soir avec nous, je prends sur moi les frais et la reconnaissance; pour m'acquitter mieux encore envers vous, je me charge de donner à cette jeune personne quelques conseils utiles.

TOUTES DEUX. Nous acceptons votre offre avec plaisir.

Elles s'éloignent.

SCÈNE VI.
Le camp devant Florence.
Arrivent BERTRAND et DEUX SEIGNEURS FRANÇAIS.

PREMIER SEIGNEUR. Je vous en conjure, seigneur; mettez-le à l'épreuve; laissez-le faire.

DEUXIÈME SEIGNEUR. Si votre seigneurie ne trouve pas en lui un poltron fieffé, retirez-moi votre estime.

PREMIER SEIGNEUR. Sur ma vie, seigneur, ce n'est qu'une bulle d'air.

BERTRAND. Croyez-vous que je me sois trompé à ce point-là sur son compte ?

PREMIER SEIGNEUR. Croyez-moi, seigneur ; je vous parle en connaissance de cause, sans haine, et comme je parlerais de mon parent ; c'est un insigne poltron, un menteur fieffé, qui manque à sa parole à toute heure du jour, un misérable qui n'a pas une seule bonne qualité qui puisse justifier les bienfaits de votre seigneurie.

DEUXIÈME SEIGNEUR. Il serait bon que vous le connussiez, de peur que, lui supposant un mérite qu'il n'a pas, dans quelque affaire importante, dans un danger imminent, vous ne soyez victime de votre confiance en lui.

BERTRAND. Je voudrais connaître quelque moyen de l'éprouver.

DEUXIÈME SEIGNEUR. Il n'en saurait être de meilleur que de le laisser reprendre à l'ennemi son tambour, comme vous l'avez entendu se vanter qu'il le ferait.

PREMIER SEIGNEUR. Je me charge, à la tête d'une troupe de Florentins, de le surprendre tout à coup : je choisirai pour cela des hommes qu'il ne distinguera pas des troupes ennemies ; nous le garrotterons et lui banderons les yeux ; et lorsqu'il croira que nous le conduisons dans le camp ennemi, c'est au milieu de nos tentes que nous l'amènerons. Veuillez, seigneur, assister à son interrogatoire. Si pour obtenir la vie sauve, et sous l'impulsion de la plus lâche terreur, il n'offre pas de vous trahir et de révéler à l'ennemi tout ce qu'il sait à votre désavantage, en appuyant ses révélations des plus affreux serments, n'ayez jamais la moindre confiance en mon jugement.

DEUXIÈME SEIGNEUR. Oh ! quand ce ne serait que pour nous divertir, laissons-le aller à la recherche de son tambour ; il prétend avoir imaginé un stratagème pour y réussir : quand votre seigneurie verra le fond de son sac, et de quel métal est composé ce grossier minerai, si vous ne lui faites pas administrer une bonne bastonnade, c'est que votre aveugle prédilection pour lui est d'une nature incurable. Le voici.

Arrive PAROLE.

PREMIER SEIGNEUR. Donnez-vous-en le divertissement, seigneur; laissez-le suivre sa fantaisie; qu'il aille chercher son tambour comme il l'entendra.

BERTRAND. Eh bien, monseigneur, ce tambour vous tient donc fortement au cœur?

DEUXIÈME SEIGNEUR. Eh! qu'il aille au diable! ce n'est qu'un tambour, après tout!

PAROLE. Qu'un tambour! ce n'est qu'un tambour! Un tambour ainsi perdu! La belle manœuvre, ma foi! faire charger notre cavalerie sur nos propres ailes, et sabrer nos propres soldats!

DEUXIÈME SEIGNEUR. Cette manœuvre n'a rien de blâmable; c'est l'un de ces malheurs de la guerre, que n'aurait pu prévenir César lui-même, si nous avions été commandés par lui.

BERTRAND. Allons, nous n'avons pas trop à nous plaindre des succès que nous avons obtenus; il est vrai qu'il y a quelque chose de déshonorant pour nous dans la perte de ce tambour; mais il y a impossibilité de le ravoir.

PAROLE. On aurait pu le ravoir.

BERTRAND. On l'aurait pu, mais on ne le peut plus maintenant.

PAROLE. On le peut encore: si je ne savais que le mérite des services est rarement attribué à celui qui les rend en réalité, je reprendrais ce tambour, celui-là ou tout autre, ou j'y trouverais mon *hic jacet*[1].

BERTRAND. Si vous en avez l'envie, monsieur, si vous croyez pouvoir, à la faveur de quelque bon stratagème, replacer dans nos mains cet instrument d'honneur, entreprenez bravement la chose; ce sera à mes yeux un glorieux exploit. Si vous réussissez, le duc en parlera; il récompensera votre action comme el e le méritera, et d'une manière digne de lui.

PAROLE. J'en jure sur l'honneur d'un soldat, j'entreprendrai la chose.

BERTRAND. Mais vous n'avez pas de temps à perdre.

PAROLE. Ce sera dès ce soir; je vais tout à l'heure jeter mon plan par écrit, me confirmer dans la certitude que j'ai de réussir, me préparer à vaincre ou à mourir; et comptez qu'à minuit vous aurez de mes nouvelles.

BERTRAND. Puis-je prendre sur moi d'informer son altesse de l'expédition que vous allez entreprendre?

[1] Ci-gît.

ACTE III, SCÈNE VI.

PAROLE. Je ne sais pas quel en sera le succès, seigneur ; mais je jure de tenter la chose.

BERTRAND. Je connais votre bravoure, et je sais qu'on peut tout attendre d'un guerrier tel que vous. Adieu.

PAROLE. Je n'aime pas à perdre le temps en paroles.

Il s'éloigne.

PREMIER SEIGNEUR. Pas plus qu'un poisson n'aime l'eau. — N'est-ce pas là, seigneur, un singulier drôle ? Se charger d'une manière si délibérée d'une entreprise qu'il sait ne pouvoir mener à fin ! jurer de l'exécuter, tout en se réservant d'être damné mille fois plutôt que de tenir parole !

DEUXIÈME SEIGNEUR. Vous ne le connaissez pas, seigneur, comme nous le connaissons ; c'est un maraud qui réussit d'abord à s'insinuer dans la faveur des gens, et qui, pendant les premiers huit jours, pourra jusqu'à un certain point donner le change ; mais une fois que vous l'avez pénétré, vous le tenez pour toujours.

BERTRAND. Croyez-vous donc qu'il ne fera effectivement rien de ce qu'il s'est si sérieusement chargé d'entreprendre ?

PREMIER SEIGNEUR. Rien du tout ; il reviendra avec quelque histoire arrangée d'avance, et deux ou trois mensonges plus ou moins habilement colorés ; mais nous le tenons ; il n'échappera pas à nos filets ; vous l'y verrez tomber cette nuit ; vous verrez qu'il ne mérite guère vos bontés.

DEUXIÈME SEIGNEUR. Avant de mettre le renard aux abois, nous nous en amuserons. Le vieux seigneur Lafeu l'a déjà enfumé : quand il aura perdu son masque, vous verrez à quelle espèce de goujon vous avez affaire ; vous en aurez la joie cette nuit même.

PREMIER SEIGNEUR. Il faut que j'aille préparer mes piéges ; je vous réponds qu'il sera pris.

BERTRAND. Votre frère va venir avec moi.

DEUXIÈME SEIGNEUR. Comme il plaira à votre seigneurie ; je vous quitte.

Il s'éloigne.

BERTRAND. Je vais maintenant vous conduire dans la maison en question et vous faire voir la jeune fille dont je vous ai parlé.

DEUXIÈME SEIGNEUR. Mais vous dites qu'elle est honnête.

BERTRAND. C'est là son seul défaut ; je ne lui ai parlé qu'une fois, et l'ai trouvée singulièrement froide. Je lui ai envoyé, par l'entremise du fat dont nous parlions tout à l'heure, des cadeaux et des lettres qu'elle m'a renvoyés; et voilà où j'en suis. C'est une charmante créature. Voulez-vous que nous allions la voir?

DEUXIÈME SEIGNEUR. Très-volontiers, seigneur.

Ils s'éloignent.

SCÈNE VII.

Florence. — Une chambre dans la maison de la Veuve.

Entrent **HÉLÈNE** *et* **LA VEUVE.**

HÉLÈNE. Si vous doutez encore que je sois sa femme, je ne sais quels moyens employer pour vous en convaincre, et je crains bien d'échouer dans mon entreprise.

LA VEUVE. Bien que ma condition ne soit plus ce qu'elle était autrefois, je n'en suis pas moins bien née, et je ne connais rien à ces sortes d'intrigues; je ne voudrais pas compromettre ma réputation par une action honteuse.

HÉLÈNE. Je ne vous le demanderais pas non plus. D'abord, vous pouvez m'en croire, le comte est mon époux ; tout ce que je vous ai confié sous la foi du secret est vrai, depuis le premier mot jusqu'au dernier, et en me prêtant la coopération que je vous demande, vous ne pouvez faillir.

LA VEUVE. Je dois vous croire, car vous m'avez donné la preuve que vous jouissez d'une fortune considérable.

HÉLÈNE. Prenez cette bourse d'or, et laissez-moi acheter les secours de votre amitié, que je payerai au centuple quand je les aurai éprouvés. Le comte aime votre fille et a mis le siége devant sa beauté, résolu d'emporter la place à tout prix. Qu'elle accepte ses propositions en se conformant aux instructions que nous lui donnerons. La violence de sa passion ne lui permettra pas de rien refuser de ce qu'elle lui demandera. Le comte porte une bague qui a appartenu à un de ses ancêtres, et qui, dans sa famille, a été transmise de père en fils depuis trois ou quatre générations ; il attache à cette bague un prix inestimable; mais dans sa folle ardeur, pour acheter l'objet de ses désirs, il n'hésitera pas à la sacrifier, dût-il s'en repentir après!

LA VEUVE. Je vois maintenant où vous voulez en venir.

HÉLÈNE. Vous voyez que je ne me propose rien que de légitime; je désire seulement que votre fille, avant de paraître se rendre, lui demande cette bague, lui donne un rendez-vous, et m'y laisse aller à sa place, tandis qu'elle sera chastement absente; cela fait, j'ajouterai pour sa dot trois mille écus à ce que j'ai déjà donné.

LA VEUVE. J'y consens. Enseignez à ma fille comment elle doit s'y prendre pour assigner l'heure et le lieu dans cet innocent stratagème. Toutes les nuits il vient lui faire entendre des symphonies de tout genre et des chants composés en son honneur: vainement nous avons voulu l'écarter de notre demeure; il persiste comme s'il y allait de sa vie.

HÉLÈNE. Eh bien, dès cette nuit, mettons à exécution notre stratagème; s'il réussit, il y aura de son côté une intention coupable dans un acte légitime, et, de ma part, un acte permis fait dans une intention vertueuse; ni l'un ni l'autre ne pècheront, et néanmoins il y aura un péché de commis.

Elles sortent.

ACTE QUATRIÈME.

SCÈNE I.

La scène est à quelque distance du camp des Florentins.

Arrive LE PREMIER SEIGNEUR avec CINQ ou SIX SOLDATS.
Ils se mettent en embuscade.

PREMIER SEIGNEUR. Il faut absolument qu'il passe au bout de cette haie; quand vous vous précipiterez sur lui, parlez dans le plus formidable baragouin que vous pourrez imaginer; quand vous n'entendriez pas vous-même ce que vous direz, n'importe; car nous devrons faire semblant de ne pas le comprendre, à l'exception d'un d'entre nous, qui lui servira d'interprète.

PREMIER SOLDAT. Capitaine, permettez que je sois l'interprète.

PREMIER SEIGNEUR. N'es-tu pas connu de lui? ta voix ne lui est-elle pas familière?

PREMIER SOLDAT. Non, seigneur, je vous l'assure.

PREMIER SEIGNEUR. Mais quel baragouin nous parleras-tu, à nous?

PREMIER SOLDAT. Celui que vous me parlerez.

PREMIER SEIGNEUR. Il faut qu'il nous prenne pour quelque bande d'étrangers à la solde de l'ennemi ; or, il connaît un peu de toutes les langues des pays circonvoisins ; il faudra donc que chacun de nous ait un jargon de son invention, sans chercher à nous faire comprendre les uns des autres. Il suffit pour notre projet que nous ayons l'air de nous entendre ; le premier baragouin venu fera l'affaire. Quant à toi, qui seras notre truchement, il faut jouer habilement ton rôle ; mais, ventre à terre, le voilà qui vient pour faire un somme de deux heures, et débiter ensuite avec un imperturbable aplomb ses rodomontades.

Arrive PAROLE.

PAROLE. Dix heures! dans trois heures d'ici, il sera temps de retourner au camp. Que dirai-je à mon retour? Il me faudra inventer quelque conte qui ait de la vraisemblance : on commence à se douter de ce que je suis, et depuis peu, il m'a fallu essuyer plus d'un affront. Décidément, ma langue est trop téméraire ; mais mon cœur a la crainte de Mars et de ses enfants, et il n'ose soutenir les dires de ma langue.

PREMIER SEIGNEUR, *à part.* Voilà la première vérité dont ta langue se soit jamais rendue coupable.

PAROLE. Qui diable m'a poussé à me charger de reprendre ce tambour, sachant fort bien l'impossibilité de la chose, et lorsque d'ailleurs je n'en ai pas la moindre envie? Il faut que je me fasse moi-même quelques blessures, et dise que je les ai reçues en exécutant cet exploit. De légères égratignures ne suffiront pas pour les convaincre ; ils s'étonneront que j'en aie été quitte à si bon marché : d'autre part, je n'ose me faire des blessures graves, pourquoi? qui m'y oblige? Langue, il faudra que je te mette dans la bouche d'une marchande de la halle, et que j'en achète une de l'un des muets de Bajazet, si tu continues à m'exposer à de pareils périls.

PREMIER SEIGNEUR, *à part.* Est-il possible que se connaissant si bien il soit ce qu'il est!

PAROLE. Si je faisais à mes vêtements quelques entailles ; si je brisais la lame de mon épée espagnole ; je voudrais que cela pût suffire.

PREMIER SEIGNEUR, *à part*. Cela ne nous suffira pas.

PAROLE. Je pourrais encore me couper la barbe, et dire que c'est une ruse de guerre que j'ai employée.

PREMIER SEIGNEUR, *à part*. Cela ne prendra pas.

PAROLE. Ou noyer mes vêtements, et dire que j'ai été dépouillé?

PREMIER SEIGNEUR. Mauvais moyen.

PAROLE. Si je jurais que j'ai sauté par la fenêtre de la citadelle, —

PREMIER SEIGNEUR, *à part*. De quelle hauteur?

PAROLE. D'une hauteur de trente toises.

PREMIER SEIGNEUR, *à part*. Trois serments des plus effroyables auraient peine encore à persuader cela.

PAROLE. Je voudrais avoir quelque tambour de l'ennemi, je jurerais que c'est moi qui l'ai repris.

PREMIER SEIGNEUR. Tu vas en entendre un tout à l'heure.

On entend le bruit du tambour.

PAROLE, *effrayé*. Un tambour de l'ennemi!

Le Seigneur et ses Soldats sortent de leur embuscade et s'élancent vers Parole.

PREMIER SEIGNEUR. *Throca movousus, cargo, cargo, cargo.*

TOUS. *Cargo, cargo, villianda, par corbo, cargo.*

PAROLE. Oh! quartier! quartier! — Ne me bandez pas les yeux!

Ils se saisissent de lui, et lui bandent les yeux.

PREMIER SOLDAT. *Boskos thromu! do boskos.*

PAROLE. Oui, je vois que vous êtes du régiment de Muskos, et je vais perdre la vie faute de pouvoir me faire comprendre. S'il y a ici un Allemand, un Danois, un Hollandais, un Italien, ou un Français, qu'il me parle, je lui ferai des révélations qui amèneront la perte des Florentins.

PREMIER SOLDAT. *Boskos vanvado.* — Je te comprends, et sais parler ta langue. — *Kerelybonto.* — L'ami, recommande ton âme à Dieu, car dix-sept poignards sont levés sur toi.

PAROLE. Oh!

PREMIER SOLDAT. En prière, en prière, en prière! — *Mankanvevunia dulche.*

PREMIER SEIGNEUR. *Oscorbi dulchos volivorca.*

PREMIER SOLDAT. Le général veut bien t'épargner encore : tu vas nous suivre les yeux bandés, afin de nous faire tes révélations; si tu nous donnes quelque renseignement utile, tu auras la vie sauve.

PAROLE. Oh! laissez-moi la vie, et je vous ferai connaître tous les secrets de notre camp, nos forces, et les projets de nos généraux.

PREMIER SOLDAT. Mais diras-tu la vérité?

PAROLE. Si je ne la dis pas, que je sois damné.

PREMIER SOLDAT. *Acordo linta.* Allons, on te permet de marcher.

Il s'éloigne avec Parole et quelques Soldats.

PREMIER SEIGNEUR. Va dire au comte de Roussillon et à mon frère que nous avons pris le merle, et le garderons les yeux bandés, en attendant leurs ordres.

DEUXIÈME SOLDAT. J'y vais, seigneur.

PREMIER SEIGNEUR. Il nous fera des révélations contre nous tous; dis-leur cela.

DEUXIÈME SOLDAT. Je n'y manquerai pas, seigneur.

PREMIER SEIGNEUR. Jusque-là, je le tiendrais dans les ténèbres, et bien enfermé.

Ils s'éloignent.

SCÈNE II.

Florence. — Un appartement dans la maison de la Veuve.

Entrent BERTRAND *et* DIANE.

BERTRAND. On m'a dit que votre nom était Fontibelle?

DIANE. Non, monseigneur, je m'appelle Diane.

BERTRAND. Vous portez le nom d'une déesse, et vous en êtes digne. Mais, beauté charmante, l'amour n'a-t-il aucun droit sur vous? si la vive flamme de la jeunesse ne luit pas dans votre âme, vous n'êtes point une jeune fille, mais un marbre. Quand vous serez morte, vous serez comme vous êtes maintenant; car vous êtes froide et insensible; et vous devriez être maintenant comme était votre mère, quand votre être charmant fut conçu.

DIANE. Alors elle était vertueuse.

BERTRAND. Vous le seriez aussi.

DIANE. Non; ma mère accomplissait un devoir, celui que vous devez à votre épouse.

BERTRAND. Ne m'en parlez plus, je vous en supplie; cessez

de combattre ma résolution : on m'a forcé de la prendre pour épouse ; mais vous, je vous aime par la douce contrainte de l'amour, et veux être à toujours votre dévoué serviteur.

DIANE. Oui, messieurs, vous êtes à notre service jusqu'à ce que nous soyons au vôtre ; mais lorsqu'une fois vous avez notre rose, vous ne nous laissez plus que l'épine pour nous déchirer, et vous vous faites de la nullité où vous nous avez réduites un motif pour nous mépriser.

BERTRAND. Ne vous ai-je point juré—

DIANE. La vérité n'est pas dans le grand nombre des serments, mais dans la simple promesse d'un cœur naïf et sincère. Nous ne jurons que par ce qui est saint ; nous prenons à témoin de nos serments la divinité même. Dites-moi, je vous prie, si je jurais par les divins attributs de Jupiter que je vous aime, en croiriez-vous mes serments, quand vous verriez que je ne vous aime pas ? Qu'importe que je jure par l'être que je fais profession d'aimer, si ma conduite est en opposition avec sa volonté ! Vos serments ne sont donc que de vaines paroles, des protestations sans valeur, et qui n'engagent à rien. C'est du moins mon opinion.

BERTRAND. Changez-la, changez-la ; ne soyez pas si saintement cruelle : l'amour est saint, et ma sincérité ne connut jamais les artifices dont vous accusez les hommes. Ne me repoussez plus, mais cédez aux désirs de mon cœur abattu que vous allez ranimer ; dites que vous êtes à moi ; et ce qu'est mon amour maintenant, il le sera toujours.

DIANE. Je vois que dans ces sortes d'affaires, les hommes comptent sur notre faiblesse. Donnez-moi cet anneau.

BERTRAND. Je vous le prêterai, ma chère, mais je ne puis vous le donner.

DIANE. Vous ne voulez pas, seigneur ?

BERTRAND. C'est un gage de famille qui m'a été transmis par mes ancêtres. Ce serait une faute grave aux yeux du monde que de m'en défaire.

DIANE. Mon honneur est comme votre anneau : ma chasteté est le joyau de notre maison ; il m'a été transmis par mes ancêtres, et ce serait une faute grave aux yeux du monde que de m'en défaire. Ainsi votre propre prudence appelle le champion de l'honneur pour me défendre contre vos attaques impuissantes.

BERTRAND. Tenez ; prenez mon anneau ; ma maison, mon

honneur, ma vie même sont à vous; disposez de moi d'une manière absolue.

DIANE. Quand viendra l'heure de minuit, frappez à la fenêtre de ma chambre. Je prendrai mes précautions pour que ma mère n'entende rien. J'y mets une condition qu'il vous faudra inviolablement observer; c'est que lorsque vous aurez conquis ma couche virginale, vous n'y resterez qu'une heure, et ne m'adresserez pas la parole. J'ai pour cela de puissants motifs, que je vous ferai connaître plus tard en vous rendant votre anneau. La nuit, j'en mettrai un autre à votre doigt, afin que plus tard il puisse attester notre union passée. Adieu jusque-là; soyez exact. Vous avez conquis en moi une épouse pour mon malheur.

BERTRAND. C'est le ciel sur la terre que j'ai conquis en toi.
Il sort.

DIANE, *seule*. Puisses-tu en remercier un jour le ciel et moi! Cela pourrait bien arriver. — Ma mère m'avait dit la manière dont il me ferait sa cour, comme si elle avait été dans son cœur. Elle dit que tous les hommes font les mêmes serments. Il a juré de m'épouser quand sa femme sera morte; et moi je consens à dormir auprès de lui quand je serai enterrée. Puisque ces Français sont si trompeurs, se marie qui voudra; je veux vivre et mourir fille. Dans le stratagème auquel je me prête, je crois ne point pécher en trompant au jeu celui qui veut gagner déloyalement.
Elle sort.

SCÈNE III.
Le camp des Florentins.
Arrivent LES DEUX SEIGNEURS FRANÇAIS, et QUELQUES SOLDATS.

PREMIER SEIGNEUR. Lui avez-vous donné la lettre de sa mère?

DEUXIÈME SEIGNEUR. Je la lui ai remise il y a une heure; elle contient quelque chose qui a fait une vive impression sur lui; car, après l'avoir lue, il s'est opéré en lui un changement complet.

PREMIER SEIGNEUR. Il a encouru un blâme mérité, en repoussant loin de lui une épouse si vertueuse, une femme si charmante.

DEUXIÈME SEIGNEUR. Par là il s'est attiré à tout jamais le

ACTE IV, SCÈNE III.

déplaisir du roi, qui avait monté sa bienveillance au diapason de son bonheur[1]. Je vous ferai une confidence, mais il faut me promettre de n'en point parler.

PREMIER SEIGNEUR. Quand vous l'aurez faite, elle sera morte, j'en serai le tombeau.

DEUXIÈME SEIGNEUR. Il a séduit une jeune personne de Florence, d'une réputation sans tache ; et cette nuit, il doit assouvir sa passion par la défaite de son honneur. Il lui a donné son anneau de famille, et il se croit au comble du bonheur par ce pacte impur.

PREMIER SEIGNEUR. Dieu nous préserve de la révolte de nos sens ! quand nous sommes livrés à nous-mêmes, que nous sommes peu de chose !

DEUXIÈME SEIGNEUR. Nous conspirons contre nous-mêmes ; suivez dans leur cours toutes les trahisons ; vous les voyez se révéler elles-mêmes avant d'avoir atteint leur but abhorré ; de même dans cette action qui imprime une tache à sa noblesse, sa passion déborde et se trahit.

PREMIER SEIGNEUR. N'est-ce pas une grande bassesse dans un homme que de divulguer ses projets impudiques ? Nous n'aurons donc pas sa compagnie ce soir ?

DEUXIÈME SEIGNEUR. Ce ne sera qu'après minuit, car c'est l'heure de son rendez-vous.

PREMIER SEIGNEUR. Nous n'en sommes pas loin. J'aurais cependant été charmé de le voir assister à l'interrogatoire de son favori : cela lui aurait donné la mesure de l'étrange opinion qu'il s'était faite de ce héros postiche.

DEUXIÈME SEIGNEUR. Nous attendrons son arrivée avant d'interroger notre homme ; car sa présence doit ajouter au supplice de ce fanfaron.

PREMIER SEIGNEUR. En attendant, que dit-on de la guerre ?

DEUXIÈME SEIGNEUR. J'ai entendu dire qu'il a été fait des ouvertures de paix.

PREMIER SEIGNEUR. Je puis vous assurer que la paix est conclue.

DEUXIÈME SEIGNEUR. Que fera, dans ce cas, le comte de

---

[1] *Who had even tuned his bounty to sing happiness to him.* Shakspeare est plein de ces expressions étranges, que nous avons toujours essayé de reproduire.

Roussillon ? poursuivra-t-il son voyage, ou retournera-t-il en France ?

PREMIER SEIGNEUR. Je vois, d'après ce que vous me dites, que vous n'êtes pas dans sa confidence.

DEUXIÈME SEIGNEUR. Dieu m'en préserve ! je serais alors trop impliqué dans ses actes.

PREMIER SEIGNEUR. Il y a environ deux mois, sa femme a fui de son château, sous prétexte de faire un pèlerinage à Saint-Jacques le Grand ; elle a exécuté avec une piété exemplaire cette sainte entreprise. Pendant son séjour dans ce pays, la sensibilité de sa nature est devenue la proie de sa douleur. Elle a dans un soupir exhalé son dernier souffle, et maintenant elle unit sa voix au concert des anges.

DEUXIÈME SEIGNEUR. Sur quelles preuves ce récit est-il appuyé ?

PREMIER SEIGNEUR. En grande partie sur ses propres lettres, qui contiennent son histoire jusqu'au moment de sa mort. Ce dernier fait, qu'elle ne pouvait raconter elle-même, est formellement attesté par le curé du lieu.

DEUXIÈME SEIGNEUR. Le comte a-t-il connaissance de tout cela ?

PREMIER SEIGNEUR. Oui ; et la nouvelle lui en a été confirmée de point en point, dans les moindres détails, et avec toutes les preuves à l'appui.

DEUXIÈME SEIGNEUR. Je suis fâché de dire que cet événement va le combler de joie.

PREMIER SEIGNEUR. Combien de fois il nous arrive de nous réjouir de nos malheurs !

DEUXIÈME SEIGNEUR. Et combien de fois de noyer notre bonheur dans nos larmes ! S'il a gagné ici un renom glorieux, la honte qu'il recueillera dans ses foyers ne sera pas moins éclatante.

PREMIER SEIGNEUR. La trame de notre vie se compose d'un mélange de bien et de mal. Nos vertus se laisseraient aller à l'orgueil si le sentiment amer de nos fautes ne venait le réprimer ; et nos crimes nous feraient tomber dans le désespoir si nous n'étions soutenus et fortifiés par nos vertus.

Arrive UN DOMESTIQUE.

PREMIER SEIGNEUR, *continuant.* Eh bien, où est votre maître ?

ACTE IV, SCÈNE III.

LE DOMESTIQUE. Dans la rue; il a rencontré le duc, dont il a pris solennellement congé; sa seigneurie part demain matin pour la France. Le duc lui a offert des lettres de recommandation pour le roi.

DEUXIÈME SEIGNEUR. Elles ne seront pas superflues, lors même qu'elles le recommanderaient au delà de son mérite.

Arrive BERTRAND.

PREMIER SEIGNEUR. Elles ne sauraient être trop flatteuses pour adoucir l'irritation du roi. Voici le comte qui s'avance. (*A Bertrand.*) Eh bien, seigneur, minuit est-il passé?

BERTRAND. J'ai ce soir expédié sommairement seize affaires, dont chacune aurait demandé un mois. J'ai pris congé du duc, dit adieu à mes amis, enterré ma femme et porté son deuil, annoncé mon retour à ma mère, fait mes préparatifs de départ; et dans les moments d'intervalle que m'ont laissés ces affaires, j'ai encore eu le temps d'en expédier de plus délicates : la dernière était la plus importante; mais je ne l'ai pas encore terminée.

DEUXIÈME SEIGNEUR. Si elle présente quelques difficultés, et si vous devez partir demain matin, vous n'avez pas de temps à perdre.

BERTRAND. Je dis qu'elle n'est pas terminée, parce que je crains d'en entendre parler plus tard. Mais nous donnerez-vous bientôt le dialogue en question entre notre faquin et le soldat? — Voyons, faites comparaître devant nous ce phénix de contrebande qui nous a dupé comme un diseur de prophéties à double entente.

DEUXIÈME SEIGNEUR. Amenez-le. (*Des soldats s'éloignent.*) Le pauvre diable a passé toute la nuit dans les ceps!

BERTRAND. N'importe; c'est un châtiment que ses talons ont mérité, pour avoir si longtemps usurpé les éperons. Quel maintien a-t-il?

DEUXIÈME SEIGNEUR. Comme j'ai déjà eu l'honneur de le dire à votre seigneurie, ce sont les ceps qui le maintiennent. Mais, pour vous répondre dans le sens de votre demande, il pleure comme une jeune villageoise qui a répandu son lait. Il s'est confessé à Morgan, qu'il prend pour un prêtre, en récapitulant tous ses péchés du plus loin qu'il lui souvienne, jusqu'au malheur récent qui l'a mis dans les ceps. Et que croyez-vous que contient sa confession?

BERTRAND. Rien sur mon compte, je pense?

DEUXIÈME SEIGNEUR. Sa confession est consignée par écrit, et il lui en sera donné lecture. S'il est question de votre seigneurie, comme je le crois, il faudra que vous ayez la patience de l'entendre.

Reviennent LES SOLDATS, *conduisant* PAROLE.

BERTRAND. La peste soit de lui! Oh! il a les yeux bandés! — Il ne peut rien dire de moi. Silence! écoutons!

DEUXIÈME SEIGNEUR. Voilà notre colin-maillard qui vient. *Porto tartarossa.*

PREMIER SOLDAT. Il ordonne qu'on vous mette à la torture. Avez-vous des aveux à faire sans qu'on ait recours à ce moyen?

PAROLE. Je dirai ce que je sais sans y être contraint. Quand vous me réduiriez en pâte, je n'en pourrais dire davantage.

PREMIER SOLDAT. *Bosko chimurcho.*

DEUXIÈME SEIGNEUR. *Bobliblindo chicurmurco.*

PREMIER SOLDAT. Vous êtes indulgent, général. — Notre général vous ordonne de répondre aux questions écrites dont je vous donnerai lecture.

PAROLE. Je dirai la vérité aussi vrai que j'espère vivre.

PREMIER SOLDAT, *tirant un papier et lisant* : « Vous lui » demanderez d'abord quelle est la force de la cavalerie du » duc. » — Que répondez-vous à cela?

PAROLE. Elle compte cinq ou six mille chevaux, mais affaiblis et hors de service. Les troupes sont toutes éparpillées, et leurs chefs sont de pauvres sires, sur ma parole, et aussi vrai que j'espère vivre.

PREMIER SOLDAT. Est-ce ainsi que je dois écrire votre réponse?

PAROLE. Écrivez; je suis prêt à communier en témoignage de ce que j'ai dit.

BERTRAND. Il ne fait scrupule de rien. Quel coquin fieffé!

PREMIER SEIGNEUR. Vous vous trompez, monseigneur, vous avez devant vous monsieur Parole, le vaillant capitaine, ainsi qu'il se désignait lui-même, qui portait toute la théorie de la guerre dans le nœud de sa ceinture, et toute la pratique dans le fourreau de sa dague.

DEUXIÈME SEIGNEUR. Désormais, je ne veux plus avoir bonne opinion d'un homme, parce qu'il a son épée luisante,

ACTE IV, SCÈNE III.

ni lui supposer toutes les qualités, parce qu'il est proprement vêtu.

PREMIER SOLDAT. Fort bien ; cela est écrit.

PAROLE. Oui, cinq ou six mille chevaux, ou environ, — écrivez cela ; car je ne veux dire que la vérité.

PREMIER SEIGNEUR. Dans ce qu'il dit, il est assez près de la vérité.

BERTRAND. Vu l'intention dans laquelle il le dit, je ne lui en sais pas le moindre gré.

PAROLE. De pauvres sires ; écrivez que j'ai dit pauvres sires.

PREMIER SOLDAT. Fort bien ; c'est écrit.

PAROLE. Je vous remercie très-humblement ; c'est vrai, oh ! c'est bien vrai, ce sont de très-pauvres sires !

PREMIER SOLDAT, *lisant*. « Vous lui demanderez quelle est » la force de l'infanterie. » — Qu'avez-vous à répondre ?

PAROLE. Sur ma parole, seigneur, quand je n'aurais plus qu'une heure à vivre, je dirais la vérité. Voyons un peu : Spurio, cent cinquante ; Sebastien, tant ; Corambus, tant ; Jacques, tant ; Guiltian, Cosmo, Lodovic et Gratii, chacun deux cent cinquante ; ma compagnie, celle de Christophe, de Vaumont, de Bentio, chacune deux cent cinquante ; en sorte que la totalité, tant bons que mauvais, ne se monte pas, sur ma parole, à quinze cents, dont la moitié n'osent pas secouer la neige de dessus leurs dolmans, de peur de tomber en morceaux.

BERTRAND. Que lui fera-t-on ?

PREMIER SEIGNEUR. Rien, sinon de le remercier. (*Au Soldat.*) Demande-lui ce qu'il pense de moi, et quel crédit j'ai auprès du duc.

PREMIER SOLDAT. Voilà qui est écrit. (*Continuant de lire.*) « On lui demandera en outre s'il y a dans le camp un capi- » taine français nommé Du Maine ; quelle est la réputation » qu'il a auprès du duc ; ce qu'il pense de sa valeur, de sa mo- » ralité et de ses talents guerriers. Enfin s'il croit qu'il serait » possible, avec de bonnes sommes d'or, de le corrompre et de » l'engager à trahir. » — Qu'avez-vous à répondre ? Avez-vous connaissance de cela ?

PAROLE. Permettez-moi, je vous prie, de répondre à votre interrogatoire article par article. Adressez-moi vos questions l'une après l'autre.

PREMIER SOLDAT. Connaissez-vous ce capitaine Du Maine ?

PAROLE. Je le connais. Il était apprenti chez un rapiéceur à Paris, d'où il fut chassé pour avoir fait un enfant à la servante du prévôt, pauvre fille muette et imbécile, qui ne pouvait lui dire non.

Du Maine lève la main avec un mouvement de colère.

BERTRAND, *le retenant.* Avec votre permission, retenez vos mains, dussions-nous avoir la certitude que la première tuile qui tombera lui brisera le crâne[1].

PREMIER SOLDAT. Ce capitaine est-il dans le camp du duc?

PAROLE. Autant que je sache, il y est, le bélître.

PREMIER SEIGNEUR, *à Bertrand, qui le regarde.* Ne me regardez pas ainsi ; tout à l'heure vous aurez votre tour.

PREMIER SOLDAT, *à Parole.* Quelle est l'estime qu'en fait le duc ?

PAROLE. Le duc ne le connaît que pour l'un de mes derniers officiers ; l'autre jour, il m'écrivit de le rayer des contrôles : je crois que j'ai encore sa lettre dans ma poche.

PREMIER SOLDAT. Parbleu ! nous allons chercher.

PAROLE. Au fait, je n'en sais trop rien ; si elle n'est pas là, elle doit se trouver dans ma tente avec les autres lettres du duc.

PREMIER SOLDAT, *après l'avoir fouillé.* La voici ; du moins voici un papier. Voulez-vous que je vous le lise ?

PAROLE. Je ne sais si c'est la lettre ou non.

BERTRAND. Notre interprète s'acquitte bien de son rôle.

PREMIER SEIGNEUR. On ne peut mieux.

PREMIER SOLDAT, *lisant le papier qu'il a trouvé dans la poche de Parole.* « Diane, le comte est un sot amplement » fourni d'or, — »

PAROLE. Seigneur, ce n'est pas là la lettre du noble duc. C'est un mot d'avis adressé à une jolie fille de Florence, une nommée Diane, pour qu'elle eût à se défier des séductions d'un certain comte de Roussillon, un jeune fou, partant fort libertin. Veuillez, je vous prie, remettre ce papier dans ma poche.

PREMIER SOLDAT. Non ; je commencerai d'abord par le lire, avec votre permission.

---

[1] Dans Lucien, Mercure fait remarquer à Caron un homme mort de la chute d'une tuile sur sa tête, au moment où il renvoyait une affaire au lendemain.

PAROLE. Je proteste que j'ai écrit ce billet dans des intentions on ne peut plus honorables à l'égard de la jeune fille ; car je connaissais le comte pour un garçon dangereux et libertin, un râfleur de virginités, faisant main-basse sur tout ce qu'il rencontre.

BERTRAND. Damné coquin ! double scélérat !

PREMIER SOLDAT, *lisant*. « Quand il vous prodiguera les
» serments, dites-lui d'exhiber de l'or, et prenez-le ; il ne
» paye jamais ce qu'il porte en compte : un marché bien fait
» est un bénéfice à moitié réalisé. Faites donc le vôtre, et
» faites-le bien. Il n'acquitte jamais une dette ; faites-vous
» payer d'avance. Et croyez-moi, Diane, c'est un soldat qui
» vous le dit, il faut avoir affaire aux hommes mûrs, et ne rien
» accorder aux jeunes gens. Vous pouvez compter que le
» comte est un sot, qui paye d'avance, mais jamais quand il
» doit.

» Tout à vous, comme il vous l'a juré tout bas à l'oreille,
» PAROLE. »

BERTRAND. Je veux qu'il soit passé aux verges dans les rangs de l'armée, avec cet écrit attaché sur le front.

DEUXIÈME SEIGNEUR. Voilà, seigneur, votre ami dévoué, le linguiste universel, le redoutable guerrier.

BERTRAND. Jusqu'ici, je n'avais d'antipathie pour rien, sinon pour les chats, et cet homme est un chat pour moi.

PREMIER SOLDAT, *à Parole*. Je vois à la mine du général, que nous serons obligés de vous pendre.

PAROLE. Qu'on me laisse la vie, seigneur, à tout événement. Ce n'est pas que j'aie peur de mourir ; mais mes péchés sont nombreux, et ce n'est pas trop de tout le cours naturel de ma vie pour me repentir. Qu'on me laisse vivre dans un cachot, dans les ceps, n'importe où, pourvu que je vive.

PREMIER SOLDAT. Nous verrons ce qu'on pourra faire en votre faveur, pourvu que vous disiez toute la vérité. Revenons donc au capitaine Du Maine. Vous avez répondu en ce qui concerne sa réputation auprès du duc, et sa valeur. Quelle est sa moralité ?

PAROLE. Ah ! seigneur, il volerait un œuf dans un cloître ; quant aux viols et aux enlèvements, il surpasse Nessus. Il fait profession de ne jamais tenir ses serments ; pour les enfreindre, il est plus fort qu'Hercule. Il ment avec tant de facilité et d'aisance, que lorsqu'on l'entend, on serait tenté de prendre la vérité pour une sotte. L'ivrognerie est sa plus grande vertu ; car il est presque toujours ivre-mort ; et dans son sommeil il ne fait pas grand mal, si ce n'est à ses draps ; mais on le connaît, et on a soin de le coucher sur la paille. Voilà à peu près tout ce que j'ai à dire de sa moralité Il a tout ce qu'un honnête homme ne doit pas avoir, et il n'a rien de ce que doit avoir un honnête homme.

PREMIER SEIGNEUR. Je commence à l'aimer pour ce trait-là.

BERTRAND. Pour ce portrait de votre moralité ? La peste soit de lui ! il est de plus en plus un chat à mes yeux.

PREMIER SOLDAT. Que dites-vous de ses talents militaires ?

PAROLE. Par ma foi, il a battu le tambour devant les tragédiens anglais. — Je ne voudrais pas le calomnier, mais c'est là tout ce que je sais de ses talents guerriers ; j'ajouterai que, dans ce pays-là, il a eu l'honneur d'instruire les conscrits dans un endroit qu'on nomme Mile-End. Je ne voudrais ôter à cet homme-là aucun de ses titres de recommandation ; mais je ne suis pas certain de celui-là.

PREMIER SEIGNEUR. Il a poussé si loin l'impudence et la scélératesse, que je lui pardonne pour la rareté du fait.

BERTRAND. La peste l'étouffe ! c'est toujours un chat à mes yeux.

PREMIER SOLDAT, *à Parole.* Puisque ses qualités sont d'une si chétive espèce, je n'ai pas besoin de vous demander si on pourrait avec de l'or le corrompre et le pousser à la trahison.

PAROLE. Seigneur, pour un quart d'écu, il est homme à vendre l'usufruit de son salut, et même la nue propriété, à tout jamais.

PREMIER SOLDAT. Que direz-vous de son frère, l'autre capitaine Du Maine ?

DEUXIÈME SEIGNEUR. Pourquoi l'interroge-t-il sur mon compte ?

PREMIER SOLDAT. Quel homme est-ce ?

PAROLE. C'est un merle de la même couvée ; il n'égale pas tout à fait le premier en mérite, mais il le surpasse de beaucoup en mauvaises qualités. En lâcheté il l'emporte sur son frère, qui cependant est réputé l'un des plus fieffés poltrons qui existent. Dans une retraite, il court plus vite que mon laquais ; lorsqu'il s'agit d'aller en avant, il a la crampe.

PREMIER SOLDAT. Si vous avez la vie sauve, prenez-vous l'engagement de trahir les Florentins?

PAROLE. Oui, et le commandant de leur cavalerie, le comte de Roussillon.

PREMIER SOLDAT. Je vais parler au général et savoir ses intentions.

PAROLE, *à part*. Qu'on ne me parle plus de tambours! Au diable tous les tambours! C'est pour me donner des airs de héros, et me concilier la bonne opinion de ce jeune débauché de comte, que je me suis jeté dans ce péril. Mais qui aurait pu soupçonner une embuscade à l'endroit où j'ai été pris?

PREMIER SOLDAT. Il n'y a pas de remède, mon ami, il faut mourir. Le général dit qu'un homme qui a si traîtreusement révélé les secrets de l'armée dont il fait partie, et calomnié d'une manière si infâme des personnages honorables, ne peut être bon à rien d'honnête dans le monde; c'est pourquoi vous allez mourir. — Allons, bourreau, fais sauter sa tête.

PAROLE. O mon Dieu! laissez-moi vivre; ou que du moins je voie ma mort.

PREMIER SOLDAT, *lui débandant les yeux*. Vous allez la voir, et faire vos adieux à tous vos amis. Regardez maintenant autour de vous; connaissez-vous ici quelqu'un?

BERTRAND. Bonjour, noble capitaine.

DEUXIÈME SEIGNEUR. Dieu vous bénisse, capitaine Parole.

PREMIER SEIGNEUR. Dieu vous garde, noble capitaine.

DEUXIÈME SEIGNEUR. Capitaine, avez-vous quelque chose à faire dire au seigneur Lafeu? je pars pour la France.

PREMIER SEIGNEUR. Mon cher capitaine, voulez-vous me donner copie de la lettre que vous avez écrite à Diane en faveur du comte de Roussillon? Si je n'étais pas un vrai poltron, je vous y obligerais bien; mais adieu.

Tous s'éloignent, à l'exception de Parole et du premier soldat.

PREMIER SOLDAT. C'est fait de vous, capitaine; tout est perdu, sauf votre écharpe, qui a conservé son nœud.

PAROLE. Tout le monde peut être victime d'un complot.

PREMIER SOLDAT. Si vous pouvez trouver un pays où une leçon aussi honteuse ait été infligée, même à des femmes, vous pourrez vous y fixer, et y devenir la souche d'une nation d'impudents. Adieu, mon cher; je pars aussi pour la France, nous y parlerons de vous.

Il s'éloigne.

PAROLE, *seul*. Après tout je rends grâces au ciel ; si j'avais le cœur grand, voilà qui suffirait pour le briser. Je ne veux plus être capitaine ; mais je veux manger, boire et dormir aussi douillettement que tous les capitaines du monde. Je n'ai pas besoin de cela pour vivre ; il me suffit d'être ce que je suis. Ce qui m'arrive doit servir d'exemple salutaire aux fanfarons ; car il viendra toujours un moment où le faux brave sera berné. Mon épée, rouille-toi dans le fourreau ; rougeur, ne me monte plus au visage ! Parole, vis en sécurité, à l'abri de ta honte ! On t'a dupé, prospère en dupant les autres. Il y a ici-bas de la place et des ressources pour tout le monde.

Il s'éloigne.

SCÈNE IV.

Florence. — Un appartement dans la maison de la Veuve.

Entrent HÉLÈNE, LA VEUVE et DIANE.

HÉLÈNE, *à la veuve*. Afin de vous convaincre que je n'ai rien fait qui pût vous être préjudiciable, un des plus grands princes de la chrétienté sera ma caution. Avant de mener à fin mes projets, il faut que j'aille m'agenouiller au pied de son trône. Il fut un temps où je lui rendis un service important, presque aussi cher que sa vie, tellement que le cœur sauvage d'un Tartare en eût été reconnaissant et m'en eût remerciée. J'apprends que sa majesté est à Marseille, et je trouve une occasion favorable pour me rendre dans cette ville. Il faut que vous sachiez qu'on me croit morte ; l'armée étant licenciée, mon époux se rend dans ses terres, où, Dieu aidant, et avec l'agrément de notre seigneur le roi, je compte arriver avant lui.

LA VEUVE. Madame, jamais serviteur ne vous servit plus fidèlement, et avec plus d'empressement que je ne le ferai en cette occasion.

HÉLÈNE. Et vous avez en moi une maîtresse, ou plutôt une amie qui s'occupe activement des moyens de récompenser votre obligeance. N'en doutez pas, le ciel a voulu que ce fût moi qui dotât votre fille, et que, de son côté, elle m'aidât à reconquérir mon époux. Mais qu'ils sont étranges ces hommes qui peuvent faire de ce qu'ils haïssent un usage si doux, alors que l'erreur de leur pensée conspire avec les ombres de la nuit pour assouvir leurs passions impudiques ! Ainsi la luxure, croyant posséder un objet absent, jouit de celle qu'elle abhorre. Mais nous reparlerons de cela plus tard. — Vous, Diane, il vous faudra, soumise à mes instructions, vous résigner encore à subir pour moi de nouvelles épreuves.

DIANE. Je suis prête, pour vous obéir, à affronter une mort qui laisserait mon honneur intact.

HÉLÈNE. Cependant, je vous prie, — mais le temps va bientôt ramener l'été ; alors les ronces auront des feuilles aussi bien que des épines, et la joie dédommagera des peines. Il faut que nous partions ; notre chariot est prêt, et les moments sont précieux. *Tout est bien qui finit bien ;* la fin couronne l'œuvre ; quels que soient les moyens, le but les justifie.

Elles sortent.

SCÈNE V.

Le Roussillon. — Un appartement dans le château de la Comtesse.

Entrent LA COMTESSE, LAFEU et LE BOUFFON.

LAFEU. Non, non, non, votre fils a été perverti par un faquin en taffetas dont le safran hideux[1] suffirait pour jaunir la jeunesse inexpérimentée de toute une nation. Sans lui, votre belle-fille vivrait encore ; votre fils serait ici, et se trouverait mille fois mieux des bontés du roi que des conseils du frelon parasite dont je parle.

LA COMTESSE. Je voudrais ne l'avoir jamais connu. Il a causé la mort de la plus vertueuse femme que la nature ait eu la gloire de créer. Si elle avait été formée de ma chair, et m'avait coûté les ineffables douleurs d'une mère, je n'aurais pu lui vouer une affection plus enracinée.

LAFEU. C'était une excellente et digne femme. On cueillerait des milliers de salades avant de trouver une herbe pareille?

LE BOUFFON. Effectivement, seigneur, elle était la marjolaine de la salade, ou plutôt l'herbe de grâce.

LA FEU. L'ami, ce ne sont pas là des herbes à salade, mais des herbes odoriférantes.

LE BOUFFON. Je ne suis pas un grand Nabuchodonosor[2], seigneur ; je ne me connais pas en herbes.

---

[1] Ceci fait allusion à une singulière manie qu'avaient les dandys de l'époque, de porter des rabats et des manchettes empesées avec de l'empois jaune.

[2] On lit dans l'Écriture que Nabuchodonosor fut changé en bœuf.

LAFEU. Que sais-tu profession d'être ? Coquin ou fou ?

LE BOUFFON. Fou au service d'une femme, et coquin au service d'un homme.

LAFEU. Explique-nous cette distinction.

LE BOUFFON. Je soufflerais au mari sa femme, et ferais auprès d'elle son service.

LAFEU. Il aurait effectivement un coquin à son service.

LE BOUFFON. Et je donnerais à la femme ma marotte pour lui rendre service.

LAFEU. J'en conviens avec toi ; tu es fou et coquin tout ensemble.

LE BOUFFON. A votre service.

LAFEU. Non, non, non.

LE BOUFFON. Ma foi, seigneur, si je ne puis vous servir, je puis servir un prince tout aussi grand que vous pouvez l'être.

LAFEU. Quel est-il ? Est-ce un Français ?

LE BOUFFON. Il porte le nom d'un prince anglais ; mais sa physionomie est plus chaudement dessinée en France qu'en Angleterre.

LAFEU. Quel est ce prince-là ?

LE BOUFFON. Le prince Noir [1], autrement dit le prince des ténèbres, autrement dit le diable [2].

LAFEU. Tiens, voilà ma bourse ; je ne te la donne pas pour t'engager à quitter le service du maître dont tu parles ; continue à le servir.

LE BOUFFON. Je suis d'un pays de forêts, seigneur, et j'ai toujours aimé un grand feu ; or le maître dont je parle fait toujours feu qui flambe. Mais puisqu'il est le prince du monde, que son altesse habite son royaume. Quant à moi, je suis pour la porte étroite, trop étroite pour que les grandeurs puissent y passer ; ceux qui se font petits le peuvent ; mais le grand nombre est trop frileux et trop délicat ; ces gens-là préfèrent la route fleurie qui conduit à la large porte et au grand feu.

LAFEU. Va-t'en ; je commence à me lasser de toi ; et je te le dis d'avance, parce que je ne veux pas me brouiller avec toi : va-t'en.

Le Bouffon sort.

Allusion au célèbre Prince Noir, fils d'Édouard III.

[1] Un commentateur orthodoxe, Warburton, observe à ce sujet, que Shakspeare met ses impiétés voltairiennes dans la bouche de ses bouffons, et que nous mettons les nôtres dans la bouche de la bonne compagnie.

ACTE IV, SCENE V.

LAFEU. C'est un drôle fort avisé, un espiègle !

LA COMTESSE. C'est vrai. Feu mon mari s'en amusait beaucoup. Il reste ici par sa volonté expresse, dont le drôle s'est fait un brevet d'impudence ; il n'a point de marche fixe, et ne règle son pas que sur son caprice.

LAFEU. Il n'y a pas de mal à cela ; il ne m'en plaît que mieux. Je voulais donc vous dire, madame, qu'ayant appris le prochain retour de mon seigneur votre fils, j'ai prié le roi, mon maître, de lui parler en faveur de ma fille, que sa majesté, daignant se souvenir de mes services, lui destinait pour femme alors que tous deux étaient encore mineurs. Sa majesté m'a promis de le faire, et c'est le meilleur moyen d'apaiser le ressentiment qu'il a conçu contre votre fils. Qu'en pensez-vous, madame ?

LA COMTESSE. J'approuve beaucoup ce projet, et désire le voir s'effectuer.

LAFEU. Sa majesté le roi revient de Manille en aussi bonne santé que lorsqu'il avait trente ans ; il sera ici demain, si je dois en croire des renseignements qui m'ont rarement trompé.

LA COMTESSE. C'est un bonheur pour moi de le revoir encore avant de mourir. J'ai reçu des lettres qui m'annoncent que mon fils sera ici ce soir ; je prie votre seigneurie de vouloir bien rester avec moi jusqu'à ce que leur entrevue ait eu lieu.

LAFEU. Madame, je cherchais dans ma tête de quelle manière je pourrais être admis en sa présence.

LA COMTESSE. Vous n'avez pour cela besoin de faire valoir que votre honorable privilége.

LAFEU. Madame, je m'en suis fait hardiment un titre, et, grâce à Dieu, il est encore admis et reconnu.

Rentre LE BOUFFON.

LE BOUFFON. O madame ! voici mon seigneur votre fils qui arrive avec un morceau de velours sur le visage ; si ce velours cache ou non une cicatrice, c'est ce que lui seul peut savoir ; mais ce morceau de velours est fort beau ; la joue gauche de mon seigneur a une double couche ; mais sa joue droite est nue.

LAFEU. Une noble cicatrice, une blessure noblement gagnée est une livrée d'honneur ; la sienne est sans doute de ce genre.

LE BOUFFON. On n'en a pas moins la figure balafrée.

LAFEU. Allons, je vous prie, voir votre fils ; je brûle de m'entretenir avec ce noble et jeune guerrier.

LE BOUFFON. Ils sont une douzaine avec de beaux chapeaux fins et des plumes élégantes ; ils s'inclinent et saluent tout le monde.

Ils sortent.

ACTE CINQUIÈME.

SCÈNE I.

Marseille. — Une rue.
Arrivent HÉLÈNE, LA VEUVE, DIANE, *et* DEUX DOMESTIQUES.

HÉLÈNE. Vous devez être excédées de courir ainsi la poste nuit et jour ; mais nous ne pouvons faire autrement ; ainsi vous avez passé pour moi les jours et les nuits sans prendre de repos, exposé à tant de fatigues vos membres délicats ; soyez persuadées que je vous ai voué dans mon cœur une reconnaissance que rien ne saurait en arracher. Dans des temps plus heureux, —

Arrive UN OFFICIER *de la fauconnerie.*

HÉLÈNE, *continuant.* Cet homme pourrait me faire parler au roi, s'il voulait s'employer en ma faveur. — Dieu vous garde, seigneur !

L'OFFICIER. Et vous pareillement, madame.

HÉLÈNE. Seigneur, je pense vous avoir vu à la cour de France.

L'OFFICIER. J'y ai passé quelque temps.

HÉLÈNE. Je présume, seigneur, que vous n'êtes pas déchu de votre réputation d'obligeance ; aussi mettant de côté toute cérémonie dans l'urgente nécessité qui me presse, je vais vous fournir l'occasion d'exercer vos qualités serviables, et j'en serai à jamais reconnaissante.

L'OFFICIER. Que désirez-vous ?

HÉLÈNE. Que vous ayez la bonté de remettre cette humble pétition au roi, et que vous usiez de votre crédit pour me faire admettre en sa présence.

L'OFFICIER. Le roi n'est pas ici.

HÉLÈNE. Il n'est pas ici, seigneur?

L'OFFICIER. Non, madame. Il est parti d'ici hier soir avec une précipitation qui ne lui est pas ordinaire.

LA VEUVE. Grand Dieu ! nous avons perdu nos peines.

HÉLÈNE. *Tout est bien qui finit bien*, malgré l'hostilité apparente du sort, et l'insuccès de nos mesures — (*A l'Officier.*) Dites-moi, je vous prie, où il est allé.

L'OFFICIER. Suivant ce que j'ai entendu dire, il est parti pour le Roussillon, où je me rends moi-même.

HÉLÈNE. Comme il est probable que vous verrez le roi avant moi, ayez, je vous prie, la bonté de remettre ce papier entre ses mains gracieuses. J'ai la certitude que loin qu'il résulte pour vous aucun blâme de ce message, il vous attirera plutôt des remercîments. Je vous suivrai de près avec toute la célérité que nos moyens nous permettront d'obtenir.

L'OFFICIER. Je ferai cela pour vous.

HÉLÈNE. Et vous pouvez compter que quoi qu'il arrive, on vous en remerciera. — Il nous faut remonter à cheval. — (*A ses Domestiques.*) Allez tout préparer.

Ils s'éloignent.

SCÈNE II.

Le Roussillon. — La cour intérieure du château de la Comtesse.

Arrivent LE BOUFFON et PAROLE.

PAROLE. Mon bon monsieur Lavache, donnez cette lettre à monseigneur Lafeu. J'étais autrefois mieux connu de vous, quand je portais des habits plus frais ; mais je suis maintenant enfoncé dans le bourbier de la Fortune, et je suis quelque peu imprégné de la désagréable odeur de son déplaisir.

LE BOUFFON. C'est un bien sale déplaisir que celui de la Fortune, s'il pue comme tu le dis. A dater de ce jour je ne veux plus manger de poisson accommodé par elle. Tiens-toi sous le vent, je te prie.

PAROLE. Vous n'avez pas besoin, monsieur, de vous boucher le nez ; je n'ai parlé que par métaphore.

LE BOUFFON. Si ta métaphore sent mauvais, il n'y a pas de métaphore qui tienne, je prétends me boucher le nez. Éloigne-toi un peu, je te prie.

PAROLE. Veuillez remettre cette lettre.

LE BOUFFON. Pouah! éloigne-toi. Donner à un gentilhomme un papier qui vient de la garde-robe de la Fortune. Tiens, le voici lui-même.

Arrive LAFEU.

LE BOUFFON, *continuant, à Lafeu.* Seigneur, voici un matou de la Fortune, un chat de la Fortune,—ce n'est pas un chat à musc[1], qui est tombé dans le sale réservoir de son déplaisir, dont, à ce qu'il dit, il n'est pas sorti très-propre. Je vous en prie, seigneur, traitez ce merlan le mieux que vous pourrez, car il a l'air d'un pauvre sot bien délabré. Je sympathise avec sa détresse par un sourire de consolation, et je l'abandonne à votre seigneurie.

PAROLE. Seigneur, je suis un homme que la Fortune a cruellement égratigné.

LAFEU. Que veux-tu que j'y fasse? il est trop tard maintenant pour lui rogner les ongles. Quel méchant tour as-tu donc joué à la Fortune pour qu'elle t'égratigne? car elle est bonne personne, au demeurant, et ne souffre pas que les fripons prospèrent longtemps sous ses auspices. Voici un quart d'écu pour toi. Que le juge de paix vous réconcilie! j'ai d'autres affaires.

PAROLE. Que votre seigneurie me permette de lui dire un seul mot.

LAFEU. Tu veux encore un sou? épargne-toi la peine de le demander, le voilà.

PAROLE. Seigneur, mon nom est Parole.

LAFEU. C'est donc pour cela que tu voulais me dire un mot. — Ah! parbleu! donne-moi la main. Comment va ton tambour?

PAROLE. O seigneur! vous êtes le premier qui ayez trouvé ma piste.

LAFEU. Vraiment! je suis aussi le premier qui te l'ait fait perdre.

PAROLE. Il dépend de vous, seigneur, de me faire rentrer en grâce, car c'est vous qui m'en avez mis hors.

LAFEU. Fi donc, coquin! Veux-tu que je fasse tour à tour l'office de Dieu et du Diable, l'un te faisant entrer en grâce, et l'autre t'en faisant sortir? (*On entend le son d'une trompette.*) Le roi vient; je reconnais sa fanfare. — Viens me voir,

[1] L'animal qui fournit le musc s'appelle en anglais *musk-cat*, chat à musc.

entends-tu ; hier soir encore j'ai parlé de toi. Bien que tu sois un sot et un drôle, tu ne mourras pas de faim. Viens, suis-moi.

PAROLE. Je bénis Dieu de vos bontés.

Ils s'éloignent.

SCÈNE III.

Même pays. — Un appartement dans le château de la Comtesse Bruit de fanfares.

Entrent LE ROI, LA COMTESSE, LAFEU, DES SEIGNEURS, DES OFFICIERS, DES GARDES, etc.

LE ROI. Nous avons perdu en elle un trésor, et notre estime est appauvrie d'autant ; mais votre fils, égaré par son délire, n'avait pas assez de raison pour l'apprécier à sa juste valeur.

LA COMTESSE. Sire, tout cela est passé ; et je supplie votre majesté de l'attribuer uniquement à l'un de ces écarts qui surviennent dans la première ardeur de la jeunesse, quand l'huile et le feu, trop forts pour la raison, la débordent, et vont tout embraser.

LE ROI. Madame, j'ai tout pardonné et tout oublié, bien que ma vengeance fût étendue sur lui, et n'attendît plus que le moment de frapper.

LAFEU. Tout ce que je puis dire, — si votre majesté veut bien me le permettre, — c'est que ce jeune seigneur s'est rendu hautement coupable envers votre majesté, envers sa mère, sa femme, et surtout envers lui-même. Il a perdu une épouse dont la beauté étonnait les yeux les plus familiarisés avec le beau, dont la parole captivait l'oreille de tous ses auditeurs, dont les perfections enchaînaient les cœurs les plus rebelles.

LE ROI. Louer l'objet qu'on a perdu, c'est rendre sa mémoire plus chère encore. — Allons, qu'il vienne ici ; — nous sommes réconciliés, et notre première entrevue effacera le passé. — Qu'il ne nous demande pas pardon ; l'objet de son offense n'est plus, et nous voulons ensevelir dans le plus profond oubli d'irritants souvenirs. Qu'il approche comme un étranger, non comme un criminel. Allez lui dire que c'est là notre volonté.

Un Officier sort.

LE ROI, *à Lafeu.* Que répond-il à la proposition d'épouser votre fille ? lui avez-vous parlé ?

LAFEU. Il est tout dévoué aux ordres de votre majesté.

LE ROI. Ce mariage aura donc lieu. J'ai reçu des lettres dans lesquelles on fait de lui un grand éloge.

Entre BERTRAND.

LAFEU. Il a bonne mine.

LE ROI. Je ne suis pas un jour pluvieux d'automne ; car tu peux voir en moi au même instant le soleil et la grêle. Mais les nuages menaçants se dissipent devant les rayons lumineux; approche donc sans crainte ; le beau temps est revenu.

BERTRAND. Mon bien-aimé souverain, pardonnez-moi des fautes dont mon cœur se repent.

LE ROI. Tout est fini, qu'il ne soit plus question du passé. Saisissons le présent, car je suis vieux, et les pas silencieux du temps glissent furtivement sur mes projets les plus rapides avant que j'aie pu les exécuter. Te rappelles-tu la fille de ce seigneur ?

BERTRAND. Avec admiration, sire. J'avais d'abord jeté mon choix sur elle, avant que mon cœur osât le révéler par ma bouche. Ce fut l'impression que sa vue avait faite sur moi qui m'arma d'un dédaigneux mépris pour tout autre objet; ce setiment effaça à mes regards toute autre beauté ; me fit voir dans tout ce qui n'était pas elle des attraits sans puissance ou des charmes empruntés, et couvrit d'un voile de laideur les formes les plus belles. De là vint aussi que celle dont tous les hommes faisaient l'éloge, et que moi-même j'ai aimée depuis que je l'ai perdue, était pour moi la paille importune dont mon œil était blessé.

LE ROI. C'est on ne peut mieux s'excuser. Si tu l'as aimée, cette circonstance réduit le chiffre de ta dette morale ; mais l'amour qui vient trop tard, pareil au pardon que le remords arrache, et confié aux soins d'un messager trop lent, devient une insulte amère, retourne à celui qui l'envoie, et lui crie : Ce qui était bon n'est plus. Notre imprudence fait bon marché de ce que nous avons de plus précieux ; et nous n'en connaissons la valeur que lorsque nous l'avons perdu. Souvent dans notre injuste ressentiment, cruels envers nous-mêmes, nous immolons nos amis, puis nous versons des larmes sur leur cendre ; et pendant que la haine prolonge son honteux sommeil, l'amitié se réveille, et pleure en voyant le mal qui a été fait. Maintenant que nous avons sonné le glas funéraire de la charmante Hélène, tu dois l'oublier. C'est à la belle Madeleine que tes amoureux soupirs doivent s'adresser; les consentements les plus nécessaires sont obtenus; et je resterai ici pour voir clorre ton veuvage par un second hymen.

LA COMTESSE. Bénissez-le, ô ciel! et rendez-le plus heureux que le premier, ou faites-moi mourir avant de voir cette union.

LAFEU. Approchez, mon fils, vous en qui le nom de ma maison doit se confondre, donnez-moi quelque gage de tendresse, quelque joyau dont l'éclat réjouisse le cœur de ma fille, et la dispose à se rendre promptement ici. (*Bertrand tire un anneau de son doigt et le lui donne.*) Par ma vieille barbe et par tous les poils qui la composent, Hélène, qui est morte, était une charmante créature; la dernière fois que j'ai pris congé d'elle à la cour, je lui ai vu au doigt un anneau semblable à celui-ci.

BERTRAND. Cet anneau-ci ne lui a jamais appartenu.

LE ROI, *prenant l'anneau*. Laissez-moi le voir, je vous prie. (*A Bertrand.*) Car tout à l'heure, en te parlant, mon œil était souvent fixé sur cet anneau; — il m'a jadis appartenu. Quand je le donnai à Hélène, je lui dis que si jamais elle se trouvait avoir besoin de mon aide, sur la production de cet anneau il lui serait sur-le-champ accordé. As-tu donc eu l'adresse de la dépouiller de sa plus précieuse ressource?

BERTRAND. Mon gracieux souverain, malgré ce qu'il vous plaît de dire, il n'en est pas moins vrai que cet anneau n'a jamais été à elle.

LA COMTESSE. Mon fils, je vous jure que je l'ai vu à son doigt; elle y attachait autant de prix qu'à sa vie.

LAFEU. Je suis certain de le lui avoir vu porter.

BERTRAND. Vous vous trompez, seigneur; elle n'a jamais vu cet anneau. A Florence, il m'a été jeté d'une fenêtre, enveloppé dans un papier qui contenait le nom de celle qui l'avait jeté; elle était de noble naissance, et me croyait libre; mais lorsque je lui eus expliqué ma position, et lui eus déclaré que je ne pouvais répondre, selon les voies de l'honneur, aux ouvertures qu'elle m'avait faites, elle se rendit avec douleur à cette nécessité, cessa ses démarches, mais ne voulut plus reprendre son anneau.

LE ROI. Plutus lui-même, ce grand alchimiste qui connaît l'art de multiplier l'or, n'a pas des mystères de la nature une connaissance plus parfaite que moi de cet anneau. C'était le mien, c'était celui d'Hélène, qui que ce soit qui te l'ait donné. Si donc tu as la conscience de tes propres actes, avoue que ce joyau vient d'elle, et dis-nous par quelle violence tu l'as obtenu. Elle avait pris les saints à témoin qu'il ne quitterait jamais son doigt, à moins qu'elle ne te le donnât à toi-même dans le lit nuptial où tu n'es jamais entré, ou qu'elle ne me l'envoyât dans quelque nécessité pressante.

BERTRAND. Elle ne l'a jamais vu.

LE ROI. Comme il est vrai que mon honneur m'est cher, ce que tu dis est faux; et je commence à concevoir d'horribles soupçons que je voudrais en vain réprimer. S'il était prouvé que tu eusses poussé jusque-là la barbarie, — cela ne saurait être, — et pourtant je n'en réponds pas; — tu lui portais une mortelle haine, et elle est morte; il faudrait que j'eusse moi-même fermé ses yeux pour que la vue de cette bague ne fût pas pour moi la preuve la plus forte. — *(Aux Gardes.)* Qu'on l'emmène. — *(Les Gardes se saisissent de Bertrand.)* Quoi qu'il arrive, les preuves déjà obtenues justifient mes craintes, et peut-être n'ai-je déjà montré que trop de sécurité. — Qu'on l'emmène. — Je veux approfondir cette affaire.

BERTRAND. Si vous pouvez prouver que cet anneau ait jamais appartenu à Hélène, vous prouverez tout aussi aisément que je suis entré dans son lit à Florence, où elle n'a jamais été.

Bertrand sort emmené par les Gardes.

Arrive UN GENTILHOMME.

LE ROI. Les plus lugubres pensées me préoccupent.

LE GENTILHOMME. Gracieux souverain, j'ignore si j'ai encouru votre blâme. Voici un placet de la part d'une dame de Florence, qui a manqué de cinq ou six relais l'occasion de vous le présenter elle-même. Je m'en suis chargé, attendri par la beauté touchante et la parole gracieuse de l'infortunée suppliante qui vient d'arriver en ces lieux. On lit sur son visage l'importance de sa requête; et elle m'a fait entendre par quelques mots pleins de grâce, que l'affaire intéressait votre majesté.

LE ROI *prend le papier que lui remet le Gentilhomme, et lit.* « Sur sa promesse réitérée de m'épouser quand sa femme » serait morte, j'avoue à ma honte que je me suis donnée à lui. » Maintenant, le comte de Roussillon est veuf; il m'a engagé

» sa foi, et a pris mon honneur en retour. Il est parti furtive-
» ment de Florence, sans prendre congé de moi, et je l'ai
» suivi dans son pays pour demander justice. C'est à vous que
» je la demande, ô roi! c'est à vous qu'il appartient de me la
» rendre; sinon, un séducteur triomphe, et une pauvre fille
» est perdue.   DIANE CAPULET. »

LAFEU. J'irai m'acheter un gendre à la foire, et j'acquitterai les droits ; quant à celui-ci, je n'en veux pas.

LE ROI. Lafeu, le ciel, en amenant cette découverte, vous a donné une preuve de sa prédilection. — Qu'on aille chercher la pétitionnaire : — Dépêchez-vous, et ramenez le comte.

Le Gentilhomme sort avec quelques Officiers.

LE ROI, *continuant, à la Comtesse.* Je crains bien, madame, que la mort d'Hélène n'ait été le résultat d'un crime.

LA COMTESSE. Qu'il soit fait justice des coupables!

Arrive BERTRAND, accompagné des GARDES.

LE ROI. Je m'étonne, seigneur, que les femmes étant à vos yeux des monstres, à tel point que vous vous hâtez de les fuir aussitôt que vous leur avez engagé votre foi, vous désiriez néanmoins vous marier. — Quelle est cette femme?

Rentre LE GENTILHOMME avec LA VEUVE et DIANE.

DIANE. Sire, je suis une malheureuse florentine, descendue de l'antique race des Capulets. J'apprends que l'objet de ma demande vous est déjà connu ; vous savez donc combien je suis à plaindre.

LA VEUVE. Sire, je suis sa mère. L'outrage dont nous nous plaignons a compromis l'honneur de ma vieillesse, à jamais flétri si vous n'y apportez remède.

LE ROI. Comte, approche; connais-tu ces femmes?

BERTRAND. Sire, je ne puis ni ne veux le nier, je les connais. Qu'ont-elles à me reprocher?

DIANE. Pourquoi regardez-vous votre femme comme vous regarderiez une étrangère?

BERTRAND. Sire, elle ne m'est rien.

DIANE. Si vous vous mariez, vous donnerez à une autre cette main, et cette main est à moi ; vous aliénerez votre foi, et votre foi m'appartient; vous m'aliénerez moi-même, car, par nos serments mutuels, je suis tellement incorporée à vous, que celle qui vous épousera devra m'épouser, et ne pourra vous prendre sans nous prendre tous deux.

LAFEU, *à Bertrand*. Votre réputation n'est pas assez bonne pour que vous puissiez prétendre à ma fille ; vous n'êtes point l'époux qu'il lui faut.

BERTRAND. Sire, c'est une créature effrontée qui s'est amourachée de moi, et avec laquelle il m'est quelquefois arrivé de rire. Je pense que vous n'aurez pas de mon honneur si mauvaise opinion que de le croire capable de se ravaler si bas.

LE ROI. Pour ce qui est de mon opinion, elle ne t'est pas favorable ; c'est à toi de te la concilier par tes actes ; prouve que ton honneur est plus pur par le fait qu'il ne l'est dans ma pensée.

DIANE. Sire, demandez-lui d'affirmer sous la foi du serment qu'il n'a pas eu ma virginité.

LE ROI. Que lui réponds-tu ?

BERTRAND. Sire, c'est une impudente qui s'est prostituée à tout le camp.

DIANE. Sire, il me calomnie ; si j'étais ce qu'il dit, il m'eût achetée à vil prix. Ne le croyez pas. Voyez cet anneau dont la richesse et l'éclat sont incomparables ; il l'a pourtant donné à une prostituée, s'il est vrai que j'en sois une.

LA COMTESSE. Il rougit : je reconnais l'anneau. Depuis six générations ce diamant a été porté dans la famille et transmis de père en fils. Cette femme est son épouse ; cette bague équivaut à des milliers de preuves.

LE ROI. N'avez-vous point ici à la cour quelque témoin que vous puissiez produire ?

DIANE. J'en ai un, seigneur ; mais son témoignage a si peu de valeur que j'hésite à le produire ; il se nomme Parole.

LAFEU. J'ai vu aujourd'hui cet homme, si toutefois c'en est un.

LE ROI. Qu'on le cherche, et qu'on l'amène ici.

BERTRAND. A quoi bon ? on le connaît pour un vil imposteur, noté pour les actions les plus viles et les plus infâmes ; la vérité est antipathique à sa nature. Et l'on voudrait me juger sur le témoignage d'un homme qui dira tout ce qu'on voudra lui faire dire ?

LE ROI. Elle n'en a pas moins ton anneau.

BERTRAND. Je le crois ; il est certain que j'ai eu du goût pour elle, et que j'ai passé avec elle une fantaisie de jeunesse. Elle connaissait la distance qu'il y avait entre elle et moi ;

pour m'attirer dans ses filets, elle a aiguillonné mon ardeur par sa réserve affectée, sachant très-bien que la passion s'accroît en raison des obstacles qu'on lui oppose. Enfin, à force d'instances appuyées de la grâce de ses manières, elle m'amena où elle en voulait venir; elle obtint la bague, et moi j'obtins ce que tout autre que moi aurait pu acheter au prix courant.

DIANE. Il faut en convenir, vous qui avez déjà repoussé loin de vous une première épouse d'un si rare mérite, vous pouvez bien aussi me priver de mes droits légitimes. Puisque vous êtes sans vertu, je renonce à vous avoir pour époux; veuillez envoyer chercher votre anneau, je vous le rendrai; rendez-moi le mien.

BERTRAND. Je ne l'ai pas.

LE ROI. Comment était votre anneau, je vous prie?

DIANE. Semblable à celui qui est à votre doigt.

LE ROI. Connaissez-vous cet anneau? il appartenait au comte.

DIANE. C'est celui que je lui ai donné lorsque nous étions au lit.

LE ROI. Il n'est donc pas vrai que vous le lui ayez jeté d'une fenêtre?

DIANE. Sire, j'ai dit la vérité.

BERTRAND. Sire, j'avoue que cet anneau me vient d'elle.

LE ROI. Tu balbuties étrangement; une plume te fait peur.

Entre PAROLE.

LE ROI, *continuant, à Diane.* Est-ce là l'homme dont vous avez parlé?

DIANE. C'est lui, sire.

LE ROI. Dites-moi, vous, mais dites-moi la vérité, sans craindre le déplaisir de votre maître dont je vous garantirai, si vous êtes sincère : que savez-vous de lui, et de cette femme ici présente?

PAROLE. Sous le bon plaisir de votre majesté, mon maître s'est toujours conduit en honorable gentilhomme; il a fait des fredaines comme tout autre gentilhomme en peut faire.

LE ROI. Voyons, au fait : a-t-il aimé cette femme?

PAROLE. A dire vrai, sire, il l'a aimée. Eh bien?

LE ROI. Eh bien! comment l'a-t-il aimée?

PAROLE. Comme un gentilhomme aime une femme.

LE ROI. C'est-à-dire?

PAROLE. C'est-à-dire qu'il l'a aimée, et ne l'a pas aimée.

LE ROI. Comme tu es et n'es pas un coquin. Quel énigmatique drôle est cela?

PAROLE. Je suis un pauvre homme aux ordres de votre majesté.

LAFEU. Sire, il est excellent tambour, et pitoyable orateur.

DIANE. Savez-vous s'il m'a promis le mariage?

PAROLE. Ma foi, j'en sais plus que je ne veux en dire.

LE ROI. Mais ne veux-tu pas dire tout ce que tu sais?

PAROLE. Je le dirai sous le bon plaisir de votre majesté : comme je l'ai dit, je leur ai servi d'intermédiaire; je vous dirai de plus qu'il l'aimait; — le fait est qu'il en était amoureux fou, et parlait de Satan, de purgatoire, des furies, et de je ne sais quoi encore. J'étais assez dans leur confidence pour savoir qu'ils n'avaient qu'un lit, qu'une promesse de mariage a été faite, et bien d'autres choses dont la révélation m'attirerait des désagréments, et que je tairai en conséquence.

LE ROI. Tu as déjà tout dit, à moins que tu ne puisses ajouter qu'ils sont mariés; mais tu mets trop de détours dans ta déposition; écarte-toi donc. — (*A Diane.*) Vous dites que cette bague vient de vous?

DIANE. Oui, sire.

LE ROI. Où l'avez-vous achetée? ou qui vous l'a donnée?

DIANE. On ne me l'a point donnée, et je ne l'ai point achetée.

LE ROI. Qui vous l'a prêtée?

DIANE. On ne me l'a point prêtée non plus.

LE ROI. Eh bien, où l'avez-vous trouvée?

DIANE. Je ne l'ai pas trouvée.

LE ROI. Si vous ne la possédiez à aucun de ces titres, comment avez-vous pu la lui donner?

DIANE. Je ne la lui ai pas donnée.

LAFEU. Sire, cette femme est souple comme un gant, elle affirme et se rétracte à volonté.

LE ROI. Cette bague était à moi, je l'ai donnée à la première épouse du comte.

DIANE. Elle peut avoir été à vous ou à elle, je l'ignore.

LE ROI. Qu'on l'emmène; voilà une femme qui commence

à me déplaire. Qu'on la conduise en prison, et lui aussi. (*A Diane.*) Si tu ne me dis comment tu t'es procuré cette bague, tu mourras dans une heure.

DIANE. Je ne vous le dirai jamais!

LE ROI. Je vois maintenant que tu es une prostituée.

DIANE. Par le ciel! je n'ai jamais connu d'homme, pas plus que je ne vous ai connu vous-même.

LE ROI. Pourquoi donc l'accusais-tu tout à l'heure?

DIANE. Parce qu'il est coupable et ne l'est pas; il sait que je ne suis plus vierge, et il peut en faire serment; je suis prête à jurer que je suis vierge, quoiqu'il ne le sache pas. Grand roi, je vous jure que je ne suis point une prostituée : si je ne suis vierge, (*montrant Lafeu*) que je sois la femme de ce vieillard.

LE ROI. Elle se moque de nous; qu'on la mène en prison.

DIANE. Ma mère, allez chercher ma caution.
La Veuve sort.

DIANE, *continuant*. Attendez, sire; j'ai envoyé chercher le joaillier à qui appartient la bague, et il sera ma caution. Quant à ce seigneur qui m'a abusée, comme il le sait fort bien, quoiqu'il ne m'ait jamais fait le moindre tort, je lui pardonne et l'acquitte de tout blâme. Il sait qu'il a souillé ma couche, et qu'alors il a fait un enfant à sa femme; toute morte qu'elle est, elle sent son fruit remuer dans ses entrailles. Or, voilà mon énigme : la défunte est vivante, et voici venir l'explication.

Rentre LA VEUVE, accompagnée d'HÉLÈNE.

LE ROI. Un exorciste aurait-il fasciné mes yeux? est-ce un objet réel que je vois?

HÉLÈNE. Non, sire, vous ne voyez que l'ombre d'une épouse; vous en voyez le nom sans la chose.

BERTRAND. Et le nom et la chose. Oh! pardon!

HÉLÈNE. Mon aimable seigneur, lorsque j'étais comme cette jeune fille, je vous ai trouvé merveilleusement tendre. Voici votre anneau, et voici votre lettre; on y lit : « Quand tu auras » obtenu de moi l'anneau que je porte au doigt, et que tu au- » ras de moi un enfant, etc. » — Tout cela est arrivé. Voulez-vous être à moi, maintenant que vous m'appartenez à double titre?

BERTRAND. Sire, si elle peut me prouver cela clairement, je promets de l'aimer tendrement et à jamais.

HÉLÈNE. Si je ne le démontre pas jusqu'à l'évidence, si ce que j'avance est reconnu faux, qu'un cruel divorce s'interpose entre vous et moi ! — (*A la Comtesse.*) O ma mère bien-aimée ! je vous revois encore !

LAFEU. Les yeux me cuisent, je vais pleurer tout à l'heure. — (*A Parole.*) Mon cher tambour, prête-moi un mouchoir. Je te remercie ; viens me voir chez moi, je m'amuserai de toi. Laisse-là tes politesses, elles me sont déplaisantes.

LE ROI. Qu'on me raconte de point en point cette histoire, où la simple vérité a un si merveilleux intérêt. — (*A Diane.*) Si vous êtes une fleur fraîche et vierge encore, choisissez l'époux qu'il vous plaira, je payerai votre dot, car je devine que par votre vertueuse assistance, tout en restant fille vous-même, une épouse est devenue femme. — Nous entendrons à loisir ce récit dans tous ses détails. Jusqu'ici tout s'annonce bien ; avec une conclusion aussi heureuse, une fois le malheur passé, le bonheur n'en est que plus doux.

Fanfares.

LE ROI, *s'avançant de quelques pas et s'adressant aux spectateurs.*

    Le roi de notre comédie
N'est plus qu'un suppliant quand la pièce est finie.
Tout est bien, si pour nous éclatent vos bravos
Nous les mériterons par des efforts nouveaux.
A nous votre suffrage et votre bienveillance,
Et prenez en retour notre reconnaissance.

Tous sortent.

FIN DE TOUT EST BIEN QUI FINIT BIEN.

LA MÉCHANTE MISE A LA RAISON,

COMÉDIE EN CINQ ACTES.

PERSONNAGES DU PROLOGUE.

UN GRAND SEIGNEUR.
CHRISTOPHE FUTÉ, chaudronnier ivrogne.
L'HOTESSE d'une taverne.
UN PAGE.
DES COMÉDIENS et divers DOMESTIQUES au service du grand seigneur.

PERSONNAGES DE LA COMÉDIE.

BAPTISTA, riche gentilhomme de Padoue.
VINCENTIO, vieux gentilhomme de Pise.
LUCENTIO, fils de Vincentio, amoureux de Bianca.
PETRUCHIO, gentilhomme de Vérone, faisant sa cour à Catharina.
GRÉMIO, } faisant leur cour à Bianca.
HORTENSIO, }
TRANIO, } domestiques de Lucentio.
BIONDELLO, }
GRUMIO, } domestiques de Petruchio.
CURTIS, }
UN VIEUX PÉDAGOGUE employé pour contrefaire Vincentio.
CATHARINA, la Méchante, fille de Baptista.
BIANCA, sa sœur.
UNE VEUVE.
UN GARÇON TAILLEUR.
UN MERCIER, DOMESTIQUES au service de Baptista et de Petruchio.

La scène est tantôt à Padoue, tantôt dans la maison de campagne de Petruchio.

PROLOGUE.

SCÈNE I.

La scène est sur une bruyère en face d'une taverne.

Arrivent L'HOTESSE et FUTÉ.

FUTÉ. Gare à toi, ou je te donne un coup de peigne.

L'HÔTESSE. Une paire de ceps, vagabond.

FUTÉ. Tu es une coureuse ; les Futés ne sont pas des vagabonds ; consulte les vieilles chroniques ; nous sommes venus en Angleterre avec Richard le Conquérant : en conséquence, *paucas pallubris* [1], après moi la fin monde ; *sessa* [2].

L'HÔTESSE. Tu refuses de payer les verres que tu as cassés.

---

[1] Il veut dire *paucas pallubras*, expression espagnole qui signifie trêve de paroles.

[2] Pour le mot italien *cessa*, cessez, taisez-vous.

FUTÉ. Pas un denier. Va, va, comme dit *Jéronimo*[1], va te coucher dans ton grabat glacé, et tâche de t'y tenir chaudement.

L'HÔTESSE. Je sais ce que je vais faire ; je vais chercher le constable.

Elle s'éloigne.

FUTÉ, *seul*. Ça m'est égal ; la loi à la main, je ne le crains pas ; je ne bougerai pas d'ici ; qu'il vienne, je l'attends.

Il se couche par terre et s'endort. On entend le bruit d'une fanfare de chasse.

Arrive UN GRAND SEIGNEUR, en habits de chasse, accompagné de PIQUEURS et de DOMESTIQUES.

LE GRAND SEIGNEUR. Piqueur, aie soin de mes chiens ; je te recommande surtout *Brisquet* ; la pauvre bête est rendue. Attache-le en laisse avec *Nez-en-l'air*. As-tu vu comme *Vif-argent* a franchi la haie au moment le plus difficile ? Je ne voudrais pas, pour vingt livres sterling, perdre un pareil chien.

PREMIER PIQUEUR. Je vous assure, monseigneur, que *Clochette* le vaut bien ; il a relancé la bête, et c'est lui qui deux fois a retrouvé la piste ; je vous certifie que c'est votre meilleur chien.

LE GRAND SEIGNEUR. Tu ne sais ce que tu dis : si *Echo* était un peu plus agile, je ne le donnerais pas pour une douzaine comme *Clochette*. Mais fais-les manger, et prends-en soin ; j'ai intention de retourner à la chasse demain.

PREMIER PIQUEUR. Vos ordres seront exécutés, monseigneur.

LE GRAND SEIGNEUR. Qu'est-ce que cela ? un corps vivant ou un cadavre ? Voyez s'il respire encore.

DEUXIÈME PIQUEUR. Il respire, monseigneur : si la bière qu'il a bue ne le réchauffait pas, ce serait là un lit bien froid pour dormir d'un sommeil si profond.

LE GRAND SEIGNEUR. O grossier animal ! Il est là étendu comme un pourceau ! ô mort impitoyable ! combien hideuse et révoltante est ton image !—Mes enfants, il me prend l'envie de m'amuser de cet ivrogne. Si je le faisais transporter dans un bon lit, enveloppé dans de beaux draps fins, avec des bagues à tous ses doigts ; s'il trouvait à son réveil une table délicieusement servie à côté de son lit, et des domestiques en livrée

---

[1] Allusion à un ancien drame, intitulé *Hieronymo*, ou la tragédie espagnole, auquel Fûté emprunte ses bribes d'espagnol, et qui paraît avoir servi de texte aux plaisanteries des poëtes contemporains de Shakspeare.

prêts à exécuter ses ordres ; cela ne suffirait-il pas pour faire perdre à ce pauvre diable la conscience de sa personnalité?

PREMIER PIQUEUR. Je n'en doute nullement, monseigneur.

DEUXIÈME PIQUEUR. Il sera certes bien étonné quand il s'éveillera.

LE GRAND SEIGNEUR. Il croira que c'est un rêve ou que son imagination l'abuse. Allons, relevez-le, et conduisez habilement cette plaisanterie ; transportez-le doucement dans ma plus belle chambre, ornée de mes plus beaux tableaux ; parfumez sa tête crasseuse d'eau de senteur, et brûlez des bois odoriférants pour embaumer l'appartement ; qu'au moment de son réveil des musiciens fassent entendre les plus doux et les plus célestes accords ; dès qu'il ouvrira la bouche pour parler, offrez-lui vos services, et d'une voix humble et respectueuse, dites-lui : «Quels ordres monseigneur veut-il nous donner?» — Que l'un se présente avec un bassin rempli d'eau de rose, et parsemé de fleurs ; qu'un autre porte l'aiguière, un troisième un linge damassé, et dites-lui : « Monseigneur veut-il se rafraîchir les mains ? » — Que quelqu'un tienne prêts pour lui de superbes vêtements, et lui demande lequel il veut mettre ; qu'un autre lui parle de ses chiens, de son cheval, et de sa femme, que sa maladie plonge dans un profond chagrin ; qu'on lui persuade qu'il a été pendant longues années atteint de folie : s'il vous dit qu'il n'est qu'un pauvre diable, répondez-lui qu'il rêve, et qu'il n'est pas moins qu'un puissant seigneur. Acquittez-vous-en, mes amis, avec aisance et naturel ; cela sera le plus divertissant du monde, si l'on y met le sérieux convenable.

PREMIER PIQUEUR. Monseigneur, vous pouvez compter que nous jouerons notre rôle ; et nous nous y prendrons si bien qu'il croira être véritablement ce que nous lui dirons qu'il est.

LE GRAND SEIGNEUR. Soulevez-le doucement, et mettez-le au lit ; et qu'au moment où il s'éveillera, chacun soit prêt à remplir ses fonctions. (*Quelques domestiques emportent Fûté ; on entend le son d'une trompette. A un de ses gens.*) — Toi, va voir quelle est cette trompette.

Le Domestique s'éloigne.

LE GRAND SEIGNEUR, *continuant.* C'est probablement quelque gentilhomme en voyage qui vient ici se reposer.

Revient LE DOMESTIQUE.

LE GRAND SEIGNEUR, *continuant.* Eh bien! qui est-ce?

LE DOMESTIQUE. Sous le bon plaisir de monseigneur, ce sont des comédiens qui viennent offrir leurs services à votre seigneurie.

LE GRAND SEIGNEUR. Dis-leur de s'approcher.

Arrivent DES COMÉDIENS.

LE GRAND SEIGNEUR, *continuant*. Mes enfants, vous êtes les bienvenus.

PREMIER COMÉDIEN. Nous remercions votre seigneurie.

LE GRAND SEIGNEUR. Vous proposez-vous de rester avec moi ce soir ?

DEUXIÈME COMÉDIEN. S'il plaît à monseigneur d'accepter nos services.

DE GRAND SEIGNEUR. De tout mon cœur. (*S'approchant d'un Comédien.*) Voilà un gaillard que je me rappelle pour lui avoir vu jouer le rôle du fils d'un fermier : — c'était dans une pièce où vous faisiez la cour à la châtelaine ; j'ai oublié votre nom, mais je me rappelle que vous jouiez votre rôle avec talent et naturel.

PREMIER COMÉDIEN. Si je ne me trompe, c'est du rôle de Soto que monseigneur veut parler.

LE GRAND SEIGNEUR. C'est vrai ; — vous étiez excellent dans ce rôle-là. — Allons, vous arrivez dans un bon moment ; car j'ai en vue un divertissement dans lequel vous pourrez m'être d'un grand secours ; vous jouerez ce soir devant un grand seigneur ; c'est un homme qui n'a jamais assisté à une représentation théâtrale ; aussi j'ai peur que vous ne puissiez vous contenir, et que la bizarrerie de ses manières ne vous fasse éclater de rire ; ce serait gravement l'offenser, car il lui suffirait de vous voir sourire pour se fâcher tout de bon.

PREMIER COMÉDIEN. Ne craignez rien, monseigneur ; nous saurons nous contenir, fût-il le personnage le plus comique du monde.

LE GRAND SEIGNEUR, *à un de ses Domestiques*. Toi, conduis-les à l'office, et que chacun d'eux soit bien traité ; qu'ils ne manquent de rien de ce que mon château peut fournir.

Le Domestique et les Comédiens s'éloignent.

LE GRAND SEIGNEUR, *continuant, à un autre Domestique*. Toi, va trouver mon page Barthélemi, et fais-le habiller de la tête aux pieds ; cela fait, tu le conduiras dans la chambre de l'ivrogne ; là, tu l'appelleras madame, et lui témoigneras le plus grand respect. Dis-lui de ma part que s'il tient à mon affection, il imitera les grandes manières qu'il a observées dans les dames de qualité vis-à-vis de leurs époux : qu'il ait cette tenue-là avec l'ivrogne ; et d'une voix douce, d'un air respectueux et soumis, qu'il lui dise : « Quels ordres monseigneur a-t-il à donner ? en quoi peut votre femme, votre humble épouse, vous témoigner ses respects et vous manifester son amour ? » Puis, avec de tendres embrassements et des baisers de flamme, cachant sa tête dans le sein de son époux, qu'il verse des pleurs de joie, à la vue du rétablissement de son noble seigneur, qui, pendant deux fois sept années, s'est cru un pauvre et vil mendiant. Si mon page n'est pas doué de la facilité qu'ont les femmes de répandre des larmes à volonté, un oignon y suppléera, et soigneusement enveloppé dans un mouchoir, emplira malgré lui ses yeux de larmes abondantes. Aie soin que tout cela s'exécute aussi promptement que possible ; incessamment je te donnerai de nouvelles instructions.

Le Domestique sort.

LE GRAND SEIGNEUR, *continuant*. Je sais que ce jeune damoiseau imitera parfaitement la grâce, la voix, le maintien et le geste d'une dame de qualité ; il me tarde de l'entendre appeler l'ivrogne son époux, de voir comment mes gens feront pour ne pas rire en rendant leurs hommages à ce manant. Allons les aider de mes conseils ; peut-être ma présence contribuera-t-elle à contenir leur gaieté en respect, et à l'empêcher de passer les bornes.

Ils sortent.

SCÈNE II.

Une chambre à coucher dans le château du Grand Seigneur.

On aperçoit FUTÉ, revêtu d'une superbe robe de chambre ; DES DOMESTIQUES l'entourent, les uns tenant à la main de riches vêtements, d'autres un bassin, une aiguière, et autres objets de toilette. Arrive LE GRAND SEIGNEUR, habillé en domestique.

FUTÉ. Au nom du ciel, un pot de petite bière !

PREMIER DOMESTIQUE. Monseigneur veut-il boire un verre de vin d'Espagne ?

DEUXIÈME DOMESTIQUE. Sa seigneurie veut-elle goûter de ces conserves ?

TROISIÈME DOMESTIQUE. Quel habit monseigneur veut-il mettre aujourd'hui ?

FUTÉ. Je suis Christophe Fûté ; ne m'appelez ni seigneurie, ni monseigneur : je n'ai bu de ma vie du vin d'Espagne ; en fait de conserves, donnez-moi des conserves de bœuf. Ne me demandez jamais quel habit je veux porter ; car je n'ai qu'un pourpoint, comme je n'ai qu'un dos ; j'ai tout juste autant de bas que de jambes, autant de souliers que de pieds ; j'ai quelquefois même plus de pieds que de souliers, ou des souliers tels qu'on voit mes orteils à travers.

LE GRAND SEIGNEUR. Fasse le ciel que cette humeur passe promptement à votre seigneurie! Se peut-il qu'un homme puissant, de naissance illustre, possesseur de si riches domaines, et jouissant d'une si haute estime, soit imbu d'idées si vulgaires et si basses !

FUTÉ. Quoi donc ! Prétendez-vous faire de moi un fou ? Ne suis-je pas Christophe Fûté, fils du vieux Fûté, de Burton-Bruyère ; porte-balle de naissance, cartonnier par l'éducation ; par transmutation meneur d'ours, et présentement chaudronnier de mon état ? Demandez de mes nouvelles à Marianne Hacquet, la grosse cabaretière de Wincot ; si elle dit que je ne lui dois pas quatorze pence de bière force, tenez-moi pour le plus effronté menteur de la chrétienté. Quoi ! je ne suis pas timbré ; voilà. —

PREMIER DOMESTIQUE. Oh ! voilà ce qui fait pleurer madame.

DEUXIÈME DOMESTIQUE. Voilà ce qui attriste vos domestiques.

LE GRAND SEIGNEUR. Voilà ce qui fait que vos parents fuient votre château, dont les égarements de votre folie les ont chassés. O noble seigneur ! songez à votre naissance ; rappelez vos anciennes idées bannies de votre cerveau, et bannissez-en ces viles et abjectes chimères. Voyez comme vos serviteurs attendent vos ordres, prêts à obéir au moindre signe, chacun dans ses attributions. Voulez-vous de la musique? écoutez! (*La musique se fait entendre.*) Apollon touche sa lyre, et vingt rossignols en cage font entendre leurs chants. Voulez-vous dormir ? nous vous déposerons sur une couche plus douce et plus moelleuse que le lit voluptueux dressé exprès pour Sémiramis. Voulez-vous vous promener ? nous sèmerons de fleurs votre chemin. Voulez-vous monter à cheval ? nous allons caparaçonner vos chevaux, et les couvrir de leurs harnais brillants de perles et d'or. Aimez-vous la chasse au faucon ?

vous avez des faucons dont le vol s'élève plus haut que celui de l'alouette matinale. Ou vous plairait-il de chasser? vos chiens vont frapper l'air de leurs aboiements sonores, et réveiller l'écho perçant dans ses profondes cavernes.

PREMIER DOMESTIQUE. Si vous voulez courir le cerf, vos limiers sont aussi légers que le daim qui a repris haleine, et aussi agiles que que le chevreuil.

DEUXIÈME DOMESTIQUE. Aimez-vous les tableaux? nous allons à l'instant vous chercher un Adonis couché au bord d'un ruisseau qui murmure, non loin de Cythérée cachée dans les roseaux qui semblent s'agiter voluptueusement sous le souffle de la déesse, comme sous l'haleine du zéphyr.

LE GRAND SEIGNEUR. Nous vous ferons voir la jeune Io au moment où elle fut surprise et séduite; la scène est peinte avec tant de vérité qu'on croirait la voir.

TROISIÈME DOMESTIQUE. Ou Daphné errante à travers un bois épineux; on jurerait qu'on voit le sang couler de ses jambes déchirées, et à cette vue, Apollon verser des larmes, tant le pinceau a exprimé naturellement le sang et les pleurs.

LE GRAND SEIGNEUR. Vous êtes un lord, oui, un lord; et vous avez une lady dont la beauté surpasse tout ce qu'on voit dans ce siècle dégénéré.

PREMIER DOMESTIQUE. Avant que son beau visage eût été inondé des larmes qu'elle a versées, c'était la plus belle créature de l'univers; et maintenant encore elle n'est inférieure à personne.

FUTÉ. Suis-je un lord? ai-je véritablement une lady pour femme? est-ce que je rêve? ou est-ce que j'ai rêvé jusqu'à ce moment? je ne dors pas; je vois, j'entends, je parle: je respire de douces odeurs; je touche de moelleux objets; sur ma vie, je suis en effet un lord, et non un chaudronnier, et non Christophe Fûté.—Allons, qu'on m'amène ma femme, et, encore un coup, qu'on me donne un pot de petite bière.

DEUXIÈME DOMESTIQUE. Monseigneur veut-il se laver les mains? (*Des Domestiques lui présentent une aiguière, un bassin et une serviette.*) Oh! que nous sommes contents de vous voir rétabli! Fasse le ciel que vous repreniez la conscience de ce que vous êtes! Voilà quinze ans que vous êtes plongé dans un rêve, et quand vous vous éveilliez, votre veille ressemblait à un sommeil.

FUTÉ. Depuis quinze ans! par ma foi, c'est un joli somme. Et je n'ai pas parlé pendant tout ce temps-là?

PREMIER DOMESTIQUE. Oh! si fait, monseigneur; mais vos paroles étaient incohérentes. — Quoique vous fussiez couché ici dans ce même appartement, vous souteniez qu'on vous avait battu dehors; vous vous répandiez en reproches contre l'hôtesse du logis, et menaciez de la traduire devant les tribunaux, parce qu'au lieu de bouteilles cachetées elle vous avait apporté des cruches de grès. Parfois vous appeliez Cécile Hacquet.

FUTÉ. Oui, la servante du cabaret.

PREMIER DOMESTIQUE. Vous ne connaissez ni cabaret, ni servante, ni tous ces hommes que vous êtes dans l'habitude de nommer, comme Étienne Fûté, le vieux Jean Nap Legras, Pierre Dugazon, Henri Pimprenelle, et une vingtaine d'autres individus semblables qui n'ont jamais existé et que vous n'avez jamais vus.

FUTÉ. Allons, Dieu soit loué de mon heureux rétablissement!

TOUS. Ainsi soit-il!

FUTÉ, *à un Domestique*. Je te remercie; tu n'y perdras rien.

Entre LE PAGE, *en costume de dame de qualité*; DES DOMESTIQUES *l'accompagnent.*

LE PAGE. Comment se porte mon noble seigneur?

FUTÉ. Mais assez bien; car, morbleu! ici la bonne chère ne manque pas. Où est ma femme?

LE PAGE. La voici, mon noble seigneur. Que désirez-vous d'elle?

FUTÉ. Vous êtes ma femme, et vous ne m'appelez pas votre mari! — C'est bon pour mes gens de m'appeler seigneur; je suis votre homme.

LE PAGE. Vous êtes mon mari et seigneur, mon seigneur et mari; je suis votre épouse soumise et obéissante.

FUTÉ. Je le sais. — Comment faut-il que je l'appelle?

LE GRAND SEIGNEUR. Madame.

FUTÉ. Madame Alice, ou madame Jeanne?

LE GRAND SEIGNEUR. Madame tout court; c'est le nom que les lords donnent à leurs ladies.

PROLOGUE, SCÈNE II.

FUTÉ. Madame ma femme, on dit que j'ai dormi et rêvé depuis quinze ans et plus.

LE PAGE. Oui, et ces quinze années m'en ont paru trente ; car je me suis vue exilée de votre lit pendant tout ce temps.

FUTÉ. C'est beaucoup. — Mes gens, laissez-moi seul avec elle. — Madame, déshabillez-vous, et venez vous coucher.

LE PAGE. Trois fois noble seigneur, je vous supplie de vouloir bien m'excuser pendant une nuit ou deux, ou du moins jusqu'à ce soir après le coucher du soleil ; car vos médecins m'ont expressément recommandé de m'absenter encore de votre lit, sous peine de vous faire retomber dans votre maladie. J'espère que ce motif me servira d'excuse.

FUTÉ. En l'état actuel des choses, il me sera fort difficile d'attendre. Mais, d'un autre côté, je ne veux pas retomber dans mes rêves ; j'attendrai donc, en dépit de la chair.

Entre UN DOMESTIQUE.

LE DOMESTIQUE. Les comédiens de votre seigneurie, ayant appris votre rétablissement, sont venus pour jouer devant vous une charmante comédie, de l'avis exprès de vos médecins. Considérant qu'un excès de tristesse a congelé votre sang, et que la folie est fille de la mélancolie, ils pensent que la représentation d'une comédie vous fera du bien ; cela vous disposera, disent-ils, à la joie et à la gaieté, qui préviennent mille maux et prolongent la vie.

FUTÉ. Parbleu, je le veux bien ; qu'ils viennent jouer leur pièce. Une comédie, ce sont des farces de Noël, des tours de force, n'est-ce pas ?

LE PAGE. Non, monseigneur, c'est quelque chose de plus agréable.

FUTÉ. Qu'est-ce donc ?

LE PAGE. C'est une manière d'histoire.

FUTÉ. Bien, voyons cela. Venez, madame ma femme ; asseyez-vous auprès de moi, et après nous la fin du monde : nous ne serons jamais plus jeunes.

Ils prennent place sur des siéges.

ACTE PREMIER.

SCÈNE I.

Padoue. — Une place publique.

Arrivent LUCENTIO et TRANIO.

LUCENTIO. Tranio, j'avais le plus vif désir de voir la belle Padoue, cette pépinière des arts ; — enfin me voilà dans cette fertile Lombardie, ce délicieux jardin de la grande Italie ; j'y viens avec la permission d'un père qui m'aime, fort de sa bienveillance et de ton utile compagnie, toi, mon serviteur fidèle, éprouvé. Respirons donc ici, et commençons-y heureusement un cours d'instruction et d'études littéraires. Pise, renommée pour l'opulence de ses citoyens, m'a vu naître, ainsi que mon père, l'illustre Vincentio, le plus riche commerçant du monde, issu de la race des Bentivoglio. Quant au fils de Vincentio, élevé à Florence, pour répondre aux espérances qui se rattachent à lui, il convient qu'au mérite de la fortune il joigne celui des actes vertueux. C'est pourquoi, Tranio, pendant que je vais me consacrer à l'étude, je veux m'appliquer à la vertu et à cette partie de la philosophie qui traite du bonheur que la vertu procure. Dis-moi ce que tu en penses ; car j'ai quitté Pise et je suis venu à Padoue comme un homme qui quitte une eau peu profonde pour se jeter dans le vaste Océan, et cherche à éteindre sa soif dans la satiété.

TRANIO. *Mi perdonate*[1], mon aimable maître ; je partage vos sentiments en tout ; je suis heureux de vous voir persévérer dans votre résolution de vous abreuver aux sources délicieuses de la philosophie. Seulement, mon cher maître, tout en admirant la vertu et la discipline morale, ne soyons, je vous prie, ni des stoïques ni des cœurs de marbre. Ne soyons pas tellement plongés dans la morale d'Aristote, qu'Ovide soit totalement proscrit ; faites de la logique avec les gens de votre connaissance, et pratiquez la rhétorique dans vos conversations familières ; puisez dans la musique et la poésie une surexcitation d'énergie ; quant aux mathématiques et à la métaphysique,

---

[1] Pardonnez-moi.

ne vous en occupez qu'autant que le cœur vous en dira : ce qui ne plaît pas ne profite pas. En un mot, seigneur, dans vos études, suivez vos goûts.

LUCENTIO. Grand merci, Tranio ; j'approuve fort ton conseil. — Ah ! Biondello, si tu étais arrivé, nous pourrions déjà prendre toutes nos dispositions, et nous loger de manière à recevoir les amis que nous nous ferons dans Padoue. Mais, un moment : quelle est cette compagnie ?

Arrivent BAPTISTA, CATHARINA, BIANCA, GRÉMIO *et* HORTENSIO.
Lucentio et Tranio se tiennent à l'écart.

BAPTISTA. Messieurs, il est inutile que vous insistiez davantage ; vous connaissez ma résolution inébranlable de n'accorder à personne la main de ma fille cadette avant d'avoir trouvé un mari pour mon aînée : si l'un de vous deux aime Catharina, comme je vous connais et que j'ai de l'affection pour vous, je vous permets de lui faire votre cour à votre gré.

GRÉMIO. Je ne m'y frotterai pas ; elle est trop rude pour moi. — Et vous, Hortensio, la voulez-vous pour femme ?

CATHARINA, *à Baptista.* Prétendez-vous, mon père, me jeter à la tête de ces épouseurs ?

HORTENSIO. Épouseurs, mademoiselle ! comment l'entendez-vous ? Il n'y a point ici d'épouseurs pour vous, à moins que vous ne deveniez d'une humeur plus aimable et plus douce.

CATHARINA. Par ma foi, messire, vous n'avez que faire de tant craindre ; vous avez encore du chemin à faire pour arriver jusqu'à mon cœur ; mais en fussiez-vous aussi près que vous en êtes loin, ne doutez pas que mon premier soin ne fût de vous briser un escabeau sur la tête, de vous barbouiller la figure et de vous traiter comme un sot.

HORTENSIO. De pareilles diablesses délivrez-nous, Seigneur !

GRÉMIO. Et moi pareillement, Seigneur !

TRANIO, *à Lucentio.* Chut ! mon maître ; voilà pour nous une scène divertissante ; assurément cette fille est folle, ou étrangement revêche.

LUCENTIO. Mais dans le silence de l'autre je vois la douceur et la réserve d'une vierge timide. Taisons-nous, Tranio !

TRANIO. Bien dit, mon maître ; bouche close, et regardez de tous vos yeux.

BAPTISTA. Messieurs, il faut que les effets suivent les paroles. — Bianca, rentre ; et que cela ne te fâche pas, ma bonne Bianca ; je ne t'en aimerai pas moins, ma fille.

CATHARINA. Jolie enfant gâtée, vraiment ! que ne lui a-t-on mis un doigt dans l'œil ? au moins elle pleurerait pour quelque chose.

BIANCA. Ma sœur, réjouissez-vous de mon affliction. — mon père, je souscris humblement à votre volonté ; j'aurai pour société mes livres et mes instruments ; j'étudierai et m'exercerai seule avec eux.

LUCENTIO, *à part, à Tranio.* Écoute, Tranio ; c'est Minerve qui parle.

HORTENSIO. Seigneur Baptista, quelle étrange bizarrerie est la vôtre ! je suis sûr que notre affection pour Bianca cause tous ses chagrins.

GRÉMIO. Voulez-vous donc, seigneur Baptista, la tenir en charte privée pour complaire à cette furie, et la punir de la méchante langue de sa sœur ?

BAPTISTA. Messieurs, prenez-en votre parti ; ma résolution est arrêtée. — Rentre, Bianca.

Bianca s'éloigne.

BAPTISTA, *continuant.* Comme je sais que la musique, les instruments et la poésie font ses délices, je veux avoir chez moi des professeurs capables d'instruire sa jeunesse. — Si vous en connaissez, Hortensio, ou vous, Grémio, envoyez-les-moi ; j'accueillerai toujours avec bienveillance les hommes instruits, et je n'épargnerai rien pour donner à mes enfants une bonne éducation. Sur ce, adieu. — Catharina, tu peux rester, car j'ai à m'entretenir avec Bianca.

Il s'éloigne.

CATHARINA. Il me semble que je peux bien partir aussi ; n'est-il pas vrai ? Quoi ! on me prescrira des heures ! comme si je ne savais pas ce qu'il faut prendre et laisser ! ah !

Elle s'éloigne.

GRÉMIO. Tu peux aller à tous les diables ! tu as de si bonnes qualités que personne ne veut de toi. Notre amour n'est pas si grand, Hortensio, que nous ne puissions parfaitement souffler tous deux dans nos doigts et nous en défaire ; nous avons perdu notre fournée et manqué notre cuisson. Adieu. — Toutefois pour l'amour que je porte à la charmante Bianca, si je puis trouver quelqu'un en état de lui enseigner les connaissances qui font ses délices, je l'adresserai à son père.

HORTENSIO. Et moi aussi, seigneur Grémio; mais un mot, je vous prie. Bien que la nature de nos sentiments mutuels ne nous ait jamais permis les longs entretiens, si nous voulons, toutes réflexions faites, avoir accès auprès de notre belle maîtresse, et, rivaux heureux, prétendre à l'amour de Bianca, il est une chose que nous devons faire avant tout.

GRÉMIO. Quelle est-elle, je vous prie?

HORTENSIO. Trouver un mari pour sa sœur.

GRÉMIO. Un mari! un diable plutôt.

HORTENSIO. Je dis un mari.

GRÉMIO. Un diable, vous dis-je : quoique son père soit très-riche, croyez-vous, Hortensio, qu'il y ait au monde un homme assez sot pour épouser une furie?...

HORTENSIO. Bah! bah! Grémio, bien que ni vous ni moi n'ayons la patience d'endurer son vacarme, croyez, mon cher, qu'il y a de braves gens dans le monde, et il ne s'agit que de les découvrir, qui la prendraient avec tous ses défauts et beaucoup d'argent.

GRÉMIO. C'est ce que je ne saurais dire; tout ce que je sais c'est que j'aimerais mieux prendre sa dot sans elle, à la condition d'être fouetté tous les matins sur la grand'route.

HORTENSIO. Effectivement, comme vous dites, parmi des pommes pourries il n'y a pas grand choix. Mais venez, puisque cet obstacle nous rend amis, que notre amitié se maintienne, —jusqu'au moment où en procurant un mari à la sœur aînée de Bianca, nous aurons rendu à cette dernière la liberté d'en choisir un à son tour; et alors que notre rivalité recommence! — Tant mieux pour qui aura la chance! au plus agile coureur la palme! Qu'en dites-vous, seigneur Grémio?

GRÉMIO. J'y consens. Je donnerais volontiers le meilleur cheval de Padoue à celui qui consentirait à faire sa cour à cette diablesse, à l'épouser, à coucher avec elle, et à en débarrasser la maison. Venez.

Grémio et Hortensio s'éloignent.

TRANIO, *s'avançant.* Expliquez-moi, seigneur, comment il est possible que l'amour s'empare tout à coup d'un cœur avec tant de violence.

LUCENTIO. Avant de l'avoir éprouvé par moi-même, je n'aurais jamais cru la chose possible ni probable; mais, vois donc; pendant que j'étais là tranquillement à regarder, l'amour est venu troubler ma nonchalante indifférence; et toi, qui es pour moi un confident aussi cher et aussi discret que l'était Anna pour la reine de Carthage [1], je t'ouvre mon cœur et je te dis : Tranio, je brûle, je languis; Tranio, je meurs, si je n'obtiens l'amour de cette jeune et modeste vierge. Conseille-moi, Tranio; car je sais que tu en es capable. Viens à mon aide, Tranio; car je sais que tu en as la volonté.

TRANIO. Mon maître, toutes les remontrances seraient inutiles; on ne saurait déraciner les affections du cœur. Si l'amour vous a percé de ses traits, vous n'avez plus qu'une ressource : *Redime te captum quam queas minimo* [2].

LUCENTIO. Merci, mon garçon; poursuis; ce que tu m'as dit me satisfait déjà; la suite achèvera de me consoler.

TRANIO. Mon maître, vous étiez tellement occupé à regarder la jeune fille, que peut-être n'avez-vous pas vu le plus important de l'affaire.

LUCENTIO. Oh! oui, j'ai vu dans ses traits la touchante beauté qui brillait dans la fille d'Agénor alors qu'elle contemplait à ses pieds le puissant Jupiter agenouillé sur le rivage de Crète.

TRANIO. Est-ce là tout ce que vous avez vu? N'avez-vous pas remarqué comme sa sœur a commencé à chercher noise, et à soulever une tempête à rendre les gens sourds?

LUCENTIO. Tranio, j'ai vu remuer ses lèvres de corail, et l'air embaumé de sa douce haleine; tout ce que j'ai vu en elle était céleste et divin.

TRANIO. Maintenant, il est temps de le tirer de son extase. — Réveillez-vous, je vous prie, seigneur. Si vous aimez cette jeune fille, mettez en usage tout votre esprit, toute votre intelligence pour la conquérir. Voici l'état des choses : sa sœur aînée est si revêche et si méchante, que, jusqu'à ce que son père se soit débarrassé d'elle, il faut vous résoudre, mon maître, à voir votre amour rester vierge et solitaire; c'est pourquoi il condamne la cadette à la retraite la plus absolue pour lui épargner les importunités des soupirants.

LUCENTIO. Ah! Tranio! quel père cruel! Mais n'as-tu pas remarqué qu'il s'occupe de lui procurer des maîtres pour l'instruire?

---

[1] *Anna soror*, Anna, sœur de Didon, et confidente de ses amours; voir l'*Énéide*.

[2] Citation latine : Rachetez-vous de l'esclavage au moindre prix possible.

TRANIO. Oui, certes; et c'est là-dessus que je base mon plan.

LUCENTIO. Je le tiens, Tranio.

TRANIO. Je vois, mon maître, que nous avons tous deux la même idée.

LUCENTIO. Dis-moi d'abord la tienne.

TRANIO. Vous serez le professeur, et vous vous chargerez d'instruire la jeune personne; voilà votre projet.

LUCENTIO. C'est cela même; n'est-il pas exécutable?

TRANIO. Impossible; qui remplira ici votre rôle? qui se chargera d'être à Padoue le fils de Vincentio, de tenir maison, d'étudier, d'accueillir ses amis, de visiter et de recevoir ses compatriotes?

LUCENTIO. Bah! sois tranquille; tout est prévu : nous n'avons paru encore dans aucune maison; nul ne peut reconnaître à nos physionomies lequel de nous deux est le maître, et lequel le valet. Voici donc ce qu'il faudra faire : — Tranio, tu rempliras à ma place le rôle de maître; tu auras maison montée, domestiques et grand train, comme je ferais moi-même. Moi je prendrai un autre rôle : je serai un Florentin, un Napolitain, ou quelque obscur jeune homme de Pise. — Allons, c'est décidé : — Tranio, déshabille-toi sur-le-champ ; prends mon manteau et mon chapeau de couleur. Quand Biondello viendra, il sera à tes ordres; mais je veux auparavant lui faire sa leçon pour enchaîner sa langue.

TRANIO. C'est indispensable. (*Ils échangent leurs costumes.*) Bref, seigneur, puisque c'est là votre bon plaisir, et que j'ai pris l'engagement de vous obéir en tout; car votre père, à notre départ, me l'a expressément recommandé : *Rends à mon fils tous les services*, m'a-t-il dit, bien qu'il n'entendît peut-être pas parler de ces services-là : — je consens à être Lucentio, tant je lui porte d'affection.

LUCENTIO. Sois Lucentio, dans l'intérêt de son amour, et laisse-moi remplir l'humble rôle d'esclave pour conquérir la jeune beauté dont la vue soudaine a mis mon cœur blessé sous un invincible charme.

Arrive BIONDELLO.

LUCENTIO, *continuant*. Voilà le drôle. — Où as-tu donc

BIONDELLO. Où j'ai été? mais, vous-même, où êtes-vous?

mon maître, mon camarade Tranio vous a-t-il pris vos habits? ou lui avez-vous pris les siens? Où avez-vous échangé vos costumes? Parlez, je vous prie; qu'est-il survenu de nouveau?

LUCENTIO. Approche, drôle; ce n'est pas le moment de plaisanter; songe donc à te conformer aux circonstances. Ton camarade Tranio, pour me sauver la vie, prend mes habits et mon rôle; et moi, pour ma sûreté personnelle, j'ai pris les siens; car depuis que nous sommes débarqués, il m'est survenu une querelle; j'ai tué un homme, et je crains d'être découvert. Je t'ordonne de le servir comme il convient, pendant que je m'éloignerai d'ici pour sauver mes jours! Tu comprends?

BIONDELLO. Moi, seigneur? pas le moins du monde.

LUCENTIO. Que ta bouche ne prononce jamais le nom de Tranio: Tranio est métamorphosé en Lucentio.

BIONDELLO. Tant mieux pour lui! Je voudrais qu'il m'en arrivât autant!

TRANIO. Je le voudrais aussi, mon enfant, pourvu qu'à cette condition Lucentio pût obtenir la main de la fille cadette de Baptista. — Ecoute-moi; je te conseille, — non dans mon intérêt, mais dans celui de ton maître, — de te comporter respectueusement avec moi dans toute espèce de compagnie; quand nous sommes seuls, je suis Tranio; mais partout ailleurs, je suis ton maître Lucentio.

LUCENTIO. Tranio, allons-nous-en; — il ne te reste plus qu'une chose à exécuter: — il faut que tu prennes rang parmi ces soupirants: ne me demande pas pourquoi; qu'il te suffise de savoir que j'ai pour cela des raisons valables et puissantes.

Ils s'éloignent.

PREMIER DOMESTIQUE, *à Fûté, qui dort. Monseigneur, vous dormez; vous ne faites pas attention à la pièce.*

FUTÉ, *se réveillant. Si fait, par sainte Anne; c'est fort amusant. Y en a-t-il encore?*

LE PAGE. *Monseigneur, c'est à peine commencé.*

FUTÉ, *bâillant. C'est une excellente drôlerie.* (A part.) *Je voudrais être à la fin.*

Il se rendort.

SCÈNE II.

Même ville. — Devant la maison d'Hortensio.

Arrivent PETRUCHIO *et* GRUMIO.

PETRUCHIO. Vérone, je prends congé de toi pour quelque temps ; je viens voir mes amis de Padoue, mais surtout Hortensio, le meilleur et le plus cher ; si je ne me trompe, voilà sa maison. Allons, Grumio, frappe.

GRUMIO. Que je frappe, seigneur ? qui dois-je frapper ? quelqu'un a-t-il offensé votre seigneurie ?

PETRUCHIO. Voyons, drôle, frappe-moi ici, et vivement.

GRUMIO. Que je vous frappe ici, seigneur ? et qui suis-je, seigneur, pour que je doive vous frapper ?

PETRUCHIO. Coquin, frappe-moi à cette porte, te dis-je, et dépêche-toi, ou je frapperai, moi, ta tête de maraud.

GRUMIO. Mon maître devient querelleur. — Oui, que je vous frappe, n'est-ce pas, pour qu'ensuite ce soit moi qui paye les verres cassés !

PETRUCHIO. Tu ne veux pas ? puisque tu refuses de frapper, je vais te faire chanter, moi.
Il lui tire les deux oreilles.

GRUMIO, *criant.* Au secours ! au secours ! mon maître est fou !

PETRUCHIO. Maintenant, tu frapperas quand je te l'ordonnerai, coquin ! maraud !

Arrive HORTENSIO.

Eh bien ! qu'y a-t-il ? — Eh quoi ! mon vieil ami Grumio, et mon cher Petruchio ! Comment vous portez-vous tous à Vérone ?

PETRUCHIO. Seigneur Hortensio, vous venez fort à propos, pour mettre le holà ! je puis vous dire :

Con tutto il core bene trovato [1].

HORTENSIO.

Alla nostra casa bene venuto,
Molto honorato signior mio Petruchio [2].

Allons, Grumio, remets-toi ; nous arrangerons cette querelle.

---

[1] Bien rencontré de tout cœur.
[2] Soyez le bien venu dans ma maison, très-honoré seigneur Petruchio.

GRUMIO. Peu importe ce qu'il vous dit en latin; dites-moi si ce n'est pas là un cas légal pour quitter son service. — Voyez-vous, monsieur, — il m'a ordonné de le frapper et vivement encore : de bonne foi, monsieur, était-il convenable qu'un domestique traitât ainsi son maître, un homme mûr qui, autant que je le sache, a passé la trentaine? Plût à Dieu que tout d'abord je lui eusse porté un bon coup; Grumio n'eût pas été ainsi maltraité.

PETRUCHIO. Un stupide drôle! — Mon cher Hortensio, je lui ai ordonné de frapper à la porte, et n'ai pu obtenir à aucun prix qu'il le fît.

GRUMIO. Frapper à la porte! — O ciel! ne m'avez-vous pas dit en termes positifs : *Drôle, frappe-moi ici; frappe-moi bien ; frappe-moi vivement ?* et vous osez soutenir maintenant que vous m'avez ordonné de frapper à la porte?

PETRUCHIO. Drôle, va-t'en, ou tais-toi; je te le conseille.

HOTENSIO. Apaisez-vous, Petruchio; je suis la caution de Grumio; véritablement, vous jouez l'un et l'autre de malheur! Comment donc, Grumio, mon ancien, fidèle et divertissant serviteur! Mais, dites-moi, mon cher ami, quel bon vent vous amène de Vérone à Padoue?

PETRUCHIO. Le vent qui disperse les jeunes gens à travers le monde et les envoie chercher fortune loin du pays natal, où l'on acquiert peu d'expérience. Mais en somme, seigneur Hortensio, voici le fait : — Antonio, mon père, est mort, et je me suis jeté dans le tourbillon de la vie pour me marier et prospérer le mieux qu'il me sera possible. J'ai des écus dans ma bourse, des terres chez moi, et je suis venu, comme on dit, pour voir le monde.

HORTENSIO. Petruchio, voulez-vous que je vous parle sans façon? J'ai une femme laide et méchante à vous proposer; vous ne me remercierez guère de mon offre; et néanmoins je vous promets que la femme en question est très-riche : — Mais vous êtes trop mon ami pour que je désire vous la voir épouser.

PETRUCHIO. Seigneur Hortensio, entre des amis tels que nous, peu de paroles suffisent; si donc vous connaissez une femme assez riche pour être l'épouse de Petruchio, comme la richesse est le refrain de ma chanson conjugale, fût-elle aussi laide que l'était l'amante de Florent[1], aussi vieille que la sibylle, aussi acariâtre et revêche que la Xanthippe de Socrate, fût-elle pire encore, fût-elle aussi orageuse que les flots irrités de l'Adriatique, le tranchant de mon affection n'en sera point émoussé. Je viens à Padoue pour y faire un mariage opulent ; que la femme que j'épouserai soit riche, je n'en demande pas davantage.

GRUMIO. Voyez-vous, seigneur, il vous dit franchement ce qu'il pense. Pourvu qu'il y ait de l'or en suffisance, vous pouvez le marier à une poupée, à une marionnette, ou à une vieille n'ayant plus dans la bouche une seule dent ; cût-elle à elle seule autant d'infirmités que cinquante-deux chevaux, tout lui est égal, pourvu qu'il y ait de l'argent.

HORTENSIO. Petruchio, puisque je me suis tant avancé, je vais continuer ce que j'ai commencé en plaisantant. Je puis, Petruchio, vous procurer une femme riche, jeune et belle, élevée comme doit l'être une fille de qualité ; son seul défaut, et il est grand, c'est qu'elle est intolérablement revêche, acariâtre et volontaire ; cela passe tellement toute mesure, que, ma condition de fortune fût-elle bien inférieure à ce qu'elle est, je ne voudrais pas l'épouser pour une mine d'or.

PETRUCHIO. Assez, Hortensio ; vous ne connaissez par la vertu de l'or. Dites-moi le nom de son père, et cela suffit ; je tenterai l'abordage, dût-elle gronder aussi haut que le tonnerre quand les nuages crèvent avec fracas dans un ciel d'automne.

HORTENSIO. Elle a pour père Baptista Minola, gentilhomme affable et courtois. Elle se nomme Catharina Minola, fameuse dans Padoue pour l'insolence de sa langue.

PETRUCHIO. Quoique je ne la connaisse pas, je connais son père, qui connaissait beaucoup le mien. Hortensio, je ne dormirai pas que je ne l'aie vue. Pardonnez-moi donc l'impolitesse de vous quitter si tôt à cette première rencontre, à moins que vous ne consentiez à m'accompagner jusqu'à sa demeure.

GRUMIO. Je vous en prie, seigneur, laissez-le suivre cette

---

[1] Allusion à une histoire racontée par le poëte Gower, dans la *Confession d'un amant*. *Florent* est le nom d'un chevalier qui avait pris l'engagement d'épouser une sorcière hideuse, à condition qu'elle lui dirait le mot d'une énigme de laquelle sa vie dépendait.

humeur tant qu'elle lui dure. Je vous réponds que si la femme dont vous parlez le connaissait comme moi, elle désespérerait de voir ses injures faire impression sur lui. Elle peut lui donner tous les noms qu'elle voudra, cela lui sera parfaitement indifférent. Si jamais il l'entreprend, il lui en dira de belles ! Croyez-moi, pour peu qu'elle lui résiste, il lui appliquera sur la figure quelque chose qui lui fera voir trente-six chandelles. Vous ne le connaissez pas, seigneur.

HORTENSIO. Attendez-moi, Petruchio ; je vais aller avec vous ; car Baptista tient sous sa garde mon trésor : il a en son pouvoir le joyau de ma vie, sa fille cadette, la belle Bianca, et il la soustrait à mes regards, ainsi qu'à ceux de plusieurs autres soupirants, mes rivaux en amour. Regardant comme impossible, à cause des défauts dont je vous ai parlé, que Catharina se marie jamais, Baptista a décidé que nul n'aurait accès auprès de Bianca que lorsque Catharina la maudite aurait trouvé un époux.

GRUMIO. Catharina la maudite ! Le joli titre pour une jeune fille !

HORTENSIO. Il est un service que je prie mon ami Petruchio de me rendre : c'est de me présenter, revêtu d'un costume grave, au vieux Baptista en qualité de professeur de musique, pour instruire Bianca. Grâce à ce stratagème, j'aurai l'occasion et le loisir de lui faire ma cour, et de l'entretenir en particulier sans exciter d'ombrage.

GRUMIO. En voilà des scélératesses ! Voyez comme les jeunes gens s'entendent pour duper les vieillards !

Arrive GRÉMIO; LUCENTIO l'accompagne en habit de professeur, portant des livres sous le bras.

GRUMIO, *continuant*. Mon maître, mon maître, regardez derrière vous ! Qui passe là ? ah !

HORTENSIO. Silence, Grumio ; c'est mon rival. Petruchio, tenons-nous un moment à l'écart.

GRUMIO. Un gentil jeune homme et un bel amoureux tout de même !

Ils se mettent à l'écart.

GRÉMIO, *à Lucentio*. C'est très-bien ; j'ai parcouru la note. — Écoutez-moi, messire : je les veux superbement reliés ; faites en sorte que ce soient tous livres d'amour ; ayez soin de ne pas lui lire autre chose ; vous m'entendez ? En outre de ce que fera pour vous la libéralité du seigneur Baptista, j'y ajouterai encore de mon côté. Prenez aussi vos papiers, et ayez soin de les faire bien parfumer ; car celle à qui ils sont destinés est plus suave que tous les parfums. De quoi lui parlerez-vous dans votre leçon ?

LUCENTIO. Quel que soit le sujet dont je l'entretienne, soyez sûr que ce sera votre cause, la cause de mon patron, que je plaiderai avec autant de chaleur que vous pourriez le faire vous-même, et peut-être en des termes plus persuasifs que vous, à moins que vous ne soyez un savant.

GRÉMIO. Oh! quelle belle chose que l'instruction !

GRUMIO. Oh ! quel imbécile que cet oison !

PETRUCHIO. Silence, drôle !

HORTENSIO. Grumio, chût ! — (*S'avançant vers Grémio.*) Dieu vous garde, seigneur Grémio !

GRÉMIO. Je vous trouve fort à propos, seigneur Hortensio. Savez-vous où je vais ? — Chez Baptista Minola. Je lui ai promis de m'occuper de lui chercher un professeur pour la belle Bianca. Ma bonne étoile m'a fait rencontrer ce jeune homme dont l'instruction et les manières lui conviendront parfaitement, très-versé dans la poésie et autres livres, — et des bons, je vous le garantis.

HORTENSIO. C'est fort bien ; moi, de mon côté, j'ai rencontré quelqu'un qui m'a promis de me procurer un habile musicien pour instruire notre maîtresse. Ainsi je ne serai point en arrière dans ce que je dois à la belle Bianca, si tendrement aimée de moi.

GRÉMIO. Et de moi, — comme le prouveront mes actes.

GRUMIO, *à part.* Comme le prouveront ses sacs d'argent.

HORTENSIO. Grémio, ce n'est pas le moment d'exhaler notre amour en paroles. Écoutez-moi, et si vous êtes raisonnable, je vous donnerai d'assez bonnes nouvelles. Voici un homme que j'ai rencontré, et qui, si nos arrangements lui plaisent, se charge de faire sa cour à la maudite Catharina, voire même de l'épouser, si sa dot lui convient.

GRÉMIO. Ainsi dit, ainsi fait; à merveille ! Hortensio, lui avez-vous dit ses défauts?

PETRUCHIO. Je sais que c'est une diablesse pour le caractère; si c'est là tout, messieurs, je n'y vois pas de mal.

GRÉMIO. En vérité, mon ami? de quel pays êtes-vous

PETRUCHIO. Je suis né à Vérone; je suis le fils du vieil Antonio. Mon père étant mort, ma fortune vit pour moi, et j'espère voir d'heureux et longs jours.

GRÉMIO. Oh! seigneur, ce serait chose étrange qu'une telle vie avec une telle femme; mais si le cœur vous en dit, par Dieu, je vous y aiderai de tout mon pouvoir; mais sérieusement, est-ce que vous voulez faire la conquête de cette tigresse?

PETRUCHIO. Demandez-moi si je veux vivre.

GRUMIO, *à part.* S'il en fera la conquête? oui, de par tous les diables!

PETRUCHIO. Pourquoi suis-je venu ici, sinon pour cela? Pensez-vous que mes oreilles s'épouvantent d'un peu de bruit? N'ai-je point, dans ma vie, entendu les lions rugir? n'ai-je point entendu la mer, soulevée par les vents, faire éclater son courroux comme un sanglier en fureur? n'ai-je pas entendu le canon mugir sur les champs de bataille, et l'artillerie du ciel tonner dans les nuages? n'ai-je point, au milieu des combats, entendu le clairon sonore, les coursiers hennissants, la trompette éclatante? Et vous venez me parler de la langue d'une femme, qui ne fait pas à l'oreille la moitié autant de bruit qu'une châtaigne qui éclate dans l'âtre d'un fermier! Bah! bah! gardez pour des enfants vos épouvantails!

GRUMIO, *à part.* Car il n'en craint aucun.

GRÉMIO. Hortensio, écoutez! quelque chose me dit que cet honnête homme est arrivé on ne peut plus heureusement pour lui et pour nous.

HORTENSIO. Je lui ai promis que nous contribuerions de notre bourse, et que nous défrayerions ses dépenses pendant le temps qu'il emploiera à faire sa cour.

GRÉMIO. J'y consens, pourvu qu'il réussisse dans son entreprise.

GRUMIO, *à part.* Je voudrais être aussi sûr d'un bon dîner.

Arrivent TRANIO, richement vêtu, et BIONDELLO.

TRANIO. Messieurs, Dieu vous garde! Excusez la liberté que je prends, et veuillez me dire, je vous prie, le plus court chemin pour se rendre à la demeure du seigneur Baptista Minola.

GRÉMIO, *bas, à Tranio.* Celui qui a deux jolies filles? Est-ce lui que vous demandez?

TRANIO. Lui-même. — Biondello ?

GRÉMIO. Écoutez-moi, seigneur ; vous ne voulez pas parler sans doute de celle qui —

TRANIO. De l'une et de l'autre, peut-être ; que vous importe ?

PETRUCHIO. Pourvu que ce ne soit pas de celle qui querelle et gronde, entendez-vous ?

TRANIO. Je n'aime pas les grondeuses, seigneur. — Biondello, partons.

LUCENTIO, *à part*. Bien débuté, Tranio.

HORTENSIO. Seigneur, un mot avant que vous partiez. — Prétendez-vous à la main de la jeune fille dont vous parlez, oui ou non ?

TRANIO. Et quand cela serait, quel mal y aurait-il ?

GRÉMIO. Aucun, pourvu que sans plus de paroles vous vous éloigniez au plus vite.

TRANIO. Pourquoi, seigneur, la rue ne serait-elle pas aussi libre pour moi que pour vous ?

GRÉMIO. Mais la jeune fille en question ne l'est pas.

TRANIO. Par quelle raison, je vous prie ?

GRÉMIO. Par la raison, si vous voulez le savoir, qu'elle est la bien-aimée du seigneur Grémio.

HORTENSIO. Qu'elle est l'idole chérie du seigneur Hortensio.

TRANIO. Doucement, mes gentilshommes ; si vous êtes gens d'honneur, écoutez-moi avec patience, comme vous le devez. Baptista est un noble gentilhomme à qui mon père n'est pas totalement inconnu ; sa fille fût-elle plus belle encore qu'elle n'est, elle peut avoir encore de nouveaux soupirants, et moi dans le nombre. La fille de la belle Léda en eut mille ; la belle Bianca peut donc en avoir un de plus, et elle l'aura ; Lucentio se mettra sur les rangs, quand Pâris lui-même viendrait se présenter, avec l'espoir de triompher seul.

GRÉMIO. Quoi donc ! voilà un homme qui nous fermera la bouche à tous !

LUCENTIO. Seigneur, lâchez-lui la bride ; vous verrez qu'il n'ira pas bien loin.

PETRUCHIO. Hortensio, pourquoi toutes ces paroles ?

HORTENSIO. Seigneur, permettez-moi de vous faire une question. Avez-vous jamais vu la fille de Baptista ?

TRANIO. Non, seigneur. Mais j'ai entendu dire qu'il en a deux, l'une fameuse pour sa langue intolérable, l'autre pour sa modestie et sa beauté.

PETRUCHIO. Seigneur, la première est pour moi; n'en parlons pas.

GRÉMIO. Oui, laissons au grand Hercule cette tâche plus rude que les douze travaux d'Alcide.

PETRUCHIO. Au fait, seigneur, voici ce qu'il en est. La jeune fille dont vous recherchez la main est tenue par son père inaccessible à tous les soupirants; il ne veut la promettre en mariage à personne avant que sa sœur aînée ne soit mariée; elle sera libre alors, mais pas avant.

TRANIO. S'il en est ainsi, seigneur; si vous êtes l'homme qui doit venir en aide à tous, et à moi comme aux autres; si vous rompez la glace, et que vous meniez à bonne fin cet exploit; si vous triomphez de l'aînée, et que vous nous ouvriez accès jusqu'à la cadette, celui qui aura le bonheur de l'obtenir ne sera pas assez mal né pour se montrer ingrat envers vous.

HORTENSIO. Vous dites vrai, seigneur, et votre réflexion est juste; et puisque vous vous mettez sur les rangs, vous devez comme nous payer les services de cet honnête homme, à qui nous avons tous de grandes obligations.

TRANIO. Seigneur, je ne me ferai point prier; en foi de quoi si vous le voulez, nous passerons ensemble cet après-dîner, et boirons mainte rasade à la santé de notre maîtresse; nous imiterons les avocats qui, après avoir plaidé avec chaleur les uns contre les autres, mangent et boivent amicalement ensemble.

GRUMIO *et* BIONDELLO. Oh! l'excellente proposition! Camarades, partons.

HORTENSIO. La proposition est bonne effectivement; ainsi soit fait, Petruchio; je serai votre *ben venuto*[1].

Il s'éloigne.

---

[1] Votre bienvenu.

ACTE DEUXIÈME.

SCENE I.

Même ville. — Un appartement dans la maison de Baptista

Entrent CATHARINA et BIANCA.

BIANCA. Ma bonne sœur, ne me faites pas, ne vous faites pas à vous-même l'injure de me traiter en prisonnière et en esclave; ma fierté s'en indigne; quant à ces vains ornements, lâchez-moi les mains, et moi-même je vais les arracher; je vais me dépouiller de tous mes vêtements, jusqu'à ma jupe... Je ferai tout ce que vous me commanderez, tant je connais mes devoirs envers mon aînée.

CATHARINA. Entre tous tes adorateurs, dis-moi celui que tu préfères; surtout ne mens pas.

BIANCA. Croyez-moi, ma sœur, parmi tous les hommes vivants, je n'ai point encore vu un visage qui me plaise plus que les autres.

CATHARINA. Mignonne, tu mens; n'est-ce pas Hortensio?

BIANCA. Si vous l'aimez, ma sœur, je vous jure que je parlerai pour vous, et que si la chose dépend de moi, vous l'aurez.

CATHARINA. Oh! je vois que tu préfères les richesses; tu veux épouser Grémio, pour avoir de belles parures.

BIANCA. Est-ce donc à cause de lui que vous êtes jalouse de moi? Mais vous voulez plaisanter; et je vois bien maintenant que tout ce que vous m'avez dit n'a été que pour badiner. Je vous en prie, ma bonne Catharina, lâchez-moi les mains.

CATHARINA. Si ceci est du badinage, le reste en était aussi.

Elle la frappe.

Entre BAPTISTA.

Eh bien! qu'est-ce à dire, mademoiselle? d'où vous vient tant d'insolence? — Bianca, éloigne-toi; — la pauvre enfant, elle pleure; — va prendre ton aiguille; n'aie plus affaire à elle. — Fi! créature diabolique, pourquoi la maltraiter, elle qui ne t'a jamais fait de mal? Quand lui est-il arrivé de te dire un seul mot désobligeant?

CATHARINA. Son silence est pour moi une insulte, et je m'en vengerai.
Elle s'élance vers Bianca.

BAPTISTA, *la retenant*. Eh quoi! sous mes yeux!—Bianca, rentre dans ta chambre.
Bianca sort.

CATHARINA. Vous ne pouvez pas me souffrir; je le vois bien maintenant; elle est votre trésor; vous la marierez, et moi je danserai pieds nus à ses noces; et grâce à la prédilection que vous lui portez, il me faudra mourir vieille fille. Ne me parlez pas; je veux aller m'enfermer dans ma chambre et pleurer, jusqu'à ce que je trouve l'occasion de me venger.
Elle sort.

BAPTISTA, *seul*. Jamais père fut-il plus à plaindre que moi! Mais qui vient?

Entrent GRÉMIO, avec LUCENTIO vêtu d'une manière commune; PETRUCHIO, avec HORTENSIO, déguisé en musicien; et TRANIO, avec BIONDELLO, portant un luth et des livres.

GRÉMIO. Bonjour, voisin Baptista.

BAPTISTA. Bonjour, voisin Grémio; Dieu vous garde, messieurs!

PETRUCHIO. Et vous aussi, seigneur! Dites-moi, n'avez-vous pas une fille belle et vertueuse, nommée Catharina?

BAPTISTA. Seigneur, j'ai une fille nommée Catharina.

GRÉMIO, *à Petruchio*. Vous débutez trop brusquement; mettez-y plus de façons.

PETRUCHIO. Vous me faites tort, seigneur Grémio; laissez-moi faire. — (*A Baptista.*) Seigneur, je suis de Vérone: ayant entendu parler de la beauté de votre fille aînée, de son esprit, de son affabilité, de sa modestie, de ses rares qualités, de la douceur de ses manières, — j'ai pris la liberté de venir chez vous sans façon, pour voir de mes propres yeux ce que j'avais tant de fois entendu raconter; et pour me servir d'introduction auprès de vous (*montrant Hortensio*), je vous présente un homme à moi, versé dans l'étude de la musique et des mathématiques, afin de perfectionner votre fille dans ces connaissances, qui, je le sais, ne lui sont pas étrangères. Acceptez ses services; ce serait me faire affront que de les refuser; son nom est Lucio, et il est né à Mantoue.

BAPTISTA. Vous êtes le bienvenu, seigneur; et lui aussi à votre considération: mais quant à ma fille Catharina, — j'ai la certitude qu'elle ne saurait vous convenir, et c'est ce qui m'afflige.

PETRUCHIO. Je vois que vous ne voulez pas vous séparer d'elle, ou que ma personne ne vous convient pas.

BAPTISTA. Ne vous méprenez pas; je parle comme je pense. De quelle famille êtes-vous, seigneur? Quel est votre nom?

PETRUCHIO. Je me nomme Petruchio; je suis le fils d'Antonio, homme bien connu dans toute l'Italie.

BAPTISTA. Je l'ai beaucoup connu; et à sa considération, soyez chez moi le bienvenu.

GRÉMIO, *s'avançant*. Pardonnez, Petruchio, si je vous interromps; nous, qui avons aussi des demandes à faire, permettez que nous prenions la parole à notre tour. Faites-nous place; diantre! ce n'est pas l'assurance qui nous manque!

PETRUCHIO. Permettez, seigneur Grémio; je serais bien aise d'achever.

GRÉMIO. Je n'en doute pas, seigneur; mais vous courez risque de nuire au succès de votre requête. — (*A Baptista.*) Voisin, je ne doute pas que le don qu'on vient de vous faire ne vous soit très-agréable. Désirant vous donner la même preuve d'affection, moi, qui vous ai plus d'obligation que personne, (*montrant Lucentio*) je vous présente avec le plus grand plaisir ce jeune savant qui a longtemps étudié à Reims; il est aussi versé dans le grec, le latin, et autres langues, que son confrère l'est dans la musique et les mathématiques: il se nomme Cambio; veuillez accepter ses services.

BAPTISTA. Mille remercîments, seigneur Grémio;—soyez le bienvenu, Cambio. — (*A Tranio.*) Mais, seigneur, votre visage m'est inconnu; pardonnez-moi la liberté que je prends de vous demander le motif de votre présence chez moi.

TRANIO. C'est moi, seigneur, qui ai besoin qu'on me pardonne la liberté que j'ai prise, moi qui, étranger dans cette ville, me suis mis sur les rangs pour obtenir la main de votre fille, la belle et vertueuse Bianca. Je n'ignore pas votre résolution relativement à l'établissement de votre fille aînée. Tout ce que je vous demande, c'est que, lorsque vous connaîtrez ma famille, on me fasse le même accueil qu'aux autres prétendants, qu'on me mette sur le même pied qu'eux, et qu'on me donne libre accès à la maison : voulant aussi pour ma part concourir à l'éducation de vos filles, je vous offre ce simple instrument, et cette petite collection de livres grecs et latins ; ils auront un grand prix, si vous daignez les accepter.

BAPTISTA. Votre nom est Lucentio ? De quel pays êtes-vous, je vous prie ?

TRANIO. De Pise, seigneur ; je suis fils de Vincentio.

BAPTISTA. C'est un des habitants les plus considérables de Pise ; je le connais beaucoup de réputation : vous êtes le bienvenu, seigneur. — (*A Hortensio.*) Vous, prenez ce luth, — (*à Lucentio*) et vous, ces livres ; vous allez dans l'instant voir vos élèves. Holà ! quelqu'un !

Entre UN DOMESTIQUE.

BAPTISTA, *continuant.* Conduisez ces messieurs auprès de mes filles ; dites-leur à toutes deux que ce sont leurs professeurs, et recommandez-leur d'avoir pour eux tous les égards convenables.

Le Domestique sort avec Hortensio, Lucentio et Biondello.

BAPTISTA, *continuant.* Nous allons faire un tour dans le jardin ; ensuite nous dînerons : vous êtes les bienvenus ; je vous prie de vous considérer comme tels.

PETRUCHIO. Seigneur Baptista, je suis un peu pressé, et je ne puis venir tous les jours faire ma cour. Vous avez connu mon père ; c'est encore lui que vous voyez en moi, seul héritier de toutes ses propriétés, qui ont plutôt gagné que décliné entre mes mains. Si donc j'obtiens l'amour de votre fille, quelle dot lui assignerez-vous en me la donnant pour femme ?

BAPTISTA. Après ma mort, la moitié de mes biens, et vingt mille écus comptant.

PETRUCHIO. Et en retour de cette dot, si elle me survit, je lui assure son douaire à la garantie duquel j'affecte toutes mes terres et propriétés quelconques. Rédigeons donc les articles du contrat, afin que les conventions soient arrêtées de part et d'autre.

BAPTISTA. Oui, quand le point principal sera obtenu, c'est-à-dire l'amour de ma fille ; car c'est là l'important.

PETRUCHIO. Bah ! c'est la moindre des choses : c'est que, voyez-vous, beau-père, je suis aussi péremptoire qu'elle est hautaine ; quand deux feux violents se rencontrent, ils consument l'objet qui alimente leur furie ; bien qu'un peu de vent suffise pour allumer un vaste embrasement, un ouragan disperse l'incendie et l'éteint : voilà ce que je serai pour elle ; et il faudra bien qu'elle me cède ; car je suis peu traitable de ma nature, et je ne fais pas ma cour en enfant.

BAPTISTA. Présentez-lui vos hommages ; et puissiez-vous réussir ! mais préparez-vous à entendre plus d'une parole fâcheuse.

PETRUCHIO. Je suis à l'épreuve, comme les montagnes que le souffle des vents ne saurait ébranler.

Rentre HORTENSIO, la tête toute en sang.

BAPTISTA. Eh bien ! mon ami, pourquoi vous vois-je si pâle ?
HORTENSIO. Si je suis pâle, c'est de peur, croyez-moi.
BAPTISTA. Eh bien ! croyez-vous que ma fille fera une bonne musicienne ?
HORTENSIO. Je crois qu'elle fera plutôt un soldat ; elle est plus faite pour manier une épée qu'un luth.
BAPTISTA. Vous n'avez donc pas pu la rompre à cet instrument ?
HORTENSIO. Non, certes ; c'est elle au contraire qui a rompu l'instrument sur moi ; je lui disais qu'elle se trompait de touche, et j'appuis sur sa main pour lui enseigner le doigté, lorsque avec un mouvement d'impatience tout à fait diabolique : « Des touches, dit-elle, c'est ainsi que vous appelez cela ? Eh bien, je vais vous en donner des touches. » Disant ces mots, elle m'a frappé de son luth sur la tête, si bien que ma tête a passé à travers l'instrument. Dans cet état, tel qu'un homme au pilori, je suis resté muet et confus, pendant qu'elle me prodiguait les noms de ménétrier manqué, de râcleur de boyaux, et vingt autres épithètes insolentes, comme si elle avait appris son rôle pour mieux m'injurier.

PETRUCHIO. Vive Dieu ! c'est une intrépide pucelle ! je l'en aime dix fois davantage : je suis impatient d'entrer en pourparler avec elle.

BAPTISTA, *à Hortensio.* Venez avec moi, et consolez-vous ; donnez vos soins à ma fille cadette ; elle a des dispositions, et elle est reconnaissante de ce qu'on fait pour elle. — Seigneur Petruchio, venez-vous avec nous, ou voulez-vous que je vous envoie ma fille Catharina ?

PETRUCHIO. Envoyez-la, je vous prie ; je l'attendrai ici. —
Baptista, Grémio, Tranio et Hortensio sortent.

PETRUCHIO, *seul.* Quand elle viendra, je vais lui faire rondement ma cour. Si elle m'injurie, je lui dirai tout uniment que son chant est plus suave que celui du rossignol ; si son front se rembrunit, je lui dirai qu'il est aussi brillant que la rose du matin baignée des pleurs de l'aurore ; si elle reste muette et s'obstine à ne pas dire une parole, je vanterai sa volubilité et les traits vainqueurs de son éloquence ; si elle m'ordonne de décamper, je la remercierai comme si elle m'ordonnait de rester une semaine auprès d'elle ; si elle refuse de m'épouser, je lui demanderai le jour où on publiera les bans et où nous serons mariés. — Mais elle vient ; parle, maintenant, Petruchio.

Entre CATHARINA.

PETRUCHIO, *continuant.* Bonjour, Catherine, car c'est votre nom, à ce que j'ai entendu dire.

CATHARINA. Si vous l'avez entendu, alors vous avez l'oreille un peu dure ; ceux qui parlent de moi me nomment Catharina.

PETRUCHIO. Vous êtes dans l'erreur ; on vous appelle Catherine tout court, la bonne Catherine, et parfois Catherine la maudite ; mais enfin, Catherine, la plus jolie Catherine de la chrétienté, Catherine mon incomparable, ma consolation, apprenez ceci. Ayant entendu parler par toute la ville de votre douceur, célébrer vos vertus et votre beauté, bien moins cependant qu'elles ne le méritent, je me suis senti porté à vous rechercher pour femme.

CATHARINA. Porté ! ah ! vraiment ! que le sentiment qui vous a porté ici vous emporte ! J'ai vu au premier coup d'œil que vous étiez un meuble déplacé.

PETRUCHIO. Quel meuble ?

CATHARINA. Un escabeau.

PETRUCHIO. Eh bien, soit ! asseyez-vous sur moi.

CATHARINA. Les ânes sont faits pour porter, et vous aussi.

PETRUCHIO. Les femmes sont faites pour porter, et vous pareillement.

CATHARINA. Ce ne sera pas vous, du moins, si c'est de moi que vous voulez parler.

PETRUCHIO, Hélas ! ma bonne Catherine ! je ne vous fatiguerai pas ; car, vous sachant jeune et légère, —

CATHARINA. Trop légère pour qu'un gars tel que vous puisse m'attraper, et néanmoins aussi lourde que mon poids le comporte.

PETRUCHIO. Vous vous comportez on ne peut mieux.

CATHARINA. Vous avez de l'esprit comme une buse.

PETRUCHIO. Paisible tourterelle, faut-il que le busard te poursuive?

CATHARINA. Qu'il s'y frotte; il me trouvera bec et ongles.

PETRUCHIO. Allons, allons, jeune abeille, vous êtes trop en colère.

CATHARINA. Si je suis une abeille, gare à mon aiguillon.

PETRUCHIO J'en serai quitte pour l'arracher.

CATHARINA. Pour cela il faudrait savoir où il est.

PETRUCHIO. Qui ne sait où la guêpe porte son aiguillon? à sa queue.

CATHARINA. A sa langue.

PETRUCHIO. La langue de qui?

CATHARINA. La vôtre, si vous parlez d'aiguillon; sur ce, adieu.

Elle fait quelques pas pour s'éloigner.

PETRUCHIO. Revenez, Catharina; je suis gentilhomme.

CATHARINA. Je vais en faire l'épreuve.

Elle lui donne un soufflet.

PETRUCHIO. Si vous y revenez, prenez garde à vous!

CATHARINA. Vous y perdriez votre blason. Si vous frappez une femme, vous n'êtes pas gentilhomme; et si vous n'êtes pas gentilhomme, vous n'avez pas de blason.

PETRUCHIO. Oh! Catharina, vous êtes versée dans l'art héraldique; veuillez me mettre dans votre livre de généalogie.

CATHARINA. Quel est votre cimier? une crête de coq.

PETRUCHIO. Je le veux bien, pourvu que Catharina soit ma poule.

CATHARINA. Je ne veux point de vous pour mon coq; votre chant ressemble trop à celui d'un chapon.

PETRUCHIO. Allons, venez, Catharina; montrez un peu moins d'aigreur.

CATHARINA. C'est mon usage quand je suis en présence d'un sauvageon.

PETRUCHIO. Il n'y a pas de sauvageon ici; laissez donc là votre aigreur.

CATHARINA. Il y en a un, il y en a un.

PETRUCHIO. Montrez-le-moi.

CATHARINA. Je le ferais si j'avais un miroir.

PETRUCHIO. Vous voulez dire que vous me feriez voir mon visage.

CATHARINA. Pas mal deviné pour un jeune novice.

PETRUCHIO. Par saint George, je suis trop jeune pour vous.

CATHARINA. Et pourtant vous êtes déjà flétri.

PETRUCHIO. Ce sont les soucis.

CATHARINA. C'est de quoi je me soucie fort peu.

PETRUCHIO. Écoutez-moi, Catharina ; ne vous en allez point ainsi.

CATHARINA. Laissez-moi partir ; je vous fâcherai si je reste.

PETRUCHIO. Pas le moins du monde ; je vous trouve on ne peut plus aimable. On me disait que vous étiez brusque, taciturne et morose ; je vois maintenant que c'étaient des mensonges ; car vous êtes charmante, gaie, polie au suprême degré ; votre parole est mesurée et suave comme un parfum de fleurs printanières ; vous ne savez ni montrer de l'humeur, ni regarder de travers, ni mordre vos lèvres, comme font les jeunes filles en colère ; vous ne prenez point plaisir à contredire dans la conversation, et vous avez avec vos soupirants des manières bienveillantes et affables. Qui sont ceux qui disent que Catharina est boiteuse ? ô les méchantes langues ! Catharina est droite et svelte comme la tige du noisetier ; ses cheveux ont le brun de la noisette ; et l'amande qu'elle renferme est moins douce que son caractère. Oh ! que je vous voie marcher ! vous ne boitez pas le moins du monde.

CATHARINA. Allez, sot, donner vos ordres à vos gens.

PETRUCHIO. Jamais Diane fut-elle plus ravissante sous l'ombrage des forêts que Catharina dans cette chambre avec la majesté de son port ? Oh ! sois Diane, et que Diane soit Catharina ; qu'alors Catharina soit chaste, et Diane amoureuse !

CATHARINA. Où avez-vous étudié tous ces beaux discours ?

PETRUCHIO. Je les improvise ; c'est le produit naturel de mon esprit.

CATHARINA. Il faut qu'il soit bien sot pour donner de tels produits.

PETRUCHIO. Est-ce que je ne suis pas plein de sens ?

CATHARINA. Oui, tenez-vous chaudement.

PETRUCHIO. Dans votre lit, charmante Catharina ; c'est bien mon intention. Mais laissons là tout cet inutile bavardage, et venons au fait. — Votre père consent à ce que vous soyez ma femme; votre dot est réglée, et que vous le vouliez ou non, je vous épouserai. Croyez-moi, Catharina, je suis l'époux qu'il vous faut; car, par ce soleil à la lumière duquel je vois votre beauté, cette beauté dont mon cœur est charmé, vous ne devez épouser personne autre que moi. Je suis né, Catharina, pour vous mettre à la raison, pour apprivoiser votre naturel sauvage, et vous rendre douce comme un mouton. Voici votre père; surtout point de refus; je veux Catharina pour femme, et je l'aurai.

Arrivent BAPTISTA, GRÉMIO *et* TRANIO.

BAPTISTA. Eh bien! seigneur Petruchio, où en êtes-vous avec ma fille?

PETRUCHIO. Les choses sont au mieux, seigneur; il était impossible que je ne réussisse pas.

BAPTISTA. Eh bien! qu'en dis-tu, Catharina, ma fille? toujours l'humeur chagrine?

CATHARINA. Vous m'appelez votre fille : le beau témoignage d'amour paternel que vous me donnez en cherchant à me marier à un homme à moitié fou, à un misérable écervelé, qui n'a que des juremens à la bouche, et qui croit avoir tout dit quand il a juré!

PETRUCHIO. Beau-père, voici le fait : — Vous et tous ceux qui parlent d'elle, vous ne lui avez pas rendu justice. Si elle est bourrue, c'est pure politique chez elle; loin d'être insolente, elle est modeste comme une colombe; elle n'est point violente, mais calme comme le matin. C'est pour la patience une seconde Griselle, et une Lucrèce pour la chasteté. Pour conclure, nous sommes en si bons termes, que nous avons fixé dimanche pour le jour de nos noces.

CATHARINA. Je te verrai plutôt pendre dimanche.

GRÉMIO. L'entendez-vous, Petruchio? elle dit qu'elle vous verra plutôt pendre dimanche.

TRANIO. Est-ce là tout le succès que vous avez obtenu? Allons, nous avons perdu la partie.

PETRUCHIO. Un peu de patience, messieurs; je la choisis pour moi : si elle et moi nous nous convenons, que vous importe à vous? il a été décidé entre nous qu'elle continuerait à se montrer revêche en compagnie. Oh! vous ne sauriez croire combien elle m'aime! Oh! c'est bien la fille la plus tendre! il fallait la voir se pendre à mon cou, me couvrir de baisers, et me jurer avec mille serments qu'en un clin d'œil elle s'était éprise de moi ! Oh ! vous n'êtes que des écoliers novices ! quand un homme et une femme sont en tête-à-tête, c'est merveille de voir comme le plus chétif goujat vient à bout d'apprivoiser la plus infernale mégère. — Donnez-moi votre main, Catharina ; je vais aller à Venise faire les emplettes nécessaires pour le jour nuptial. — Beau-père, préparez le repas de noce et invitez les convives ; je suis sûr que ce jour-là Catharina se fera belle.....

BAPTISTA. Je ne sais que dire ; mais donnez-moi vos mains, mes enfants. Dieu vous accorde bonheur et joie, Petruchio ! c'est une affaire conclue.

GRÉMIO *et* TRANIO. Ainsi soit-il ! nous servirons de témoins.

PETRUCHIO. Adieu, beau-père ; — adieu, ma femme ; — adieu, messieurs. Je pars pour Venise ; dimanche sera bientôt venu. — Nous aurons des bagues, des parures, toutes sortes de belles choses ; embrassez-moi, Catharina. (*Il l'embrasse.*) Nous serons mariés dimanche.

Petruchio et Catharina sortent dans deux directions opposées.

GRÉMIO. Vit-on jamais un mariage si promptement bâclé ?

BAPTISTA. Ma foi, messieurs, je fais ici le rôle d'un commerçant, et je m'embarque follement dans une affaire chanceuse.

TRANIO. C'est une cargaison qui vous embarrassait ; elle vous rapportera des bénéfices ou périra sur les flots.

BAPTISTA. L'unique gain que j'y cherche, c'est la tranquillité.

GRÉMIO. Il faut avouer qu'il fait là un joli marché. Maintenant, Baptista, occupons-nous de votre fille cadette ; — voici enfin le jour que nous avons depuis si longtemps attendu ; je suis votre voisin, et j'ai été le premier à me mettre sur les rangs.

TRANIO. Et moi aussi, j'aime Bianca plus que des paroles ne peuvent l'exprimer, que la pensée ne peut le concevoir.

GRÉMIO. Jeune damoiseau ! vous ne sauriez aimer aussi tendrement que moi.

TRANIO. Barbe grise ! votre amour est à la glace.

GRÉMIO. Le vôtre est une soupe au lait. Arrière, jeune fou ! c'est la vieillesse qui nourrit.

TRANIO. Aux yeux des belles, c'est la jeunesse qui fleurit.

BAPTISTA. Apaisez-vous, messieurs ; je vais vous mettre d'accord ; c'est par des effets qu'il faut gagner le prix. Celui de vous deux qui peut assurer à ma fille le plus riche douaire obtiendra l'amour de Bianca. — Dites, seigneur Grémio, quels avantages pouvez-vous lui assurer ?

GRÉMIO. D'abord, vous savez que ma maison de ville est abondamment pourvue de vaisselle d'or et d'argent, de bassins et d'aiguières pour laver ses mains délicates ; toutes mes tentures sont des tapisseries de Tyr ; j'ai logé mes écus dans des coffres d'ivoire ; des caisses de cyprès renferment de précieuses étoffes, des courtes-pointes, de riches vêtements, de magnifiques draperies, du linge fin, des coussins de Turquie brodés de perles, des points de Venise, des draps brochés d'or, sans compter force ustensiles d'étain et de cuivre, et tout ce qui est nécessaire au service d'une maison bien tenue. Ensuite, à ma ferme, j'ai cent vaches à lait et cent bœufs gras dans mes étables, et tout le reste en proportion. Pour moi, je suis âgé, je l'avoue ; et si je meurs demain, tous ces biens seront à elle, pourvu qu'elle consente à être à moi pendant le peu de temps qui me reste à vivre.

TRANIO. Dans tout cela il n'y a de bon que le dernier article. — Seigneur, veuillez m'écouter. Je suis fils unique et le seul héritier de mon père ; si j'obtiens votre fille en mariage, je lui laisserai après moi, dans l'enceinte de l'opulente ville de Pise, trois ou quatre maisons aussi bonnes que celle que possède dans Padoue le seigneur Grémio ; sans compter un revenu annuel de deux mille ducats en bonne terre qui constitueront son douaire. — Eh bien ! seigneur Grémio, êtes-vous content ?

GRÉMIO. Un revenu en terre de deux mille ducats ! Le capital de tout ce que je possède en biens-fonds ne s'élève pas à cette somme. N'importe ! elle aura tout, et en outre un navire qui est maintenant à l'ancre dans le port de Marseille. — Eh bien ! est-ce que mon navire vous fait de la peine ?

TRANIO. Grémio, on sait que mon père n'a pas moins de trois gros navires, sans compter deux galions et douze bonnes galères : je les assure à la femme que j'épouserai, et deux fois autant, s'il est nécessaire, pour couvrir votre offre ultérieure, quelle qu'elle puisse être.

GRÉMIO J'ai tout offert ; je n'ai pas davantage ; et je ne puis lui donner que ce que j'ai ; — si je vous conviens, elle m'aura avec tout ce qui m'appartient.

TRANIO. En ce cas la jeune fille est à moi ; je réclame l'exécution de votre promesse ; j'ai dépassé les offres de Grémio.

BAPTISTA. Je dois l'avouer ; vos offres l'emportent sur les siennes. Que votre père les confirme par un acte en règle, et ma fille est à vous ; dans le cas contraire, veuillez m'excuser. Si vous veniez à mourir avant lui, que deviendrait le douaire de ma fille ?

TRANIO. Vous plaisantez : il est vieux, je suis jeune.

GRÉMIO. Les jeunes hommes ne peuvent-ils pas mourir aussi bien que les vieux ?

BAPTISTA. Enfin, messieurs, voici ma décision. — Vous savez que dimanche prochain ma fille Catharina se marie ; eh bien ! le dimanche suivant (*à Tranio*) vous épouserez Bianca, si votre père s'engage pour vous ; sinon, elle sera la femme du seigneur Grémio. Sur ce, je prends congé de vous et vous fais mes remercîments.

Il sort.

GRÉMIO. Adieu, cher voisin. — (*A Tranio.*) Maintenant, je ne vous crains pas. Jeune écervelé, votre père serait bien fou de vous abandonner tout, pour être dans sa vieillesse sous votre dépendance.... Bah ! bah ! un vieux renard italien n'est pas aussi nigaud, mon enfant.

Il sort.

TRANIO. Que la peste tombe sur ta carcasse usée, vieillard matois ! Heureusement que je lui ai riposté par une carte de dix [1]. Je suis très-résolu à servir efficacement mon maître. Je ne vois pas pourquoi le faux Lucentio ne se fabriquerait pas un père supposé appelé Vincentio. Chose étrange ! ce sont habituellement les pères qui font leurs enfants, mais dans l'affaire que j'ai entreprise, si mon adresse ne me fait pas faute, le fils doit engendrer son père.

Il sort.

---

[1] Dans les jeux peu compliqués de nos pères, le dix étant la carte la plus haute emportait tout.

ACTE TROISIÈME.

SCÈNE I.
Un appartement dans la maison de Baptista.
Entrent LUCENTIO, HORTENSIO *et* BIANCA.

LUCENTIO. Musicien, en voilà assez; vous vous donnez trop de libertés, messire : avez-vous donc oublié sitôt le traitement avec lequel vous avez été accueilli par Catharina, la sœur de cette jeune beauté?

HORTENSIO. Mauvais pédant, la femme que voici est la patronne de la céleste harmonie : souffrez donc que j'use de mes prérogatives ; quand nous aurons passé une heure ou deux à faire de la musique, vous pourrez en consacrer autant à votre leçon.

LUCENTIO. Ignorant fieffé! qui n'avez pas même assez lu pour connaître l'objet et le but de la musique! N'est-elle pas destinée à rafraîchir l'esprit de l'homme, à la suite de ses études ou de ses travaux habituels? Laissez-moi donc donner ma leçon de philosophie, et quand je ferai une pause, servez-nous votre harmonie?

HORTENSIO. Savez-vous que je ne suis pas homme à endurer vos bravades?

BIANCA. Allons, messieurs, vous me faites tous deux injure, de vous disputer une prééminence qui dépend de mon choix ; je ne suis point un écolier sur les bancs ; je ne suis pas astreinte à des heures fixes, à des tâches déterminées ; mais je prends mes leçons quand il me plaît. Pour couper court à toute querelle, asseyons-nous ici. — (*A Hortensio.*) Prenez votre instrument, et jouez-nous quelque chose ; avant que vous ayez accordé votre luth, sa leçon sera finie

HORTENSIO. Vous cesserez votre leçon avec lui dès que je serai d'accord?

Il s'écarte de quelques pas.

LUCENTIO. Jamais! — Accordez votre instrument.

BIANCA. A quel endroit en sommes-nous restés?

LUCENTIO. Ici, madame : —

Il lit.

> Hac ibat Simoïs ; hic est Sigeia tellus :
> Hic steterat Priami regia celsa senis [1].

BIANCA. Faites la construction.

LUCENTIO. *Hac ibat*, comme je vous l'ai déjà dit ; — *Simoïs*, je suis Lucentio ; — *hic est*, fils de Vincentio de Pise ; — *Sigeia tellus*, caché sous ce déguisement pour obtenir votre amour ; — *hic steterat*, le Lucentio qui vous fait ostensiblement sa cour ; — *Priami*, est mon valet Tranio ; — *regia*, qui a pris mon nom et mon rôle ; — *celsa senis*, afin de duper le vieux Pantalon [2].

HORTENSIO, *se rapprochant*. Madame, mon instrument est d'accord.

BIANCA. Voyons, jouez ! (*Hortensio joue.*) Oh ! fi ! quels sons discordants !

LUCENTIO. Ami, crachez dans le trou, et accordez de nouveau votre luth.

Hortensio s'éloigne de nouveau.

BIANCA. Voyons si à mon tour je ferai la construction : *Hac ibat Simoïs*, je ne vous connais pas ; — *hic est Sigeia tellus*, je ne me fie pas à vous ; *hic steterat Priami*, prenez garde qu'il ne nous entende ; — *regia*, ne présumez pas trop ; — *celsa senis*, ne désespérez pas.

HORTENSIO, *revenant sur ses pas*. Maintenant, madame, il est d'accord.

LUCENTIO. Sauf la basse.

HORTENSIO. La basse est bien ; c'est la bassesse qui détonne. (*A part.*) Comme il est entreprenant et hardi, notre pédant ! Sur ma vie, le drôle conte fleurettes à ma bien-aimée. *Pédascule*, je te surveillerai de plus près encore.

BIANCA. Un jour peut-être vous croirai-je ; maintenant je doute que vous soyez sincère.

LUCENTIO, *s'apercevant qu'Hortensio les écoute*. N'en doutez pas ; par OEacides il faut entendre Ajax, ainsi appelé de son grand-père.

BIANCA. Je dois croire mon maître ; sans quoi je vous promets que j'argumenterais encore sur ce point douteux ;

---

[1] Là coulait le *Simoïs*, voici la terre de Sigée ; ici s'élevait le vaste palais un vieux Priam.

[2] Personnage burlesque de l'ancienne comédie italienne.

mais n'en parlons plus. (*A Hortensio.*) Maintenant, Licio, à vous. — Messieurs, si j'ai ainsi badiné avec vous, veuillez ne pas le prendre en mauvaise part.

HORTENSIO, *à Lucentio.* Vous pouvez aller faire un tour, et nous laisser seuls un moment; pour mes leçons, je n'ai point de musique à trois parties.

LUCENTIO. Vous êtes bien bref, messire. (*A part.*) Il faut que je reste et que je surveille; car ou je me trompe fort, ou notre musicien devient amoureux.

HORTENSIO. Madame, avant que vous ne touchiez l'instrument pour apprendre l'ordre de mon doigté, il faut que je commence par les premiers éléments de l'art. Je veux vous enseigner la gamme par une méthode plus courte, plus agréable, plus énergique et plus efficace que celles de mes confrères : je l'ai transcrite sur ce papier; la voici.

Il lui remet un papier.

BIANCA. Mais il y a longtemps que j'ai passé la gamme.

HORTENSIO. Lisez toujours la gamme d'Hortensio.

BIANCA *lit.*

Je suis la gamme en doux accords féconde;
Sans moi nul harmonie au monde.
A. ré. D'Hortensio je vous peindrai l'amour;
B. mi. Pour votre époux prenez-le dans ce jour;
C. fa, ut. Bianca, c'est vous seule qu'il aime;
D. sol, ré. Chaque jour, les yeux noyés de pleurs,
Deux notes seulement expriment ses douleurs;
E. la, mi. Doux objet de ma tendresse extrême,
Prenez pitié de ma flamme, ou je meurs.

Vous appelez cela une gamme? bah! elle ne me plaît pas; je préfère l'ancienne méthode; je ne suis pas assez fantasque pour échanger les vieilles règles contre les inventions nouvelles.

Entre UN DOMESTIQUE.

LE DOMESTIQUE. Mademoiselle, votre père vous prie de quitter vos livres et d'aider à préparer là-haut la chambre de votre sœur; vous savez que c'est demain le jour de ses noces.

BIANCA. Adieu, mes chers maîtres; il faut que je vous quitte.

Bianca et le Domestique sortent.

LUCENTIO. Dès lors je n'ai plus de motif pour rester.

Il sort.

HORTENSIO. Mais moi, j'ai des motifs pour surveiller de près ce pédant ; je ne sais, mais il a tout à fait la mine d'un amoureux. Bianca, si tu te ravales au point de laisser tomber tes regards sur le premier venu, te prenne qui voudra ! Si je te trouve inconstante, Hortensio en sera quitte avec toi pour changer.

Il sort.

SCÈNE II.

Devant la maison de Baptista.

Arrivent **BAPTISTA, GRÉMIO, TRANIO, CATHARINA, BIANCA, LUCENTIO** et plusieurs Domestiques.

BAPTISTA, *à Tranio*. Seigneur Lucentio, voici le jour fixé pour le mariage de Catharina et de Petruchio, et néanmoins je n'ai point encore de nouvelles de mon gendre. Que dira-t-on ? quel scandale cela fera, quand le prêtre, pour accomplir les rites de la cérémonie sainte, attendra vainement l'arrivée de l'époux ! Que dit Lucentio de cet affront qui nous est fait ?

CATHARINA. C'est pour moi seule qu'est l'affront. On m'oblige, contre l'inclination de mon cœur, à donner ma main à un écervelé, à un fantasque, qui, après avoir fait sa cour à la hâte, prend son temps pour épouser. Je vous avais bien dit que c'était un frénétique, un fou, cachant l'amertume de ses sarcasmes sous une apparence de bonhomie. Pour se donner une réputation d'originalité, il demandera mille femmes en mariage, fixera le jour de la cérémonie, invitera ses amis, fera publier les bans, et tout cela sans avoir la moindre intention d'épouser. Ainsi, chacun montrera au doigt la malheureuse Catharina, et dira : « Voilà la femme de ce fou de Petruchio, quand il lui plaira de venir l'épouser. »

TRANIO. Patience, ma bonne Catharina, — et vous aussi, Baptista. Sur ma vie, Petruchio n'a que des intentions honorables, quel que soit le motif qui l'empêche de tenir sa parole : malgré sa brusquerie, je le connais pour un homme sensé ; bien qu'il aime à rire, il n'en est pas moins honnête homme.

CATHARINA. Plût à Dieu que Catharina ne l'eût jamais vu !

Elle s'éloigne en sanglotant, suivie de Bianca et des Domestiques.

BAPTISTA. Va, ma fille, je ne puis maintenant blâmer tes larmes ; car une pareille insulte est faite pour exaspérer une sainte, à plus forte raison une fille emportée et violente telle que toi.

ACTE III, SCÈNE II.

Arrive BIONDELLO.

BIONDELLO. Mon maître! mon maître! des nouvelles! de vieilles nouvelles! des nouvelles telles que vous n'en avez jamais entendu!

BAPTISTA. De vieilles nouvelles! qu'entends-tu par là?

BIONDELLO. N'est-ce pas une nouvelle que d'apprendre l'arrivée de Petruchio?

BAPTISTA. Est-il arrivé?

BIONDELLO. Non, seigneur.

BAPTISTA. Que dis-tu donc?

BIONDELLO. Il arrive.

BAPTISTA. Quand sera-t-il ici?

BIONDELLO. Quand il sera à la place où je suis maintenant, et qu'il vous verra comme je vous vois.

BAPTISTA. Voyons, débite-nous tes nouvelles.

BIONDELLO. Vous saurez que Petruchio arrive avec un chapeau neuf et un vieux justaucorps; une paire de vieilles culottes retournées pour la troisième fois, une paire de bottes ayant autrefois servi d'étui aux chandelles, l'une bouclée, l'autre lacée; une vieille épée rouillée tirée de l'arsenal de la ville, dont la garde est cassée et qui n'a point de fourreau; deux aiguillettes rompues; un cheval déhanché, accoutré d'une vieille selle rongée des vers, avec des étriers dépareillés; notez que ledit cheval est éreinté, affligé de la morve, d'un lampas, du farcin, d'écorchures, d'épervins, rayé de jaunisses, avec des avives incurables, atteint de vertigos, ayant des vers dans l'estomac, l'échine rompue, les épaules déboîtées, une solbature dans les jambes de devant; avec une bride à moitié rompue, et une têtière en peau de mouton, qui à force d'être tendue pour empêcher la bête de tomber, s'est fréquemment brisée, et a été rejointe par des nœuds; une sangle en six morceaux, et une croupière de velours pour femme, portant ses initiales proprement tracées avec des clous et rapiécée çà et là avec de la ficelle.

BAPTISTA. Qui vient avec lui?

BIONDELLO. Oh! seigneur, c'est son laquais, tout à fait caparaçonné comme le cheval, avec un bas de fil à une jambe, et une guêtre de casimir à l'autre, jarreté de ruban rouge et bleu; sur sa tête un vieux chapeau portant la ballade des

*Quarante Fantaisies*¹ en guise de plumes ; enfin un vrai monstre en fait de costume, ne ressemblant en rien au valet d'un chrétien ou au laquais d'un gentilhomme.

TRANIO. Il faut qu'il soit possédé de quelque humeur bizarre pour s'être ainsi accoutré ; ce n'est pas qu'il ne lui arrive parfois de se vêtir fort mesquinement.

BAPTISTA. Je suis bien aise qu'il soit venu, de quelque façon qu'il vienne.

BIONDELLO. Mais, seigneur, il ne vient **pas**.

BAPTISTA. N'as-tu pas dit qu'il venait ?

BIONDELLO. Qui ? que Petruchio venait ?

BAPTISTA. Oui ; que Petruchio venait.

BIONDELLO. Non, seigneur, j'ai dit que son cheval venait, le portant sur son dos.

BAPTISTA. Mais c'est la même chose.

BIONDELLO. Pas du tout ; par saint Jacques, je vous parie un sou qu'un homme et un cheval font plus qu'un, et néanmoins ne font pas deux.

Arrivent PETRUCHIO *et* GRÉMIO.

PETRUCHIO. Eh bien ! où sont ces braves gens ? qui est au logis ?

BAPTISTA. Vous êtes le bienvenu, seigneur.

PETRUCHIO. Et pourtant je ne suis pas venu aussi bien que je l'aurais voulu.

BAPTISTA. Vous ne boitez pourtant pas.

TRANIO. Seulement vous n'êtes pas aussi bien paré que je l'aurais souhaité.

PETRUCHIO. Quand je le serais davantage, je n'en viendrais pas moins comme cela sans façon. Mais où est Catharina ? Où est ma belle fiancée ? — Comment se porte mon beau-père ? — Mes amis, je vous trouve la mine bien sombre ; pourquoi toute la compagnie tourne-t-elle les yeux sur moi comme si elle voyait quelque monument merveilleux, quelque comète ou quelque étrange prodige ?

BAPTISTA. Ah ça, seigneur, vous savez que c'est aujourd'hui le jour de vos noces ; d'abord nous étions tristes, pensant que vous ne viendriez pas ; maintenant nous sommes plus tristes encore, en vous voyant venir ainsi en si pauvre équipage. Fi

¹ C'est le titre de quelque ballade alors en vogue, et que l'auteur veut ridiculiser.

donc! ôtez-moi ces vêtements indignes de votre position, et qui attristeraient notre fête solennelle.

TRANIO. Et dites-nous quels motifs graves vous ont si longtemps retenu loin de votre femme, et vous ont fait venir ici si peu semblable à vous-même?

PETRUCHIO. C'est un récit qui serait ennuyeux à faire et peu agréable à entendre : qu'il vous suffise de savoir que je viens remplir ma promesse ; si j'ai été obligé, sous quelques rapports, de manquer à mes engagements, en temps plus opportun je vous donnerai à cet égard des explications satisfaisantes. Mais où est Catharina? elle se fait longtemps attendre : la matinée s'écoule ; nous devrions déjà être à l'église.

TRANIO. Ne paraissez pas devant votre fiancée dans ce costume inconvenant; allez dans ma chambre ; mettez-y des vêtements à moi.

PETRUCHIO. Je m'en garderai bien ; j'irai la voir tel que je suis.

BAPTISTA. Mais je ne pense pas que vous vouliez vous marier dans cet accoutrement.

PETRUCHIO. Si fait, morbleu. Laissez donc là d'inutiles discours. C'est moi qu'elle épouse, et non mes vêtements. Si je pouvais réparer ce qu'elle usera de moi, aussi facilement que je puis échanger ce chétif accoutrement contre un meilleur, Catharina s'en trouverait bien, et moi mieux encore. Mais que je suis sot de bavarder avec vous, quand je devrais aller dire le bonjour à ma fiancée, et sceller ce titre d'un tendre baiser !

Petruchio, Grémio et Biondello s'éloignent.

TRANIO. Il faut que ce costume délabré se combine dans sa tête avec quelque projet : faisons en sorte, si la chose est possible, de l'engager à en mettre un meilleur pour se rendre à l'église.

BAPTISTA. Je vais le suivre, et voir ce que tout cela deviendra.

Il s'éloigne.

TRANIO, *à Lucentio.* Mais, seigneur, à son amour il convient d'ajouter le consentement paternel. Pour l'obtenir, comme j'ai déjà eu l'honneur de le dire à votre seigneurie, je vais me procurer un homme, — le premier venu, peu importe qui ; nous le dresserons à son rôle ; — il sera Vincentio de Pise, et ici, à Padoue, il se portera garant de sommes plus considérables encore que celles que j'ai promises. De cette manière vous obtiendrez sans difficulté l'objet de vos désirs, et vous épouserez Bianca de l'aveu de son père.

LUCENTIO. N'était que le professeur, mon collègue, surveille Bianca d'un peu trop près, je pense qu'il nous conviendrait de faire un mariage clandestin ; la chose une fois conclue, dût le monde entier me dire *non*, en dépit du monde entier je garderais mon bien.

TRANIO. Nous verrons peu à peu à en venir là, et nous ne laisserons échapper aucun avantage dans cette affaire. Nous triompherons du vieux barbon Grémio, de la vigilance paternelle de Minola, du beau musicien, l'amoureux Licio ; et tout cela dans l'intérêt de mon maître Lucentio.

Arrive GRÉMIO.

TRANIO, *continuant*. Seigneur Grémio, venez-vous de l'église ?

GRÉMIO. D'aussi bon cœur qu'il m'est jamais arrivé de revenir de l'école.

TRANIO. Le marié et la mariée retournent-ils au logis ?

GRÉMIO. Le marié, dites-vous ? Dites plutôt le démon ? la mariée ne tardera pas à s'en convaincre.

TRANIO. Est-il donc plus méchant qu'elle ? ce n'est pas possible.

GRÉMIO. C'est un diable, vous dis-je, un vrai diable.

TRANIO. Eh bien ! elle, c'est une diablesse, une vraie diablesse.

GRÉMIO. Allons donc, elle est un agneau, une colombe, une bonne pâte, auprès de lui. Je vais vous conter ce qui s'est passé, seigneur Lucentio. Quand le prêtre lui a demandé s'il consentait à prendre Catharina pour femme : « *Oui, sacredieu*, » s'est-il écrié d'une voix de tonnerre, qui a fait tomber le livre des mains du prêtre épouvanté. Au moment où il se baissait pour le ramasser, ce furieux lui a porté un tel coup de poing, que livre et prêtre ont roulé par terre. « *Maintenant, les ramasse qui voudra*, » a-t-il ajouté.

TRANIO. Quand le prêtre s'est relevé, qu'a dit la jeune fille ?

GRÉMIO. Elle tremblait de tous ses membres, pendant que lui il frappait du pied et jurait comme si le vicaire avait eu l'intention de se moquer de lui. Après l'accomplissement des autres cérémonies, il a demandé la coupe de vin [1] : — « *A votre santé !* » s'est-il écrié, comme s'il eût été à bord d'un navire, buvant avec des matelots après une tempête. — Cela dit, après avoir sablé sa rasade, il a jeté ce qui restait au fond de la coupe à la face du sacristain, par le singulier motif que la barbe du pauvre diable étant clairsemée et mal fournie, demandait à être arrosée. Cela fait, il a sans façon passé sa main autour du cou de la mariée, et lui a donné sur la bouche un baiser si bruyant [2], que toute l'église en a retenti. Moi, voyant cela, j'en ai pris la fuite de honte ; et vous allez bientôt voir arriver toute la compagnie. Jamais ou n'a vu un mariage si extravagant. Écoutez, écoutez ! J'entends déjà les musiciens.

La musique se fait entendre.

Arrivent PETRUCHIO, CATHARINA, BIANCA, BAPTISTA, HORTENSIO, GRUMIO, et plusieurs assistants.

PETRUCHIO. Mes amis, messieurs, je vous remercie de la peine que vous avez prise. Je sais que vous vous proposez de dîner aujourd'hui avec moi, et que vous avez fait pour cela de grands préparatifs ; mais malheureusement mes affaires m'appellent loin d'ici, et je vais prendre congé de vous.

BAPTISTA. Eh quoi ! vous voulez nous quitter ce soir ?

PETRUCHIO. Je dois partir aujourd'hui avant que le soir soit venu ; si vous connaissiez mes motifs, vous m'engageriez plutôt à partir qu'à rester. Recevez tous mes remercîments, mesdames et messieurs, qui m'avez vu engager ma foi à la plus patiente, la plus douce et la plus vertueuse des femmes. Dînez avez mon beau-père, buvez à ma santé ; car il faut que je parte. Veuillez donc recevoir mes adieux.

TRANIO. Ayez l'obligeance de rester jusque après le dîner.

PETRUCHIO. C'est impossible.

GRÉMIO. Je vous en supplie.

PETRUCHIO. Impossible.

CATHARINA. Je vous en conjure.

PETRUCHIO. J'en suis bien aise.

---

[1] L'usage de présenter une coupe de vin aux deux époux et aux assistants faisait alors partie de la cérémonie nuptiale.

[2] C'est là aussi une coutume fort ancienne, comme le prouve l'extrait suivant d'une liturgie : « L'époux et l'épouse se lèveront en même temps ; l'époux recevra du prêtre le baiser de paix, qu'il rendra ensuite à l'épouse sans que nul autre que lui puisse en faire autant. » *Manuale sacrum.* Paris, 1533, tome IV, folio 69.

CATHARINA. Vous êtes bien aise de rester ?

PETRUCHIO. Je suis bien aise que vous me demandiez de rester ; et néanmoins, tout ce que vous pourrez me dire ne me fera pas rester.

CATHARINA. Si vous m'aimez, vous resterez.

PETRUCHIO. Grumio, mes chevaux.

GRUMIO. Seigneur, ils sont prêts ; les chevaux ont mangé l'avoine.

CATHARINA. Comme il vous plaira. Moi, je ne pars pas aujourd'hui, ni demain, ni tant qu'il ne me conviendra pas de partir. La route est libre ; voici votre chemin : allez, trottez pendant que vos bottes sont fraîches. Mais moi, je partirai quand il me plaira. — Je vois que vous serez un mari passablement brutal, puisque vous le prenez déjà sur ce ton.

PETRUCHIO. Catharina, calme-toi ; ne te fâche pas, je t'en prie.

CATHARINA. Je veux me fâcher. Qu'avez-vous donc qui vous presse tant ? — Soyez tranquille, mon père. Il ne partira que lorsque je le voudrai bien.

GRÉMIO. Allons, voilà que la partie commence à s'engager.

CATHARINA. Messieurs, allez prendre place au repas de noces. Je vois bien qu'une femme qui n'a pas le courage de résister est une sotte.

PETRUCHIO. Ces messieurs feront ce que tu demandes, Catharina. — Obéissez à la mariée, vous qui avez formé son cortége ; allez, faites bonne chère ; livrez-vous à la joie ; buvez largement à sa virginité ; divertissez-vous, — ou allez au diable ; mais quant à ma belle Catharina, il faut qu'elle parte avec moi. (*A Catharina.*) Il est inutile d'ouvrir de grands yeux, de frapper du pied, de prendre un air effaré, de te mettre en colère ; je veux rester maître de ce qui m'appartient ; Catharina est mon bien, ma propriété ; elle est ma maison, mon mobilier, mon champ, ma grange, mon cheval, mon bœuf, mon âne, mon tout. La voilà devant nous ; malheur à qui osera la toucher du bout du doigt ; quiconque mettra le moindre obstacle à mon retour à Padoue m'en répondra devant la loi. — Grumio, mets l'épée à la main ; nous sommes au milieu d'une bande de voleurs ; défends ta maîtresse, si tu as du cœur. — Ne crains rien, ma mignonne ; nul n'osera te toucher, Catharina ; je te protégerai contre un million d'ennemis.

Petruchio, Catharina et Grumio s'éloignent.

BAPTISTA. Qu'il parte ce couple pacifique.

GRÉMIO. S'ils étaient restés plus longtemps, je serais mort de rire.

TRANIO. Entre tous les mariages extravagants, celui-là est sans pareil.

LUCENTIO. Mademoiselle, que pensez-vous de votre sœur?

BIANCA. C'est une folle qui s'est unie à un fou.

GRÉMIO. Je vous en donne ma parole, Petruchio est Cathariné.

BAPTISTA. Voisins et amis, si le marié et la mariée manquent au banquet, vous savez que la bonne chère ne manquera pas. — Lucentio, vous occuperez la place du mari, et Bianca prendra la place de sa sœur.

TRANIO. L'aimable Bianca s'essayera donc au rôle de fiancée?

BAPTISTA. Oui, Lucentio. — Allons, messieurs, partons.

Ils s'éloignent.

ACTE QUATRIÈME.

SCÈNE I.

Une salle dans la maison de campagne de Petruchio.

Entre GRUMIO.

GRUMIO. Au diable les rosses éreintées, les maîtres écervelés et les mauvais chemins! Jamais homme fut-il aussi moulu, aussi crotté, aussi fatigué que moi? On m'envoie en avant pour faire du feu, et ils ne tarderont pas à arriver pour se chauffer. Ma foi, si je n'étais un petit vase prompt à chauffer, mes lèvres gèleraient contre mes dents, ma langue contre mon palais, et mon cœur dans mon sein, avant que je pusse approcher du feu pour me dégeler. — Mais je me chaufferai en soufflant le feu; car, par le temps qu'il fait, un plus robuste que moi s'enrhumerait. Holà! oh! Curtis

Entre CURTIS.

CURTIS. Qui appelle d'une voix transie?

GRUMIO. Un monceau de glace. Si tu en doutes, tu peux

glisser de mes épaules à mes talons aussi vite que tu le ferais de ma tête à mon cou.

CURTIS. Mon maître et sa femme viennent-ils, Grumio ?

GRUMIO. Oh! oui, Curtis, oui. Du feu, donc! du feu, et pas d'eau dessus.

CURTIS. Est-elle aussi méchante qu'on le dit ?

GRUMIO. Elle l'était, Curtis, avant la gelée actuelle; mais tu sais que l'hiver dompte hommes, femmes et bêtes. Il a dompté mon ancien maître, ma nouvelle maîtresse et moi-même, camarade Curtis.

CURTIS. Au diable, archifou ! je ne suis pas une bête.

GRUMIO. Ah ça ! veux-tu nous faire du feu, ou faudra-t-il que je me plaigne à ma maîtresse, qui ne tardera pas à réchauffer ta paresse en te faisant sentir le poids de sa main ?

CURTIS. Je t'en prie, mon cher Grumio, dis-moi comment va le monde.

GRUMIO. Assez froidement dans tout autre emploi que le tien. Procure-nous donc du feu, Curtis; fais ton devoir; car mon maître et ma maîtresse sont presque morts de froid.

CURTIS. Il y a du feu préparé; ainsi, Grumio, dis-moi des nouvelles.

GRUMIO. *Et lon, lan, la*, autant de nouvelles que tu en voudras.

CURTIS. Allons, je sais que tu aimes à plaisanter.

GRUMIO. Je t'assure que je sens un froid qui n'est pas des plus plaisants. Fais-nous donc du feu. Où est le cuisinier? le souper est-il prêt, la maison décorée, les joncs éparpillés [1], les toiles d'araignée balayées? Les domestiques sont-ils en livrée neuve et en bas blancs, et chaque officier a-t-il son habit de noces? Les verres sont-ils rincés et les servantes rappropriées? Les tapis sont-ils déployés [2], et tout est-il en ordre?

CURTIS. Tout est prêt; ainsi dis-moi des nouvelles.

GRUMIO. D'abord, je te dirai que mon cheval est éreinté, et que mon maître et ma maîtresse sont tombés.

CURTIS. Comment ?

---

[1] Avant que les tapis fussent en usage, on semait de joncs le plancher des appartements.

[2] Du temps de notre auteur, on couvrait les tables de tapis.

GRUMIO. De leurs selles dans la boue. Oh! c'est toute une histoire.

CURTIS. Conte-nous ça, mon cher Grumio.

GRUMIO. Approche ton oreille.

CURTIS. La voilà!

GRUMIO, *lui donnant une tape sur l'oreille.* Tiens

CURTIS. C'est ce qu'on appelle sentir une histoire; ce n'est pas l'entendre.

GRUMIO. Cela s'appelle exciter la sensibilité de son auditeur: j'ai frappé à la porte de ton oreille pour la prier de vouloir bien entendre; maintenant je commence. En premier lieu, nous avons descendu une colline épouvantable, mon maître en croupe derrière ma maîtresse.

CURTIS. Tous deux sur le même cheval?

GRUMIO. Qu'est-ce que cela te fait, à toi?

CURTIS. Cela fait beaucoup au cheval.

GRUMIO. Alors, conte toi-même l'histoire. — Si tu ne m'avais pas interrompu, je t'aurais dit comme quoi le cheval est tombé, et elle sous le cheval, et dans quel bourbier; je t'aurais dit comme quoi il l'a laissée avec le cheval sur elle; comme quoi il m'a battu, parce que le cheval avait fait un faux pas; comme quoi elle a marché à travers la boue pour m'arracher de ses mains; comme quoi il jurait; comme quoi elle le suppliait, elle qui n'avait jamais supplié personne; comme quoi je criais; comme quoi les chevaux se sont enfuis; comme quoi la bride du sien s'est rompue; comme quoi j'ai perdu ma croupière, avec mille autres incidents mémorables, qui maintenant resteront ensevelis dans les ténèbres de l'oubli, pendant que tu descendras dans ta fosse avec toute ton ignorance.

CUTIS. A ce compte, il est plus diable qu'elle.

GRUMIO. Oui, et c'est ce que toi et le plus huppé d'entre vous, vous saurez par expérience quand il sera au logis. Mais à quoi bon ces bavardages? — appelle Nathaniel, Joseph, Nicolas, Philippe, Walter, Soupe-au-lait et les autres: que leurs têtes soient proprement coiffées, leurs habits bleus brossés, et qu'ils mettent des jarretières de différentes couleurs; qu'ils saluent en ployant le genou gauche, et qu'ils ne s'avisent pas de toucher un poil de la queue du cheval de mon maître avant d'avoir baisé leur main. Sont-ils tous prêts?

CURTIS. Tous.

GRUMIO. Appelle-les.

CURTIS, *appelant.* Holà ! vous autres ! il faut que vous alliez au-devant de mon maître pour faire un salut à ma maîtresse.

GRUMIO. Elle peut faire elle-même son salut sans l'aide de personne.

CURTIS. Qui en doute ?

GRUMIO. Toi-même, qui invites les gens à aller lui faire un salut.

CURTIS. Je les invite à lui faire honneur.

GRUMIO. Elle a assez d'honneur ; elle n'a pas besoin qu'on lui en fasse.

Entrent PLUSIEURS DOMESTIQUES.

NATHANIEL. Sois le bienvenu, Grumio.

PHILIPPE. Comment va, Grumio ?

JOSEPH. Te voilà, Grumio ?

NICOLAS. Bonjour, camarade Grumio !

NATHANIEL. Comment va, mon vieux ?

GRUMIO. Sois le bienvenu, toi. — Comment va, toi ? — Te voilà, toi ? — Bonjour, camarade. — Voilà, assez de bonjours. A présent, mes braves camarades, tout est-il prêt ? tout est-il en ordre ?

NATHANIEL. Tout est prêt : à quelle distance est notre maître ?

GRUMIO. A deux pas ; il est probable qu'en ce moment il met pied à terre ; ainsi, ne soyez pas — Miséricorde ! silence ! — j'entends mon maître.

Entrent PETRUCHIO et CATHARINA.

PETRUCHIO. Où sont ces drôles ? quoi ! personne à la porte pour me tenir l'étrier et pour emmener mon cheval ? Où est Nathaniel, Grégoire, Philippe ? —

TOUS LES DOMESTIQUES. Voilà, voilà, seigneur, voilà !

PETRUCHIO. Voilà, seigneur ! voilà, seigneur ! voilà ! voilà ! Lourdauds que vous êtes ! laquais mal appris, quoi ! nulle attention ! nulle prévenance ! nulle marque de respect ! où est le stupide drôle que j'avais envoyé en avant ?

GRUMIO. Le voici, seigneur, tout aussi stupide qu'avant.

PETRUCHIO. Rustre que tu es, grossier animal, ne t'avais-je pas ordonné de venir à ma rencontre dans le parc, et d'amener ces coquins avec toi ?

GRUMIO. Seigneur, l'habit de Nathaniel n'était pas complétement terminé; les souliers de Gabriel étaient décousus au talon; il n'y avait point d'encre pour noircir le chapeau de Pierre, et la dague de Walter, à laquelle il manque un fourreau, était encore chez le fourbisseur. Il n'y avait de prêts et d'habillés qu'Adam, Ralph et Grégoire; les autres étaient déguenillés et faits comme des mendiants : mais tels qu'ils sont, les voilà qui sont venus au-devant de vous.

PETRUCHIO. Coquins, allez me chercher le souper.

Quelques-uns des Domestiques sortent.

PETRUCHIO, *chante.*
Oh! qui me rendra mes beaux jours?

Où sont ces, — Assieds-toi, Catharina, et sois la bienvenue. Ouf, ouf, ouf, ouf!

DES DOMESTIQUES apportent le souper.

PETRUCHIO, *continuant.* Eh bien! aurez-vous bientôt fait? — Allons, ma bonne Catharina, égayons-nous. — Tirez-moi mes bottes, marauds.

Il chante.
C'était un moine, un moine gris
Qui poursuivait sa route.

Hors d'ici, misérable! tu m'arraches le pied! Tiens! (*il le frappe*) et apprends à mieux tirer l'autre botte. — Vive la joie, Catharina! — Holà! qu'on m'apporte de l'eau! — Où est mon épagneul Troïle? — Toi, pars, et va dire à mon cousin Ferdinand de venir ici.

Un Domestique sort.

PETRUCHIO, *continuant.* Catharina, c'est quelqu'un que je veux que tu embrasses, et avec qui il faut que tu fasses connaissance. — Où sont mes pantoufles? — Me donnera-t-on de l'eau? (*On lui présente un bassin.*) Viens, Catharina, lave-toi les mains, et sois la bienvenue, là, sans façon! (*Le Domestique laisse tomber l'aiguière.*) Maudit maraud, tu la laisses tomber!

Il le frappe.

CATHARINA. Un peu de patience, je vous prie; il ne l'a pas fait exprès.

PETRUCHIO. C'est un scélérat, un stupide animal, un gros lourdaud. Viens, Catharina, assieds-toi. Je sais que tu as faim. Veux-tu dire le bénédicité, ma chère Catharina, ou faut-il que je le dise, moi? — Qu'est-ce que cela? du mouton?

PREMIER DOMESTIQUE. Oui, seigneur.

PETRUCHIO. Qui l'a apporté?
PREMIER DOMESTIQUE. Moi.
PETRUCHIO. Il est brûlé; il en est de même de toutes les autres viandes : maudite canaille! où est le coquin de cuisinier? Comment, misérables, avez-vous l'audace d'apporter cela de la cuisine, et de me le servir à moi qui ne l'aime pas? Tenez, remportez cela, assiettes, verres et tout. (*Il jette par terre les mets, les assiettes, etc.*) Drôles stupides, valetaille ignorante! vous murmurez, je crois, entre vos dents? tout à l'heure je vais être à vous.
CATHARINA. Je vous en prie, mon ami, ne vous emportez point ainsi. Le souper était bien et vous auriez pu vous en contenter.
PETRUCHIO. Je te dis, Catharina, qu'il était brûlé et desséché; et il m'est expressément interdit de toucher à de tels mets; car ils engendrent l'irritation et la colère : et comme nous sommes naturellement assez colériques, il vaut mieux que nous jeûnions tous deux, que de manger des viandes ainsi desséchées par la cuisson. Prends patience; demain on fera mieux les choses; pour ce soir nous jeûnerons de compagnie. — Viens, je vais te conduire à ta chambre nuptiale.

Petruchio, Catharina et Curtis sortent.

NATHANIEL, *s'avançant*. Pierre, as-tu jamais rien vu de semblable?
PIERRE. Il la bat avec ses propres armes.

Arrive CURTIS.

GRUMIO. Où est-il?
CURTIS. Dans la chambre de madame, occupé à lui faire un long sermon sur la continence. Il la morigène, il jure, il tempête, si bien que la pauvre malheureuse ne sait où elle en est, et reste muette, interdite, comme une personne qu'on réveille en sursaut au milieu d'un rêve. Sauvons-nous, sauvons-nous! car le voilà qui vient.

Ils sortent.

Arrive PETRUCHIO.

Ainsi j'ai commencé mon règne en politique habile, et j'espère arriver heureusement à mon but : mon faucon a maintenant l'appétit aiguisé par le jeûne; jusqu'à ce qu'il soit complétement dressé, il faut lui ménager les morceaux, sans quoi il ne daignerait plus arrêter ses yeux sur le leurre. J'ai encore un autre moyen d'apprivoiser mon oiseau sauvage, de lui apprendre à venir à moi, et à reconnaître la voix de son maître : c'est de le surveiller de près comme on surveille un milan qui résiste, mord, et refuse d'obéir ; elle n'a rien mangé et ne mangera rien aujourd'hui ; elle n'a point dormi la nuit dernière, et ne dormira pas celle-ci ; de même que pour le repas, je trouverai à redire à la manière dont le lit est fait ; et alors je ferai voler d'un côté l'oreiller, de l'autre le traversin, ici la couverture, là les draps ; au milieu de ce remue-ménage, je prétendrai que ce que j'en fais, c'est par intérêt pour elle : la conclusion de tout ceci sera qu'elle veillera toute la nuit ; s'il lui arrive par hasard de fermer l'œil, je gronderai, je crierai, je ferai vacarme pour la tenir éveillée. Voilà comme on tue une femme par excès de tendresse ; voilà comment je dompterai son humeur opiniâtre et revêche. Que celui qui sait un meilleur moyen de mettre une méchante à la raison, que celui-là m'apprenne sa recette. — C'est charité que de la faire connaître.

Il sort.

SCÈNE II.

Padoue. — Devant la maison de Baptista.

Arrivent TRANIO *et* HORTENSIO.

TRANIO. Serait-il possible, ami Licio, que Bianca en aimât un autre que Lucentio ? je puis vous assurer qu'elle me traite on ne peut plus favorablement.

HORTENSIO. Seigneur, pour savoir ce que vous devez penser de ce que je vous ai dit, tenez-vous à l'écart et observez la manière dont il lui donne sa leçon.

Ils se tiennent à l'écart.

Arrivent BIANCA *et* LUCENTIO.

LUCENTIO. Eh bien, mademoiselle, profitez-vous dans vos lectures ?

BIANCA. Et vous, mon maître, que lisez-vous ? répondez d'abord à cette question.

LUCENTIO. Je lis ce que je professe, l'art d'aimer.

BIANCA. Puissiez-vous, messire, vous montrer maître dans votre art !

LUCENTIO. Je me montrerai tel, ma douce amie, tant que vous serez la maîtresse de mon cœur.

Ils font quelques pas ensemble en se promenant.

HORTENSIO. Ma foi, ils vont vite en besogne. Qu'en dites-vous, maintenant, vous qui juriez que votre chère Bianca n'aimait rien au monde à l'égal de Lucentio?

TRANIO. O malheureux amour! ô sexe volage! je vous avoue, Licio, que cela me surprend beaucoup.

HORTENSIO. Cessez de vous abuser plus long-temps. Je ne suis pas Licio, ni un musicien comme j'en ai l'air : je dédaigne de garder plus longtemps ce déguisement pour une femme qui laisse là un gentilhomme pour se faire un dieu d'un pareil manant. Sachez, seigneur, que je me nomme Hortensio.

TRANIO. Seigneur Hortensio, j'ai souvent entendu parler de votre extrême affection pour Bianca; et puisque mes yeux ont été témoins de sa légèreté, je veux, si vous le permettez, imiter votre exemple, et abjurer pour jamais Bianca et son amour.

HORTENSIO. Voyez comme ils se prodiguent les baisers et les caresses! — Seigneur Lucentio, voici ma main; je fais le serment irrévocable de ne plus lui adresser mes hommages; abandonnez-la pareillement comme indigne de tous les témoignages d'affection que je lui ai follement prodigués.

TRANIO. Je fais ici le même serment dans toute la sincérité de mon cœur; je jure de ne jamais l'épouser, quand elle m'en prierait! voyez avec quelle impudeur elle lui fait des avances!

HORTENSIO. Plut à Dieu que tout le monde, hormis lui, la délaissât! Pour moi, afin de mieux tenir mon serment, j'épouserai, avant trois jours, une riche veuve qui m'aime depuis aussi longtemps que j'ai moi-même aimé cette fille ingrate et dédaigneuse. Adieu donc, seigneur Lucentio. — Désormais dans la femme, ce sera la tendresse et non la beauté extérieure qui gagnera mon cœur. Sur ce, je vous quitte, fermement résolu d'exécuter ce que je vous ai dit.

Hortensio s'éloigne. — Lucentio et Bianca s'avancent.

TRANIO. Mademoiselle Bianca, que le ciel vous donne toute la félicité qui est le partage des amants heureux! Ah! je vous ai prise à l'improviste, ma charmante; et nous avons, Hortensio et moi, complètement renoncé à vous.

BIANCA. Tranio, vous plaisantez; mais est-il vrai que vous ayez tous deux renoncé à moi?

TRANIO. Oui, mademoiselle.

LUCENTIO. Nous voilà donc débarrassés d'Hortensio?

TRANIO. Il va se rabattre sur une riche veuve; lui faire sa cour et l'épouser sera pour lui l'affaire d'un jour.

ACTE IV, SCENE II.

BIANCA. Grand bien lui fasse?

TRANIO. Oui, et il la mettra à la raison.

BIANCA. Il l'a dit, Tranio?

TRANIO. Il est allé pour cela à l'école où l'on apprend à dompter les méchantes femmes.

BIANCA. Est-ce qu'il y a une école de ce genre?

TRANIO. Oui, mademoiselle, et c'est Petruchio qui en est le maître; il enseigne je ne sais combien d'excellents moyens de réduire une mégère et de clore son babil.

Accourt BIONDELLO.

BIONDELLO. Mon maître, mon maître, j'ai tant fait le guet que je suis éreinté; mais à la fin j'ai vu un vénérable personnage qui descendait la colline, et qui fera notre affaire.

TRANIO. Qu'est-il, Biondello?

BIONDELLO. Ce doit être un marchand ou un pédagogue, j'ignore lequel; mais la gravité de son costume, de sa démarche et de son maintien le rend tout à fait propre à jouer un rôle de père.

LUCENTIO. Et qu'en ferons-nous, Tranio?

TRANIO. S'il est crédule et ajoute foi à ce que je lui dirai, il se chargera avec empressement du rôle de Vincentio, et s'engagera auprès de Baptista Minola comme s'il était Vincentio lui-même. Faites rentrer mademoiselle, et laissez-moi seul.

Lucentio et Bianca s'éloignent.

Arrive UN PÉDAGOGUE.

LE PÉDAGOGUE. Dieu vous garde, seigneur!

TRANIO. Et vous pareillement, seigneur! vous êtes le bienvenu. Allez-vous plus loin, ou êtes-vous au terme de votre voyage?

LE PÉDAGOGUE. Je suis au terme, pour une semaine ou deux; après quoi, je continuerai mon voyage jusqu'à Rome, puis jusqu'à Tripoli, si Dieu me prête vie.

TRANIO. De quel pays, je vous prie?

LE PÉDAGOGUE. De Mantoue.

TRANIO. De Mantoue, seigneur? — A Dieu ne plaise! Et vous faites assez peu de cas de votre vie pour venir à Padoue?

LE PÉDAGOGUE. Eh! quel danger ma vie court-elle donc, seigneur? car ceci est sérieux.

8.

TRANIO. Il y a peine de mort contre tout habitant de Mantoue qui vient à Padoue. En ignorez-vous le motif? A Venise on a mis l'embargo sur vos navires ; et notre duc, croyant avoir à se plaindre du vôtre, a fait publier et proclamer partout cette décision. Il faut que vous soyez nouvellement arrivé ; sans cela, vous auriez entendu faire cette proclamation.

LE PÉDAGOGUE. Hélas ! seigneur, cela est bien fâcheux pour moi ; car je suis porteur de lettres de change de Florence, que je dois présenter ici.

TRANIO. Eh bien, pour vous obliger, voilà ce que je puis faire pour vous, et voilà la marche que je vous conseille de suivre ; — mais, permettez-moi d'abord de vous demander si vous avez jamais été à Pise.

LE PÉDAGOGUE. Oui, seigneur, j'ai souvent été à Pise, cette ville renommée pour l'opulence de ses citoyens.

TRANIO. Connaîtriez-vous, parmi eux, un nommé Vincentio?

LE PÉDAGOGUE. Je ne le connais pas ; mais j'en ai entendu parler comme d'un négociant extrêmement riche.

TRANIO. Il est mon père, seigneur, et je vous dirai même qu'il vous ressemble un peu.

BIONDELLO, *à part.* Comme une pomme à une huître.

TRANIO. Pour vous sauver la vie dans cette circonstance critique, voilà le service que je puis vous rendre ; et je vous avoue que votre ressemblance avec Vincentio est pour vous une circonstance précieuse. Vous prendrez son nom, vous serez un autre lui-même, et en cette qualité vous serez logé chez moi. — Songez à jouer convenablement votre rôle ; vous me comprenez, seigneur : — vous resterez chez moi jusqu'à ce que vous ayez terminé vos affaires dans cette ville. Si cette offre peut vous être agréable, acceptez-la.

LE PÉDAGOGUE. Oh! bien volontiers, seigneur ; et je vous regarderai toujours comme le protecteur de ma vie et de ma liberté.

TRANIO. Venez donc avec moi pour mettre la chose à exécution. Je vous dirai en passant, que mon père est attendu ici d'un jour à l'autre, pour assurer par contrat un douaire à la fille de Baptista, ma future épouse. Je vous mettrai au fait de toutes ces circonstances ; venez avec moi, seigneur, pour vous habiller comme il convient que vous le soyez.

Ils s'éloignent.

SCÈNE III.

Un appartement dans la maison de campagne de Petruchio.

Entrent CATHARINA et GRUMIO.

GRUMIO. Non, non, vraiment, je n'oserais pas, sur ma vie !

CATHARINA. C'est une nouvelle preuve de sa cruauté, de sa méchanceté à mon égard. Eh quoi ! m'a-t-il donc épousée pour me faire mourir de faim ? Les mendiants qui se présentent à la porte de mon père obtiennent en la demandant une aumône quelconque, ou ils trouvent ailleurs la charité qu'on leur a refusée ; mais moi, — qui n'ai jamais su ce que c'était que de demander, — on me refuse la nourriture et le sommeil ; on me tient éveillée par d'effroyables jurements ; on me nourrit de querelles et d'outrages : et ce qui me dépite plus encore que ces privations, c'est qu'il a l'air de n'agir ainsi à mon égard que par amour pour moi : on dirait à l'entendre que la nourriture et le sommeil me rendraient malade ou me donneraient une mort immédiate. — Va, je te prie, me chercher quelque chose à manger ; peu m'importe quoi, pourvu que ce soit un aliment sain.

GRUMIO. Que vous semblerait d'un pied de bœuf ?

CATHARINA. C'est excellent ; va m'en chercher, je te prie.

GRUMIO. Je crains que ce ne soit un mets trop irritant. — Et que diriez-vous d'un boudin gras, bien grillé ?

CATHARINA. Je l'aime beaucoup ; mon cher Grumio, apporte-m'en.

GRUMIO. Je ne sais, mais je crains que ce ne soit encore trop irritant. Comment trouveriez-vous une tranche de bœuf avec de la moutarde ?

CATHARINA. C'est un plat que j'aime.

GRUMIO. Oui, mais la moutarde est trop échauffante.

CATHARINA. Eh bien donne-moi le bœuf et laisse la moutarde.

GRUMIO. C'est ce que je ne ferai pas ; je vous donnerai la moutarde, sans quoi vous n'aurez pas de bœuf.

CATHARINA. Donne-moi l'un et l'autre, ou tous les deux, ou ce que tu voudras.

GRUMIO. En ce cas vous aurez la moutarde sans le bœuf.

CATHARINA. Va-t'en, misérable qui te moques de moi (*elle*

le frappe) et qui me donnes le nom des mets pour toute nourriture. Sois maudit, ainsi que tes pareils qui insultent à ma misère! Retire-toi, te dis-je!

Entre PETRUCHIO, *portant un plat de viande, et* HORTENSIO.

PETRUCHIO. Comment se porte ma Catharina? Eh quoi! mon amour, je te trouve l'air tout abattu.

HORTENSIO. Madame, comment vous trouvez-vous?

CATHARINA. Aussi froidement que possible.

PETRUCHIO. Reprends ta bonne humeur; montre-moi un visage gai. Tiens, ma chère, tu vois l'empressement que je mets à te préparer moi-même ton repas et à te l'apporter. (*Il pose le plat sur la table.*) Sans doute, ma chère Catharina, cette attention mérite un remercîment. Quoi! pas un mot? Allons, je vois que tu n'aimes pas cela, et que j'ai perdu mes peines. — Qu'on emporte ce plat!

CATHARINA. Permettez qu'il reste, je vous prie.

PETRUCHIO. Le plus petit service mérite des remercîments; il faut que j'obtienne les vôtres avant que vous touchiez à ce mets.

CATHARINA. Je vous remercie, seigneur.

HORTENSIO. Fi donc! seigneur Petruchio, c'est mal à vous. — Allons, madame, je vous tiendrai compagnie.

PETRUCHIO, *bas, à Hortensio.* Mangez tout, Hortensio, si vous avez de l'amitié pour moi. — (*A Catharina.*) Je souhaite que cela te fasse du bien; mange vite, Catharina. — Maintenant, mon amour, nous allons retourner chez ton père, et nous nous y livrerons à la joie. Là, nous aurons vêtements de soie, bonnets, bagues d'or, fraises, manchettes, vertugadins, écharpes, éventails, double parure, bracelets d'ambre, colliers, et toutes sortes de belles choses. Tu as dîné, n'est-ce pas? Le tailleur attend pour orner ta personne de ses riches trésors.

Entre UN GARÇON TAILLEUR [1].

PETRUCHIO, *continuant.* Venez, tailleur. Voyons ces beaux atours : déployez la robe.

Entre UN MERCIER.

PETRUCHIO, *continuant.* Que demandez-vous, messire?

---

[1] Du temps de notre poëte, les robes des dames étaient habituellement faites par des tailleurs.

LE MERCIER. Voici le bonnet que votre seigneurie a commandé.

PETRUCHIO. Parbleu! voilà un bonnet qui a été fait sur la forme d'une écuelle; un vrai plat de velours! Fi donc! détestable! abominable! c'est une vraie coquille d'escargot, une coquille de noix, un joujou, un hochet, un colifichet, un bonnet d'enfant! qu'on l'emporte, et qu'on m'en donne un plus grand.

CATHARINA. Je n'en veux pas de plus grand; celui-ci est à la mode; c'est comme cela que les dames de qualité les portent.

PETRUCHIO. Quand tu seras gentille, tu en auras un aussi; mais pas avant.

HORTENSIO. Ce ne sera pas de sitôt.

CATHARINA. J'espère, monsieur, qu'il me sera permis de parler; il faut absolument que je parle; je ne suis point un enfant au maillot; j'ai dit ma pensée à des gens qui valaient mieux que vous; et si vous ne voulez pas l'entendre, bouchez-vous les oreilles. Il faut que ma langue exhale la colère de mon cœur, ou, à force de se contraindre, mon cœur se brisera. Plutôt que d'en venir là, je parlerai librement, et je dirai tout ce qu'il me plaira de dire.

PETRUCHIO. Ma foi, tu as raison : c'est un pitoyable bonnet, c'est une croûte de pâté, une breloque, un gâteau de soie; je suis bien aise que tu ne l'aimes pas; je t'en aime davantage.

CATHARINA. Aimez-moi, ou ne m'aimez pas, ce bonnet me convient; j'aurai celui-là, ou je n'en aurai point du tout.

PETRUCHIO. Ta robe, maintenant. — Montrez-nous-la, tailleur. Merci de ma vie! quelle horrible mascarade! qu'est-ce que cela? une manche? c'est comme une couleuvrine : comment donc! elle est taillée du bas en haut comme une tourte aux pommes; elle est découpée, tailladée comme une braisière de barbier¹. De par tous les diables, tailleur, quel nom donnez-vous à cela?

HORTENSIO, *à part*. Je vois qu'elle court grand risque de n'avoir ni bonnet ni robe.

LE GARÇON TAILLEUR. Vous m'avez dit de la faire comme il faut et selon la mode.

¹ Il y a dans le texte *encensoir*; c'était probablement des braisières qui servaient non-seulement à parfumer la boutique, mais encore à sécher le linge.

PETRUCHIO. C'est vrai ; mais si vous vous le rappelez, je ne vous ai pas dit de la gâter selon la mode. Décampez vite et retournez chez vous ; car vous n'aurez pas ma pratique : je ne veux pas de votre robe ; faites-en ce qu'il vous plaira.

CATHARINA. Je n'ai jamais vu de robe mieux faite, plus élégante, plus jolie, plus ravissante. Je vois que vous voulez m'habiller en marionnette.

PETRUCHIO. Tu as bien raison ; il veut t'habiller en marionnette.

LE GARÇON TAILLEUR. Elle dit que c'est vous qui voulez l'habiller en marionnette.

PETRUCHIO. O monstrueuse insolence ! tu mens, bout de fil, dé à coudre, aune, trois quarts, demi-aune, quart, clou, insecte, grillon ! — Je me laisserais braver chez moi par un écheveau de fil ! va-t'en, guenille, rognure, atome, ou je vais te mesurer avec ta demi-aune de manière à te faire souvenir toute ta vie d'avoir parlé. Je te dis, moi, que tu as gâté cette robe.

LE GARÇON TAILLEUR. Votre seigneurie est dans l'erreur ; la robe a été faite de tout point conformément aux ordres que mon maître a reçus ; c'est Grumio qui a donné les ordres.

GRUMIO. Je n'ai point donné d'ordres ; j'ai donné l'étoffe.

LE GARÇON TAILLEUR. Mais de quelle manière avez-vous dit que la robe devait être faite ?

GRUMIO. Parbleu, avec une aiguille et du fil.

LE GARÇON TAILLEUR. Mais n'avez-vous pas demandé qu'on la taillât ?

GRUMIO. Tu as mis bien des passe-poils, en ta vie.

LE GARÇON TAILLEUR. Oui.

GRUMIO. Ne me prends pas à rebrousse poil. Tu as rabattu bien des coutures, rabats un peu de ton insolence ; je ne veux ni qu'on me vexe ni qu'on me brave. Écoute : j'ai dit à ton maître de tailler la robe, mais je ne lui ai pas dit de la couper en morceaux ; *ergo*, tu mens.

LE GARÇON TAILLEUR. En preuve de ce que je dis, voici le mémoire de la façon.

PETRUCHIO. Lisez-le.

GRUMIO. Le mémoire en a menti par la gorge, s'il soutient que j'ai dit cela.

LE GARÇON TAILLEUR, *lisant.* *Primo, une robe à large taille.*

GRUMIO. Mon maître, si jamais j'ai dit une robe à large taille, que je sois cousu dans la doublure, et qu'on me batte avec un peloton de fil brun jusqu'à ce que mort s'ensuive : j'ai dit une robe.

PETRUCHIO. Continuez.

LE GARÇON TAILLEUR. *Avec un petit collet rond.*

GRUMIO. Je conviens du collet.

LE GARÇON TAILLEUR. *Avec des manches amples.*

GRUMIO. J'avoue les deux manches.

LE GARÇON TAILLEUR. *Lesdites manches tailladées.*

PETRUCHIO. Oui, voilà la scélératesse.

GRUMIO. Il y a erreur dans le mémoire, seigneur; il y a erreur dans le mémoire. J'ai demandé que les manches fussent d'abord taillées, puis cousues; et je te le soutiendrai en face, quand ton petit doigt serait armé d'un dé.

LE GARÇON TAILLEUR. Ce que je dis est vrai ; si je te tenais autre part qu'ici, je te le ferais sentir.

GRUMIO. Je suis ton homme ; prends le mémoire, donne-moi ta demi-aune, et ne m'épargne pas.

HORTENSIO. Diantre ! Grumio, la partie ne serait pas égale.

PETRUCHIO. En un mot, cette robe n'est pas pour moi.

GRUMIO. Vous avez raison, seigneur ; elle est pour ma maîtresse.

PETRUCHIO. Portez-la à votre maître, et qu'il en fasse l'usage qu'il lui plaira.

GRUMIO. Misérable ! garde-t'en bien. Ton maître faire usage de la robe de ma maîtresse !

PETRUCHIO. Que veux-tu dire?

GRUMIO. Il y a là quelque chose de plus grave que vous ne le pensez ! Son maître faire usage de la robe de ma maîtresse ! Fi donc ! fi donc !

PETRUCHIO, *bas, à Hortensio.* Hortensio, ayez soin que le tailleur soit payé. (*Haut.*) Allez, emportez-la ; partez, et ne répliquez pas.

HORTENSIO, *bas, au Garçon Tailleur.* Tailleur, je vous payerai demain votre robe. Ne prenez point en mauvaise part ses paroles un peu vives. Allez, vous dis-je ; mes compliments à votre maître.

Le Garçon Tailleur sort.

PETRUCHIO. Allons, viens, ma Catharina ; nous allons trouver ton père sous ces simples et honnêtes vêtements ; car c'est l'esprit qui est la véritable parure du corps ; de même que le soleil perce les nuages les plus sombres, de même l'honneur éclate sous l'habillement le plus humble. Est-ce que, par hasard, le geai est plus précieux que l'alouette, parce que son plumage est plus beau ? ou la vipère vaut-elle mieux que l'anguille, parce que les couleurs de sa peau plaisent à la vue ? Non, non, ma Catharina ; cet humble équipage ne t'ôte rien de ton prix. Si c'est une honte à tes yeux, mets-la sur mon compte. Allons, sois gaie ; nous allons partir pour nous livrer à la joie chez ton père. —(*A Grumio.*) Va, appelle mes gens, et partons sur-le-champ. Dis qu'on amène nos chevaux au bout de la longue ruelle ; c'est là que nous monterons à cheval ; nous irons jusque-là en nous promenant. — Voyons ! je pense qu'il est maintenant sept heures ; nous pourrons encore arriver à temps pour dîner.

CATHARINA. Je puis vous assurer, seigneur, qu'il est presque deux heures, et nous n'arriverons là-bas qu'à l'heure du souper.

PETRUCHIO. Il sera sept heures avant que je monte à cheval ; dans ce que je dis, ce que je fais, ou me propose de faire, tu me contraries toujours. — Messieurs, laissez-nous seuls ; je ne partirai pas aujourd'hui, et quand je partirai, il sera l'heure qu'il me plaira.

HORTENSIO. Voilà un galant qui prétend commander au soleil.

Ils sortent.

SCÈNE IV.

Padoue. — Devant la maison de Baptista.

Arrivent TRANIO et LE PÉDAGOGUE sous le costume de Vincentio

TRANIO. Seigneur, voici la maison ; voulez-vous que j'appelle ?

LE PÉDAGOGUE. Pourquoi non ? Si je ne me trompe, le seigneur Baptista peut se rappeler m'avoir vu il y a près de vingt ans à Gênes, où nous logions à l'hôtel du Pégase.

TRANIO. C'est bien ; dans tous les cas, mettez dans votre maintien toute l'austérité qui convient à un père.

Arrive BIONDELLO.

LE PÉDAGOGUE. Je vous réponds de moi ; mais, seigneur, voilà votre valet qui vient, il serait bon de lui faire la leçon.

TRANIO. Soyez sans inquiétude sur son compte. — Ah ça, Biondello, songe à bien faire ton devoir, je te le conseille ; figure-toi que c'est le vrai Vincentio.

BIONDELLO. Bah ! soyez tranquille.

TRANIO. Mais as-tu rempli le message dont tu étais chargé pour Baptista ?

BIONDELLO. Je lui ai dit que votre père était à Venise, et que d'un jour à l'autre vous l'attendiez à Padoue.

TRANIO. Tu es un brave garçon ; tiens, voilà pour boire. Je vois venir Baptista. — Prenez votre maintien, seigneur.

Arrivent BAPTISTA et LUCENTIO.

TRANIO, *continuant*. Seigneur Baptista, je vous rencontre à propos. — (*Au Pédagogue.*) Mon père, voilà le gentilhomme dont je vous ai parlé. Je vous en conjure, montrez-vous bon père à mon égard ; donnez-moi Bianca pour mon patrimoine.

LE PÉDAGOGUE. Doucement, mon fils. — (*A Baptista.*) Seigneur, permettez : étant venu à Padoue pour faire le recouvrement de quelques dettes, mon fils Lucentio m'a communiqué la nouvelle importante de l'amour qui existe entre votre fille et lui ; or, vu les bons rapports qui m'ont été faits de vous, dans l'intérêt de l'affection qu'il ressent pour votre fille, et de celle qu'elle lui porte, désirant ne pas le faire trop longtemps attendre, dans ma sollicitude paternelle, je donne mon consentement à son mariage. Si vous pensez comme moi, seigneur, il sera pris les arrangements nécessaires, et je ne demande pas mieux que de voir conclure cette union ; car je n'y regarderai pas de si près avec vous, seigneur Baptista, dont il m'a été rendu un compte si favorable.

BAPTISTA. Pardonnez-moi, seigneur, ce que j'ai à vous dire : — Votre franchise et votre laconisme me plaisent infiniment. — Il est très-vrai que votre fils Lucentio aime ma fille, et qu'il en est aimé, ou bien il faut que tous deux dissimulent étrangement leurs affections. Pourvu donc que vous promettiez de vous conduire en père à l'égard de votre fils, et d'assurer à ma fille un douaire suffisant, l'affaire est conclue, et tout est terminé. Je consentirai volontiers à ce que votre fils soit l'époux de ma fille.

TRANIO. Je vous rends grâce, seigneur. Où jugez-vous convenable que nous soyons fiancés, et qu'on dresse le contrat qui doit stipuler les engagements des parties ?

BAPTISTA. Je désire que ce ne soit pas chez moi, Lucentio. Vous savez que les murs ont des oreilles ; j'ai un grand nombre de domestiques. D'ailleurs, le vieux Grémio est toujours aux aguets, et nous pourrions être interrompus.

TRANIO. Eh bien, ce sera chez moi, s'il vous plaît, seigneur. — C'est là que loge mon père ; c'est là que ce soir nous terminerons cette affaire entre nous et commodément. Envoyez chercher votre fille par la personne qui est avec vous ; mon valet ira tout à l'heure chercher le notaire. Le pis de tout cela, c'est qu'ainsi pris à l'improviste, je vous ferai probablement faire assez maigre chère.

BAPTISTA. Tant mieux. (*A Lucentio.*) Cambio, allez à la maison, et dites à Bianca de se tenir prête ; vous pourrez lui dire ce qui est survenu ; apprenez-lui que le père de Lucentio est à Padoue, et qu'il est probable qu'elle sera la femme de Lucentio.

LUCENTIO. Je prie de grand cœur le ciel que cela soit.

TRANIO. Laissez là le ciel, et partez. — Seigneur Baptista, vous montrerai-je le chemin ? soyez le bienvenu. Il est probable qu'un seul plat composera tout votre dîner : venez toujours à Pise, nous ferons mieux les choses.

BAPTISTA. Je vous suis.

Tranio, le Pédagogue et Baptista s'éloignent.

BIONDELLO. Cambio, —

LUCENTIO. Que dis-tu, Biondello ?

BIONDELLO. Vous avez vu mon maître cligner de l'œil et rire en vous regardant.

LUCENTIO. Eh bien, Biondello, qu'a-t-il voulu dire ?

BIONDELLO. Ma foi, rien ; mais il m'a laissé ici après les autres pour expliquer le sens et la moralité de ses signes et de ses gestes.

LUCENTIO. Explique-les, je te prie.

BIONDELLO. Voici. Baptista est en lieu sûr, occupé à causer avec le père matois d'un fils rusé.

LUCENTIO. Après ?

BIONDELLO. La fille doit être amenée par vous au souper.

LUCENTIO. Ensuite?

BIONDELLO. Le vieux prêtre de l'église de Saint-Luc est à toute heure à votre service.

LUCENTIO. Et le but de tout cela?

BIONDELLO. Je ne le saurais dire; je sais seulement qu'ils sont occupés à fabriquer un faux contrat : assurez-vous de la jeune personne, *cum privilegio ad imprimendum solum* [1]; allez à l'église; — ayez un prêtre, un bedeau et le nombre suffisant d'honnêtes témoins. Si ce n'est pas là ce que vous demandez, je n'ai plus rien à ajouter; et je vous conseille de dire adieu à Bianca pour jamais et par-delà.

Il va pour s'éloigner.

LUCENTIO, *le rappelant.* Écoute, Biondello.

BIONDELLO. Je ne puis rester plus longtemps. J'ai connu une fille mariée dans une après-midi, comme elle allait au jardin cueillir du persil pour farcir un lapin; vous pourriez bien en faire autant; adieu donc. Mon maître m'a ordonné d'aller à Saint-Luc, dire au prêtre de se tenir prêt à venir dès que vous arriveriez avec votre *appendix* [2].

Il s'éloigne.

LUCENTIO. Je le veux bien, pourvu qu'elle y consente : elle en sera charmée; pourquoi donc élèverais-je un doute? Arrive ce qui pourra, je vais lui en parler hardiment. Il y aura bien du malheur si Cambio revient sans elle.

Il s'éloigne.

SCÈNE V.

Une grand' route.

Arrivent PETRUCHIO, CATHARINA et HORTENSIO.

PETRUCHIO. Allons, marchons, au nom du ciel; nous retournons chez notre père. Grand Dieu! comme la lune est belle et brillante!

CATHARINA. La lune? dites donc le soleil; la lune ne luit pas maintenant.

PETRUCHIO. Je dis que c'est la lune qui jette un éclat si vif.

---

[1] Avec privilége exclusif : c'était la formule mise sur les livres dont l'impression était autorisée.

[2] C'est-à-dire avec sa fiancée, considérée comme un appendix, une addition à son être.

CATHARINA. Je sais que c'est le soleil qui brille maintenant.

PETRUCHIO. Par le fils de ma mère, et c'est moi que je veux dire, ce sera la lune, ou les étoiles, ou ce que je voudrai, avant que je continue ma route vers la demeure de notre père ; — Allez et tournez la bride à nos chevaux. Eh quoi ! serai-je donc toujours contrecarré, toujours, toujours ?

HORTENSIO, *à Catharina.* Dites comme lui, ou nous n'arriverons jamais.

CATHARINA. Continuons, je vous prie, puisque nous avons tant fait que de venir jusqu'ici ; et que ce soit la lune, ou le soleil, ou ce qu'il vous plaira ; et s'il vous convient de l'appeler une chandelle, ce sera une chandelle pour moi.

PETRUCHIO. Je dis que c'est la lune.

CATHARINA. Je le sais.

PETRUCHIO. Non, tu mens ; c'est le bienfaisant soleil.

CATHARINA. Eh bien ! Dieu soit béni, c'est le bienfaisant soleil : mais ce n'est pas le soleil si vous dites que ce n'est pas lui, et la lune change au gré de votre volonté : ce que vous voulez que ce soit, ce l'est en effet et le sera pour Catharina.

HORTENSIO. Allez, Petruchio ; le champ de bataille est à vous.

PETRUCHIO. En avant, en avant ! voilà comme la boule doit rouler, sans rencontrer d'obstacle. — Mais doucement : qui vient ici ?

Arrive VINCENTIO, *en habit de voyage.*

PETRUCHIO, *continuant, à Vincentio.* Bonjour, ma charmante demoiselle : où allez-vous ? — (*A Catharina.*) Dis-moi, Catharina, franchement, as-tu jamais vu une demoiselle qui eût le teint plus frais ? comme le blanc et le rose se mélangent agréablement sur ses joues ! Quelle étoile brille au ciel d'une beauté plus éclatante que ses yeux charmants sur son céleste visage ? Aimable et belle demoiselle, encore une fois, je vous souhaite le bonjour. Ma chère Catharina, embrasse-la en considération de sa beauté.

HORTENSIO. Il va devenir furieux en voyant qu'on le prend pour une femme.

CATHARINA. Rose virginale, bouton odorant et frais, où allez-vous ? où demeurez-vous ? Heureux le père et la mère d'une aussi belle enfant! plus heureux l'homme à qui sa bonne étoile la destine pour compagne !

PETRUCHIO. Qu'as-tu donc, Catharina? J'espère que tu n'es pas folle. C'est un vieillard ridé, fané, flétri que tu vois, et non une jeune fille comme tu le dis.

CATHARINA. Pardon, mon père; l'éclat du soleil a tellement ébloui ma vue, que tout ce que je regarde me semble vert; maintenant je vois que vous êtes un vieillard vénérable. Veuillez me pardonner ma méprise.

PETRUCHIO. Pardonnez-lui, vieillard; dites-nous de quel côté se portent vos pas. Si c'est dans la même direction que nous, nous serons charmés d'avoir votre compagnie.

VINCENTIO. Digne seigneur, — et vous, madame, qui aimez à rire, et dont le premier abord m'a étrangement surpris, — mon nom est Vincentio; je demeure à Pise; je vais à Padoue voir un fils que je n'ai pas vu depuis longtemps.

PETRUCHIO. Quel est son nom ?

VINCENTIO. Lucentio, seigneur.

PETRUCHIO. La rencontre est heureuse; elle le sera plus encore pour votre fils; la loi, non moins que votre âge, m'autorise à vous appeler mon père bien-aimé. Au moment où nous parlons, votre fils a épousé la sœur de ma femme que vous voyez : n'en témoignez ni surprise ni douleur. Elle jouit d'une bonne réputation; sa dot est opulente et sa famille honorable; d'ailleurs, ses qualités sont telles, qu'il n'y a pas de gentilhomme qui ne fût fier de l'avoir pour épouse. Permettez que je vous embrasse, vénérable Vincentio; et poursuivons notre voyage pour aller voir votre digne fils, que votre arrivée va transporter de joie.

VINCENTIO. Mais ce que vous me dites est-il vrai, ou n'est-ce qu'une plaisanterie de voyageur ?

HORTENSIO. Je vous affirme, mon père, que c'est la vérité pure.

PETRUCHIO. Venez avec nous, afin de vous en assurer par vous-même; car je vois que le badinage par lequel nous avons débuté vous a rendu défiant.

Petruchio, Catharina et Vincentio s'éloignent.

HORTENSIO, *seul.* Fort bien, Petruchio, cela m'encourage; allons trouver ma veuve; pour peu qu'elle soit revêche, tu m'as appris à être plus méchant qu'elle.

Il s'éloigne.

ACTE CINQUIÈME.

SCÈNE I.

Padoue. — Devant la maison de Lucentio.

Arrivent d'un côté BIONDELLO, LUCENTIO et BIANCA ; GRÉMIO se promène de l'autre côté.

BIONDELLO. Sans bruit et promptement, seigneur ; car le prêtre attend.

LUCENTIO. Je vole, Biondello : mais on pourrait avoir besoin de toi à la maison ; ainsi, quitte-nous.

BIONDELLO. Il faut que je voie la porte de l'église se refermer sur vous ; puis je reviens trouver mon maître le plus vite possible.

Lucentio, Bianca et Biondello s'éloignent.

GRÉMIO, *seul*. Je m'étonne que Cambio soit si longtemps à venir.

Arrivent PETRUCHIO, CATHARINA, VINCENTIO et PLUSIEURS DOMESTIQUES.

PETRUCHIO. Monsieur, voici la porte ; c'est ici la maison de Lucentio ; celle de mon beau-père est un peu plus loin, vers la place du marché ; je vais m'y rendre, et vous laisse ici, seigneur.

VINCENTIO. Vous ne refuserez pas de vous rafraîchir avant de partir ; je crois pouvoir vous promettre ici un cordial accueil, et il est probale que nous trouverons bonne chère.

Il frappe.

GRÉMIO. Les gens de la maison sont fort occupés ; vous feriez bien de frapper plus fort.

Vincentio frappe de nouveau.

LE PÉDAGOGUE met la tête à la fenêtre.

LE PÉDAGOGUE. Quel est celui qui frappe comme s'il voulait enfoncer la porte ?

VINCENTIO. Le seigneur Lucentio est-il à la maison, messire ?

LE PÉDAGOGUE. Il est à la maison ; mais on ne peut lui parler.

VINCENTIO. Quoi! pas même la personne qui lui apporterait de cent à deux cents guinées pour ses menus plaisirs?

LE PÉDAGOGUE. Gardez vos cent guinées pour vous; il n'en aura pas besoin tant que je vivrai.

PETRUCHIO. Je vous le disais bien, que votre fils était aimé à Padoue. — Vous entendez, seigneur? — (*Au Pédagogue.*) Pour abréger d'inutiles discours, veuillez dire, je vous prie, au seigneur Lucentio que son père arrive de Pise, et l'attend ici à la porte pour lui parler.

LE PÉDAGOGUE. Vous mentez; son père est arrivé de Pise, et c'est lui qui vous parle en ce moment à cette fenêtre.

VINCENTIO. Vous êtes son père?

LE PÉDAGOGUE. Oui, si du moins je dois en croire sa mère.

PETRUCHIO, *se retournant vers Vincentio.* Qu'est-ce que cela veut dire, seigneur? c'est l'acte d'un malhonnête homme de prendre le nom d'un autre.

LE PÉDAGOGUE. Arrêtez ce coquin : il est probable que sous mon nom il se propose de faire quelque dupe dans cette ville.

Arrive BIONDELLO.

BIONDELLO. Je les ai laissés tous les deux à l'église; Dieu veuille les conduire à bon port! — Mais que vois-je? mon vieux maître Vincentio? nous voilà perdus, anéantis.

VINCENTIO, *apercevant Biondello.* Viens ici, giber de potence.

BIONDELLO. Ce sera si cela me plaît, messire.

VINCENTIO. Approche, maraud : eh quoi! est-ce que tu ne me reconnais pas?

BIONDELLO. Vous reconnaître, messire? je ne puis vous reconnaître, car je ne vous ai jamais vu.

VINCENTIO. Eh quoi! fieffé scélérat, tu n'as jamais vu le père de ton maître, Vincentio?

BIONDELLO. Qui? mon vieux et respectable maître? si, vraiment, messire; tenez, le voilà qui regarde à la fenêtre.

VINCENTIO, *le battant.* En vérité.

BIONDELLO. Au secours! au secours! au secours! voici un furieux qui veut m'assassiner.

Il se sauve.

LE PÉDAGOGUE. Au secours, mon fils! au secours, seigneur Baptista!

Il quitte la fenêtre

PETRUCHIO. Tenons-nous à l'écart, Catharina, et voyons ce que tout cela deviendra.

Ils se retirent à l'écart.

Arrivent LE PÉDAGOGUE, BAPTISTA, TRANIO et PLUSIEURS DOMESTIQUES.

TRANIO. Qui êtes-vous, messire, vous qui voulez battre mes gens?

VINCENTIO. Qui je suis? et qui êtes-vous, vous-mêmes? — O dieux immortels! ô coquin endimanché! un pourpoint de soie! des culottes de velours! un manteau écarlate! un chapeau en pointe! Je suis ruiné! je suis ruiné! pendant que j'économise à la maison, mon fils dépense tout à l'université!

TRANIO. Eh bien! qu'y a-t-il?

BAPTISTA. Est-ce que cet homme est fou?

TRANIO. Messire, votre extérieur indique un vieillard respectable et sensé; mais vos paroles sont d'un fou. Que vous importe que je porte des perles et de l'or? Grâce à mon père, j'ai les moyens de soutenir ce luxe.

VINCENTIO. Ton père! ô scélérat! ton père est tisserand à Bergame.

TRANIO. Vous vous trompez, messire, vous vous trompez. Quel est son nom, je vous prie?

VINCENTIO. Son nom? comme si je ne connaissais pas son nom! je l'ai élevé depuis l'âge de trois ans; — il se nomme Tranio.

LE PÉDAGOGUE. Va-t'en, va-t'en, imbécile! ce jeune homme se nomme Lucentio; il est mon fils unique et l'héritier de tous mes biens, à moi, qui suis le seigneur Vincentio.

VINCENTIO. Lucentio! oh! il aura assassiné son maître! — Qu'on l'arrête, je vous l'enjoins au nom du duc! — O mon fils! mon fils! — Dis-moi, scélérat, où est mon fils Lucentio?

TRANIO. Appelez un exempt! (*Quelqu'un arrive avec un exempt.*) Conduisez ce drôle en prison. (*A Baptista.*) Mon beau-père, je vous charge de le faire comparaître en justice.

VINCENTIO. Me conduire en prison!

GRÉMIO. Exempt, arrêtez! il n'ira pas en prison.

BAPTISTA. Ne vous en mêlez pas, seigneur Grémio; je dis qu'il ira en prison.

GRÉMIO. Prenez garde, seigneur Baptista, que vous ne soyez

ACTE V, SCÈNE I.

dupe dans cette affaire ; je suis prêt à jurer que voici le véritable Vincentio.

LE PÉDAGOGUE. Jurez, si vous l'osez.

GRÉMIO. Non, je n'ose pas.

TRANIO. Autant vaudrait dire que je ne suis pas Lucentio.

GRÉMIO. Je sais que vous êtes le seigneur Lucentio.

BAPTISTA. Qu'on emmène ce radoteur! qu'on le conduise en prison!

VINCENTIO. Voilà donc comme on insulte et maltraite les étrangers! — O infâme scélérat!

Revient BIONDELLO, *avec* LUCENTIO *et* BIANCA.

BIONDELLO. Oh! nous sommes perdus! — Le voici! reniez-le, désavouez-le, ou c'est fait de nous.

LUCENTIO, *s'agenouillant devant Vincentio*. Pardon, mon père!

VINCENTIO, *l'embrassant*. Mon cher fils est donc vivant!

Biondello, Tranio et le Pédagogue s'enfuient.

BIANCA, *s'agenouillant*. Pardon, mon père!

BAPTISTA. En quoi l'as-tu offensé? Où est Lucentio?

LUCENTIO. C'est moi qui suis Lucentio, fils véritable du vrai Vincentio ; moi qui me suis donné votre fille pour légitime épouse, pendant que des personnages supposés abusaient vos yeux.

GRÉMIO. Voilà une intrigue montée pour nous duper tous!

VINCENTIO. Où est ce damné scélérat de Tranio, qui m'a osé braver en face avec tant d'insolence?

BAPTISTA. Quoi donc! ce n'est pas là Cambio?

BIANCA. Cambio est métamorphosé en Lucentio.

LUCENTIO. L'amour a opéré ces miracles. Ma tendresse pour Bianca m'a fait changer de condition avec Tranio, que j'ai chargé de jouer mon rôle dans Padoue ; enfin mes vœux sont exaucés, et je suis arrivé sans accident au port de ma félicité. — Ce que Tranio a fait, c'est moi qui l'y ai forcé. Veuillez donc, mon père, lui pardonner pour l'amour de moi.

VINCENTIO. Je lui casserai le nez, à ce coquin qui a voulu m'envoyer en prison.

BAPTISTA, *à Lucentio*. Dites-moi, seigneur, est-ce que vous auriez épousé ma fille sans me demander mon consentement?

9.

VINCENTIO. Tranquillisez-vous, Baptista; nous vous satisferons. Mais je veux rentrer pour me venger du fripon.
Il entre chez Lucentio.

BAPTISTA. Et moi pour éclaircir à fond cette friponnerie.
Il entre.

LUCENTIO. Ne soyez point si pâle, Bianca; votre père ne sera pas fâché.
Lucentio et Bianca entrent.

GRÉMIO. Tout est flambé pour moi; mais je vais entrer comme les autres. — J'ai tout perdu, hormis ma place au repas de noces.
Il entre.

PETRUCHIO et CATHARINA s'avancent.

CATHARINA. Mon ami, suivons-les pour voir la fin de toute cette intrigue.

PETRUCHIO. Oui, Catharina; mais d'abord embrasse-moi.

CATHARINA. Quoi! au milieu de la rue!

PETRUCHIO. Quoi donc! est-ce que tu rougis de moi?

CATHARINA. Non, mon ami, à Dieu ne plaise! — c'est d'embrasser que je rougis.

PETRUCHIO. En ce cas, retournons chez nous. — (*A un valet.*) Allons, toi, partons.

CATHARINA. Allons, je vais vous embrasser; je vous en prie, mon ami, restons.

PETRUCHIO. N'est-ce pas que cela fait du bien? — Viens, ma chère Catharina; mieux vaut tard que jamais, car jamais il n'est trop tard.
Ils s'éloignent.

SCÈNE II.

Une salle dans la maison de Lucentio. La table est mise.

Entrent BAPTISTA, VINCENTIO, GRÉMIO, LE PÉDAGOGUE, LUCENTIO, BIANCA, PETRUCHIO, CATHARINA, HORTENSIO et UNE VEUVE; TRANIO, BIONDELLO, GRUMIO et AUTRES DOMESTIQUES servent à table.

LUCENTIO. Enfin, après de si longues dissonances, nous sommes d'accord. Quand la guerre meurtrière a cessé, on peut sourire aux périls auxquels on a échappé. — Ma belle Bianca, accueille avec amour mon père comme j'accueille le tien. — Mon frère Petruchio, — ma sœur Catharina, — et vous, Hortensio, avec votre aimable veuve, — livrez-vous à la joie de ce festin, et soyez les bienvenus chez moi. Ce dessert est destiné à clore la bonne chère que nous avons faite : veuillez tous vous asseoir, car nous sommes ici pour jaser tout autant que pour manger.

Tous prennent place à table.

PETRUCHIO. Ne songeons plus qu'à jaser, à manger et à nous réjouir !

BAPTISTA. C'est Padoue qui nous procure cette joie, mon fils Petruchio.

PETRUCHIO. Padoue ne contient rien que d'aimable.

HORTENSIO. Je voudrais pour nous deux qu'il en fût ainsi.

PETRUCHIO. Je crois qu'Hortensio redoute sa veuve.

LA VEUVE. Vous me trouvez donc bien redoutable ?

PETRUCHIO. Vous avez de l'esprit ; cependant vous ne me comprenez pas : je dis qu'Hortensio n'est pas très-rassuré sur votre compte.

LA VEUVE. Celui qui a des vertiges croit que le monde tourne.

PETRUCHIO. Rondement répondu.

CATHARINA. Madame, que voulez-vous dire par là ?

LA VEUVE. Je conçois, d'après lui, —

PETRUCHIO. Concevoir d'après moi ! — Comment Hortensio s'accommode-t-il de cela ?

HORTENSIO. Ma veuve dit qu'elle conçoit son langage.

PETRUCHIO. Fort bien rectifié. Chère veuve, embrassez-le pour la peine.

CATHARINA. « Celui qui a des vertiges croit que tout le monde tourne. » Expliquez-moi, je vous prie, ce que vous entendez par là.

LA VEUVE. Votre mari, affligé qu'il est d'une femme intraitable, mesure les chagrins de mon mari par les siens : vous savez maintenant ma pensée.

CATHARINA. Une pauvre pensée.

LA VEUVE. C'est vous qui en avez fait les frais.

CATHARINA. Je suis donc bien peu de chose à vos yeux ?

PETRUCHIO. Courage, Catharina !

HORTENSIO. Courage, ma veuve !

PETRUCHIO. Je parie cent marcs que Catharina lui fait échec et mat.

HORTENSIO. C'est moi qui me charge de ce soin.

PETRUCHIO. Voilà parler en brave! — Je bois à vous.
Il boit à Hortensio.

BAPTISTA. Grémio, comment trouvez-vous cette escarmouche?

GRÉMIO. Ils sont gens à se tenir tête, cornes contre cornes.

BIANCA. Gardez les cornes pour vous, et ne prêtez pas vos qualités aux autres.

VINCENTIO. Ha! ha! ha! la belle fiancée, cela vous a donc réveillée?

BIANCA. Oui; mais cela ne m'a pas effrayée; aussi je vais me rendormir.

PETRUCHIO. Certainement, non; puisque vous avez commencé, je veux décocher un ou deux traits contre vous.

BIANCA. Suis-je l'oiseau que vous visiez? Je vais changer de buisson; poursuivez-moi l'arc en main; — je vous donne à tous le bonsoir.
Bianca, Catharina et la Veuve se retirent.

PETRUCHIO. Elle n'a pas attendu ma réponse. — Voilà, seigneur Tranio, l'oiseau que vous visiez et que vous n'avez pu atteindre. Je bois à tous les tireurs, tant ceux qui ont touché que ceux qui ont manqué.

TRANIO. Seigneur, Lucentio m'a lancé contre le gibier; j'ai été le limier qui chasse, non pour son compte, mais pour celui de son maître.

PETRUCHIO. La comparaison est pertinente et bonne; c'est dommage qu'elle sent le chenil.

TRANIO. Vous avez bien fait, seigneur, de chasser pour votre propre compte! on dit que votre cerf vous met aux abois.

BAPTISTA. Oh! oh! Petruchio, Tranio tire sur vous.

LUCENTIO. Je te remercie de ce trait, mon cher Tranio.

HORTENSIO. Avouez, avouez qu'il a frappé juste.

PETRUCHIO. Il m'a tant soit peu écorché, j'en conviens. Il y a dix à parier contre un que le trait, après m'avoir effleuré, vous a tous deux percés de part en part.

BAPTISTA. Je suis fâché de le dire, mon gendre Petruchio, mais je crois que de toutes les femmes, vous avez la plus difficile à conduire.

PETRUCHIO. Je prétends que non; et pour preuve, que

chacun de nous envoie chercher sa femme; celui dont la femme sera la plus obéissante, et viendra ici à la première invitation de son mari, gagnera le pari.

HORTENSIO. J'y consens; que parions-nous?

LUCENTIO. Vingt écus.

PETRUCHIO. Vingt écus! je parierai cela pour mon faucon ou mon chien; mais vingt fois autant pour ma femme.

LUCENTIO. Eh bien! cent écus!

HORTENSIO. D'accord.

PETRUCHIO. J'accepte.

HORTENSIO. Qui commencera?

LUCENTIO. Moi! — Biondello, va dire à ta maîtresse de venir.

BIONDELLO. J'y vais.

Il sort.

BAPTISTA. Mon gendre, je suis de moitié avec vous; je gage que Bianca viendra.

LUCENTIO. Je ne veux point de partenaire; je veux courir seul la chance.

Rentre BIONDELLO.

LUCENTIO, *continuant.* Eh bien, quelles nouvelles?

BIONDELLO. Seigneur, ma maîtresse vous fait dire qu'elle est occupée et qu'elle ne peut venir.

PETRUCHIO. Comment! elle est occupée? et elle ne peut venir?... Est-ce là sa réponse?

GRÉMIO. Oui; et c'est une réponse polie : priez Dieu, seigneur, que votre femme ne vous en envoie pas une pire.

PETRUCHIO. J'en espère une meilleure.

HORTENSIO. Biondello, va prier ma femme de venir me trouver à l'instant.

Biondello sort.

PETRUCHIO. Oh! oh! la prier! elle ne peut manquer de venir.

HORTENSIO. J'ai bien peur, seigneur, que, quoi que vous fassiez, les prières n'obtiennent rien de votre femme.

Rentre BIONDELLO.

HORTENSIO, *continuant.* Eh bien! où est ma femme?

BIONDELLO. Elle dit que vous voulez plaisanter; elle ne veut pas venir; elle demande que vous alliez la trouver.

PETRUCHIO. De mieux en mieux ; elle ne veut pas venir ! oh ! c'est infâme ! c'est intolérable ! cela ne se peut endurer. — Grumio, va trouver ta maîtresse ; dis-lui que je lui ordonne de venir me trouver.

Grumio sort.

HORTENSIO. Je sais d'avance sa réponse.

PETRUCHIO. Quelle est-elle ?

HORTENSIO. Qu'elle ne veut pas venir.

PETRUCHIO. Ce sera tant pis pour moi, et voilà tout.

Entre CATHARINA.

BAPTISTA. Par Notre-Dame, voilà Catharina !

CATHARINA. Quelle est votre volonté, seigneur, que vous m'envoyez chercher ?

PETRUCHIO. Où est ta sœur, ainsi que la femme d'Hortensio ?

CATHARINA. Elles causent dans le parloir, auprès du feu.

PETRUCHIO. Amène-les ici ; si elles refusent de venir, envoie-les à leurs maris à grands coups d'étrivières. Va, te dis-je, et amène-les à l'instant.

Catharina sort.

LUCENTIO. En voilà une merveille, comme il n'y en eut jamais !

HORTENSIO. Oui, certes ; que peut présager un pareil prodige ?

PETRUCHIO. Il présage la paix du ménage, l'amour, une vie tranquille, une autorité respectée, et une légitime suprématie ; en un mot, une vie douce et heureuse.

BAPTISTA. Que le bonheur soit votre partage, mon cher Petruchio ! Vous avez gagné le pari, et à la somme qu'ils ont perdue j'ajoute vingt mille écus ; c'est une nouvelle dot pour une fille nouvelle ; car elle est changée ; c'est une toute autre personne.

PETRUCHIO. Je veux gagner doublement ma gageure ; je veux vous faire voir de nouveaux témoignages de son obéissance, de sa vertu nouvelle et de sa soumission.

Rentrent CATHARINA, BIANCA et LA VEUVE.

PETRUCHIO, *continuant.* Voyez-la revenir et ramener vos rebelles moitiés vaincues par son éloquence de femme. —

Catharina, ce bonnet ne te va pas; ôte-moi ce chiffon, et jette-le sous tes pieds.

Catharina arrache son bonnet et le jette à terre.

LA VEUVE. Grand-Dieu! puissé-je n'avoir jamais un motif de chagrin, jusqu'à ce que j'aie été amenée à un tel excès de sottise!

BIANCA. Fi donc! comment qualifier une aussi sotte obéissance?

LUCENTIO. Sotte, tant que vous voudrez. Plût à Dieu que la vôtre le fût autant! la sagesse de votre obéissance, ma belle Bianca, m'a coûté ce soir cent écus.

BIANCA. Vous n'en avez été que plus fou de compter ainsi sur mon obéissance.

PETRUCHIO. Catharina, je vous charge de dire à ces femmes volontaires quels sont leurs devoirs envers leurs maris et seigneurs.

LA VEUVE. Allons, vous vous moquez; nous n'avons pas besoin de sermons.

PETRUCHIO. Fais ce que je te dis, et commence par elle.

LA VEUVE. Elle n'en fera rien.

PETRUCHIO. Elle le fera; — commence par elle.

CATHARINA. Allons! éclaircis ce front morose et menaçant; et que tes yeux ne lancent pas de dédaigneux regards qui aillent blesser ton époux, ton roi, ton maître. Ces manières flétrissent ta beauté comme la gelée l'herbe des prairies; elles détruisent ta réputation comme l'ouragan abat les tendres bourgeons; elles ne sont ni convenables ni aimables. Une femme en colère est comme une onde troublée, fangeuse, déplaisante, épaisse, et qui a perdu toute sa limpide beauté; tant qu'elle est en cet état, nul, quelque altéré qu'il soit, ne daignera l'approcher de ses lèvres et en boire une seule goutte. Ton époux est ton seigneur, ta vie, ton gardien, ton chef, ton souverain: il s'occupe de toi et de tes besoins; il se livre à de pénibles travaux sur terre et sur mer; il s'expose la nuit aux tempêtes, le jour aux rigueurs du froid, pendant que chez toi tu dors chaudement, tranquille et sans crainte. Il n'exige de toi pour tout tribut que ton amour, un visage riant, une obéissance vraie; payement bien faible d'une dette si grande. La soumission que le sujet doit au prince, la femme la doit à son mari; et quand elle est volontaire, acariâtre, morose, revêche, qu'elle n'obéit point à ses ordres légitimes, qu'est-elle autre chose qu'une créature rebelle, coupable de trahison envers son maître qui l'aime? Quelle honte que les femmes soient assez insensées pour déclarer la guerre, quand leur devoir est de demander la paix à genoux; et pour aspirer au commandement, à la domination, au pouvoir, quand elles sont nées pour servir, aimer et obéir! La nature, en nous donnant une constitution frêle et délicate, inhabile aux fatigues et aux agitations du monde, a voulu que nos mœurs et nos sentiments répondissent à la nature de notre organisation physique. Allez, allez, vers de terre impuissants et rebelles, mon caractère a été aussi impérieux que le vôtre, mon cœur aussi ambitieux; peut-être ai-je eu plus de motifs que vous de rendre parole pour parole, menace pour menace! Mais j'ai reconnu que nos lances ne sont que de chétifs brins de paille, que notre force est faible, et notre faiblesse sans égale; et que nous sommes en effet le moins ce que nous paraissons être le plus. Rabattez votre fierté; car elle ne vous servirait de rien, et placez vos mains sous les pieds de vos maris. Pour prouver au mien mon obéissance, qu'il parle, et pour peu qu'il le désire, ma main est prête.

PETRUCHIO. Voilà, j'espère, une bonne fille! — Viens, embrasse-moi, Catharina.

LUCENTIO. Va, poursuis, mon cher, tu es en bonne voie.

VINCENTIO. Cela fait du bien de voir des enfants dociles.

LUCENTIO. Mais cela fait du mal de voir des épouses volontaires.

PETRUCHIO. Viens, Catharina; nous allons nous mettre au lit. — Nous sommes trois nouveaux mariés; mais votre lot à tous deux est décidé: c'est moi qui ai gagné la gageure, (*à Lucentio*) quoique vous ayez touché le blanc[1]: en ma qualité de vainqueur, je vous donne le bonsoir.

Petruchio et Catharina sortent.

HORTENSIO. Va toujours, va; tu as mis à la raison une fière diablesse.

LUCENTIO Il est bien étonnant, permettez-moi de le dire, qu'elle se soit ainsi laissé dompter.

Ils sortent.

[1] Allusion au nom de Bianca, *Blanche*.

FIN DE LA MÉCHANTE MISE A LA RAISON.

MACBETH,

DRAME EN CINQ ACTES.

PERSONNAGES.

DUNCAN, roi d'Écosse.
MALCOLM, } ses fils.
DONALBAIN,
MACBETH, } généraux de l'armée du Roi.
BANQUO,
MACDUFF,
LÉNOX,
ROSS,
MENTETH, } seigneurs écossais.
ANGUS,
CATHNESS,
FLÉANCE, fils de Banquo.
SIWARD, comte de Northumberland, général de l'armée anglaise.
LE JEUNE SIWARD, son fils.
SEYTON, officier de la suite de Macbeth.

UN FILS DE MACDUFF.
UN MÉDECIN ANGLAIS.
UN MÉDECIN ÉCOSSAIS.
UN SOLDAT.
UN CONCIERGE.
UN VIEILLARD.
LADY MACBETH.
LADY MACDUFF.
UNE FEMME DE CHAMBRE de lady Macbeth.
HÉCATE et TROIS SORCIÈRES
Seigneurs, Dames, Officiers, Soldats, Assassins, Serviteurs et Messagers.
L'Ombre de Banquo et plusieurs autres apparitions.

La scène, à la fin du quatrième acte, est en Angleterre; durant le reste de la pièce, elle est en Ecosse, et principalement au château de Macbeth.

ACTE PREMIER.

SCÈNE I.

Une plaine.—L'éclair brille, le tonnerre gronde.

Arrivent TROIS SORCIÈRES.

PREMIÈRE SORCIÈRE. Quand nous réunirons-nous de nouveau toutes les trois au milieu du tonnerre, des éclairs ou de la pluie?

DEUXIÈME SORCIÈRE. Quand le tintamarre sera fini, quand la bataille sera gagnée et perdue.

TROISIÈME SORCIÈRE. Ce sera avant le coucher du soleil.

PREMIÈRE SORCIÈRE. En quel endroit?

DEUXIÈME SORCIÈRE. Sur la bruyère.

TROISIÈME SORCIÈRE. Là, nous nous trouverons sur le passage de Macbeth.

On entend le miaulement d'un chat.

PREMIÈRE SORCIÈRE. J'y vais, Grippeminaude.

On entend le coassement d'un corbeau.

TOUTES TROIS. Crappaudine nous appelle ; — on y va. — Le beau est horrible, l'horrible est beau : planons à travers les brouillards, et dans l'air impur.

Les sorcières disparaissent.

SCÈNE II.

Un camp près Forès.—On entend le bruit d'un combat.

Arrivent, d'un côté, DUNCAN, MALCOLM, DONALBAIN, LÉNOX et leur suite; de l'autre, UN SOLDAT blessé.

DUNCAN. Quel est cet homme tout couvert de sang? A en juger par l'état où il est, il peut nous donner des nouvelles fraîches des révoltés.

MALCOLM. C'est le sergent qui, en guerrier loyal et intrépide, a empêché par son courage qu'on ne me fît prisonnier. — Salut, vaillant ami ; dis au roi où en étaient les affaires des rebelles au moment où tu as quitté le champ de bataille.

LE SOLDAT. L'issue de la lutte était incertaine. Les deux partis ressemblaient à deux nageurs épuisés, qui se cramponnent l'un à l'autre, et annullent réciproquement leur vigueur. L'impitoyable Macdonwald, — bien digne d'être un rebelle, tant la nature en lui a entassé de vices, — avait reçu des îles de l'Ouest un renfort d'infanterie légère et de troupes pesamment armées ; et déjà la Fortune, souriant à sa cause maudite, semblait se prostituer aux désirs d'un rebelle ; mais tous ces obstacles étaient impuissants ; car le brave Macbeth, — il a bien mérité ce nom, — méprisant la Fortune, et brandissant son épée toute fumante de carnage, en véritable fils de la valeur, s'est frayé un sanglant passage jusqu'à ce misérable ; là, il ne lui a pris la main, et ne l'a salué, qu'après lui avoir fendu la tête du crâne à la mâchoire, et avoir planté cette tête sur nos créneaux.

DUNCAN. O vaillant cousin ! digne guerrier !

LE SOLDAT. Souvent c'est du point du ciel où le soleil se lève que naissent la foudre et les tempêtes ; c'est ainsi que le péril est venu pour nous de la victoire même qui semblait nous promettre une source de joie. Écoutez, roi d'Écosse, écoutez : à peine la justice, armée de la valeur, avait forcé les rebelles à chercher leur salut dans la fuite, que, mettant l'occasion à profit, le chef des Norvégiens, avec des armes fraîchement fourbies et de nouveaux renforts, a recommencé l'attaque.

DUNCAN. Cette circonstance n'a-t-elle pas déconcerté nos généraux Macbeth et Banquo ?

LE SOLDAT. Oui, comme le passereau fait peur à l'aigle, ou le lièvre au lion ; à vrai dire, on peut les comparer à des canons portant une double charge, tant ils ont frappé l'ennemi à coups redoublés ; ont eût dit qu'ils voulaient prendre un bain de sang, ou immortaliser un nouveau Golgotha : — mais je me sens défaillir, mes blessures ont besoin d'être pansées.

DUNCAN. Ton langage te sied aussi bien que tes blessures. — Allez ; qu'on le confie aux soins d'un chirurgien.

Le Soldat s'éloigne accompagné.

Arrive ROSS.

DUNCAN, *continuant.* Qui vient ici ?

MALCOLM. Le vaillant thane de Ross.

LENOX. Quel empressement se peint dans ses regards ! c'est bien là l'air d'un homme qui vient annoncer des nouvelles importantes.

ROSS. Dieu sauve le roi !

DUNCAN. D'où viens-tu, brave thane ?

ROSS. De Fife, grand roi, où les bannières de Norvège se déroulaient fièrement dans l'air, et où leur vue glaçait d'effroi le cœur de nos soldats. Le prince de Norvège en personne, accompagné d'une armée formidable, et secondé par le plus déloyal des traîtres, le thane de Cawdor, avait engagé contre nous une lutte fatale, quand notre fiancé de Bellone, couvert de son impénétrable armure, est accouru, et l'attaquant face à face, glaive contre glaive, bras contre bras, a courbé devant lui l'audace du rebelle : pour conclure, la victoire nous est restée ; —

DUNCAN. O bonheur !

ROSS. Si bien que Swéno, roi de Norvège, a demandé à traiter, et nous ne lui avons accordé la faveur d'enterrer ses morts qu'après lui avoir fait débourser à Saint-Colmes dix mille dollars au profit de l'armée.

DUNCAN. Ce thane de Cawdor ne trahira plus notre cause et nos intérêts. — Allez, qu'on prononce à l'instant son arrêt de mort, et qu'on transporte son titre à Macbeth.

ROSS. Je veillerai à ce que cela se fasse.

DUNCAN. Ce qu'il a perdu, le noble Macbeth l'a gagné.

Ils s'éloignent.

SCÈNE III.

Une bruyère. — Le tonnerre gronde.

Arrivent TROIS SORCIÈRES.

PREMIÈRE SORCIÈRE. D'où viens-tu, ma sœur?

DEUXIÈME SORCIÈRE. De tuer des pourceaux.

TROISIÈME SORCIÈRE. Et toi, ma sœur?

PREMIÈRE SORCIÈRE. La femme d'un marin avait dans son giron des châtaignes qu'elle mâchait, mâchait, mâchait. — « Donne-m'en, lui dis-je. — Va-t'en, sorcière, » s'est écriée la coquine. Son mari est parti pour Alep, comme patron du *Tigre;* mais je vais à sa poursuite m'embarquer dans un crible, et comme un rat sans queue, je sais bien, je sais bien ce que je ferai.

DEUXIÈME SORCIÈRE. Je te donnerai un vent.

PREMIÈRE SORCIÈRE. Tu es bien bonne.

TROISIÈME SORCIÈRE. Moi un autre.

PREMIÈRE SORCIÈRE. Tous les autres m'appartiennent, ainsi que les ports où ils soufflent et tous les points marqués sur la carte marine. Je veux le rendre sec comme du foin ; ni nuit ni jour le sommeil ne fermera sa paupière ; son existence sera celle d'un excommunié. Pendant neuf fois neuf semaines, je le verrai maigrir, se consumer et languir ; son navire, que je ne puis submerger, sera du moins sans relâche battu de la tempête. Regardez ce que je tiens.

DEUXIÈME SORCIÈRE. Voyons, voyons.

PREMIÈRE SORCIÈRE. C'est le pouce d'un pilote naufragé à son retour dans sa patrie.

On entend un bruit de tambours

TROISIÈME SORCIÈRE. Le tambour! le tambour! Macbeth s'approche.

TOUTES TROIS, *se prenant par la main et dansant en rond.*

Les prophétiques sœurs, se tenant par la main,
Ainsi se mettent en chemin,

ACTE I, SCÈNE III.

Et vont, sur la terre et sur l'onde,
Promener leur magique ronde.
Trois pour toi, trois pour moi, trois encor : c'est fini ;
En voilà neuf ; le charme est accompli.

Arrivent MACBETH et BANQUO.

MACBETH. Je n'ai jamais vu un jour si affreux et si beau tout ensemble.

BANQUO. Combien y a-t-il d'ici à Forès ? — Quelles sont ces créatures décharnées dont l'accoutrement est si bizarre ? elles ne ressemblent point aux habitants de la terre, quoiqu'elles soient sur la terre. — Êtes-vous en vie ? êtes-vous des êtres que l'homme puisse interroger ? On dirait que vous me comprenez, à voir chacune de vous placer son doigt osseux sur ses lèvres flétries. — Je vous prendrais pour des femmes, si vos barbes ne me défendaient de le croire.

MACBETH. Parlez, si vous le pouvez. Qui êtes-vous ?

PREMIÈRE SORCIÈRE. Salut, Macbeth ! salut, thane de Glamis !

DEUXIÈME SORCIÈRE. Salut, Macbeth ! salut, thane de Cawdor ?

TROISIÈME SORCIÈRE. Salut, Macbeth ! un jour tu seras roi!

BANQUO, *à Macbeth.* Seigneur, pourquoi vous vois-je tressaillir ? Pourquoi paraissez-vous redouter les paroles qui sonnent si agréablement à l'oreille ? — (*Aux Sorcières.*) Au nom de la vérité, n'êtes-vous qu'un produit de l'imagination, ou êtes-vous en effet ce que vous semblez être ? Vous saluez mon noble compagnon de titres flatteurs, de magnifiques prédictions et de royales espérances, au point de jeter son esprit dans une ravissante extase ; mais moi, vous ne me parlez pas. Si les germes de ce que couve l'avenir se dévoilent à vos regards ; si vous pouvez dire quel grain croîtra et quel ne croîtra pas, parlez-moi donc, moi qui n'implore ni ne redoute vos faveurs ni votre haine.

PREMIÈRE SORCIÈRE. Salut !

DEUXIÈME SORCIÈRE. Salut !

TROISIÈME SORCIÈRE. Salut !

PREMIÈRE SORCIÈRE. Inférieur à Macbeth, et néanmoins plus grand que lui !

DEUXIÈME SORCIÈRE. Moins heureux, et cependant beaucoup plus heureux !

TROISIÈME SORCIÈRE. Tu donneras le jour à des rois sans être roi toi-même. Salut donc, Macbeth et Banquo !

PREMIÈRE SORCIÈRE. Banquo et Macbeth, salut !

MACBETH. Demeurez, oracles obscurs ; dites-m'en davantage : je sais que, par la mort de Sinel [1], je suis thane de Glamis ; mais comment puis-je être thane de Cawdor ? Le thane de Cawdor est vivant et prospère ; quant à devenir roi, la chose est tout aussi improbable. Dites-moi d'où vous tenez ces choses étranges, et pourquoi, m'abordant sur cette aride bruyère, vous me saluez de ces acclamations prophétiques ? Parlez, je vous l'ordonne.

Les Sorcières disparaissent.

BANQUO. La terre a comme l'eau ses bulles d'air, et tels sont les objets que nous venons de voir. Où se sont ils évanouis ?

MACBETH. Dans l'air ; et ce que nous avions pris pour une substance corporelle s'est mêlé au souffle des vents. Que ne sont-elles restées !

BANQUO. Les créatures dont nous parlons étaient-elles réellement ici tout à l'heure, ou avons-nous mangé de la racine qui trouble la raison et la retient captive ?

MACBETH. Vos enfants seront rois.

BANQUO. Vous serez roi vous-même.

MACBETH. Et thane de Cawdor ; n'est-ce pas là ce qu'elles ont dit ?

BANQUO. Précisément. — Qui vient à nous ?

Arrivent ROSS *et* ANGUS.

ROSS. Macbeth, le roi a reçu avec joie la nouvelle de tes succès, et après avoir lu le récit de tes exploits personnels dans la bataille livrée aux rebelles, il ne sait ce qui doit l'emporter chez lui, de l'étonnement ou de l'admiration. Muet de surprise, jetant les yeux sur les autres événements de la même journée, il te voit dans les rangs des Norvégiens intrépides, contemplant sans effroi le carnage terrible, ouvrage de ton bras. Avec la rapidité de la parole, les courriers se succèdent, et chacun d'eux exaltant tes services dans la défense de son royaume, apporte ton éloge, et le dépose à ses pieds.

ANGUS. Nous venons te présenter les remercîments de notre

---

[1] Sinel était le père de Macbeth.

ACTE I, SCENE III.

royal maître ; nous sommes chargés de te conduire en sa présence, mais non de te récompenser.

ROSS. Et pour préluder à des honneurs plus grands, il m'a chargé de te saluer thane de Cawdor ; permets-moi donc, vaillant thane, de te saluer sous ce nouveau titre ; car il t'appartient.

BANQUO. Quoi donc ? se peut-il que le diable dise vrai ?

MACBETH. Le thane de Cawdor est vivant ; pourquoi me parez-vous des vêtements d'un autre ?

ANGUS. Il est vrai ; celui qui fut thane de Cawdor vit encore ; mais cette vie qu'il a mérité de perdre est sous le poids d'un jugement fatal. Soit qu'il ait fait cause commune avec les Norvégiens, soit qu'il ait appuyé secrètement les efforts des rebelles, soit qu'il ait, de concert avec ces deux ennemis, travaillé à la ruine de son pays, je ne sais, mais le crime de trahison au premier chef ayant été prouvé contre lui, et lui-même en ayant fait l'aveu, il est perdu sans ressource.

MACBETH, *à part.* Thane de Glamis, et thane de Cawdor ; le titre le plus imposant est encore à venir. — (*A Ross et à Angus.*) Recevez mes remercîments. — (*A Banquo.*) N'espérez-vous pas que vos fils seront rois, puisque celles qui m'ont annoncé que je serais thane de Cawdor leur ont promis la royauté ?

BANQUO. Une foi trop implicite à leurs prédictions pourrait vous faire élever vos vues au delà du thanat de Cawdor et jusqu'à la couronne. Il y a là quelque chose d'étrange ; souvent, pour nous conduire à notre perte, les esprits de ténèbres nous disent des vérités ; ils nous amorcent par des succès secondaires, mais irréprochables, pour nous entraîner ensuite aux plus funestes conséquences. — (*A Ross et à Angus.*) Cousins, un mot, je vous prie.

Ils s'entretiennent à part.

MACBETH, *à part.* Deux prédictions se sont réalisées, prologues fortunés d'un drame dont l'intérêt croîtra de scène en scène, et dont la royauté sera le dénoûment. — (*A Ross et à Angus.*) *Je vous remercie, seigneurs.* — (*A part.*) Cet avertissement surnaturel ne saurait être mauvais, ne saurait être bon. S'il est mauvais, comment se fait-il qu'il m'ait donné par avance un gage de sa réalisation, en débutant par une vérité ? Je suis thane de Cawdor. S'il est bon, pourquoi cédé-je à une tentation dont l'horrible image fait dresser mes cheveux et battre mon cœur contre ses parois avec une violence qui n'est pas naturelle? La présence de l'objet qu'on redoute est moins effrayante que les créations horribles de l'imagination. Ma pensée, où le meurtre n'est encore qu'à l'état de fantôme, ébranle à tel point mes facultés, que toutes leurs fonctions sont comme enchaînées par les pressentiments, et que pour moi le présent est nul, l'avenir seul existe.

BANQUO. Voyez dans quelle extase est plongé notre collègue.

MACBETH. Si le hasard veut faire de moi un roi, le hasard peut me couronner sans que je m'en mêle.

BANQUO. Ces nouveaux honneurs sont pour lui comme des habits neufs qu'il faut avoir portés quelque temps pour qu'ils s'ajustent à la taille.

MACBETH. Advienne que pourra; dans les jours les plus sombres, le temps marche, et les heures s'écoulent.

BANQUO. Noble Macbeth, nous sommes à vos ordres.

MACBETH. Veuillez m'excuser : — je cherchais dans mon cerveau brouillé des souvenirs effacés. Mes dignes seigneurs, vos services sont consignés dans un registre dont chaque jour je tournerai les feuillets pour les lire. Allons trouver le roi. — (*A Banquo.*) Pensez à ce qui est arrivé; après avoir mûrement réfléchi, dans un moment plus opportun nous en reparlerons à cœur ouvert.

BANQUO. Très-volontiers.

MACBETH. Jusque-là, c'est assez. — Venez, mes amis.

Ils s'éloignent.

SCÈNE IV.

Forès. — Un appartement du palais.

Entrent DUNCAN, MALCOLM, DONALBAIN, LÉNOX, et leur suite.

DUNCAN. Cawdor est-il exécuté? Ceux que j'avais chargés de ce soin sont-ils de retour?

MALCOLM. Pas encore, mon souverain; mais j'ai parlé à quelqu'un qui l'a vu mourir; si j'en crois son rapport, il a franchement avoué son crime, imploré le pardon de votre majesté, et manifesté un profond repentir. Le plus beau moment de sa vie a été celui où il a pris congé d'elle. Il est mort en homme préparé à mourir et renonçant au plus précieux des biens comme à une chose futile et sans valeur.

DUNCAN. Il n'y a plus moyen de juger des sentiments de l'âme par les traits du visage. C'était un homme en qui j'avais placé une confiance absolue.

Entrent MACBETH, BANQUO, ROSS et ANGUS.

DUNCAN, *continuant*. O mon digne cousin! le sentiment de mon ingratitude commençait à peser sur moi. Tu nous as devancés de si loin, que la récompense la plus rapide a les ailes trop lentes pour t'atteindre. Que n'as-tu mérité moins! je pourrais plus aisément alors proportionner à tes services mes remercîments et ta récompense. Pour tout dire en un mot, ce que je te dois, rien au monde ne saurait l'acquitter.

MACBETH. L'obéissance et la fidélité que je vous rends trouvent en elles-mêmes leur récompense. Le rôle de votre majesté est de nous commander; nous sommes pour votre trône et pour l'état des enfants et des serviteurs qui ne font que leur devoir lorsqu'ils se dévouent pour vous plaire et servir votre gloire.

DUNCAN. Sois le bienvenu, bel arbre que j'ai planté, et que je veux travailler à faire croître et grandir. — Noble Banquo, tu n'as pas moins mérité, et je veux qu'on le sache; laisse-moi t'embrasser et te presser sur mon cœur.

BANQUO. Si sur ce terrain-là je prends racine, c'est pour vous que sera la récolte.

DUNCAN. Ma joie, que mon cœur ne peut plus contenir, cherche à s'épancher par des larmes. Mes fils, princes du sang, thanes valeureux, et vous, qui siégez sur les degrés du trône, nous vous faisons savoir que notre intention est de proclamer pour notre successeur [1] notre fils aîné, qui prendra désormais le titre de prince de Cumberland. Ces honneurs ne seront pas les seuls que nous décernerons; des marques de distinction brilleront comme autant d'étoiles sur tous ceux qui s'en sont rendus dignes. — (*A Macbeth.*) Nous allons maintenant à Inverness resserrer les liens qui nous unissent à toi.

MACBETH. Le temps que je passe sans vous servir est pour moi non un repos, mais une fatigue : je vais moi-même vous

---

[1] Dans les premiers temps, la couronne d'Écosse n'était pas héréditaire. Le successeur désigné du vivant du roi prenait le titre de prince de Cumberland. Le roi d'Écosse possédait le Cumberland à titre de fief, relevant de la couronne d'Angleterre.

annoncer, et porter à ma femme l'heureuse nouvelle de votre approche. Je prends humblement congé de vous.

DUNCAN. Mon digne Cawdor !

Il s'entretient à voix basse avec Banquo.

MACBETH, *à part.* Prince de Cumberland ! — Voilà sur mon chemin un obstacle que je dois franchir, sous peine de tomber. Etoiles, cachez vos feux : que la lumière n'éclaire pas mes ténébreux désirs : que l'œil ne voie pas ce que fera la main ; et cependant qu'elle s'accomplisse l'œuvre qu'une fois terminée l'œil frémirait de voir !

Il sort.

DUNCAN. Tu dis vrai, digne Banquo ; il est plein de vaillance ; son éloge est pour moi un aliment, un banquet véritable. Suivons-le ; il a voulu nous précéder pour nous préparer un meilleur accueil. C'est un mortel sans égal.

Fanfares. Ils sortent.

SCÈNE V.

Inverness. — Un appartement dans le château de Macbeth.

Entre **LADY MACBETH,** lisant une lettre.

LADY MACBETH. « Je les ai rencontrées le jour de ma vic-
» toire, et j'ai appris, par des témoignages dignes de foi, qu'elles
» possèdent une science plus qu'humaine. Au moment où je
» brûlais de les interroger encore, elles se sont évaporées et
» ont disparu dans l'air. J'étais encore immobile d'étonnement,
» quand sont arrivés des envoyés du roi, qui m'ont donné le
» titre de thane de Cawdor ; les sœurs prophétiques m'avaient
» déjà salué de ce titre, et me référant à l'avenir, elles avaient
» ajouté : *Salut, toi qui seras roi !* J'ai jugé à propos de te
» mander ces choses, bien aimée compagne de ma grandeur,
» afin de ne pas te frustrer de ta part dans ma joie, en te lais-
» sant ignorer les hautes destinées qui t'attendent. Renferme
» ceci dans ton cœur ; adieu. »

Tu es thane de Glamis et de Cawdor ; et tu seras ce qu'on t'a prédit. Mais je me défie de ta nature ; elle est trop imprégnée du lait de l'humaine bonté, pour prendre la voie la plus courte. Tu convoites les grandeurs ; tu n'es pas sans ambition, mais tu la veux sans les peines qui l'accompagnent. Le but que tu te proposes est élevé, mais tu veux y parvenir par des moyens innocents ; tu ne veux pas jouer un jeu déloyal, et pourtant tu t'accommoderais d'un gain illégitime. Noble Glamis, tu aspires à posséder un bien qui te crie : « Voici ce que tu dois faire pour m'obtenir ; » et cette action-là, tu crains de la faire, bien plus que tu ne désires qu'elle ne soit point faite. Viens donc, viens, que je verse dans ton oreille une courageuse ardeur, et que ma langue hardie, châtiant ta faiblesse, écarte les scrupules qui t'empêchent de saisir le cercle d'or dont les destins et une assistance surnaturelle semblent vouloir couronner ton front.

Entre UN SERVITEUR.

LADY MACBETH, *continuant.* Quelles nouvelles m'apportes-tu ?

LE SERVITEUR. Le roi arrive ici ce soir.

LADY MACBETH. Il faut que tu aies perdu la tête, pour parler ainsi. Ton maître n'est-il pas avec lui ? si ce que tu dis était vrai, il m'en aurait informée, pour que je pusse faire mes préparatifs.

LE SERVITEUR. Avec votre permission, la chose est certaine ; notre thane approche ; un de nos camarades, qui l'a devancé, est arrivé hors d'haleine, et c'est à peine s'il lui en restait assez pour délivrer son message.

LADY MACBETH. Qu'on prenne soin de lui ; il apporte de grandes nouvelles.

Le serviteur sort.

LADY MACBETH, *seule, continuant.* Il est lui-même hors d'haleine et enroué le corbeau qui annonce par ses croassements la fatale entrée de Duncan dans l'enceinte de mes créneaux. Venez, esprits qui présidez aux pensées homicides ; dépouillez-moi de mon sexe et remplissez-moi de la tête aux pieds de la plus inflexible cruauté ! Epaississez mon sang ; fermez dans mon cœur tout accès, tout passage à la pitié ; faites qu'aucune faiblesse de la nature ne vienne ébranler ma terrible résolution et en paralyser les effets. Venez dans mes mamelles de femme transformer mon lait en fiel ; venez, génies du meurtre, en quelque lieu que votre présence invisible préside à l'exécution du mal. Viens, nuit sombre, et enveloppe-toi des plus noires vapeurs de l'enfer ; de peur que mon poignard acéré ne voie la blessure qu'il va faire, et que le ciel, perçant l'épaisseur de tes ombres, ne vienne à me crier : Arrête ! arrête !

Entre MACBETH.

LADY MACBETH, *continuant.* Noble Glamis ! Illustre Cawdor !

toi, qu'un titre plus grand attend encore! tes lettres m'ont transportée par delà les étroites limites de l'actuel, et pour moi l'avenir est devenu le présent.

MACBETH. Ma bien-aimée, Duncan arrive ici ce soir.

LADY MACBETH. Et quand partira-t-il?

MACBETH. Demain ; c'est son projet, du moins.

LADY MACBETH. Ah! jamais le soleil ne verra ce demain! Ton visage, mon seigneur, est un livre où l'on peut lire d'étranges choses. Pour en imposer au monde, il faut lui ressembler; que tes regards, ton geste, ton langage, respirent un caressant accueil. Parais à tous les yeux comme la fleur innocente; mais sois le serpent qu'elle recèle. Pour recevoir notre hôte, prenons nos mesures ; abandonne à mes soins l'œuvre de cette nuit, qui, pour toute la durée des nuits et des jours qui vont suivre, doit nous assurer l'exclusive possession de la souveraineté et de la puissance.

MACBETH. Nous reparlerons de cela.

LADY MACBETH. En attendant, montre un front serein; il est toujours dangereux de laisser parler son visage. Je me charge de tout le reste.

Ils sortent.

SCÈNE VI.

Devant le château.—Symphonie de hautbois; les serviteurs de Macbeth sont debout et découverts, attendant des ordres.

Arrivent DUNCAN, MALCOLM, DONALBAIN, BANQUO, LÉNOX, MACDUFF, ROSS, ANGUS, *et leur suite.*

DUNCAN. J'aime la situation de ce château ; on y respire un air suave et pur.

BANQUO. Cet hôte de l'été, l'hirondelle qui hante les saints édifices, montre, en fixant ici son habitation chérie, que l'haleine du ciel y souffle avec amour : pas de saillie, de frise, d'arc-boutant, de coin propice, où elle n'ait suspendu son nid et son berceau fécond ; j'ai toujours remarqué qu'aux lieux où cet oiseau habite et se multiplie on jouit d'un air pur.

Arrive LADY MACBETH.

DUNCAN. Voici notre honorable hôtesse ! — L'affection qui s'attache à nos pas est parfois importune, et néanmoins nous en sommes reconnaissants, parce que c'est de l'affection. C'est vous dire que vous devez prier Dieu de nous récompenser de vos peines, et nous remercier des embarras que nous vous donnons.

LADY MACBETH. Tous nos services, fussent-ils doublés et quadruplés, ne seraient encore qu'un bien faible retour pour les immenses honneurs dont votre majesté comble notre maison. Pour vos anciennes faveurs, et pour les dignités nouvelles que vous y avez récemment ajoutées, nous restons vos humbles obligés.

DUNCAN. Où est le thane de Cawdor! Nous l'avons suivi de près, et nous nous proposions de préparer ses logements; mais il est bon cavalier; et aiguillonné par l'affection qu'il nous porte, il est arrivé avant nous. Belle et noble châtelaine, nous serons votre hôte cette nuit.

LADY MACBETH. Nous et tous ceux qui nous appartiennent, nous tenons nos vies et nos fortunes à la disposition de votre majesté, et nous sommes prêts, au premier ordre, à vous en rendre compte, comme d'un bien qui est à vous.

DUNCAN. Donnez-moi votre main, et conduisez-nous vers notre hôte; notre amitié pour lui est grande, et nous lui continuerons nos bonnes grâces. Voulez-vous permettre, aimable hôtesse?

Ils sortent.

SCÈNE VII.

Un appartement du château.—Une symphonie de hautbois se fait entendre; des flambeaux sont allumés.

On voit passer et repasser un Maître d'hôtel et plusieurs Serviteurs occupés à servir et portant des plats. Puis entre MACBETH.

MACBETH. Si, la chose une fois faite, tout était fini, le plus tôt serait le mieux. Si l'assassinat ne devait être suivi d'aucune conséquence, et que l'exécution assurât le succès; si après avoir frappé le coup tout devait se terminer là ici-bas, de ce côté du fleuve de l'éternité, — je ferais bon marché de la vie à venir. — Mais c'est là l'un de ces actes qui, dès cette vie, entraînent avec eux leur châtiment; la leçon sanglante que nous avons donnée nous est rendue, et retombe sur son auteur; une justice inexorable reporte à nos lèvres la coupe empoisonnée par nous. — Il est ici sous une double sauvegarde: je suis son parent et son sujet, deux raisons puissantes qui s'opposent à ce crime; puis, je suis son hôte, et à ce titre, non-seulement je ne dois pas lever le poignard contre lui, mais mon devoir est de fermer la porte contre son meurtrier. D'ailleurs ce Duncan a mis tant de douceur dans son gouvernement, il a exercé d'une manière tellement irréprochable ses hautes fonctions, que pareilles à des anges, frappant l'air de leurs trompettes sonores, ses Vertus iront soulever l'indignation contre les abominables auteurs de son assassinat : et la Pitié, semblable à l'âme d'un enfant nouveau-né, portée sur l'aile des autans, ou à ces chérubins du ciel montés sur les invisibles coursiers de l'air, exposera à tous les yeux cet horrible attentat, au point d'abattre le vent sous une pluie de larmes. Je n'ai pour m'animer à l'exécution de mon projet d'autre aiguillon qu'une ambition démesurée qui, dans son impétueux élan, dépasse son but, et retombe sur autrui.

Entre LADY MACBETH.

MACBETH, *continuant.* Eh bien ! quelles nouvelles ?

LADY MACBETH. Il a presque fini de souper.—Pourquoi as-tu quitté la salle ?

MACBETH. M'a-t-il demandé ?

LADY MACBETH. Est-ce que tu ne le sais pas ?

MACBETH. Nous n'irons pas plus loin dans cette affaire. Il m'a récemment conféré de nouveaux honneurs; et je me suis concilié l'estime universelle; c'est un vêtement brillant dont je ne dois pas me dépouiller si vite, et qu'il convient de porter quelque temps dans sa fraîcheur.

LADY MACBETH. Était-elle donc ivre l'espérance que tu avais embrassée ? A-t-elle dormi depuis, et s'éveille-t-elle maintenant blême et pâle à l'aspect du projet qu'elle avait si résolument conçu ? A dater de ce moment, je n'ai pas meilleure opinion de ton amour. As-tu peur de mettre tes actes et ton courage en harmonie avec tes désirs ? Voudrais-tu posséder ce que tu regardes comme l'ornement de la vie, et néanmoins n'être qu'un lâche dans ta propre estime, poussé par le désir et retenu par la crainte, comme le pauvre chat du proverbe [1] ?

MACBETH. Paix, je t'en prie. J'ai le courage de faire tout ce qui sied à un homme; qui ose davantage n'en est pas un.

LADY MACBETH. Quelle stupidité t'a donc porté à me confier ce projet ? Quand tu as eu ce courage, tu étais homme, et

---

[1] Il s'agit ici du vieil adage : Le chat aime le poisson, mais il craint de se mouiller les pieds. *amat pisces, sed non vult tingere plantas.*

en devenant plus que tu n'étais, tu n'en serais que plus homme? Ni l'occasion ni le lieu ne te favorisaient alors, et pourtant tu te faisais fort de les créer tous deux : ils viennent maintenant s'offrir d'eux-mêmes, et devant leur concours ta résolution fléchit. J'ai allaité, et je sais quelle est la tendresse d'une mère pour le nourrisson suspendu à son sein : eh bien ! au moment même où je verrais mon enfant me sourire, j'arracherais ma mamelle de ses molles gencives, et je lui briserais le crâne, si je l'avais juré, comme tu as juré, toi, d'exécuter ceci.

MACBETH. Si nous venions à échouer? —

LADY MACBETH. Nous, échouer ! Raffermis seulement ton courage, et nous n'échouerons pas. Aussitôt que, cédant à la fatigue du voyage, Duncan dormira d'un profond sommeil, j'aurai soin d'enivrer si bien de vin et d'hydromel ses deux chambellans, que chez eux la mémoire, cette sentinelle du cerveau, ne sera plus qu'une fumée, et le siége de la raison, qu'un alambic. Lorsque, ainsi noyés dans la boisson, ils seront plongés dans un assoupissement voisin de la mort, que ne pouvons-nous pas exécuter, toi et moi, sur Duncan sans défense? Qui nous empêche de laisser sur ses officiers pleins de vin des marques qui les signalent comme les auteurs du meurtre?

MACBETH. Ne donne le jour qu'à des enfants mâles! car la trempe de ta nature intrépide ne doit former que des hommes. Quand nous aurons imprimé des marques de sang sur ces deux chambellans, et que nous nous serons servis de leurs poignards, qui ne croira que ce meurtre est leur ouvrage?

MACBETH. Qui osera croire le contraire quand nous ferons retentir sur sa mort nos clameurs douloureuses?

MACBETH. Me voilà décidé, et pour ce terrible exploit je vais tendre tous les ressorts de mon énergie corporelle. Allons, composons-nous un visage serein ; des dehors imposteurs doivent couvrir les secrets d'un cœur faux.

Ils sortent.

ACTE DEUXIÈME.

SCÈNE I.

Une cour intérieure du château.

Arrivent BANQUO *et* FLÉANCE, *précédés d'un Serviteur qui porte un flambeau.*

BANQUO. Quelle heure est-il, mon enfant?

FLÉANCE. La lune est couchée; je n'ai pas entendu l'horloge.

BANQUO. La lune se couche à minuit.

FLÉANCE. Je crois qu'il est plus tard que cela.

BANQUO. Tiens, prends mon épée. — Le ciel se montre économe; tous ses flambeaux sont éteints. — Prends encore ceci. — Le besoin de dormir pèse sur moi comme du plomb; et cependant je ne voudrais pas me livrer au sommeil. Puissances miséricordieuses! réprimez en moi les pensées maudites auxquelles la nature se laisse aller dans les bras du repos!

Arrivent MACBETH *et un Serviteur qui porte un flambeau.*

BANQUO, *continuant, à Fléance.* Donne-moi mon épée. — *(A Macbeth.)* Qui va là?

MACBETH. Un ami.

BANQUO. Eh quoi! seigneur, vous ne reposez pas encore? Le roi est couché. Il a été d'une gaieté peu commune, et a largement récompensé le zèle de vos gens. Il envoie ce diamant à votre femme, en la saluant du nom de très-aimable hôtesse; et il s'est retiré satisfait au delà de toute expression.

MACBETH. N'étant point préparés à cette visite, notre bon vouloir, qui sans cela se serait déployé en toute liberté, s'est trouvé un peu restreint et paralysé.

BANQUO. Tout s'est parfaitement passé. La nuit dernière, j'ai rêvé des trois sœurs prophétiques; leurs prédictions se sont déjà réalisées en partie, à votre égard.

MACBETH. Je n'y pense plus; néanmoins, quand nous pourrons disposer d'une heure, si vous y consentez, nous en causerons ensemble.

BANQUO. Quand il vous plaira.

MACBETH. Si vous entrez dans mes vues, quand le moment sera venu, il en rejaillira sur vous de l'honneur.

BANQUO. Pourvu que je ne perde rien de mon honneur en cherchant à l'augmenter, que je conserve ma conscience pure et ma foi intacte, je suivrai vos conseils.

MACBETH. Bonne nuit, en attendant !

BANQUO. Merci, seigneur. Je vous en souhaite autant.

Banquo, Fléance et un des deux Serviteurs s'éloignent.

MACBETH, *au deuxième Serviteur.* Va dire à ta maîtresse de donner un coup de cloche quand ma boisson sera prête. Va te mettre au lit.

Le Serviteur sort.

MACBETH, *continuant.* Est-ce un poignard que je vois là devant moi, la garde tournée vers ma main ? Viens, que je te saisisse. — Tu m'échappes, et cependant je te vois toujours. Fatale vision, n'es-tu pas sensible au toucher comme à la vue ? ou n'es-tu qu'un poignard imaginaire, que le produit mensonger d'un cerveau en délire ? Je continue à te voir sous une forme aussi palpable que celui qu'en ce moment je tire du fourreau. Tu marches devant moi dans la direction que j'allais prendre ; et c'est justement là l'instrument dont j'allais me servir. Ou mes yeux sont les dupes de mes autres sens, ou à eux seuls ils les valent tous : je te vois encore, et maintenant sur ta lame et ta poignée il y a des gouttes de sang qui n'y étaient pas tout à l'heure. — Rien de tout cela n'existe : c'est mon projet sanguinaire qui fascine ainsi ma vue. En ce moment, sur une moitié de ce globe terrestre, la nature semble morte, et des rêves coupables abusent le mortel sur sa couche endormi. Voici l'heure où les sorcières offrent à la pâle Hécate leurs nocturnes offrandes ; voici l'heure où le meurtre décharné, au signal que lui donne le loup, sa sentinelle, dont les hurlements lui servent d'horloge, s'avance à pas silencieux, tel qu'autrefois le ravisseur Tarquin, et se glisse comme une ombre vers sa proie. O toi, terre solide et ferme, n'entends point le bruit de mes pas, ignore le chemin qu'ils prennent, de peur que tes pierres indiscrètes ne disent où je vais, et n'enlèvent à la nuit la silencieuse horreur qui lui sied si bien en ce moment. Mais tandis que je menace, il vit ; quand on est dans la chaleur de l'action, les paroles ne font que la refroidir. (*On entend le son d'une cloche.*) Allons accomplir notre œuvre ;

la cloche me donne le signal. Ne l'entends pas, Duncan ; c'est le glas qui t'appelle au ciel ou en enfer.

Il s'éloigne.

SCÈNE II.

Même lieu.

Arrive LADY MACBETH.

LADY MACBETH. Ce qui les a rendus ivres m'a rendue courageuse ; ce qui les a assoupis m'a électrisée. — Écoutons ! — Silence ! c'est le cri du hibou, lugubre veilleur qui donne un funèbre bonsoir. — Il est à l'œuvre : les portes sont ouvertes ; et les domestiques, gorgés de vin, ronflent au lieu de veiller. J'ai drogué leurs breuvages, au point qu'on ne saurait dire s'ils sont vivants ou morts.

MACBETH, *de l'intérieur.* Qui est là ? — Holà !

LADY MACBETH. Hélas ! je tremble qu'ils ne se soient éveillés et que rien ne soit fait. Ce coup manqué nous perdrait. — Écoutons ! — J'avais disposé leurs poignards ; il a dû les trouver. — Si dans son sommeil il n'avait pas ressemblé à mon père, j'aurais fait le coup.

Arrive MACBETH.

LADY MACBETH, *continuant.* Mon époux ?

MACBETH. L'affaire est faite. N'as-tu pas entendu du bruit ?

LADY MACBETH. J'ai entendu le cri de la chouette et le chant du grillon. N'as-tu pas parlé ?

MACBETH. Quand ?

LADY MACBETH. A l'instant même.

MACBETH. Au moment où je descendais ?

LADY MACBETH. Oui.

MACBETH. Écoute ! — Qui couche dans la seconde chambre ?

LADY MACBETH. Donalbain.

MACBETH, *regardant ses mains.* Voilà quelque chose d'horrible à voir.

LADY MACBETH. Quelle folie d'appeler cela horrible !

MACBETH. Il y en a un qui a ri dans son sommeil ; un autre qui a crié : *Au meurtre !* si bien qu'ils se sont mutuellement éveillés. Je me suis arrêté et j'ai prêté l'oreille ; mais ils ont dit leurs prières et se sont rendormis.

LADY MACBETH. Ils sont deux dans la même pièce.

MACBETH. L'un a crié : *Dieu nous bénisse!* l'autre a répondu : *Amen!* comme s'ils m'avaient vu avec ces mains de bourreau. J'écoutais leur frayeur ; mais je n'ai pu répondre *amen* lorsqu'ils ont dit : *Dieu vous bénisse!*

LADY MACBETH. Ne considère pas la chose sous un point de vue si lugubre.

MACBETH. Mais pourquoi n'ai-je pu dire *amen?* j'avais si grand besoin de bénédiction ! Et pourtant le mot *amen* a expiré sur ma langue.

LADY MACBETH. Ces choses ne doivent pas être envisagées de cette manière-là ; ce serait le moyen de perdre la raison.

MACBETH. Il m'a semblé entendre une voix me crier : « Tu ne dormiras plus! Macbeth a tué le sommeil, le sommeil innocent, qui arrête par un nœud le fil de la douleur ; le sommeil, mort quotidienne, bain qui rafraîchit nos sens fatigués, baume versé sur les blessures du cœur, second service au splendide festin de la nature, principal aliment du banquet de la vie ; —»

LADY MACBETH. Que veux-tu dire?

MACBETH. Sa voix, retentissant dans toute la maison, a continué de crier : « Tu ne dormiras plus! Glamis a tué le sommeil ; désormais Cawdor ne dormira plus ; Macbeth ne dormira plus [1] ! »

LADY MACBETH. Qui donc criait ainsi? Noble thane, ces aberrations d'un cerveau malade sont indignes de toi. Va te procurer de l'eau, lave tes mains et fais-en disparaître ces témoignages accusateurs.—Pourquoi n'as-tu pas laissé ces poignards à leur place?—Il faut qu'ils y restent ; va les reporter, et n'oublie pas de barbouiller de sang les domestiques endormis.

MACBETH. Je ne veux plus y aller ; je frémis à la pensée de ce que j'ai fait ; je n'ose y reporter mes regards.

LADY MACBETH. Homme pusillanime ! donne-moi les poignards ; les dormants et les morts ressemblent à des images peintes, et un démon en peinture ne fait peur qu'aux enfants. S'il saigne, je tacherai le visage des domestiques ; car il faut que le crime paraisse leur ouvrage.

Elle s'éloigne. On entend frapper à la porte extérieure.

[1] Cette énumération des titres de Macbeth, dans un pareil moment, semble peu naturelle. C'est comme si on disait en parlant du maréchal Ney : « Le duc d'Elchingen a tué le sommeil ; désormais le prince de la Moscowa ne dormira plus; Ney ne dormira plus. » C'est, du reste, une de ces taches bien rares qu'on remarque à peine dans cet admirable chef-d'œuvre.

MACBETH. D'où vient qu'on frappe? Comment se fait-il que le plus léger bruit m'épouvante? (*Regardant ses mains.*) Quelles mains j'ai là! ah! elles me font horreur à voir! Tous les flots de Neptune suffiront-ils à faire disparaître ce sang de ma main? Non, ce serait bien plutôt cette main qui teindrait de sa couleur l'immensité des mers, et rougirait ses eaux verdâtres.

Revient LADY MACBETH.

LADY MACBETH. Mes mains ont la couleur des tiennes, mais je rougirais d'avoir un cœur aussi pusillanime. (*On frappe.*) J'entends frapper à la porte du sud : — rentrons dans notre appartement : il suffira d'un peu d'eau pour nous laver de cette action : vois comme c'est chose facile! Toute ta résolution t'a abandonné. — (*On frappe.*) Écoute! on frappe encore. Va mettre ta robe de chambre; car nous pourrions être obligés de nous montrer, et il ne faut pas qu'on voie que nous avons veillé. Ne reste point ainsi tristement perdu dans tes réflexions.

MACBETH. Que ne puis-je m'oublier aussi bien que mon crime! (*On frappe.*) Éveille Duncan à force de frapper; plût au ciel que cela fût possible!

Ils s'éloignent.

SCÈNE III.

Même lieu.

Arrive LE CONCIERGE DU CHATEAU.

LE CONCIERGE. Voilà qui s'appelle frapper. Un homme qui serait portier de l'enfer aurait fort à faire à tourner la clef. (*On frappe.*) Toc, toc, toc. — Qui est là, au nom de Belzébut? — C'est un fermier qui s'est pendu, las d'attendre une bonne récolte. — Tu es le bien venu; j'espère que tu as fait provision de mouchoirs; nous allons ici, pour ta peine, te faire suer d'importance. (*On frappe.*) Toc, toc. — Qui est là, au nom de n'importe quel autre diable? — Parbleu? c'est un casuiste prêt à soutenir à volonté le pour et le contre, qui, après avoir à qui mieux mieux trompé et menti, pour la plus grande gloire de Dieu, n'a pu définitivement en imposer au ciel. — Oh! entrez, monsieur le casuiste. (*On frappe.*) Toc, toc, toc. — Qui est là? — Ma foi, c'est un tailleur anglais qui vient ici pour avoir rogné sur un haut-de-chausses français. — Entrez, monsieur le tailleur, vous pourrez ici rôtir votre oie [1]. (*On frappe.*) Toc, toc, toc. — Jamais de repos. Qui êtes-vous ? — Mais cette cour est trop froide pour représenter l'enfer. Je ne veux plus être le portier du diable; je me proposais d'ouvrir la porte à des gens de toutes les professions, de ceux-là qui vont par un chemin de fleurs au feu de joie éternelle. (*On frappe.*) On y va, on y va. (*Il ouvre la porte.*) N'oubliez pas le concierge, je vous prie.

Arrivent MACDUFF et LÉNOX.

MACDUFF. Tu t'es donc couché bien tard, l'ami, que tu es si peu matinal ?

LE CONCIERGE. Ma foi, seigneur, nous sommes restés à boire jusqu'au second chant du coq; et le boire, seigneur, provoque amplement trois choses.

MACDUFF. Quelles sont les trois choses que le boire provoque ?

LE CONCIERGE. Parbleu ! seigneur, la rougeur de la trogne, le sommeil et le besoin d'uriner. Il provoque et réprime la paillardise; il provoque le désir, et empêche l'exécution; en sorte qu'on peut dire que le boire est pour la paillardise un visage à deux faces; il la crée et la détruit; il la stimule et la décourage; il l'élève et l'abat; en un mot, il la trompe, l'endort, et, lui donnant un démenti, il la plante là.

MACDUFF. Je crois, l'ami, que le boire t'a donné un démenti, la nuit dernière.

LE CONCIERGE. Effectivement, seigneur, et des mieux conditionnés : mais je le lui ai fait payer; bien qu'il m'ait un moment pris par les jambes, j'ai été le plus fort, et j'ai réussi à m'en débarrasser.

MACDUFF. Ton maître est-il levé ? — Nos coups de marteau l'ont éveillé; le voici qui vient.

Arrive MACBETH.

LÉNOX. Bonjour, noble seigneur.

MACBETH. Salut à tous deux !

MACDUFF. Noble thane, le roi est-il levé ?

MACBETH. Pas encore.

---

[1] En anglais on appelle *oie* le large morceau de fer que nos tailleurs nomment *carreau*.

MACDUFF. Il m'a ordonné d'aller le trouver de bonne heure : je crains d'être en retard.

MACBETH. Je vais vous conduire vers lui.

MACDUFF. C'est une peine qui, je le sais, vous est agréable ; mais pourtant c'en est une.

MACBETH. Une peine qu'on prend avec plaisir n'en est plus une. Voici la porte.

MACDUFF. Je vais prendre la liberté d'entrer ; mon devoir m'y oblige.

Macduff s'éloigne.

LÉNOX. Le roi part-il aujourd'hui ?

MACBETH. Il en témoigne, — (*se reprenant*) il en a témoigné l'intention.

LÉNOX. La nuit a été orageuse : dans les chambres où nous couchions les cheminées ont été renversées par le vent ; on dit qu'on a entendu dans l'air des clameurs lamentables, d'étranges cris de mort, et des voix qui, avec des accents terribles, prophétisaient des bouleversements, des événements confus, un avenir de malheurs. L'oiseau des ténèbres a fait entendre toute la nuit son chant lugubre : on prétend même que, saisie d'une agitation fébrile, la terre a tremblé.

MACBETH. La nuit a été affreuse.

LÉNOX. Mes jeunes souvenirs ne m'en rappellent point une pareille.

Revient MACDUFF.

MACDUFF. O horreur ! horreur ! horreur ! la pensée ne peut te concevoir, ni la parole t'exprimer.

MACBETH *et* LÉNOX. Qu'y a-t-il ?

MACDUFF. Le génie de la destruction a ici accompli son chef-d'œuvre. Le meurtre le plus sacrilège a brisé les portes du saint temple du Seigneur et en a dérobé la vie qui l'animait.

MACBETH. Que dites-vous ? la vie ?

LÉNOX. Est-ce de sa majesté que vous parlez ?

MACDUFF. Entrez dans la chambre, et devenez aveugles en présence d'une nouvelle Gorgone. — Ne me demandez point de parler ; voyez, et puis parlez vous-mêmes.

Macbeth et Lénox s'éloignent.

MACDUFF, *continuant*. Debout ! debout ! — Qu'on sonne la cloche d'alarme ! — Meurtre ! trahison ! Banquo ! Donalbain ! Malcolm ! éveillez-vous ! Secouez ce tranquille sommeil, pâle contrefaçon de la mort, et venez contempler la mort elle-même! — Debout! debout! et venez voir une image du dernier jour de l'univers! Malcolm! Banquo, levez-vous comme du sein de vos tombeaux, et avancez-vous comme des ombres pour compléter cet horrible tableau!

Arrive LADY MACBETH.

LADY MACBETH. Qu'y a-t-il? pourquoi cette affreuse trompette qui sonne le réveil dans toute la maison? parlez, parlez!

MACDUFF. O aimable dame! ce que je dis ne doit pas parvenir à votre oreille : une femme ne pourrait l'entendre sans en mourir.

Arrive BANQUO.

MACDUFF, *continuant.* O Banquo! Banquo! notre royal maître est assassiné!

LADY MACBETH. O malheur! Eh quoi! dans notre maison?

BANQUO. Ce malheur est affreux, n'importe en quel lieu.— Cher Macduff, je t'en conjure, rétracte-toi et dis qu'il n'en est rien.

Reviennent MACBETH et LÉNOX.

MACBETH. Que ne suis-je mort une heure avant ce funeste événement! j'aurais vécu heureux; car, à dater de ce moment, il n'y a plus rien de sérieux ici-bas; tout n'est que dérision. La gloire et la vertu sont mortes; le vin de la vie est tiré, et il ne nous en reste plus que la lie.

Arrivent MALCOLM et DONALBAIN.

DONALBAIN. Quel malheur est donc arrivé?

MACBETH. C'est vous que ce malheur frappe, et vous l'ignorez? La source de votre sang a cessé de couler; son onde est à jamais tarie.

MACDUFF. Votre royal père est assassiné.

MALCOLM. Oh! par qui?

LÉNOX. Ce sont les domestiques couchés dans sa chambre qui, selon toute apparence, ont fait le coup; leurs mains et leur figure étaient toutes souillées de sang, ainsi que leurs poignards, que nous avons trouvés, non encore essuyés, sur leur chevet. Ils avaient le visage effaré et les yeux hagards. La vie d'un homme ne pouvait être en sûreté avec de pareilles gens.

MACBETH. Oh ! je me repens d'avoir cédé à ma fureur et de les avoir tués.

MACDUFF. Pourquoi l'avez-vous fait ?

MACBETH. Quel homme peut être, au même moment, sage et bouleversé, calme et furieux, loyal et indifférent ? personne. La violence de mon affection a devancé la raison plus lente. Ici gisait Duncan ; le rouge éclat de son sang brillait sur sa poitrine ; et à voir ses larges plaies, on eût dit une brèche pratiquée au rempart de la vie, et par où étaient entrés le ravage et la mort : plus loin étaient les meurtriers, portant encore la livrée de leur crime, leurs poignards souillés de sang jusqu'à la garde. — Quel homme, ayant un cœur capable d'aimer, et dans ce cœur le courage de manifester son affection, eût pu rester maître de lui ?

LADY MACBETH, *feignant de se trouver mal.* Emmenez-moi d'ici.

MACDUFF. Prenez soin d'elle.

MALCOLM. Pour qui gardons-nous le silence, nous que cette affaire concerne plus que personne ?

DONALBAIN. Que pourrions-nous dire ici, où la mort en embuscade peut à tout moment fondre sur nous et nous saisir ? Partons ; nos larmes ne sont pas encore mûres.

MALCOLM. Ni la violence de notre douleur en mesure d'éclater.

BANQUO. Qu'on donne des soins à lady Macbeth !

On emporte lady Macbeth.

BANQUO, *continuant*. Quand nous aurons mis nos vêtements et protégé nos personnes contre l'inclémence de l'air, réunissons-nous et tâchons d'approfondir cette sanglante affaire. Nous sommes agités de terreurs et de doutes ; pour moi, je m'abrite sous la main de Dieu, et, fort de son appui, je poursuivrai les auteurs de cette trahison criminelle, quels que soient les desseins qu'ils méditent encore.

MACBETH. J'en dis autant.

TOUS. Nous en disons tous autant.

Tous s'éloignent, à l'exception de Malcolm et de Donalbain.

MALCOLM. Quel parti prendras-tu ? Ne nous associons pas avec eux : faire paraître une douleur mensongère est une tâche dont l'hypocrite s'acquitte facilement. Je vais partir pour l'Angleterre.

DONALBAIN. Moi, pour l'Irlande. En séparant nos destins, nous serons plus en sûreté. Ici il y a des poignards dans les sourires ; ceux qui nous touchent de plus près par le sang sont ceux dont nous avons le plus à craindre les projet sanguinaires.

MALCOLM. La flèche meurtrière n'a pas encore arrêté son vol, et le plus sûr pour nous est d'éviter son atteinte. Montons donc à cheval ; ne nous arrêtons pas à prendre congé, mais fuyons sans délai. La fuite est permise quand il n'y a plus de merci à attendre.

Ils s'éloignent.

SCÈNE IV.

Hors du château.

Arrivent ROSS et UN VIEILLARD.

LE VIEILLARD. J'ai vu luire soixante-dix ans ; dans cet espace, j'ai vu passer bien des heures terribles et des événements étranges ; mais cette nuit funeste a laissé bien loin derrière elle tout ce que j'avais connu jusqu'ici.

ROSS. Ah ! bon vieillard, tu vois que le ciel, comme s'il était indigné du drame joué par l'homme, en menace le sanglant théâtre. D'après l'horloge, il devrait faire jour, et cependant la nuit sombre nous cache encore le flambeau du monde. Fait-il nuit, ou le jour craint-il de se montrer, que les ténèbres couvrent la face de la terre à l'heure où la lumière devrait la caresser ?

LE VIEILLARD. Cela n'est pas naturel, pas plus que le forfait qui vient de se commettre. Mardi dernier, un faucon, au moment où il planait fièrement dans l'air, a été saisi et tué par un hibou.

ROSS. Et les chevaux de Duncan,—le fait est étrange, mais certain, — ces chevaux si beaux et si légers, la perle de leur race, devenus tout à coup sauvages et farouches, ont brisé leurs liens, et se sont enfuis comme s'ils eussent voulu se mettre en guerre ouverte avec l'homme.

LE VIEILLARD. On prétend qu'ils se dévoraient entre eux.

ROSS. Je l'ai vu de mes yeux, à ma grande surprise. Voici l'honnête Macduff.

Arrive MACDUFF.

ROSS, *continuant.* Eh bien, monseigneur, où en sont les choses ?

MACDUFF. Ne le voyez-vous pas?

ROSS. Sait-on qui a commis ce forfait plus que sanguinaire?

MACDUFF. Ceux que Macbeth a tués.

ROSS. Hélas! quel avantage espéraient-ils en retirer?

MACDUFF. On les a subornés; Malcolm et Donalbain, les deux fils du roi, ont disparu et pris la fuite, ce qui les fait soupçonner d'être les auteurs du crime.

ROSS. Ce n'en est pas moins un acte contre nature : elle est bien aveugle l'ambition qui s'attaque à la source de sa propre vie! — Cela étant, il est probable que la couronne va revenir à Macbeth.

MACDUFF. Il est déjà proclamé et parti pour Scône, où l'on doit le couronner.

ROSS. Où est le corps de Duncan?

MACDUFF. On l'a transporté à Colme, dans l'asile sacré, dépositaire des ossements de ses prédécesseurs.

ROSS. Irez-vous à Scône?

MACDUFF. Non, cousin; mais à Fife.

ROSS. Moi, je vais à Scône.

MACDUFF. Puissiez-vous y voir les choses se passer comme elles le doivent! — Adieu! — Je crains que nos habits neufs ne nous soient moins commodes que les vieux.

ROSS. Adieu, vieillard.

LE VIEILLARD. Que la bénédiction de Dieu soit avec vous, et avec ceux qui ont à cœur de faire sortir le bien du mal, et de transformer les ennemis en amis!

Ils s'éloignent.

ACTE TROISIÈME.

SCÈNE I.

Forès. — Un appartement du palais.

Entre BANQUO.

BANQUO. Te voilà donc maintenant roi, Cawdor, Glamis, tout ce que les sœurs prophétiques t'avaient promis; et je crains bien que tu n'y sois arrivé par des voies criminelles : cependant elles ont dit que la couronne ne serait pas transmise à ta postérité, et que moi, je serais la souche et le père d'une longue lignée de rois. Si elles ont dit vrai, — et à ton égard, Macbeth, leurs paroles se vérifient, — comment leurs oracles véridiques pour toi ne le seraient-ils pas également pour moi, et n'autoriseraient-ils pas mes espérances? Mais, silence! taisons-nous.

Fanfares.

Entrent MACBETH, roi, LADY MACBETH, reine, LÉNOX, ROSS, plusieurs Dames et Seigneurs, et une Suite nombreuse.

MACBETH. Voici notre principal convive.

LADY MACBETH. Si nous l'avions oublié, c'eût été dans la fête un vide qui lui aurait ôté tout son prix.

MACBETH. Ce soir, seigneur, nous donnons un banquet solennel, et nous y désirons votre présence.

BANQUO. Que votre majesté me commande; mon obéissance vous est acquise, et un lien indissoluble m'attache à vous.

MACBETH. Montez-vous à cheval cet après-midi?

BANQUO. Oui, sire.

MACBETH. Dans le cas contraire, nous vous aurions demandé de nous donner votre avis, toujours sensé et salutaire, dans le conseil qui doit se tenir aujourd'hui; mais nous causerons demain. Resterez-vous longtemps dehors?

BANQUO. Le temps nécessaire pour remplir l'intervalle d'ici au souper; à moins que mon cheval ne fasse grande diligence, il faudra que j'emprunte une heure ou deux aux ombres de la nuit.

MACBETH. Ne manquez pas à notre banquet.

BANQUO. Sire, je n'aurai garde.

MACBETH. Nous apprenons que nos sanguinaires cousins se sont retirés l'un en Angleterre, l'autre en Irlande, et que, niant effrontément leur cruel parricide, ils débitent à qui veut les entendre des contes étranges; mais nous parlerons de cela demain, ainsi que d'autres affaires graves qui appellent toute notre sollicitude. Montez à cheval; adieu jusqu'à ce soir à votre retour. Est-ce que Fléance vous accompagne?

BANQUO. Oui, sire. Voici l'heure où nous devons partir.

MACBETH. Je vous souhaite des chevaux rapides et au pied sûr; et je vous recommande à leur célérité. Adieu.

Banquo sort.

MACBETH, *continuant.* Que chacun dispose de son temps comme il lui plaira jusqu'à sept heures du soir ; pour trouver ensuite plus de charme à la société, nous voulons rester seul jusqu'à l'heure du souper ; jusque-là, que Dieu soit avec vous.

Tous sortent, à l'exception de Macbeth et d'un Serviteur.

MACBETH. Toi, un mot. Ces hommes sont-ils là ?

LE SERVITEUR. Sire, ils attendent à la porte du palais.

MACBETH. Amène-les-moi.

Le Serviteur sort.

MACBETH, *seul, continuant.* Ce n'est rien que d'être ce que je suis, si on ne l'est avec sécurité. — Banquo m'inspire des craintes sérieuses. Il porte un cachet de noblesse qui le rend redoutable. Il est homme à beaucoup oser ; et à cette trempe intrépide de son âme, il joint une sagesse qui sert de guide à son courage et assure le succès de ses actes. Il est le seul dont l'existence soit pour moi un sujet d'effroi. Mon génie tremble devant le sien comme autrefois Antoine devant le génie de César. Il a brusquement interpellé les trois sœurs quand elles m'ont salué du nom de roi, et leur a ordonné de lui parler : alors leur voix prophétique l'a proclamé le père d'une lignée de rois ! Elles ont mis sur ma tête une couronne stérile et dans ma main un sceptre impuissant. Une main étrangère doit me l'arracher, et nul fils ne me succédera. S'il en est ainsi, c'est pour les enfants de Banquo que j'ai souillé mon âme ; pour eux que j'ai assassiné le vertueux Duncan ; pour eux seuls que j'ai empoisonné la coupe de mon repos ; et je n'aurai livré à l'ennemi du genre humain le trésor de mon âme immortelle que pour les faire rois ; les fils de Banquo, rois ! Plutôt qu'il en soit ainsi, destin, entre dans la lice contre moi et viens me combattre à outrance !

Rentre LE SERVITEUR, suivi de DEUX ASSASSINS.

MACBETH, *continuant.* Qui est là ? — Reste à la porte jusqu'à ce que je t'appelle.

Le Serviteur sort.

MACBETH, *continuant.* N'est-ce pas hier que nous avons causé ensemble ?

PREMIER ASSASSIN. Oui, seigneur.

MACBETH. Eh bien ! avez-vous pensé à ce que je vous ai dit ? Sachez que c'est lui qui est l'auteur de vos misères, et non moi, que vous en accusiez ; je crois vous l'avoir prouvé dans notre dernier entretien : je vous ai montré comment on vous avait abusés par de vaines promesses, quels obstacles on avait semés sur vos pas, quels instruments on avait employés contre vous, quelles mains les avaient fait jouer ; enfin, je vous en ai fait voir assez pour faire dire à une moitié d'âme, à l'intelligence la plus courte : Ceci est l'ouvrage de Banquo.

PREMIER ASSASSIN. Vous nous l'avez démontré.

MACBETH. Assurément; j'ai fait plus : j'ai abordé un autre point qui doit être l'objet de ce second entretien. Vous trouvez-vous doués d'une somme de résignation assez forte pour passer par-dessus tout cela? Êtes-vous évangéliques au point de prier pour ce digne homme et pour sa postérité; lui, dont la main pesante vous a courbés vers la tombe, et a condamné les vôtres à une misère éternelle ?

PREMIER ASSASSIN. Sire, nous sommes des hommes.

MACBETH. Oui, vous êtes portés comme hommes sur le catalogue universel, de même que les lévriers, les métis, les épagneuls, les dogues, les chiens-loups, les chiens pêcheurs, les demi-loups sont tous désignés sous la qualification générale de chiens ; mais dans l'état détaillé qu'on en dresse, on distingue le chien agile, le lent, le subtil, le chien de garde, le chien de chasse ; chacun est classé selon l'instinct particulier que la nature libérale lui a départi ; aussi sur la liste générale où tous figurent, à chacun d'eux est annexé une désignation particulière. Il en est de même des hommes. Si donc vous occupez une place dans le catalogue de l'humanité, et que cette place ne soit pas la dernière, dites-le, et je vous confierai un projet dont l'exécution vous débarrassera de votre ennemi et vous donnera des droits à notre affection, nous qui, tant qu'il vivra, ne mènerons que des jours languissants, et à qui sa mort donnera une santé parfaite.

DEUXIÈME ASSASSIN. Sire, vous voyez en moi un homme qu'ont tellement aigri les lâches sarcasmes et les brocards du monde, que, pour me venger de lui, il n'est rien que je ne fasse.

PREMIER ASSASSIN. Et moi, je suis tellement accablé par les revers, tellement las de lutter contre la fortune, que, pour améliorer ma position ou me débarrasser de l'existence, je suis prêt à jouer ma vie sur la première carte venue.

MACBETH. Vous savez l'un et l'autre que Banquo s'est montré votre ennemi?

DEUXIÈME ASSASSIN. Nous le savons, sire.

MACBETH. Il est aussi le mien; et je le hais à tel point, que chaque minute de son existence attaque la mienne dans sa source. Je pourrais à force ouverte en délivrer ma vue sans en donner d'autre raison que ma volonté; mais, par égard pour quelques-uns de mes amis, qui sont aussi les siens, et dont je veux conserver l'affection, je suis obligé d'en agir autrement, et de paraître déplorer la chute de l'homme que moi-même j'aurai abattu. Voilà ce qui m'oblige à recourir à votre assistance, pour masquer une action que des raisons puissantes m'obligent à tenir secrète.

DEUXIÈME ASSASSIN. Sire, nous exécuterons vos ordres.

PREMIER ASSASSIN. Dût notre vie —

MACBETH. Je vois que vous êtes des gens de cœur. Dans une heure au plus, je vous désignerai l'endroit où vous devrez vous poster; je vous indiquerai l'heure, le moment précis; car il faut que la chose soit faite ce soir, à quelque distance du palais. Surtout rappelez-vous que je dois paraître n'y être pour rien; et pour ne point faire la besogne à demi, Fléance, son fils, qui l'accompagne, et dont la mort m'est aussi essentielle que celle de son père, doit comme lui subir le destin de cette heure fatale. Allez vous consulter; dans un moment j'irai vous rejoindre.

LES ASSASSINS. Nous sommes tout décidés, sire.

MACBETH. J'irai tout à l'heure vous trouver; ne sortez pas du palais. C'est une affaire conclue. — Banquo, si c'est au ciel que doit aller ton âme, elle prendra ce soir sa volée.

Ils sortent.

SCÈNE II.

Un autre appartement du palais.

Entrent LADY MACBETH et UN SERVITEUR.

LADY MACBETH. Banquo est-il sorti du palais?

LE SERVITEUR. Oui, madame; mais il revient ce soir.

LADY MACBETH. Va dire au roi que je désire avoir avec lui un moment d'entretien.

LE SERVITEUR. J'y vais, madame.

Il sort.

LADY MACBETH, *seule.* C'est avoir perdu ses peines que de posséder ce qu'on désirait sans en être plus heureux. Mieux vaut le sort de la victime immolée par nous que de n'obtenir par sa mort qu'un bonheur douteux.

Entre MACBETH.

LADY MACBETH, *continuant.* Eh bien! mon époux? Pourquoi, rêveur et solitaire, n'avoir pour compagnie que de sombres pensées, qui devraient être mortes avec ceux qui en sont l'objet? Quand les choses sont sans remède, on n'y doit plus songer; ce qui est fait est fait.

MACBETH. Nous avons blessé le serpent, nous ne l'avons pas tué; il va se remettre et redevenir lui-même, et notre hostilité impuissante reste comme auparavant exposée à ses morsures; mais que le mécanisme de l'univers se détraque, que les deux mondes soient anéantis plutôt que de manger notre pain dans la crainte, plutôt que de dormir dans le supplice des rêves terribles qui, toutes les nuits, nous agitent! Mieux vaudrait pour nous de rejoindre dans la paix de la tombe ceux que nous y avons envoyés, pour arriver où nous sommes, que de rester livrés sans relâche aux tortures de l'âme. Duncan est dans son tombeau; pour lui, la fièvre de la vie est passée; il dort d'un profond somme; il n'a plus rien à craindre de la trahison : le poignard, le poison, les complots intérieurs, les armes de l'étranger, ne peuvent plus rien contre lui.

LADY MACBETH. Allons, mon ami, éclaircis ce front soucieux; montre-toi ce soir serein et joyeux aux regards de tes convives.

MACBETH. Je le ferai, mon amour; fais-en autant de ton côté, je t'en conjure. Que Banquo soit l'objet de tes attentions; honore-le de la voix et des yeux : point de sécurité pour nous tant qu'il nous faudra tremper nos grandeurs dans cette onde adulatrice, déguiser nos vrais sentiments et faire de nos visages les masques de nos cœurs.

LADY MACBETH. Écarte ces idées.

MACBETH. O chère épouse! mon âme est pleine de scorpions. Tu sais que Banquo et Fléance, son fils, vivent encore.

LADY MACBETH. Le bail de leur vie n'est point éternel.

MACBETH. C'est une consolation; ils sont vulnérables : livre-toi donc à la joie. Avant que la chauve-souris ait pris son vol solitaire, avant qu'à la voix de la noire Hécate, l'escarbot, déployant ses ailes écaillées, ait, par son bourdonnement monotone, donné le signal de la nuit, un acte terrible sera consommé.

LADY MACBETH. Que doit-on faire?

MACBETH. Ma bien-aimée, reste étrangère à la connaissance de ce projet, jusqu'au moment où tu applaudiras à son exécution. Viens, nuit sombre, jette ton voile sur les yeux timorés du jour compatissant; et de ta main sanglante et invisible déchire et mets en pièces le pacte redoutable qui sur mon front imprime la pâleur! La lumière s'obscurcit; le corbeau prend son vol vers la voûte des bois : les hôtes innocents du jour s'assoupissent, et les noirs agents de la nuit se lèvent pour chercher leur proie. Mon langage t'étonne, mais sois tranquille; il faut que le mal consolide ce que le mal a commencé. Viens donc avec moi.

Ils sortent.

SCÈNE III.

Un parc avec une grille qui conduit au palais.

Arrivent TROIS ASSASSINS.

PREMIER ASSASSIN. Qui t'a dit de te joindre à nous?

TROISIÈME ASSASSIN. Macbeth.

DEUXIÈME ASSASSIN. Nous aurions tort de nous méfier de lui, puisqu'il vient nous assigner notre tâche, et nous indiquer d'une manière précise ce que nous avons à faire.

PREMIER ASSASSIN. Reste donc avec nous. Quelques rayons du jour brillent encore à l'occident. Voici l'heure où le voyageur attardé double le pas pour gagner l'auberge désirée; celui que nous attendons sera bientôt ici.

TROISIÈME ASSASSIN. Écoutez! j'entends des chevaux.

BANQUO, *de loin.* Holà! de la lumière!

DEUXIÈME ASSASSIN. C'est lui; toutes les personnes invitées sont déjà au palais.

PREMIER ASSASSIN. Ses chevaux s'en retournent.

TROISIÈME ASSASSIN. A près d'un mille d'ici; mais il a coutume, comme tout le monde, de faire à pied le chemin d'ici au palais.

Arrivent BANQUO et FLÉANCE, précédés d'un Serviteur portant une torche.

DEUXIÈME ASSASSIN. Une lumière! une lumière!

TROISIÈME ASSASSIN. C'est lui.

PREMIER ASSASSIN. Tenons ferme.

BANQUO. Il tombera de la pluie cette nuit.

PREMIER ASSASSIN. Qu'elle tombe.
Il attaque Banquo.

BANQUO. Trahison ! fuis, mon cher Fléance, fuis, fuis ; tu pourras me venger. — O misérable !
Il meurt. Fléance et le Serviteur s'échappent.

TROISIÈME ASSASSIN. Qui donc a éteint la lumière.

PREMIER ASSASSIN. N'ai-je pas bien fait ?

TROISIÈME ASSASSIN. Il n'y en a qu'un d'à bas ; le fils s'est échappé.

DEUXIÈME ASSASSIN. Nous avons manqué la meilleure moitié de notre besogne.

PREMIER ASSASSIN. Partons, et allons rendre compte de ce qu'il y a de fait.
Ils s'éloignent.

SCÈNE IV.

Une salle d'apparat dans le palais. Un banquet est préparé.

Entrent MACBETH, LADY MACBETH, ROSS, LÉNOX, PLUSIEURS SEIGNEURS et des Serviteurs.

MACBETH. Vous connaissez les places que votre rang vous assigne ; asseyez-vous, je vous le répète. Vous êtes les bienvenus.

LES SEIGNEURS. Nous rendons grâces à votre majesté.

MACBETH. Nous nous mêlerons à la société comme doit faire un hôte affable. Notre hôtesse gardera sa place d'honneur ; mais tout à l'heure, en temps opportun, nous lui demanderons de nous donner la bienvenue.

LADY MACBETH. Soyez mon interprète auprès de tous nos amis ; je le leur dis de tout cœur, ils sont les bienvenus.

LE PREMIER ASSASSIN *paraît à la porte de la salle.*

MACBETH. Ils vous remercient cordialement. — Des deux côtés le nombre des convives est égal ; je me placerai ici au milieu ; livrez-vous sans contrainte à la joie ; tout à l'heure nous allons boire une santé à la ronde. (*S'avançant vers la porte.*) Il y a du sang sur ton visage.

L'ASSASSIN. Ce doit être celui de Banquo.

MACBETH. Je l'aime mieux sur toi que dans ses veines. Est-il expédié ?

L'ASSASSIN. Sire, il a la gorge coupée; c'est moi qui lui ai fait son affaire.

MACBETH. Tu es la perle des coupe-gorges; mais il a son mérite aussi celui qui en a fait autant à Fléance; si c'est toi, tu n'as pas ton pareil.

L'ASSASSIN. Sire, Fléance s'est échappé.

MACBETH. Voilà la fièvre qui me reprend; autrement j'aurais été en parfait état, entier comme le marbre, solide comme le roc, libre, dilaté comme l'air; mais maintenant me voilà comprimé, mis à la gêne, emprisonné, confiné dans mes inquiétudes et mes craintes. Mais Banque est bien mort?

L'ASSASSIN. Oui, sire; il est gisant dans un fossé, avec vingt entailles à la tête, dont la moindre suffisait pour lui donner la mort.

MACBETH. Je t'en remercie : — le vieux serpent est mort; quant au jeune reptile, il s'est sauvé; quoiqu'un jour il doive porter du poison, il n'a pas de dents encore. Retire-toi; demain nous nous reverrons.

L'Assassin sort.

LADY MACBETH. Mon royal époux, vous laissez la gaieté languir; lorsqu'un banquet n'est pas assaisonné de grâce et de bonne mine, il semble qu'on le vend, et non pas qu'on le donne : quand il ne s'agit que de manger, on n'est jamais mieux que chez soi; chez les autres, c'est la politesse qui est l'assaisonnement du repas; sans elle, il est insipide.

MACBETH. Aimable moniteur! — Allons, que l'appétit soit suivi d'une bonne digestion, et que la santé préside à tous deux.

LÉNOX. Votre majesté veut-elle s'asseoir?

L'OMBRE DE BANQUO apparaît et va s'asseoir à la place destinée à Macbeth.

MACBETH. Nous compterions ici tout ce que le pays a de plus glorieux, si notre cher Banquo nous avait gratifiés de sa présence; j'aime mieux l'accuser d'un manque d'égards que de craindre pour lui quelque malheur.

ROSS. Sire, son absence donne un démenti à sa promesse; votre majesté veut-elle nous honorer de son auguste compagnie?

MACBETH. Toutes les places sont occupées.

LÉNOX. En voici une réservée pour vous, sire.

MACBETH. Où donc?

LÉNOX. Ici, monseigneur. — Qu'a donc votre majesté?

MACBETH. Qui de vous a fait cela?

LES SEIGNEURS. Quoi donc, sire?

MACBETH, *au Spectre, visible pour lui seul.* Tu ne peux pas dire que je l'aie fait. Tu as beau secouer, en me regardant, ta sanglante chevelure.

ROSS. Mes seigneurs, levons-nous; sa majesté n'est pas bien.

LADY MACBETH. Asseyez-vous, dignes amis. — Mon époux est souvent dans cet état. C'est un mal auquel il est sujet depuis son enfance. Veuillez garder vos places : c'est un accès passager; dans un instant vous le verrez rendu à son état habituel. Si vous faites trop attention à lui, vous le fâcherez et vous augmenterez son mal. Mangez, et ne le regardez pas. — (*A Macbeth.*) Es-tu un homme?

MACBETH. Oui, et un homme intrépide, qui ose regarder un objet capable de faire reculer d'effroi le démon lui-même.

LADY MACBETH. Quel enfantillage! voilà encore une fois une de ces terreurs enfants de ton imagination, comme ce poignard fantastique qui, m'as-tu dit, guidait tes pas vers Duncan. Oh! ce trouble, ces accès, parodie d'une terreur réelle, siéraient à merveille à un récit de bonne femme, conté l'hiver au coin du feu, et appuyé du témoignage de la grand'mère. Fi donc! pourquoi ces regards effarés? Après tout, tes yeux ne regardent qu'un siége.

MACBETH. Je t'en prie, regarde de ce côté! vois, regarde! Eh bien! qu'en dis-tu? — Que m'importe, après tout? Puisque tu peux remuer la tête, que ne parles-tu aussi? Ah! si les cimetières et les tombeaux laissent ainsi échapper ceux que nous leur confions, autant vaut leur donner l'estomac des vautours pour sépulture.

Le Spectre disparaît.

LADY MACBETH. Eh quoi! la démence t'a-t-elle dépouillé de toute ta raison?

MACBETH. Aussi vrai que je suis ici, je l'ai vu.

LADY MACBETH. Fi! quelle honte!

MACBETH. Ce n'est pas la première fois qu'on a versé du sang; on en a répandu dans les temps anciens, avant que la rigueur des lois eût assuré la paix publique; et depuis aussi, des meurtres ont été commis, trop horribles pour être racontés. Il fut un temps où, dès que le crâne était vide de cervelle, l'homme mourait, et tout était fini; mais aujourd'hui, avec vingt blessures mortelles sur la tête, les morts ressuscitent, et viennent hardiment nous chasser de nos siéges. C'est là une chose plus étrange que le meurtre lui-même.

LADY MACBETH. Mon digne époux, vos nobles amis vous attendent.

MACBETH. Ah! j'oubliais. — Ne vous étonnez pas, mes dignes amis! je suis affligé d'une étrange infirmité, qui n'est rien pour ceux qui me connaissent. Allons, amitié et santé à tous; je vais m'asseoir. — Donnez-moi du vin; remplissez ma coupe jusqu'aux bords. — Je bois à la félicité de tous les convives.

L'OMBRE reparait.

MACBETH, *continuant*. Et principalement de notre cher Banquo, dont nous regrettons l'absence. Que n'est-il ici! Nous buvons à lui et à vous tous! joie et bonheur à tous!

LES SEIGNEURS. Nous faisons respectueusement raison à votre majesté.

MACBETH, *apercevant le Spectre*. Arrière! ôte-toi de ma vue! Que la terre te cache! Tes os sont sans moelle; ton sang est froid; il n'y a point de vie dans ces yeux vitreux que tu fixes sur moi!

LADY MACBETH. Nobles pairs, ne voyez dans ceci qu'une indisposition ordinaire. Ce n'est pas autre chose; seulement il est fâcheux qu'elle vienne troubler la joie de ce festin.

MACBETH. Tout ce que peut oser un homme, je l'ose. Approche sous la figure de l'ours de Russie, du rhinocéros armé, ou du tigre de l'Hyrcanie; apparais sous toute autre forme que celle-ci, et ma fermeté ne tremblera pas à ton aspect; ou bien redeviens vivant, et dans un désert appelle-moi au combat. Si j'ai peur de toi et t'évite, ne vois plus en moi que le marmot d'une petite fille. Arrière, spectre horrible! Vaine vision, arrière!

Le Spectre disparait.

MACBETH, *continuant*. Ah! je respire; — dès qu'il n'est plus là, je redeviens homme. (*Aux convives.*) Restez, je vous prie.

LADY MACBETH. Vous avez fait fuir la gaieté, et étrangement troublé l'harmonie de cette réunion.

MACBETH. Se peut-il qu'on voie de telles choses sans y faire plus d'attention qu'à un nuage qui passe dans un ciel d'été? Je ne me comprends plus moi-même quand je songe que vous pouvez contempler de tels spectacles, et conserver à vos joues leurs couleurs naturelles, tandis que la terreur a pâli les miennes.

ROSS. De quels spectacles parlez-vous, sire ?

LADY MACBETH. Je vous en prie, ne lui adressez pas la parole ; son état empire. Les questions le mettent hors de lui ; adieu à tous. — Sortez tous à la fois, et sans cérémonie.

LÉNOX. Bonne nuit, et meilleure santé à sa majesté !

LADY MACBETH. Bonne nuit à tous !

Tous sortent, à l'exception de Macbeth et de lady Macbeth.

MACBETH. Il demande du sang ; on dit que le sang veut du sang. On a vu les pierres se mouvoir, et les arbres parler. Des révélations, s'appuyant sur le rapport des effets et des causes, ont souvent, par la voix des corbeaux, des geais et des corneilles, dévoilé l'assassin le mieux protégé par le secret. — A quelle heure de la nuit sommes-nous ?

LADY MACBETH. La nuit lutte contre l'aube matinale.

MACBETH. Que dis-tu du refus de Macduff de se rendre à notre invitation positive ?

LADY MACBETH. As-tu envoyé vers lui ?

MACBETH. Non, je l'ai su indirectement ; mais j'y enverrai. Il n'y en a pas un parmi eux qui n'ait dans sa maison un serviteur à mes gages. Demain matin, de bonne heure, j'irai faire visite aux sœurs prophétiques : il faut qu'elles parlent encore. Je veux absolument connaître, n'importe par quels moyens, ce qui peut m'arriver de pire. Je suis enfoncé si avant dans le sang, qu'en supposant que je m'arrêtasse, il me faudrait autant d'efforts pour rebrousser chemin que pour gagner l'autre bord. Ma tête a des projets qu'exécutera ma main ; je veux les accomplir de suite, sans me donner le temps de les examiner de trop près.

LADY MACBETH. Tu as besoin de sommeil, ce baume réparateur des forces de tous les êtres.

MACBETH. Allons reposer. Le trouble étrange par lequel je me suis moi-même trahi est l'effet d'une timidité novice encore, et que l'habitude n'a pas aguerrie. — Nous sommes encore jeunes dans le crime.

Ils sortent.

SCÈNE V.

La bruyère.— Le tonnerre gronde.

Arrivent, d'un côté, HÉCATE, de l'autre LES TROIS SORCIÈRES.

PREMIÈRE SORCIÈRE. Qu'avez-vous, Hécate ? Vous paraissez en colère.

HÉCATE. N'ai-je pas raison de l'être, mégères insolentes ? Quoi ! vous avez osé lier avec Macbeth un commerce d'oracles de mort ? Et moi, la dispensatrice de vos sortiléges, l'ardente promotrice de tout mal, vous ne m'avez seulement pas appelée à y prendre part et à déployer la puissance de votre art ? Et ce qui est pis encore, tout ce que vous avez fait l'a été pour un mortel capricieux, emporté et ingrat, qui, comme tant d'autres, vous aime, non pour vous, mais pour lui et dans son seul intérêt. Mais réparez maintenant vos torts : partez, et demain matin venez me rejoindre au gouffre de l'Achéron ; il doit s'y rendre pour vous interroger sur sa destinée ; préparez vos vases, vos sortiléges, vos charmes et tout votre attirail. Moi, je remonte dans les airs, je vais employer cette nuit à une œuvre terrible et fatale. De grandes choses seront accomplies avant l'heure de midi. A l'angle du croissant de la lune, pend une mystérieuse vapeur ; je m'en emparerai avant qu'elle soit descendue à terre ; distillée par des procédés magiques, je l'emploierai à évoquer des visions fantastiques qui, par la force de leurs illusions, entraîneront Macbeth à sa ruine. Il bravera les destins, méprisera la mort, et portera ses espérances par delà les limites de la sagesse, de la vertu et de la crainte : et vous savez toutes qu'une aveugle confiance est la plus grande ennemie des mortels.

On entend des voix lointaines qui chantent :

Venez, venez, venez à nous, etc.

HÉCATE, *continuant*. Écoutez ! on m'appelle : mon petit Farfadet m'attend, assis sur un brouillard.

Elle s'éloigne.

PREMIÈRE SORCIÈRE. Allons, dépêchons-nous ; elle sera bientôt de retour.

Elles s'éloignent.

SCÈNE VI.

Forès. — Un appartement du palais.

Entrent LÉNOX et UN AUTRE SEIGNEUR.

LÉNOX. Notre dernier entretien vous a fait entrevoir ma pensée, que vous pouvez maintenant interpréter vous-même. Je dis seulement qu'il s'est passé d'étranges choses. Macbeth s'est apitoyé sur le vertueux Duncan ; — il est vrai qu'alors ce dernier était mort. Le vaillant Banquo a prolongé trop tard sa promenade ; et rien ne vous empêche de dire que c'est Fléance qui l'a tué ; car Fléance a pris la fuite. Il est dangereux de se promener trop tard. Qui ne voit combien ç'a été une action monstrueuse de la part de Malcolm et de Donalbain que d'assassiner leur père ? Forfait exécrable ! Quelle douleur en a éprouvée Macbeth ! N'a-t-il pas sur-le-champ, dans sa pieuse rage, égorgé les deux coupables, enchaînés sous la double influence du vin et du sommeil ? N'y avait-il pas de l'héroïsme à en agir ainsi ? Il y avait aussi de la prudence ; car qui n'eût été indigné d'entendre ces gens-là nier le fait ? Je le répète, tout s'est passé on ne peut mieux pour lui ; et s'il tenait sous sa main les fils de Duncan, — ce qui, je l'espère, ne sera pas, — il leur ferait voir ce que c'est que de tuer un père, et Fléance pareillement en saurait quelque chose. Mais chut ! — Pour avoir trop parlé et avoir refusé sa présence au banquet du tyran, j'apprends que Macduff est tombé en disgrâce. Seigneur, pourriez-vous m'apprendre où il s'est réfugié ?

LE SEIGNEUR. Le fils de Duncan, dont ce tyran a usurpé l'héritage, vit à la cour d'Angleterre, où le pieux Édouard lui a fait un si gracieux accueil, que les rigueurs de la fortune ne lui ont rien fait perdre des honneurs dus à son rang. C'est là que Macduff s'est rendu, dans l'intention de prier le saint roi d'envoyer Northumberland et le vaillant Siward à notre aide, afin que, grâce à leur appui et à celui du ciel, nous puissions rendre à nos repas l'appétit, à nos nuits le sommeil, délivrer nos banquets et nos fêtes des poignards homicides, payer à notre roi le tribut d'un légitime hommage, et recevoir de lui des honneurs que n'assaisonne pas la crainte, toutes choses après lesquelles nous soupirons aujourd'hui. Cette nouvelle a tellement exaspéré le roi, qu'il se prépare à la guerre.

LÉNOX. A-t-il fait mander Macduff ?

LE SEIGNEUR. Oui ; et le messager n'ayant reçu pour réponse que ces mots dédaigneux : « Moi ? non ! » lui a tourné le dos en grommelant comme s'il eût voulu lui dire : « Vous vous repentirez de me charger d'un aussi déplaisant message ! »

LÉNOX. Ce doit être pour lui un avertissement de se tenir à une sage distance. Puisse un ange du ciel précéder sa venue à la cour d'Angleterre, et faire d'avance connaître l'objet de sa visite, afin qu'un prompt soulagement soit donné à notre patrie gémissante sous une main abhorrée !

LE SEIGNEUR. Mes vœux l'accompagnent.

Ils sortent.

ACTE QUATRIÈME.

SCÈNE I.

Une caverne sombre ; au milieu une chaudière bouillante.—Le tonnerre gronde.

Entrent LES TROIS SORCIÈRES.

PREMIÈRE SORCIÈRE. Le chat tigré a miaulé trois fois.

DEUXIÈME SORCIÈRE. Trois fois ; et une fois a glapi la voix du hérisson.

TROISIÈME SORCIÈRE. J'entends la harpie qui nous crie : Il est temps, il est temps.

PREMIÈRE SORCIÈRE. Dansons en rond autour de la chaudière.

Elles se prennent par la main, et commencent une ronde en jetant dans la chaudière divers ingrédients magiques.

PREMIÈRE SORCIÈRE, *continuant.* Jetons-y les entrailles empoisonnées. — Crapaud, qui, pendant trente-un jours, endormi sous la froide pierre, t'es gonflé d'un venin échauffé, bous le premier dans la marmite enchantée.

TOUTES TROIS.

Travaillons, travaillons ; que le feu tourbillonne,
Et que la chaudière bouillonne.

DEUXIÈME SORCIÈRE. Filet d'un serpent aquatique, bous et cuis dans la chaudière. Œil de lézard d'eau, patte de grenouille, poil de chauve-souris, langue de chien, langue fourchue de vipère, dard d'un serpent sans yeux, cuisse de lézard, aile de hibou, pour composer un charme puissant et fatal, bouillez, infernale soupe, bouillez à gros bouillons.

ACTE IV, SCÈNE I.

TOUTES TROIS.

Travaillons, travaillons ; que le feu tourbillonne,
Et que la chaudière bouillonne.

TROISIÈME SORCIÈRE. Écaille de dragon, dent de loup, momie de sorcière, gueule de requin vorace, racine de ciguë arrachée pendant la nuit, foie de Juif qui a blasphémé, fiel de bouc, morceaux d'ifs coupés dans une éclipse de lune, nez de Turc, lèvres de Tartare, doigt de l'enfant d'une prostituée, mis bas dans un fossé et étranglé en naissant ; composons de tout cela une bouillie épaisse et gluante ; ajoutons les intestins d'un tigre aux ingrédients de notre chaudière.

TOUTES TROIS.

Travaillons, travaillons ; que le feu tourbillonne,
Et que la chaudière bouillonne.

DEUXIÈME SORCIÈRE. Refroidissons le tout avec du sang de singe, et le charme sera solide et bon.

Entrent **HÉCATE** *et* **TROIS AUTRES SORCIÈRES.**

HÉCATE. Voilà qui est bien ; votre travail mérite mes louanges ; chacune de vous aura part au profit. Maintenant, pour enchanter tout ce que vous avez mis dans la chaudière, entonnez la ronde des génies et des fées.

LES SORCIÈRES *chantent.*

Esprits blancs, noirs, rouges ou gris,
Dans quelque ordre que l'on vous range,
Mêlez-vous, mêlez-vous, esprits,
Qui pouvez subir ce mélange.

DEUXIÈME SORCIÈRE. Au picotement de mon pouce, je sens qu'un maudit s'approche. — Qui que ce soit qui frappe, portes, ouvrez-vous.

Entre **MACBETH.**

MACBETH. Noires, mystérieuses et nocturnes sorcières, que faites-vous là ?

TOUTES. Une œuvre sans nom.

MACBETH. Au nom de la science que vous possédez, n'importe où vous la prenez, je vous adjure de me répondre : dussent les vents déchaînés par vous, faire en mugissant la guerre aux églises ; dût la mer écumante engloutir tous les vaisseaux qui la sillonnent ; dût l'ouragan coucher les blés et jeter bas les arbres ; dussent les châteaux s'écrouler sur la tête de ceux qui les gardent, les palais et les pyramides être renversés de fond en comble ; dût le trésor des germes de la nature s'abîmer et se confondre jusqu'à ce que la destruction elle-même tombe de lassitude, répondez à mes questions.

PREMIÈRE SORCIÈRE. Parle.

DEUXIÈME SORCIÈRE. Interroge.

TROISIÈME SORCIÈRE. Nous répondrons.

PREMIÈRE SORCIÈRE. Veux-tu entendre cette réponse de notre bouche ou de celle de nos maîtres ?

MACBETH. Appelez-les ! que je les voie.

PREMIÈRE SORCIÈRE. Versons le sang d'une truie qui a dévoré ses neuf marcassins ; prenons de la graisse qui a suinté du gibet d'un meurtrier, et jetons-la dans le feu.

TOUTES ENSEMBLE *chantent.*
Humble ou puissant fantôme,
Dans le sombre royaume
Quel que soit ton pouvoir,
Viens, et fais ton devoir.

Le tonnerre gronde ; on voit s'élever une tête armée d'un casque.

MACBETH. Puissance inconnue, dis-moi. —

PREMIÈRE SORCIÈRE. Il connaît ta pensée ; écoute-le parler, mais ne dis rien.

L'APPARITION. Macbeth ! Macbeth ! Macbeth ! crains Macduff, crains le thane de Fife. — Laisse-moi partir. — Assez.

L'Apparition rentre en terre.

MACBETH. Qui que tu sois, je te remercie de ton avis utile ; tu as touché du doigt la corde de ma crainte. Mais un mot encore : —

PREMIÈRE SORCIÈRE. Il ne t'obéira pas. En voici un autre plus puissant que le premier.

Le tonnerre gronde ; on voit s'élever le Fantôme d'un enfant ensanglanté.

L'APPARITION. Macbeth ! Macbeth ! Macbeth ! —

MACBETH. Quand j'aurais trois oreilles, je t'écouterais de toutes les trois.

L'APPARITION. Sois impitoyable, hardi et résolu ; ris-toi du pouvoir de l'homme ; nul être né de la femme ne pourra nuire à Macbeth.

L'Apparition rentre en terre.

MACBETH. Tu peux vivre, Macduff. Qu'ai-je besoin de te craindre ? Toutefois je veux obtenir double sécurité et enchaîner le destin par une garantie. Tu mourras ; alors je pourrai dire à la Peur au front pâle qu'elle en a menti, et je dormirai en dépit du tonnerre.

Le tonnerre gronde; on voit s'élever le Fantôme d'un enfant couronné, tenant un rameau à la main.

MACBETH, *continuant.* Quel est celui-ci, qui a l'air d'un fils de roi et dont le front est ceint du diadème ?

TOUTES, *ensemble.* Écoute, mais ne lui parle pas.

L'APPARITION. Aie le courage et la fierté du lion ; ne t'inquiète pas de savoir qui murmure, qui remue ou conspire ; Macbeth ne sera vaincu que le jour où la vaste forêt de Birnam, s'avançant vers la haute montagne de Dunsinane, marchera contre lui.

L'Apparition rentre en terre.

MACBETH. Cela n'arrivera jamais. Qui peut commander à la forêt de marcher, ordonner à l'arbre de détacher sa racine de la terre ? O joyeuse prédiction ! ô bonheur ! Rébellion, attends pour lever la tête que la forêt de Birnam se mette en marche, et que Macbeth, au faîte de la grandeur, ait achevé le bail de la nature et payé son tribut à la vieillesse et à la commune loi. — Toutefois il est une chose encore que mon cœur est impatient de savoir : dis-moi, si jusque-là va ta science, la race de Banquo régnera-t-elle un jour sur cet empire ?

TOUTES ENSEMBLE. Ne cherche pas à en savoir davantage.

MACBETH. Je le veux : si vous me refusez cela, qu'une éternelle malédiction tombe sur vous ! faites-moi connaître, — Pourquoi cette chaudière disparaît-elle sous terre, et que signifie cette musique ?

On entend une symphonie de hautbois.

PREMIÈRE SORCIÈRE. Paraissez !

DEUXIÈME SORCIÈRE. Paraissez !

TROISIÈME SORCIÈRE. Paraissez !

TOUTES ENSEMBLE. Montrez-vous à ses yeux, et affligez son cœur ; venez comme des ombres, et disparaissez de même.

Huit rois paraissent à la file ; le dernier tient un miroir ; Banquo les suit.

MACBETH. Tu ressembles trop à l'ombre de Banquo : va-t'en ! la vue de ta couronne me brûle les yeux. — Et toi, dont le front aussi est ceint d'un cercle d'or, tu as les traits du premier ; — en voilà un troisième qui ressemble aux deux autres. Sorcières impures, pourquoi me montrez-vous ces objets ? — Un quatrième ! — Sortez de vos orbites, ô mes yeux ! Eh quoi ! vont-ils défiler comme cela jusqu'à la fin du monde ? — Encore un ? — Un septième ? — Je n'en veux pas voir davantage ; — et cependant un huitième paraît, tenant un miroir qui m'en montre une foule d'autres ; parmi eux, j'en vois qui portent deux globes et un triple sceptre [1]. Horrible spectacle ! — Maintenant, je le vois, tout cela est vrai ; car voilà Banquo tout sanglant qui sourit en me montrant du doigt sa postérité. — (*Aux Sorcières.*) Eh quoi ! en sera-t-il donc ainsi ?

PREMIÈRE SORCIÈRE. Oui, il en sera ainsi. — Mais pourquoi Macbeth reste-t-il donc plongé dans la stupéfaction ? Venez, mes sœurs, égayons ses esprits, et donnons-lui le spectacle de nos plus beaux divertissements ; je vais charmer l'air, afin qu'il fasse entendre des sons mélodieux pendant que vous exécuterez votre antique ronde. Il faut que ce grand roi puisse dire, dans sa bonté, que nos respects ont dignement fêté sa présence.

Une symphonie se fait entendre. Les sorcières dansent, puis disparaissent.

MACBETH. Où sont-elles ? disparues ? — Que cette heure fatale reste à jamais maudite dans le calendrier ! (*Appelant.*) Holà ! quelqu'un !

Entre LÉNOX.

LÉNOX. Que désire votre majesté ?

MACBETH. As-tu vu les sœurs prophétiques ?

LÉNOX. Non, sire.

MACBETH. N'ont-elles point passé à côté de toi ?

LÉNOX. Non, en vérité, sire.

MACBETH. Empoisonné soit l'air que traverse leur vol, et damnés soient tous ceux qui croient en elles ! — J'ai entendu le galop d'un cheval : qui est donc arrivé ?

LÉNOX. Ce sont deux ou trois cavaliers qui vous apportent la nouvelle que Macduff s'est enfui en Angleterre.

MACBETH. Enfui en Angleterre ?

LÉNOX. Oui, sire.

MACBETH. O temps ! tu préviens mes exploits terribles. Pour

---

[1] Ceci est une allusion à Jacques Ier, qui descendait, dit-on, de Banquo, et qui, le premier, réunit sous le même sceptre les deux îles britanniques et les trois royaumes. La tête armée d'un casque figure la tête de Macbeth, coupée et présentée à Malcolm par Macduff ; l'enfant ensanglanté est Macduff venu au monde avant terme ; l'enfant avec une couronne sur la tête et un rameau à la main, c'est le royal Malcolm, qui dans sa marche sur Dunsinane ordonna à chacun de ses soldats de couper une branche et de la porter devant lui.

que la volonté fugitive se réalise, il faut que l'action marche de front avec elle. A dater de ce moment, l'exécution suivra la pensée; et dès à présent, couronnant ma pensée par des actes, je veux, simultanément, concevoir et agir. Je veux surprendre le château de Macduff, m'emparer de Fife, passer au fil de l'épée sa femme, ses enfants et tous ceux qui ont le malheur d'appartenir à sa race. Ce ne sont pas là de vaines rodomontades : j'exécuterai la chose avant que ma résolution ait eu le temps de se refroidir; mais plus de visions! — Où sont ces hommes? conduis-moi vers eux.

Ils sortent.

SCÈNE II.

Fife. — Un appartement dans le château de Macduff.

Entrent LADY MACDUFF, LE JEUNE MACDUFF, son fils, et ROSS.

LADY MACDUFF. Qu'avait-il fait qui l'obligeât à fuir de son pays?

ROSS. Ayez quelque patience, madame.

LADY MACDUFF. Il n'en a point eu, lui : sa fuite est de la démence. A défaut de nos actes, nos frayeurs font de nous des traîtres.

ROSS. Vous ignorez s'il y a eu de sa part raison ou frayeur.

LADY MACDUFF. Raison! Laisser sa femme, laisser ses enfants, sa maison, ses titres, dans un lieu d'où lui-même il s'enfuit? Il ne nous aime pas; il est étranger aux affections de la nature; le chétif roitelet, le plus petit des oiseaux, défend son nid et sa couvée contre le hibou. Il n'y a que de la peur dans une fuite aussi peu raisonnable; la prudence et l'amour n'y sont pour rien.

ROSS. Ma chère cousine, gardez vos sermons pour vous-même; quant à votre époux, il est noble, sage, judicieux, et sait mieux que personne ce qu'il est convenable de faire. C'est à peine si j'ose en dire davantage; mais ce sont des temps bien cruels que ceux où nous sommes coupables sans nous en douter; où, sans savoir ce que nous avons à craindre, nos craintes nous font ajouter foi à tous les bruits; où nous flottons ballottés dans tous les sens sur une mer orageuse et courroucée. Je prends congé de vous; je ne tarderai pas à revenir. Les choses sont au pis; il faut qu'elles finissent ou qu'elles reviennent à leur premier état. — (*Au jeune Macduff.*) Mon aimable petit cousin, que le ciel vous bénisse!

LADY MACDUFF. Il a un père, et il n'en a pas.

ROSS. Je serais insensé de rester plus longtemps ; ce serait consommer votre perte et la mienne ; je vous quitte sans plus tarder.

Il sort.

LADY MACDUFF. Mon enfant, ton père est mort ; que vas-tu devenir ? comment vas-tu faire pour vivre ?

LE JEUNE MACDUFF. Comme les oiseaux, ma mère.

LADY MACDUFF. Quoi ! tu vivras de vers et de mouches ?

LE JEUNE MACDUFF. De ce que je trouverai, comme eux.

LADY MACDUFF. Pauvre oiseau ? Tu ne crains donc ni les filets, ni la glu, ni les trappes, ni le trébuchet ?

LE JEUNE MACDUFF. Pourquoi les craindrais-je, ma mère ? ce n'est pas pour les petits oiseaux que sont tendus ces piéges. Quoi que vous en disiez, mon père n'est pas mort.

LADY MACDUFF. Oui, il est mort ! Que deviendras-tu sans père ?

LE JEUNE MACDUFF. Que deviendrez-vous sans mari ?

LADY MACDUFF. Je puis en acheter vingt au marché.

LE JEUNE MACDUFF. Vous ne les achèterez donc que pour les revendre.

LADY MACDUFF. Tu mets dans ce que tu dis tout ce que tu as d'esprit, et, en vérité, tu en as assez pour ton âge.

LE JEUNE MACDUFF. Est-ce que mon père était un traître, ma mère ?

LADY MACDUFF. Oui, c'en était un.

LE JEUNE MACDUFF. Qu'est-ce qu'un traître ?

LADY MACDUFF. C'est un homme qui fait des serments et les viole.

LE JEUNE MACDUFF. Et tous ceux qui font cela sont-ils des traîtres ?

LADY MACDUFF. Quiconque en agit ainsi est un traître, et mérite d'être pendu.

LE JEUNE MACDUFF. Faut-il donc pendre tous ceux qui jurent et qui mentent ?

LADY MACDUFF. Tous.

LE JEUNE MACDUFF. Et qui doit les pendre ?

LADY MACDUFF. Les honnêtes gens.

LE JEUNE MACDUFF. En ce cas, les menteurs et les parjures

sont des imbéciles ; car il y a dans le monde assez de parjures et de menteurs pour battre les honnêtes gens et les pendre.

LADY MACDUFF. Que Dieu te soit en aide, petit espiègle ! mais comment feras-tu maintenant que tu n'as plus de père ?

LE JEUNE MACDUFF. S'il était mort, vous le pleureriez ; et si vous ne le pleuriez pas, ce serait signe que j'en aurais bientôt un autre.

LADY MACDUFF. Petit babillard ! comme tu jases !

Entre UN MESSAGER.

LE MESSAGER. Que Dieu vous bénisse, noble dame ; je vous suis inconnu, quoique je sache parfaitement qui vous êtes et le rang que vous tenez. Je crains qu'un danger immédiat ne vous menace : si vous voulez suivre l'avis d'un humble individu tel que moi, ne restez point ici ; partez avec vos enfants. Il me semble bien dur de vous effrayer ainsi ; mais ce serait une affreuse cruauté que de vous laisser en proie au péril redoutable qui est prêt à fondre sur vous. Que le ciel vous protége ! je n'ose pas rester plus longtemps.

Le Messager sort.

LADY MACDUFF. Où fuirai-je ? je n'ai point fait de mal. Mais j'oubliais que je suis dans ce monde terrestre, où mal faire est souvent un mérite, et où faire le bien est réputé parfois une dangereuse folie. Pourquoi donc, hélas ! mettre en avant cette excuse de femme, que je n'ai point fait de mal ?

Entrent DES ASSASSINS.

LADY MACDUFF, *continuant*. Quels sont ces visages ?

PREMIER ASSASSIN. Où est votre époux ?

LADY MACDUFF. Il n'est pas, j'espère, en assez mauvais lieu pour y être trouvé par des gens qui te ressemblent.

L'ASSASSIN. C'est un traître.

LE JEUNE MACDUFF. Tu mens, scélérat stupide ?

L'ASSASSIN. Comment, avorton ! graine de traître !

Il le poignarde.

LE JEUNE MACDUFF. Il m'a tué, ma mère : de grâce, sauvez-vous.

Il meurt ; lady Macduff s'enfuit en criant : *Au meurtre !* et poursuivie par les assassins.

SCÈNE III.

L'Angleterre. — Un appartement dans le palais du roi.

Entrent MALCOLM et MACDUFF.

MALCOLM. Allons chercher quelque retraite sombre et ignorée, et donnons-y un libre cours à nos pleurs.

MACDUFF. Saisissons plutôt d'une main ferme le glaive meurtrier, et, en gens de cœur, défendons résolument nos droits. Chaque aurore nouvelle entend de nouvelles veuves gémir, de nouveaux orphelins sangloter, de nouvelles douleurs monter vers le ciel, qui semble répondre aux lamentations de l'Écosse et leur servir d'écho.

MALCOLM. De tout ceci, je déplore ce que j'en crois, j'en crois ce que j'en sais ; et ce que j'en pourrai réparer, je le ferai quand l'occasion sera propice. Il se peut que ce que tu m'as dit soit vrai. Ce tyran, dont le nom blesse la langue qui le prononce, était naguère réputé honnête homme : tu l'aimais ; ses coups ne t'ont point encore atteint. Je suis jeune, mais je puis te servir à te procurer ses bonnes grâces ; et ce serait prudemment agir que de sacrifier un faible, chétif et innocent agneau pour apaiser un Dieu irrité.

MACDUFF. Je ne suis point un traître.

MALCOLM. Mais Macbeth en est un. Le plus honnête homme peut faillir quand un roi lui commande. Mais je te demande pardon : quoi que je puisse penser de toi, cela ne change rien à ce que tu es. Les anges sont brillants encore, quoique les plus brillans soient déchus. Lors même que tout ce qu'il y a d'impur emprunterait ses traits, la vertu n'en serait pas moins la vertu.

MACDUFF. J'ai perdu mes espérances.

MALCOLM. Peut-être à l'endroit même où j'ai trouvé mes doutes. Pourquoi avoir ainsi quitté brusquement et sans prendre congé ta femme et tes enfants, ces objets précieux, ces puissants liens d'amour ? — Je te prie de ne point voir un outrage dans des soupçons que me commande le soin de ma sécurité. Tu peux être irréprochable, quelle que soit mon opinion sur ton compte.

MACDUFF. Saigne, saigne, malheureuse patrie! Puissante tyrannie, regarde-toi comme irrévocablement affermie; car les gens de bien n'osent pas te faire obstacle ; porte, la tête haute, ta couronne usurpée ; tes droits sont solidement établis.

— Adieu, seigneur; je ne voudrais pas être le misérable que vous me supposez, pour tout l'espace soumis à la juridiction du tyran, quand on y ajouterait l'Orient et ses trésors.

MALCOLM. Ne sois point offensé : si je te parle ainsi, ce n'est pas que je me défie absolument de toi. Notre patrie, je le crois, s'affaisse sous le joug; elle pleure, elle saigne; et chaque jour ajoute à ses plaies une blessure nouvelle. Je pense, néanmoins, qu'il est des bras prêts à s'armer pour soutenir mes droits; et le roi d'Angleterre offre généreusement de mettre à ma disposition des milliers de braves : mais avec tout cela, quand je marcherai sur la tête du tyran, ou que je la porterai sur la pointe de mon épée, ma malheureuse patrie verra régner plus de vices encore qu'auparavant; elle souffrira plus cruellement et de plus de manières que jamais sous le règne de l'homme qui lui succédera.

MACDUFF. De quel homme parlez-vous?

MALCOLM. De moi-même; je me connais tous les vices enracinés dans l'âme; le jour où ils apparaîtront, le noir Macbeth semblera aussi blanc que la neige, et la malheureuse Écosse verra en lui un agneau, en comparant ses actes à mes innombrables méfaits.

MACDUFF. L'enfer dans ses légions ne compte pas de démon plus abominable que Macbeth.

MALCOLM. J'accorde qu'il est sanguinaire, plein de luxure, avare, faux, perfide, violent, méchant, infecté de tous les vices qu'il est possible de nommer; mais ma soif de voluptés n'a pas de limites; vos femmes, vos filles, vos matrones, vos vierges, ne pourraient combler le gouffre de ma luxure, et ma passion renverserait tous les obstacles modérateurs qu'on tenterait de lui opposer; mieux vaut Macbeth qu'un pareil homme sur le trône.

MACDUFF. L'intempérance effrénée des sens est une tyrannie; ce vice a précipité la fin de plus d'un règne heureux, et a causé la chute de plus d'un monarque. Cependant que cela ne vous empêche pas de prendre possession de ce qui vous appartient. Vous pourrez promener vos désirs dans un champ sans limites, et passer encore pour tempérant, quand il vous plaira de le paraître. Nous ne manquons pas de dames de bonne volonté; et quelque insatiable que soit le vautour de vos sens, il ne pourra en dévorer autant qu'il en est de disposées à s'offrir d'elles-mêmes aux appétits des grands.

MALCOLM. Ce n'est pas tout encore : à mon organisation vicieuse se joint l'inextinguible soif d'une telle avarice, que, si j'étais roi, je ferais trancher la tête aux nobles pour m'emparer de leurs terres ; à l'un je ravirais ses trésors, à l'autre sa maison ; et l'accroissement de mes richesses ne ferait qu'irriter la faim de ma convoitise. Je chercherais aux gens honnêtes et loyaux d'injuste querelles, et les ferais périr pour avoir leurs biens.

MACDUFF. Cette avarice jette des racines plus profondes et plus dangereuses que l'ardente luxure ; elle est le glaive qui a égorgé bien des rois. Toutefois rassurez-vous ; l'Écosse vous offrira, dans les domaines qui vous appartiennent, assez de richesses pour combler tous vos désirs. Tous ces défauts peuvent être tolérés en faveur des qualités qui les rachètent.

MALCOLM. Mais je n'en ai aucune en partage. Les vertus dont la possession sied aux rois, telles que la justice, la foi, la tempérance, l'esprit de suite, la générosité, la persévérance, la clémence, la modestie, la piété, la patience, le courage, la fermeté, je n'y ai aucun goût ; mais je réunis tous les mauvais penchants dans toutes leurs nuances et sous toutes leurs formes. Si j'en avais le pouvoir, je jetterais aux enfers le lait de la douce concorde, je bouleverserais la paix du monde et briserais toute harmonie sur la terre.

MACDUFF. O Écosse ! Écosse !

MALCOLM. Si un tel homme est digne de gouverner, parle : je suis tel que je viens de le dire.

MACDUFF. Digne de gouverner ! non, pas même de vivre. — O malheureuse nation qu'opprime un usurpateur sanguinaire ! quand verras-tu renaître les jours de ta prospérité ? Voilà que le légitime héritier de ton trône, de son propre aveu, n'est qu'un monstre et blasphème sa race ! — (*A Malcolm.*) Ton noble père était un saint roi ; la reine qui t'a porté dans ses flancs, plus souvent à genoux que sur ses pieds, mourait chaque jour de sa vie. Adieu ! Les vices affreux dont tu t'accuses me bannissent à jamais de l'Écosse. O mon cœur ! ici finit ta dernière espérance !

MALCOLM. Macduff, cette noble douleur, fille de l'intégrité, a effacé de mon âme les noirs soupçons, et je ne mets plus en doute ta loyauté et ton honneur. L'infernal Macbeth a plus d'une fois cherché par des moyens semblables à m'attirer dans son pouvoir, et la prudence me fait un devoir de me défendre d'une crédulité trop prompte. Mais entre toi et moi que Dieu seul s'interpose ! A dater de ce moment, je me place sous ta direction, et je rétracte tout ce que j'ai dit contre moi-même en m'imputant des vices étrangers à ma nature. Je suis encore inconnu à la femme : je ne me suis jamais parjuré ; à peine si j'ai convoité ce qui m'appartenait ; jamais je n'ai forfait à ma parole ; je ne trahirais pas un démon au profit d'un autre, et la vérité m'est aussi chère que la vie. Mon premier mensonge est celui que tu viens de m'entendre articuler contre moi-même. Ce que je suis en effet, toi et ma malheureuse patrie, vous pouvez en disposer ; et déjà, même avant ton arrivée ici, le vieux Sivard, à la tête de dix mille braves, s'est mis en marche pour l'Écosse. Allons nous joindre à lui, et qu'avec l'aide de la bonté divine, le succès réponde à la justice de notre cause ! Pourquoi gardes-tu le silence ?

MACDUFF. J'ai peine à concilier deux langages si différents, l'un me comblant de joie, et l'autre de tristesse.

MALCOLM. Bien ; nous en reparlerons.

Entre UN MÉDECIN.

MALCOLM, *continuant.* Le roi va-t-il bientôt paraître ?

LE MÉDECIN. Oui, seigneur : il y a là une foule de malheureux qui attendent de lui une guérison : leur maladie a résisté à tous les efforts de l'art ; mais telle est la vertu sainte que le ciel a donnée à la main du roi, qu'il suffit que cette main les touche pour qu'à l'instant même ils soient guéris.

MALCOLM. Je vous remercie, docteur.

Le Médecin sort.

MACDUFF. De quelle maladie veut-il parler ?

MALCOLM. On la nomme le mal du roi[1] ; c'est une cure tout à fait miraculeuse de ce bon prince, et que, depuis que je suis en Angleterre, je lui ai souvent vu faire. Comment il se fait exaucer du ciel, lui seul peut le savoir ; mais ce qu'il y a de certain, c'est que des gens affligés de maux étranges, tout gonflés et couverts d'ulcères, faisant peine à voir, et le désespoir de la chirurgie, sont guéris par lui ; il lui suffit pour cela de suspendre à leur cou une pièce d'or, qu'il accompagne de pieuses prières : on prétend qu'il transmettra aux rois ses successeurs le privilége de guérir. A cette singulière vertu il ajoute le céleste don de prophétie ; et toutes les bénédictions qui entourent son trône annoncent assez qu'en lui la grâce abonde.

Les écrouelles.

Entre ROSS.

MACDUFF, *continuant.* Voyez, qui vient à nous?

MALCOLM. Un compatriote, mais je ne puis dire qui c'est.

MACDUFF, *après que Ross s'est approché.* Mon bon et cher cousin, soyez le bienvenu.

MALCOLM. Je le reconnais maintenant. Grand Dieu, éloigne bientôt les causes qui nous séparent et nous rendent étrangers les uns aux autres!

ROSS. Ainsi soit-il, seigneur.

MACDUFF. L'Écosse occupe-t-elle toujours la même place?

ROSS. Hélas! notre malheureuse patrie! elle ose à peine jeter les yeux sur elle-même. Il faut l'appeler non plus notre mère, mais notre tombeau, cette terre où, hormis ceux qui n'ont pas encore la conscience d'eux-mêmes, pas un être ne sourit; où les soupirs, les gémissements, les cris de désespoir dont l'air est déchiré, n'attirent l'attention de personne; où les douleurs les plus violentes sont regardées comme des chagrins futiles; où la cloche funéraire sonne sans qu'on demande pour qui; où la vie des gens de bien expire avant la fleur dont leur chapeau est paré; où l'on meurt avant d'avoir été malade.

MACDUFF. O comparaison trop subtile, et cependant trop vraie!

MALCOLM. Quelle est la douleur la plus récente?

ROSS. Celle qui a une heure de date fait siffler celui qui la raconte; chaque minute en enfante une nouvelle.

MACDUFF. Comment se porte ma femme?

ROSS. Mais, bien.

MACDUFF. Et tous mes enfants?

ROSS. Bien, également.

MACDUFF. Le tyran ne les a point encore inquiétés?

ROSS. Non; ils étaient en paix quand je les ai quittés.

MACDUFF. Soyez moins avare de paroles. Comment vont les choses?

ROSS. En me rendant ici pour apporter des nouvelles dont le poids me pesait, le bruit courait que bon nombre de gens de cœur s'étaient mis en campagne; j'ai d'autant plus volontiers ajouté foi à cette nouvelle, que j'ai vu les forces du tyran sur pied. L'heure de la délivrance est venue; vos regards en

Écosse créeraient des soldats et feraient combattre jusqu'à nos femmes, pour mettre un terme à nos misères.

MALCOLM. Qu'ils se réjouissent ; nous allons nous rendre auprès d'eux ; la généreuse Angleterre nous a prêté le brave Siward, à la tête de dix mille hommes ; il n'y a pas de plus ancien ni de meilleur soldat dans toute la chrétienté.

ROSS. Je voudrais, en retour de cette bonne nouvelle, en avoir une pareille à vous annoncer ! mais les paroles que j'ai à prononcer devraient être hurlées dans l'air solitaire, là où personne ne pourrait les entendre.

MACDUFF. Ces nouvelles, qui intéressent-elles ? La cause publique ? ou n'est-ce que le tribut d'une douleur privée, destiné à un seul cœur ?

ROSS. Il n'y a point d'âme honnête qui n'en prenne sa part, mais la portion principale revient à vous seul.

MACDUFF. Si elle m'appartient, ne me la retenez pas ; donnez-moi-la sur-le-champ.

ROSS. Vous m'en voudrez à jamais d'avoir affligé votre oreille des sons les plus affreux qu'elle ait jamais entendus.

MACDUFF. Ah ! je devine.

ROSS. Votre château a été surpris, votre femme et vos enfants inhumainement égorgés. Vous en donner le détail, serait ajouter à tant de meurtres votre propre mort.

MALCOLM. Ciel miséricordieux ! — Ami, n'enfonce point ainsi ton chapeau sur tes yeux ; exhale ta douleur en paroles. La douleur qui ne parle point est l'indice d'un cœur prêt à se briser.

MACDUFF. Mes enfants aussi ?

ROSS. Femme, enfants, serviteurs, tout ce qu'ils ont pu trouver.

MACDUFF. Et je n'y étais pas ? ma femme égorgée aussi ?

ROSS. J'ai dit.

MALCOLM. Prends courage. Pour guérir cette mortelle douleur, appelons la vengeance à notre aide.

MACDUFF. Ah ! il n'a pas d'enfants ! Tous mes pauvres innocents ? — As-tu dit tous ? — O infernal vautour ! — Tous ! Eh quoi ! tous mes pauvres enfants et leur mère moissonnés à la fois ?

MALCOLM. Soutiens ce malheur en homme.

MACDUFF. Oui, certes ; mais je ne puis m'empêcher de le

sentir en homme. Comment oublier qu'il exista des êtres qui m'étaient si chers? Coupable Macduff, ils ont tous été frappés à cause de toi! Misérable que je suis, ce n'est pas pour leurs fautes, mais pour les miennes, qu'un barbare trépas a fondu sur eux. Maintenant, que le ciel leur fasse paix!

MALCOLM. Que ceci soit la pierre où ton épée s'aiguise! Convertis ta douleur en courroux; au lieu d'abattre ton cœur, qu'elle l'irrite jusqu'à la rage!

MACDUFF. Oh! je pourrais pleurer comme une femme, et me répandre en impuissantes menaces! — mais, Dieu miséricordieux, coupe court à tout délai; place-moi face à face de ce démon de l'Ecosse; amène-le à la longueur de mon épée; et s'il m'échappe, que le ciel aussi lui pardonne!

MALCOLM. Voilà parler en homme. Allons trouver le roi. Notre armée est prête; il ne nous reste plus qu'à prendre congé. Macbeth est mûr pour sa ruine, et les puissances du ciel préparent contre lui leurs armes. Console-toi autant que cela t'est possible. Elle est longue la nuit qui n'est pas suivie du jour!

Ils sortent.

ACTE CINQUIÈME.

SCÈNE I.

Dunsinane. — Un appartement du château.

Entrent UN MÉDECIN et UNE FEMME DE CHAMBRE.

LE MÉDECIN. Voilà deux nuits que je veille avec vous; mais je ne vois pas que la vérité de votre rapport se confirme. Quelle est la dernière fois où elle s'est promenée dans son sommeil?

LA FEMME DE CHAMBRE. Depuis que sa majesté est entrée en campagne, je l'ai vue chaque nuit sortir de son lit, jeter sur elle sa robe, ouvrir son cabinet, prendre du papier, le plier, écrire dessus, le lire, puis le cacheter et se remettre au lit; et tout cela dans le sommeil le plus profond.

LE MÉDECIN. Voilà qui annonce une grande perturbation dans les fonctions vitales! Goûter le bienfait du sommeil, et agir comme une personne éveillée! Pendant ce somnambulisme, outre la marche et les actes que vous signalez, que lui avez-vous entendu dire ?

LA FEMME DE CHAMBRE. Des choses, seigneur, que je ne veux pas répéter après elle.

LE MÉDECIN. Vous pouvez me le dire à moi; vous le devez même.

LA FEMME DE CHAMBRE. Je ne les dirai ni à vous ni à personne, n'ayant aucun témoin qui puisse confirmer mon récit.

Entre LADY MACBETH, *tenant à la main un flambeau qu'elle pose sur une table.*

LA FEMME DE CHAMBRE, *continuant*. Tenez, la voilà qui vient ! c'est bien là sa manière; et, sur ma vie, elle est profondément endormie.

LE MÉDECIN. Comment s'est-elle procuré ce flambeau ?

LA FEMME DE CHAMBRE. Elle l'avait près d'elle; elle a toujours de la lumière, c'est son ordre exprès.

LE MÉDECIN. Vous voyez, ses yeux sont ouverts.

LA FEMME DE CHAMBRE. Oui; mais le sens de la vue n'y est pas.

LE MÉDECIN. Que fait-elle maintenant ? Voyez comme elle se frotte les mains.

LA FEMME DE CHAMBRE. C'est une habitude qu'elle a d'imiter l'action d'une personne qui se lave les mains: je le lui ai vu faire pendant un quart d'heure de suite.

LADY MACBETH. Quoi ! toujours cette tache ?

LE MÉDECIN. Écoutez, elle parle ; je vais écrire ce qu'elle dira, pour mieux fixer mes souvenirs.

LADY MACBETH. Va-t'en, tache maudite ! va-t'en, te dis-je ! — une, deux; il est temps : — il fait noir en enfer ! — Fi donc, mon époux ! fi donc ! Un guerrier avoir peur ? Que nous importe qu'on le sache quand nous serons tout-puissants et que personne ne pourra nous demander des comptes ?— Mais qui eût pu croire qu'il y avait tant de sang dans ce vieillard ?

LE MÉDECIN. Entendez-vous cela ?

LADY MACBETH. Le thane de Fife avait une femme; où est-elle maintenant? — Ne pourrai-je donc jamais nettoyer ces mains? — En voilà assez, seigneur, en voilà assez; vous gâtez tout avec vos terreurs.

LE MÉDECIN. Allons, allons ; elle en sait plus qu'elle n'en devrait savoir.

LA FEMME DE CHAMBRE. Elle a dit ce qu'elle n'aurait pas dû dire, j'en suis sûre ; quant à ce qu'elle sait, c'est le secret du ciel.

LADY MACBETH. Toujours l'odeur du sang ; toute petite qu'est cette main, tous les parfums de l'Arabie ne pourront pas la désinfecter ! Oh ! oh ! oh !

LE MÉDECIN. Quel soupir ! un poids cruel pèse sur ce cœur.

LA FEMME DE CHAMBRE. Je ne voudrais pas, pour toutes les grandeurs de sa royale personne, avoir dans mon sein un cœur comme celui-là.

LE MÉDECIN. Bien, bien, bien, —

LA FEMME DE CHAMBRE. Priez Dieu que tout soit bien, seigneur.

LE MÉDECIN. Cette maladie est au-dessus des ressources de mon art ; cependant j'ai connu des somnambules qui sont morts saintement dans leur lit.

LADY MACBETH. Lave tes mains, mets ta robe de chambre ; ne sois point si pâle ; je te le répète, Banquo est enterré ; il ne peut sortir de sa tombe.

LE MÉDECIN. Eh quoi !

LADY MACBETH. Au lit, au lit ; on frappe à la porte. Viens, viens, viens, viens ; donne-moi ta main ; ce qui est fait ne peut être défait ; au lit, au lit, au lit !

Lady Macbeth reprend son flambeau et sort.

LE MÉDECIN. Retourne-t-elle maintenant à son lit ?

LA FEMME DE CHAMBRE. Oui, tout droit.

LE MÉDECIN. D'horribles révélations se font jour : des actes dénaturés engendrent des désordres contre nature. Les consciences malades confient leurs secrets à leurs sourds oreillers ; elle a plus besoin du prêtre que du médecin : — Dieu, Dieu nous pardonne à tous ! Veillez sur elle ; mettez hors de sa portée tous les objets dont elle pourrait faire usage contre elle-même, et ne la perdez pas de vue. — Sur ce, bonne nuit. Elle a confondu mon esprit, épouvanté mes yeux ; je pense, mais je n'ose parler.

LA FEMME DE CHAMBRE. Bonne nuit, docteur.

Ils sortent.

SCÈNE II.

Les environs de Dunsinane.

Arrivent, à la tête de leurs troupes, tambours battants, enseignes déployées,
MENTETH, CATHNESS, ANGUS et LÉNOX.

MENTETH. L'armée anglaise approche sous la conduite de Malcolm, de son oncle Siward, et du brave Macduff. La soif de la vengeance les brûle ; car leur cause est si digne de sympathie qu'elle exciterait l'homme le plus froid à verser son sang et à courir aux armes.

ANGUS. Nous les rejoindrons près de la forêt de Birnam ; c'est par cette route qu'ils arrivent.

CATHNESS. Qui sait si Donalbain est avec son frère ?

LÉNOX. Non, je puis vous l'assurer ; j'ai la liste de tous leurs personnages notables ; le fils de Siward y figure, ainsi qu'un grand nombre de jeunes gens imberbes, qui font aujourd'hui le premier essai de leur courage.

MENTETH. Que fait le tyran ?

CATHNESS. Il fortifie Dunsinane : quelques-uns prétendent qu'il est fou ; d'autres, qui le haïssent moins, disent qu'il a la frénésie du courage. Mais ce qu'il y a de certain, c'est que, dans la cause désespérée qu'il défend, il ne peut garder ni règle ni mesure.

ANGUS. Il commence à sentir maintenant le sang de ses meurtres secrets s'attacher à ses mains ; à chaque instant de nouvelles révoltes viennent punir ses parjures. Ceux qu'il commande marchent par obéissance, et non par affection ; sa grandeur ne tient pas à lui : c'est comme le manteau d'un géant sur un nain qui l'aurait volé.

MENTETH. Comment s'étonner des accès et du trouble auxquels il est en proie, lorsqu'il n'est rien en lui qui ne s'indigne d'y être ?

CATHNESS. Marchons donc ; portons notre obéissance à celui à qui nous la devons : allons trouver le médecin de la patrie malade ; et, pour la guérir, versons avec lui jusqu'à la dernière goutte de notre sang.

LÉNOX. Versons-en du moins ce qu'il en faudra pour arroser la royale tige et noyer les herbes malfaisantes. En marche vers Birnam !

Ils s'éloignent.

SCÈNE III.

Dunsinane. — Un appartement du palais.

Entrent MACBETH, sa suite et LE MÉDECIN.

MACBETH. Je ne veux plus entendre de nouvelles; qu'ils fuient tous : jusqu'à ce que la forêt de Birnam s'approche de Dunsinane, je ne saurais éprouver la moindre crainte. Qu'est-ce que l'adolescent Malcolm ? n'est-il pas né d'une femme ? Les esprits, à qui toutes les choses mortelles sont connues, m'ont dit : « Ne crains rien, Macbeth ; nul homme né de la femme ne pourra prévaloir contre toi. » Fuyez donc, thanes parjures, et allez rejoindre les Anglais efféminés. L'intelligence par lequelle je gouverne et le cœur que je porte ne se laisseront jamais abattre par le doute ou ébranler par la peur.

Entre UN SERVITEUR.

MACBETH, *continuant.* Que le diable te damne et te charbonne, face à la crème ! Où as-tu pris ce visage d'oie ?

LE SERVITEUR. Il y a dix mille, —

MACBETH. Dix mille oisons, imbécile !

LE SERVITEUR. Dix mille soldats, sire.

MACBETH. Va te frictionner la figure et rappeler la rougeur sur ta face effrayée, poltron que tu es ! Quels soldats, belître ? Mort de ton âme ! le seul aspect de tes joues livides est fait pour inspirer la peur. Quels soldats, visage au petit lait ?

LE SERVITEUR. L'armée anglaise, sire.

MACBETH. Ote ta face de devant mes yeux.— Seyton ! — Je sens mon cœur faillir quand je vois,—Seyton, dis-je ! — Cette secousse va me mettre en joie pour toujours, ou me jeter à bas. J'ai assez vécu; le printemps de ma vie fait place à son automne ; et tout ce qui devrait escorter mon vieil âge, l'honneur, l'affection, l'obéissance, des amis nombreux, tout cela m'est refusé ; je n'y dois pas prétendre ; à leur place je n'ai en partage que des malédictions silencieuses, mais implacables, de vains hommages que la bouche profère et que le cœur refuserait s'il l'osait. Seyton !

Entre SEYTON.

SEYTON. Quel est le bon plaisir de votre majesté ?

MACBETH. Quelles nouvelles encore ?

SEYTON. Sire, les premiers rapports se confirment.

MACBETH. Je combattrai jusqu'à ce qu'il ne me reste plus sur les os un seul lambeau de chair. — Donne-moi mon armure.

SEYTON. Il n'est pas temps encore.

MACBETH. Je m'en veux revêtir. Qu'on envoie en éclaireurs de nouveaux cavaliers : qu'on fasse battre tout le pays d'alentour. Qu'on pende ceux qui parlent de peur. — Donne-moi mon armure. — Docteur, comment va votre malade?

LE MÉDECIN. Son corps est moins malade que son esprit, obsédée qu'elle est d'imaginations qui la troublent et l'empêchent de reposer.

MACBETH. Guéris-la de ce mal. N'as-tu pas des remèdes qui puissent soulager les souffrances de l'âme, arracher de la mémoire un chagrin enraciné, effacer du cerveau l'empreinte des douleurs qui l'assiégent, et, avez l'aide bienfaisant d'un élixir d'oubli, d'ébarrasser le cœur du poids dangereux qui l'oppresse?

LE MÉDECIN. En pareil cas, c'est au malade à se guérir lui-même.

MACBETH. La médecine aux chiens; je n'en veux point. — (*A Seyton.*) Attache-moi mon armure; donne-moi ma lance. Seyton, mets des éclaireurs en campagne. — (*Au Médecin.*) Docteur, les thanes m'abandonnent. — (*A Seyton.*) Allons, dépêche. — (*Au Médecin.*) Docteur, si tu peux, à l'inspection des symptômes, découvrir la maladie qui afflige mon royaume et le rendre à sa santé première, je ferai répéter tes louanges à tous les échos. (*A Seyton.*) Ote-moi cette armure, te dis-je. — (*Au Médecin.*) Quelle rhubarbe, quel séné, quel purgatif pourra nous débarrasser de ces Anglais? As-tu entendu parler d'eux?

LE MÉDECIN. Oui, sire. Les préparatifs de votre majesté nous ont appris leur approche.

MACBETH, *à Seyton.* Tu m'apporteras tout à l'heure mon armure. — Je ne crains ni les revers ni la mort tant que la forêt de Birnam ne sera pas venue à Dunsinane.

Il sort.

LE MÉDECIN. Si j'étais une bonne fois hors de Dunsinane, l'appât du gain ne m'y ramènerait pas.

Ils sortent.

SCÈNE IV.

Les environs de Dunsinane. — Sur la lisière d'une forêt.

Arrivent, à la tête de leurs troupes, tambours battants, enseignes déployées, MALCOLM, LE VIEUX SIWARD et son FILS, MACDUFF, MENTETH, CATHNESS, ANGUS, LÉNOX et ROSS.

MALCOLM. Cousins, j'espère que le jour n'est pas loin où nous serons en sûreté dans nos alcôves.

MENTETH. Nous n'en doutons pas.

SIWARD. Quelle est cette forêt qui est là devant nous?

MENTETH. La forêt du Birnam.

MALCOLM. Que chaque soldat coupe une branche et la porte devant lui; par ce moyen, nous cacherons à l'ennemi notre nombre, et nous donnerons le change à ses éclaireurs.

PLUSIEURS SOLDATS. Nous allons le faire.

SIWARD. Nous n'avons rien appris, sinon que le tyran se tient toujours dans Dunsinane, et s'y dispose à soutenir un siége.

MALCOLM. C'est la seule ressource qui lui reste; car partout où la chose a été possible, petits et grands se sont insurgés contre lui; et il ne commande plus qu'à des gens qui le servent forcément et à contre-cœur.

MACDUFF. Pour lui infliger nos justes censures, attendons l'événement; jusque-là, faisons usage de toute notre expérience militaire.

SIWARD. Le temps approche où nous connaîtrons avec certitude la balance de notre avoir et de nos dettes; l'imagination fait entrer en ligne de compte des espérences incertaines; mais c'est le glaive qui doit décider la question; avançons ce moment.

Ils s'éloignent.

SCÈNE V.

Dunsinane. — Dans l'enceinte de la forteresse.

Arrive MACBETH, à la tête de ses troupes, tambours battants, enseignes déployées; SEYTON l'accompagne.

MACBETH. Qu'on plante nos bannières sur le rempart extérieur. « Ils viennent! » C'est le cri qui partout résonne. Ce château est assez fort pour se moquer d'un siége; ils sont campés devant nous ; qu'ils y restent jusqu'à ce que la famine et la fièvre les dévorent. S'ils n'étaient pas renforcés par ceux qui devraient être des nôtres, nous irions hardiment les attaquer face à face, et leur faire reprendre en fuyant le chemin de leurs foyers. — (*On entend des cris poussés par des voix de femmes.*) Quel est ce bruit ?

SEYTON. Sire, ce sont des cris de femmes !

MACBETH. J'ai presque oublié le sentiment de la peur. Il fut un temps où un cri poussé dans l'ombre m'aurait glacé de terreur ; où, en entendant un récit lamentable, mes cheveux se seraient dressés sur ma tête comme si la vie les eût animés. Je me suis rassasié d'horreur. Maintenant que ma pensée meurtrière est familiarisée avec les choses les plus terribles, rien ne peut plus m'effrayer. Pourquoi ces cris ?

SEYTON. Sire, la reine est morte.

MACBETH. Elle aurait dû mourir plus tard et attendre que j'eusse le loisir de m'occuper de cette nouvelle. Ainsi, d'un pas insensible, les jours suivent les jours, jusqu'à la dernière syllabe du livre où le temps inscrit ses fastes ; et nul jour ne s'écoule sans aplanir à quelques-uns des chétifs humains le chemin de la tombe. Éteins-toi, éteins-toi, lumière d'un moment. La vie n'est qu'une ombre qui passe ; c'est le pauvre comédien qui s'agite et se démène une heure sur la scène, et qu'ensuite on ne revoit plus ; c'est une histoire contée par un idiot, avec grand bruit et grand fracas, et qui n'a aucun sens.

Arrive UN MESSAGER.

MACBETH, *continuant*. Tu as quelque chose à me dire ; allons, dépêche-toi.

LE MESSAGER. Mon gracieux souverain, je voudrais vous dire ce que j'ai vu ; mais je ne sais comment m'y prendre.

MACBETH. Voyons, parle.

LE MESSAGER. Comme j'étais de faction sur la colline, et que je regardais dans la direction de Birnam, il m'a semblé tout à coup voir la forêt se mouvoir.

MACBETH. Abominable menteur !
Il le frappe.

LE MESSAGER. Déchargez sur moi votre colère, si ce que je dis n'est pas vrai : à la distance de trois milles, vous pouvez la voir qui s'avance ; c'est, vous dis-je, une forêt qui marche.

MACBETH. Si tu mens, je te ferai accrocher vivant au premier arbre, et t'y laisserai mourir de faim ; si ton rapport est vrai, tu pourras, si tu veux, me faire subir le même sort ; peu m'importe. Recueillons toute ma résolution ; je commence à croire que le démon a voulu m'abuser par une équivoque, et a menti tout en disant la vérité. « Ne crains rien, m'a-t-il dit, jusqu'à ce que la forêt de Birnam vienne à Dunsinane ; » et voilà maintenant qu'une forêt s'approche de Dunsinane. — Aux armes ! aux armes ! et sortons ! Si ce qu'il affirme est vrai, il n'y a de salut pour moi ni à fuir, ni à rester ici. Je commence à être las de la lumière du soleil, et je voudrais voir l'univers s'anéantir. Sonnez la cloche d'alarme : vents, soufflez ! destruction, accours ! du moins nous mourrons le harnais sur le dos.

Ils s'éloignent.

SCÈNE VI.

Une plaine devant le château.

Arrivent, à la tête de leurs troupes, tambours battants, enseignes déployées, MALCOLM, LE VIEUX SIWARD, MACDUFF, etc. Les soldats portent des branches d'arbres.

MALCOLM. Maintenant, nous sommes assez près ; vous pouvez jeter vos écrans de feuillage, et laisser voir qui vous êtes. — Vous, mon vaillant oncle, avec mon cousin, votre noble fils, vous commanderez notre première attaque ; le brave Macduff et nous, suivant le plan que nous avons tracé, nous nous chargeons du reste.

SIWARD. Adieu. — Si nous rencontrons ce soir l'armée du tyran et ne lui livrons pas bataille, je consens à être battu.

MACDUFF. Que nos trompettes sonnent toutes à la fois ; faites parler tous ces bruyants messagers de sang et de mort.

Ils s'éloignent au bruit des trompettes.

SCÈNE VII.

Une autre partie de la plaine.

Arrive MACBETH.

MACBETH. Ils m'ont enchaîné à un poteau ; il m'est impossible de fuir ; et, comme un ours, il faut que je soutienne la lutte jusqu'au bout. Où est-il celui qui n'est pas né d'une femme ? C'est lui seul que je dois craindre.

Arrive LE JEUNE SIWARD.

LE JEUNE SIWARD. Quel est ton nom?

MACBETH. Tu seras effrayé de l'entendre.

LE JEUNE SIWARD. Non, quand tu t'appellerais d'un nom plus brûlant que tous ceux de l'enfer.

MACBETH. Mon nom est Macbeth.

LE JEUNE SIWARD. Le démon lui-même n'en pourrait articuler un plus abominable à mon oreille.

MACBETH. Ni plus terrible.

LE JEUNE SIWARD. Tu mens, tyran abhorré; mon épée va te le prouver.

Ils combattent, le jeune Siward est tué.

MACBETH. Tu étais né de la femme; je me ris des épées, je me moque des armes brandies par des hommes nés d'une femme.

Il s'éloigne.—On entend le bruit du combat.

Arrive MACDUFF.

MACDUFF. C'est de ce côté que le bruit s'est fait entendre. Tyran, montre ta face; si tu succombes sous d'autres coups que les miens, les ombres de ma femme et de mes enfants continueront à me poursuivre. Je ne puis frapper les misérables dont tu as armé les bras mercenaires : c'est toi qu'il me faut, Macbeth; sinon, je remets dans le fourreau mon épée inutile. Tu devrais être ici; le bruit que j'ai entendu annonçait un guerrier du premier ordre; fais-le-moi rencon-contrer, Fortune, et je ne te demande plus rien.

Il s'éloigne.

Arrivent MALCOLM et LE VIEUX SIWARD.

SIWARD. Par ici, seigneur; le château s'est rendu sans coup férir; les gens du tyran combattent les uns pour, les autres contre vous; les nobles thanes se comportent vaillamment; la victoire n'est pas loin de se déclarer pour vous, et il ne reste que peu de chose à faire.

MALCOLM. Nous avons eu affaire à des ennemis dont les coups portaient à faux.

SIWARD. Seigneur, entrons dans le château.

Ils s'éloignent.

Revient MACBETH.

MACBETH. Pourquoi ferais-je sottement le héros romain, et

me donnerais-je moi-même la mort ? Tant que j'aurai devant moi des vivants, j'aime mieux frapper sur leur personne que sur la mienne.

Revient MACDUFF.

MACDUFF. Tourne-toi, monstre infernal, tourne-toi.

MACBETH. Tu es de tous les hommes celui que je me suis le plus attaché à éviter ; mais retire-toi : je n'ai déjà que trop de ton sang, qui pèse sur mon âme.

MACDUFF. Je ne puis trouver de paroles : mon épée va te parler pour moi, monstre plus exécrable que la parole ne peut l'exprimer.

Ils combattent.

MACBETH. Tu perds ta peine. Il ne t'est pas plus possible de me tirer du sang que d'imprimer sur l'air impalpable le tranchant de ton épée. Va frapper de ton glaive des têtes vulnérables ; ma vie est protégée par un charme contre lequel nul homme né de la femme ne saurait prévaloir.

MACDUFF. N'espère plus dans ce charme. Que l'ange que tu as servi jusqu'à ce jour t'apprenne que Macduff a été arraché avant terme du sein de sa mère.

MACBETH. Maudite soit la bouche qui me dit cela, car elle vient de paralyser la meilleure partie de mon courage ! Qu'on n'ajoute plus foi désormais à ces démons imposteurs qui nous égarent par des paroles à double sens, qui font entendre à notre oreille de flatteuses promesses et trompent notre espoir. — Je ne combattrai pas contre toi.

MACDUFF. Rends-toi donc, lâche, et vis pour être donné en spectacle à la foule. Nous te ferons peindre sur une enseigne comme un monstre des plus rares, et au-dessous nous écrirons : « Ici on peut voir le tyran. »

MACBETH. Moi, me rendre pour baiser la poussière devant les pas du jeune Malcolm, pour être en butte aux exécrations de la populace ! Quoique la forêt de Birnam soit venue à Dunsinane, et que je t'aie pour adversaire, toi qui n'es pas né d'une femme, je lutterai jusqu'au bout. Me voilà couvert de mon bouclier belliqueux. Frappe, Macduff, et damné soit celui qui criera le premier : « C'est assez : arrête ! »

Ils s'éloignent en combattant.—Retraite.—Fanfares.

ACTE V, SCÈNE VII.

Reviennent, à la tête de leurs troupes, tambours battants, enseignes déployées, MALCOLM, LE VIEUX SIWARD, ROSS, LÉNOX, ANGUS, CATHNESS, MENTETH.

MALCOLM. Veuille le ciel que ceux de nos amis qui nous manquent soient sains et saufs!

SIWARD. Nous devons en avoir perdu quelques-uns; mais si j'en juge par ceux que je vois, nous n'avons pas payé trop cher une si grande victoire.

MALCOLM. Il nous manque Macduff et votre noble fils.

ROSS. Votre fils, seigneur, a payé la dette du guerrier : il n'a vécu que le temps nécessaire pour devenir homme; à peine son courage a-t-il prouvé ses droits à ce titre, au poste où il a combattu de pied ferme, qu'il est mort en homme.

SIWARD. Il est donc mort?

ROSS. Oui, et on l'a emporté du champ de bataille! Votre douleur ne doit point être mesurée à son mérite; car alors elle serait sans fin.

SIWARD. A-t-il reçu ses blessures par devant?

ROSS. Oui, par devant.

SIWARD. Eh bien donc! qu'il soit le soldat de Dieu! Quand j'aurais autant de fils que j'ai de cheveux, je ne leur souhaiterais pas une plus belle mort. Voilà son glas sonné.

MALCOLM. Il mérite plus de regrets et de pleurs, et il les aura de moi.

SIWARD. Non; ceux-là lui suffisent; on dit qu'il a fait une belle mort, et qu'il a payé sa dette! Ainsi, que Dieu soit avec lui! — Voici venir de nouveaux sujets de consolation.

Revient MACDUFF, *portant la tête de Macbeth au bout d'une lance.*

MACDUFF. Salut, roi! car tu l'es. Vois l'exécrable tête de l'usurpateur : l'Écosse est libre; je te vois entouré de la fleur de ton royaume; tous au fond de leur cœur te saluent du même nom que moi; que leurs voix s'unissent à la mienne, et qu'ils crient avec moi : « Salut, roi d'Écosse! »

TOUS. Salut, roi d'Écosse!

..anfares.

MALCOLM. Nous ne laisserons pas s'écouler un long terme avant de compter avec vos dévouements, et de nous acquitter envers vous. Thanes et seigneurs de mon sang, dès aujourd'hui soyez comtes, les premiers que l'Écosse ait vus honorés de ce titre. Quant aux autres actes que réclament les circonstances,—le rappel de nos amis exilés qui ont fui pour échapper aux piéges d'une tyrannie ombrageuse, et la mise en jugement des cruels ministres de ce bourreau sanguinaire et de son infernale épouse, qui a, dit-on, mis fin à ses jours par une mort violente,—ces mesures, et toutes celles qu'il sera nécessaire de prendre, avec l'aide de Dieu, nous y procéderons progressivement et en temps et lieu. Sur quoi, nous vous rendons grâces à tous et à chacun, et nous vous invitons à venir à Scône, assister à notre couronnement.

Fanfares. Ils s'éloignent.

FIN DE MACBETH.

HAMLET, PRINCE DE DANEMARK,

DRAME EN CINQ ACTES.

PERSONNAGES.

CLAUDIUS, roi de Danemark.
HAMLET, fils du roi défunt et neveu du roi régnant.
POLONIUS, grand chambellan.
HORATIO, ami d'Hamlet.
LAERTE, fils de Polonius.
VOLTIMAND,
CORNÉLIUS,
ROSENCRANTZ, } seigneurs de la cour de Danemark.
GUILDENSTERN,
OSRIC,
UN AUTRE SEIGNEUR
UN PRÊTRE.
MARCELLUS, } officiers.
BERNARDO,
FRANCISCO, soldat.
RINALDO, serviteur de Polonius.
UN AMBASSADEUR.
L'OMBRE du père d'Hamlet.
FORTINBRAS, prince de Norwège.
GERTRUDE, reine de Danemark, et mère d'Hamlet.
OPHÉLIE, fille de Polonius.
Seigneurs, Dames, Officiers, Soldats, Comédiens, Prêtres, Fossoyeurs, Matelots, Messagers, Serviteurs, etc.

La scène est à Elseneur.

ACTE PREMIER.

SCENE I.

Elseneur. — Une esplanade devant le château.
FRANCISCO est en sentinelle ; BERNARDO vient à lui.

BERNARDO. Qui vive ?

FRANCISCO. Réponds toi-même ; halte, et fais-toi connaître.

BERNARDO. Vive le roi !

FRANCISCO. Bernardo ?

BERNARDO. Lui-même.

FRANCISCO. Vous êtes ponctuel.

BERNARDO. Minuit vient de sonner ; va te coucher, Francisco.

FRANCISCO. Je vous remercie de m'avoir relevé ; il fait un froid piquant, et je ne me sens pas bien.

BERNARDO. Ta faction a-t-elle été paisible ?

FRANCISCO. Je n'ai pas entendu une souris trotter.

BERNARDO. Allons, bonne nuit ; si tu rencontres Horatio et Marcellus, qui sont de garde avec moi, dis-leur de se dépêcher.

Arrivent HORATIO et MARCELLUS.

FRANCISCO. Je crois que je les entends. — Halte-là ! Qui vive ?

HORATIO. Amis de ce pays.

MARCELLUS. Et sujets du roi de Danemark.

FRANCISCO. Bonne nuit.

MARCELLUS. Adieu, brave soldat. Qui t'a relevé ?

FRANCISCO. Bernardo a pris ma place. Bonne nuit.

Francisco s'éloigne.

MARCELLUS. Holà, Bernardo !

BERNARDO. N'est-ce pas Horatio que je vois ?

HORATIO. Quelque chose qui lui ressemble.

BERNARDO. Sois le bienvenu, Horatio ; — et toi aussi, mon cher Marcellus.

MARCELLUS. Eh bien, l'apparition est-elle revenue cette nuit ?

BERNARDO. Je n'ai rien vu.

MARCELLUS. Horatio dit que c'est l'effet de notre imagination ; et il refuse de croire à la vision effrayante dont nous avons deux fois été témoins ; je l'ai donc engagé à venir cette nuit partager notre garde, afin que si le fantôme se montre encore, il puisse confirmer le témoignage de nos yeux et lui adresser la parole.

HORATIO. Bah ! bah ! il ne paraîtra pas.

BERNARDO. Asseyons-nous un instant, pendant que nous allons de nouveau faire entendre à ton oreille, si étrangement incrédule, le récit de ce que nous avons vu deux nuit consécutives.

HORATIO. Volontiers ; asseyons-nous, et laissons parler Bernardo.

BERNARDO. La nuit dernière, à l'heure où cette étoile que vous voyez à l'occident du pôle avait décrit son tour et venait illuminer cette partie du ciel où maintenant elle brille, Marcellus et moi, au moment où la cloche sonnait une heure,

MARCELLUS. Paix ! tais-toi ! regarde, le voilà qui revient !

Arrive L'OMBRE.

BERNARDO. Il ressemble au roi défunt.

MARCELLUS. Toi qui as étudié, parle-lui, Horatio.

BERNARDO. N'est-il pas vrai qu'il ressemble au roi? observe-le bien, Horatio.

HORATIO. La ressemblance est frappante : — la surprise et l'effroi me rendent immobiles.

BERNARDO. Il semble attendre qu'on lui parle.

MARCELLUS. Parle-lui, Horatio.

HORATIO. Qui es-tu toi, qui, à cette heure de la nuit, usurpes la forme majestueuse et guerrière sous laquelle se montrait le défunt roi de Danemark? au nom du ciel, parle, je te l'ordonne.

MARCELLUS. Il paraît mécontent.

BERNARDO. Le voilà qui s'éloigne d'un pas lent et grave.

HORATIO. Arrête; parle, parle; je te somme de parler.

L'Ombre s'éloigne.

MARCELLUS. Il est parti sans vouloir nous répondre.

BERNARDO. Eh bien, Horatio, te voilà tremblant et pâle; n'y a-t-il pas là quelque chose de plus qu'une erreur de l'imagination? Qu'en dis-tu?

HORATIO. Par le Dieu du ciel, je ne le croirais pas, sans le témoignage positif et irrécusable de mes propres yeux.

MARCELLUS. Ne ressemble-t-il pas au roi?

HORATIO. Comme tu te ressembles à toi-même; c'était là l'armure qu'il portait quand il combattit l'ambitieux Norwégien; il avait cet air menaçant, le jour où, au milieu d'une discussion violente, il frappa dans son traîneau le guerrier polonais et l'étendit mort sur la glace. C'est étrange.

MARCELLUS. C'est ainsi que déjà deux fois, à cette heure silencieuse de la nuit, il a passé devant notre poste avec une démarche grave et martiale.

HORATIO. Dans quel dessein, je l'ignore; mais, dans mon opinion, cela présage à l'état quelque étrange explosion.

MARCELLUS. Eh bien, asseyons-nous, et que celui d'entre vous qui le sait me dise pourquoi ces gardes vigilantes et rigoureuses dont on fatigue chaque nuit les sujets de ce royaume; pourquoi cette fonte journalière de canons de bronze, et ces achats d'armes et de munitions faits à l'étranger; pourquoi dans les chantiers maritimes ce surcroît d'ouvriers dont le travail ne distingue plus le dimanche du reste de la semaine; pourquoi cette activité incessante qui fait partager à la nuit les fatigues du jour. Que se prépare-t-il ? qui de vous peut me le dire ?

HORATIO. Je le puis, du moins d'après les bruits qui courent. Notre dernier roi, dont l'image vient tout à l'heure de nous apparaître, fut, comme vous le savez, appelé en champ clos par Fortinbras de Norwège, qu'un jaloux orgueil avait poussé à cet acte; dans ce combat, notre vaillant Hamlet, tel il était réputé de ce côté de la tombe, tua Fortinbras. Or, en vertu d'un acte authentique, sanctionné par les lois et la chevalerie, si Fortinbras succombait, toutes les terres dont il était possesseur devaient appartenir au vainqueur; de son côté, notre roi avait souscrit un engagement semblable; et dans le cas où il aurait été vaincu, une égale portion de territoire devait échoir en partage à Fortinbras. Ainsi, en vertu de cette convention réciproque, la succession du vaincu revenait de droit à Hamlet. Cependant, le jeune Fortinbras, bouillant et sans expérience, a rassemblé çà et là, et à la hâte, sur les frontières de la Norwège, une troupe d'aventuriers résolus, prêts, pour avoir du pain, à servir toute entreprise hardie; or, son projet, comme notre gouvernement en est informé, n'est autre que de reprendre à main armée et à force ouverte les terres que son père a perdues : voilà, selon moi, la cause principale des préparatifs qui se font, des gardes qu'on nous oblige à monter, et de cette activité tumultueuse qu'on remarque dans le pays.

BERNARDO. Je pense que tout cela n'a pas d'autre cause ; ceci nous explique pourquoi nous voyons devant nos postes apparaître toute armée, et dans sa majesté imposante, l'ombre du roi, qui fut et qui est encore l'occasion de cette guerre.

HORATIO. C'est un fétu jeté dans l'œil de l'intelligence pour en troubler la vue. Aux jours les plus glorieux et les plus florissants de Rome, un peu avant que tombât le grand Jules, les tombeaux s'ouvrirent, et les morts couverts de leurs suaires errèrent dans les rues de Rome en poussant des cris aigus; on vit des étoiles laisser derrière elles une longue traînée de feu ; il plut du sang, des signes désastreux apparurent dans le soleil, et l'astre humide qui tient sous son influence l'empire de Neptune s'éclipsa au point de faire croire au dernier jour du monde. Ces mêmes signes précurseurs d'événements terribles, avant-coureurs des destinées, prélude des grandes catastrophes, le ciel et la terre les ont fait apparaître à nos climats et aux yeux de nos compatriotes.

ACTE I, SCENE I.

L'OMBRE revient.

HORATIO, *continuant*. Mais silence! tenez, le voilà qui revient! je vais l'interpeller, dût-il me foudroyer. — Arrête, illusion! si tu as l'usage de la voix, si tu peux articuler des sons, parle-moi; s'il est quelque bonne action dont l'accomplissement puisse te soulager et être utile à mon salut, parle-moi; si tu es instruit de quelque malheur qui menace ton pays, et qu'un avertissement opportun pourrait lui éviter, oh! parle! ou si, de ton vivant, tu as caché dans les entrailles de la terre des trésors mal acquis, et c'est souvent pour cela, dit-on, qu'on vous voit, vous autres esprits, errer après la mort, dis-le-moi. — (*Le coq chante.*) — Arrête, et parle. — Barre-lui le passage, Marcellus.

MARCELLUS. Le frapperai-je de ma pertuisane?

HORATIO. Frappe, s'il ne veut pas s'arrêter.

BERNARDO. Par ici.

HORATIO. Par là.

L'Ombre s'éloigne.

MACELLUS. Il est parti; il a un air si majestueux! Nous avons tort de lui faire ces démonstrations violentes; car il est invulnérable comme l'air, et nos coups ne sont que le ridicule effort d'une colère impuissante.

BERNARDO. Il allait parler quand le coq a chanté.

HORATIO. Et alors il a tressailli comme un coupable qu'une sommation subite vient effrayer. J'ai ouï dire que le coq, qui est le clairon de l'Aurore, de sa voix sonore et pénétrante éveille le dieu du jour, et qu'à ce signal, tous les esprits errants dans la mer, dans le feu, dans la terre ou dans l'air, se hâtent de regagner leurs domaines respectifs; ce qui vient de se passer le prouve.

MARCELLUS. Il a disparu au chant du coq. Quelques-uns disent qu'aux approches du jour où l'on célèbre la nativité de notre Sauveur, le héraut du matin chante toute la nuit sans interruption; et on prétend qu'alors aucun esprit n'ose se mettre en campagne; les nuits sont salubres, nulle étoile n'exerce de maligne influence, nul maléfice ne prend, nulle sorcière n'a le pouvoir de charmer, tant cette époque est bénie et sous l'empire d'une grâce céleste.

HORATIO. C'est aussi ce que j'ai ouï dire, et j'en crois quelque chose. Mais voilà qu'à l'Orient, là-bas, sur la colline, le

Matin, vêtu de son manteau de pourpre, s'avance à travers la rosée. Terminons ici notre garde, et, si vous m'en croyez, allons rapporter au jeune Hamlet ce que nous avons vu cette nuit; car, sur ma vie, cet esprit, muet pour nous, lui parlera. Approuvez-vous cette confidence, que notre affection et notre devoir nous prescrivent?

MARCELLUS. Allons-y de ce pas; je sais où nous le trouverons, et pourrons lui parler à notre aise.

Ils s'éloignent.

SCÈNE II.

Une salle d'apparat dans le château.

Entrent LE ROI et sa suite, LA REINE, HAMLET, POLONIUS, LAERTE, VOLTIMAND, CORNÉLIUS et plusieurs Seigneurs.

LE ROI. Le souvenir de la mort d'Hamlet, de notre frère bien-aimé, est si récent encore, qu'il semblait convenable que nos cœurs restassent plongés dans la tristesse, et qu'un nuage de douleur continuât à s'étendre sur la face de ce royaume; — toutefois la raison a combattu les mouvements de la nature, si bien que notre douleur est devenue plus sage, et que tout en pensant à lui, nous pensons aussi à nous-mêmes. En conséquence, avec une joie incomplète, unissant à la fois le sourire et les larmes, mêlant la gaieté aux funérailles, et des accents funèbres au chant nuptial, faisant une part égale à l'allégresse et au deuil, nous avons pris pour épouse celle qui fut autrefois notre sœur, et l'avons fait asseoir avec nous sur le trône de ce belliqueux royaume. Dans toute cette affaire, nous n'avons agi qu'après avoir pris vos sages conseils librement exprimés. — Recevez-en nos remerciements. — Venons maintenant au jeune Fortinbras. Se faisant sans doute une faible idée de notre puissance, ou s'imaginant que la mort de notre frère chéri a jeté dans l'état la division et l'anarchie, se berçant d'un chimérique espoir, il n'a pas manqué de nous envoyer message sur message, nous sommant de restituer le territoire perdu par son père, et légalement acquis à notre vaillant frère : — voilà pour ce qui le concerne. Venons maintenant à nous et à l'objet de cette réunion. Cet objet, le voici. Par les présentes, nous écrivons au roi de Norwège, oncle du jeune Fortinbras, qui, infirme et alité, connaît à peine les projets de son neveu; nous lui demandons d'arrêter cette entreprise; car c'est parmi ses sujets que se font les levées d'hommes et les enrôlements : nous vous chargeons, vous, Cornélius, et vous, Voltimand, de porter nos salutations au vieux monarque de Norwège, et notre volonté est que dans vos négociations avec le roi vous vous conformiez aux instructions détaillées ci-jointes. Adieu, et par votre célérité prouvez-nous votre dévouement.

CORNÉLIUS *et* VOLTIMAND. En ceci comme en toute chose, nous vous témoignerons notre obéissance.

LE ROI. Nous n'en doutons pas. Nous vous disons un cordial adieu.

Voltimand et Cornélius sortent.

LE ROI, *continuant*. Maintenant, Laërte, où en es-tu? On nous a dit que tu avais une requête à nous faire? Quelle est-elle, Laërte? Tu ne saurais faire au monarque danois une demande raisonnable, et t'adresser à lui en vain. Que pourrais-tu désirer de nous, Laërte, que nous ne soyons prêt à te l'offrir avant même que tu l'aies demandé? La tête n'est pas plus sympathique au cœur, la main n'est pas plus prête à servir la bouche, que le trône de Danemark n'est dévoué à ton père? Que désires-tu, Laërte?

LAERTE. Mon auguste souverain, votre permission et votre agrément pour retourner en France. Je me suis rendu en Danemark avec empressement pour assister à votre couronnement; mais ce devoir rempli, je l'avoue, mes pensées et mes vœux se reportent vers la France; et je supplie votre majesté de vouloir bien me permettre de prendre congé d'elle.

LE ROI. As-tu le consentement de ton père? Que dit Polonius?

POLONIUS. Sire, il me l'a arraché à force d'importunités, et j'ai fini par céder à contre-cœur à ses désirs. Je vous supplie de lui donner la permission de partir.

LE ROI. Tu peux partir quand il te plaira, Laërte; je te laisse libre de disposer comme tu l'entendras de ton temps et de ta personne. — Eh bien, Hamlet, mon cousin et mon fils,—

HAMLET, *à part*. Quoique très-proches parents, nous ne sommes pas cousins.

LE ROI. Pourquoi ces nuages qui planent encore sur ton front?

HAMLET. Il n'en est rien, sire; je suis trop au soleil pour cela.

LA REINE. Mon cher Hamlet, quitte ces sombres vêtements et jette des regards amis vers le roi de Danemark ; cesse de tenir tes yeux fixés sur le sol, comme si tu y cherchais les pas de ton glorieux père. Tu sais que c'est une destinée commune ; tout ce qui vit doit mourir, et ce monde n'est qu'un passage pour arriver à l'éternité.

HAMLET. Oui, madame, c'est une destinée commune.

LA REINE. S'il en est ainsi, pourquoi te semble-t-elle si extraordinaire ?

HAMLET. Elle me *semble*, madame ? non, elle l'est en effet. Je ne connais pas les *semblants*. Ma mère, ce n'est ni ce noir manteau, ni cette livrée obligée d'un deuil solennel, ni les soupirs s'exhalant avec effort de la poitrine oppressée, ni l'abondance de larmes, ni l'abattement du visage, ni toutes ces formes diverses sous lesquelles se manifeste la douleur, qui peuvent indiquer ce que j'éprouve. Tous ces signes peuvent n'être que des semblants ; c'est un rôle qu'un homme peut jouer ; ce n'est pas la douleur ; ce n'en est que la livrée ; mais moi (*mettant la main sur son cœur*), j'ai là quelque chose qu'aucune manifestation ne peut rendre.

LE ROI. Rien de plus touchant à la fois et de plus louable, Hamlet, que ces funèbres devoirs rendus à la mémoire d'un père ; mais rappelle-toi que ton père avait perdu un père qui lui-même avait perdu le sien ; c'est pour le survivant un devoir de piété filiale de donner pendant quelque temps les marques d'une douleur respectueuse : mais persévérer dans une affliction opiniâtre est le fait d'un entêtement impie ; c'est une lâche douleur, c'est la preuve d'une volonté rebelle aux décrets du ciel, d'un cœur sans énergie, d'une âme incapable de se résigner, d'une intelligence pauvre et bornée ; car un événement que nous savons être une nécessité, et qui arrive aussi fréquemment que les occurrences les plus vulgaires, devons-nous, dans notre indocilité chagrine, nous en affecter à un tel point ? Fi donc ! c'est une offense au ciel, une offense aux morts, une absurde offense à la nature, qui n'a pas dans ses fastes d'événement plus vulgaire que la mort des pères, et qui, depuis le premier cadavre jusqu'à l'homme décédé aujourd'hui, n'a cessé de nous crier : *Il en doit être ainsi*. Je t'en conjure donc, dépouille cette affliction impuissante, et vois en nous un second père ; car nous voulons qu'on le sache, tu es le plus rapproché de notre trône, et toute l'affection que porte à son fils le père le plus tendre, je l'éprouve pour toi. Pour ce qui est de ton intention de retourner à Wittenberg reprendre tes études, rien n'est plus opposé à nos désirs ; nous t'en conjurons, consens à rester ici ; sois le plaisir de nos yeux, le premier de notre cour, notre neveu, notre fils.

LA REINE. Hamlet, que ta mère ne t'ait pas prié en vain ; je t'en supplie, reste avec nous, ne va pas à Wittenberg.

HAMLET. Je ferai de mon mieux, madame, pour vous obéir en toutes choses.

LE ROI. Allons, voilà une réponse affectueuse et convenable : sois en Danemark un autre nous-même. — (*A la Reine.*) Venez, madame ; cet acte de déférence d'Hamlet, accompli naturellement et sans effort, comble mon cœur de joie. Pour le célébrer, le roi de Danemark aujourd'hui ne videra pas sa coupe, qu'aussitôt la voix du canon n'aille l'apprendre aux nuages ; à chacune des rasades du roi, je veux que le ciel l'annonce, en répétant le bruit des foudres de la terre. — Allons, sortons !

Tous sortent à l'exception d'Hamlet.

HAMLET, *seul*. Oh ! que cette chair trop solide ne peut-elle se fondre et se résoudre en rosée ! Oh ! si l'Éternel n'avait pas fulminé ses défenses contre le suicide !..... O Dieu ! ô Dieu ! combien insipides, fastidieuses et vaines me semblent toutes les jouissances de ce monde ! Quelle pitié ! c'est un jardin en friche, qui ne renferme que des plantes grossières et malfaisantes. Se peut-il que les choses en soient venues là ! Mort depuis deux mois—que dis-je ? pas même deux mois ; un roi si excellent, qui était à celui-ci ce qu'est Hypérion[1] à un satyre, si plein de tendresse pour ma mère, qu'il ne pouvait endurer que le vent soufflât trop rudement sur son visage. Ciel et terre ! faut-il que je me le rappelle ! Elle s'attachait à lui, comme si l'aliment destiné à satisfaire l'appétit n'eût fait que l'accroître encore. Et cependant un mois à peine écoulé, — je n'y veux plus penser. — Fragilité, tu es synonyme de femme ! — Un mois seulement, avant d'avoir usé la chaussure qu'elle portait en suivant le convoi de mon pauvre père, toute en larmes, comme une Niobé, — elle-même, cette femme, — ô ciel ! un animal privé du secours de la raison aurait prolongé davantage son deuil,—elle s'est mariée avec mon oncle, le frère de mon père, mais qui ne ressemble pas plus à mon père que je ne ressemble à Hercule. Au bout d'un mois, avant que ses larmes

[1] Apollon.

hypocrites fussent séchées dans ses yeux rougis, elle s'est mariée. — O coupable précipitation ! voler avec tant d'empressement à un lit incestueux ; ce n'est pas bien, et il est impossible que cela tourne à bien ; mais brise-toi, mon cœur, car il faut que je me taise !

Arrivent HORATIO, BERNARDO *et* MARCELLUS.

HORATIO. Salut à votre altesse.

HAMLET. Je suis charmé de te voir en bonne santé. C'est Horatio, si je ne me trompe pas.

HORATIO. Lui-même, seigneur, et votre humble serviteur pour la vie.

HAMLET. Tu veux dire mon ami ; j'échangerai ce titre avec toi. Que fais-tu loin de Wittenberg, Horatio ? — Marcellus ?

MARCELLUS. Monseigneur, —

HAMLET. Je suis enchanté de te voir ; bonjour. — (*A Horatio.*) Mais, franchement, quel motif t'a fait venir de Wittenberg ?

HORATIO. La dissipation, monseigneur.

HAMLET. Je ne souffrirais pas que ton ennemi parlât ainsi de toi, et tu ne me feras point violence au point de m'obliger à croire ton propre témoignage contre toi-même : je sais que tu n'es point un homme dissipé. Mais quel motif t'amène à Elseneur ? nous t'apprendrons à boire à larges rasades avant ton départ.

HORATIO. Seigneur, je suis venu pour assister aux funérailles de votre père.

HAMLET. Je t'en prie, mon cher camarade d'études, ne te moque pas de moi ; je crois plutôt que tu es venu pour assister au mariage de ma mère.

HORATIO. Il est vrai que l'un a suivi l'autre de bien près.

HAMLET. Mesure d'économie, Horatio. La desserte du convoi a fourni de viandes froides le repas des noces. J'aurais mieux aimé rencontrer dans le ciel mon ennemi le plus acharné, que de voir luire un pareil jour, Horatio ! — Mon père, — il me semble que je vois mon père.

HORATIO. Où donc, seigneur ?

HAMLET. Dans ma pensée, Horatio.

HORATIO. Je l'ai vu autrefois ; c'était un excellent roi.

HAMLET. C'était un homme qui, tout considéré, n'aura jamais ici-bas son pareil.

HORATIO. Monseigneur, je crois l'avoir vu la nuit dernière.

HAMLET. Vu? qui?

HORATIO. Le roi votre père, monseigneur.

HAMLET. Le roi mon père?

HORATIO. Calmez un instant votre étonnement, et prêtez-moi votre attention pendant que je vais, appuyé du témoignage de ces messieurs, vous raconter ce prodige.

HAMLET. Pour l'amour de Dieu, parle, je t'écoute.

HORATIO. Durant deux nuits consécutives, au milieu des ténèbres et du silence, pendant que ces messieurs, Marcellus et Bernardo, étaient en sentinelle, voici ce qui leur est arrivé. Une figure ressemblant à votre père, armée de toutes pièces, de pied en cap, leur est apparue et a marché auprès d'eux d'un pas lent et majestueux : trois fois leurs yeux effrayés et interdits l'ont vu passer devant eux à une distance égale à la longueur du bâton de commandement qu'il tenait à la main, pendant qu'eux, glacés par la peur, sont restés muets et n'ont pas osé lui parler. Ils m'ont confié en tremblant, et sous la foi du secret, ce qu'ils avaient vu. La nuit suivante, j'ai été de garde avec eux; et, confirmant la vérité de leurs paroles, à l'heure qu'ils m'avaient indiquée, sous la forme qu'ils avaient décrite, l'apparition est revenue. J'ai reconnu votre père; ces deux mains ne sont pas plus semblables.

HAMLET. Mais où cela s'est-il passé?

MARCELLUS. Monseigneur, sur l'esplanade où nous étions en sentinelle.

HAMLET. Lui avez-vous parlé?

HORATIO. Oui, monseigneur; mais il ne m'a pas répondu. Cependant une fois il m'a semblé qu'il levait la tête et faisait le mouvement d'un homme qui va parler; mais dans cet instant le coq matinal a chanté ; à ce bruit, le spectre s'est éloigné à la hâte, et nous l'avons perdu de vue.

HAMLET. Voilà qui est étrange.

HORATIO. Sur ma vie, monseigneur, la chose est vraie, et nous avons cru de notre devoir de vous en instruire.

HAMLET. En vérité, en vérité, messieurs, ceci m'inquiète. Êtes-vous de garde cette nuit?

TOUS. Oui, monseigneur.

HAMLET. Armé, dites-vous?

TOUS. Armé, monseigneur.

HAMLET. De pied en cap?

TOUS. De la tête aux pieds, monseigneur.

HAMLET. N'avez-vous pas vu sa figure?

HORATIO. Oui, monseigneur; sa visière était levée.

HAMLET. Avait-il un air menaçant?

HORATIO. Il y avait dans l'expression de ses traits plus de tristesse que de courroux.

HAMLET. Était-il pâle ou coloré?

HORATIO. Très-pâle.

HAMLET. Et ses yeux étaient fixés sur vous?

HORATIO. Constamment.

HAMLET. Je voudrais m'être trouvé là.

HORATIO. Vous auriez été bien étonné.

HAMLET. C'est probable, c'est probable. Est-il resté longtemps?

HORATIO. Le temps qu'il faudrait pour compter sans se presser jusqu'à cent.

MARCELLUS et BERNARDO. Plus longtemps, plus longtemps.

HORATIO. Pas la fois que je l'ai vu.

HAMLET. Sa barbe était-elle grisonnante? non?

HORATIO. Elle était comme je la lui ai vue de son vivant, d'un noir argenté.

HAMLET. Je veillerai cette nuit; peut-être reviendra-t-il encore?

HORATIO. Je vous le garantis.

HAMLET. S'il se présente à moi sous la figure de mon père, je lui parlerai, dût l'enfer ouvrir sa gueule béante et m'ordonner de me taire. Je vous en conjure tous, si vous avez jusqu'à présent tenu cette apparition secrète, gardez encore le silence sur ce sujet; et quelque chose qui puisse arriver cette nuit, pensez-y, mais n'en parlez pas : je reconnaîtrai cette preuve de votre affection. Ainsi donc, adieu; j'irai vous rejoindre sur l'esplanade entre onze heures et minuit.

TOUS. Nos respects à votre altesse.

HAMLET. Votre amitié comme vous avez la mienne. Adieu.

Horatio, Marcellus et Bernardo s'éloignent.

HAMLET, *seul, continuant.* L'ombre de mon père qui apparaît en armes! Il y a quelque chose qui va mal. Je soupçonne quelque déloyauté : je voudrais que la nuit fût déjà venue. Jusque-là, reste calme, mon âme! Point de forfaits qui ne se dévoilent aux yeux des hommes, quand la terre entière les couvrirait.

Il sort.

SCÈNE III.

Un appartement dans la maison de Polonius.

Entre LAERTE et OPHÉLIE.

LAERTE. Mes effets sont embarqués ; adieu, ma sœur ; quand les vents seront favorables, et que des navires partiront, que ton amitié ne s'endorme pas ; mais donne-moi de tes nouvelles.

OPHÉLIE. En peux-tu douter?

LAERTE. Pour ce qui est d'Hamlet et de sa frivole amitié, regarde-la comme une mode éphémère, un caprice des sens, une violette printanière, précoce, mais passagère, suave, mais sans durée, dont on respire le parfum une minute ; rien de plus.

OPHÉLIE. Rien de plus?

LAERTE. Pas davantage, crois-moi ; car, dans la croissance, la nature ne développe pas seulement les muscles et la masse du corps ; mais à mesure que le temple prend des proportions plus vastes, le service intérieur de l'esprit et de l'âme s'étend et s'agrandit. Il se peut que maintenant il t'aime, et qu'aucune souillure, aucune déloyauté ne ternisse la pureté de ses sentiments ; mais prends-y garde, dans le rang qu'il occupe sa volonté n'est pas à lui, car il est l'esclave de sa naissance. Il ne lui est pas permis, comme au vulgaire des humains, de choisir par lui-même ; car à son choix sont attachés le salut et la santé de tout l'état ; c'est pourquoi ce choix doit être subordonné au vœu et à l'approbation de ce corps dont il est le chef. Si donc il dit qu'il t'aime, tu feras sagement de n'y ajouter foi que dans les limites de ce que sa position lui permet d'effectuer, attendu qu'il ne peut rien sans l'assentiment du Danemark. Considère donc quelle atteinte serait portée à ta réputation, si tu allais prêter une oreille trop crédule à la magie de ses discours, perdre ton cœur, ouvrir le trésor de ta chasteté à ses importunités audacieuses. Prends-y garde, Ophélie ; prends-y garde, sœur bien-aimée ; tiens-toi en arrière de ton affection, à l'abri des traits et des périls du désir. La vierge prudente est assez prodigue, si elle dévoile sa beauté aux rayons de la lune : la vertu elle-même ne peut se soustraire aux coups de la calomnie ; le ver ronge les filles du printemps avant même que leurs boutons soient éclos ; et c'est à son aurore, sous les liquides perles de la rosée, que la jeunesse est le plus exposée à se flétrir. Sois donc circonspecte : la meilleure protection, c'est la crainte du danger ; la jeunesse devient son propre ennemi quand elle n'en a point d'autre près d'elle.

OPHÉLIE. Je garderai dans mon cœur comme un préservatif cette leçon salutaire. Mais, mon cher frère, ne fais pas comme certains pasteurs sans vertu, qui montrent à leurs ouailles la voie escarpée, épineuse, qui mène au ciel, tandis qu'eux-mêmes, libertins, fougueux et éhontés, suivent le chemin de fleurs de la licence, et ne tiennent aucun compte de leurs propres leçons.

LAERTE. Oh ! sois sans inquiétude à mon égard. Je devrais déjà être parti ; mais voici mon père.

Entre POLONIUS.

LAERTE, *continuant*. Une double bénédiction est un double bienfait ; je bénis l'occasion de prendre une seconde fois congé.

POLONIUS. Encore ici, Laërte ! A bord ! à bord ! c'est honteux ! Ton navire a le vent en poupe, et l'on n'attend plus que toi. Approche, reçois ma bénédiction, et grave dans ta mémoire ce petit nombre de préceptes : garde pour toi ta pensée, et ne donne pas d'exécution à des pensées mal digérées. Sois familier sans vulgarité. Quand tu as adopté un ami, et que tu as éprouvé son affection, enchaîne-le à ton âme par des liens d'acier ; mais ne presse point dans ta main banale la main du premier camarade venu. Évite d'entrer dans une querelle ; mais une fois que tu y seras engagé, comporte-toi de manière à donner à tes adversaires l'envie de t'éviter. Écoute tout le monde, mais sois avare de paroles : prends l'avis de chacun, mais réserve ton jugement. Dans ta mise sois aussi somptueux que te le permettront tes moyens, mais jamais affecté ; qu'elle soit riche, non éclatante ; car la mise révèle souvent l'homme, et sous ce rapport, les gens de qualité, en France, montrent un goût exquis et le tact le plus judicieux. Ne prête ni n'emprunte ; qui prête perd souvent argent et ami ; et les emprunts émoussent l'esprit d'ordre. Mais, — surtout, sois vrai envers toi-même, et il s'ensuivra, comme la nuit suit le jour, que tu ne pourras jamais être faux avec personne. Adieu; que ma bénédiction inculque ces conseils dans ton âme!

LAERTE. Je prends très-humblement congé de vous, mon père.

POLONIUS. Tu n'as pas de temps à perdre. Va, tes serviteurs t'attendent.

LAERTE. Adieu, Ophélie; et rappelle-toi ce que je t'ai dit.

OPHÉLIE. Tes paroles sont renfermées dans ma mémoire, et tu en garderas toi-même la clef.

LAERTE. Adieu.

Il sort.

POLONIUS. Que t'a-t-il donc dit, Ophélie?

OPHÉLIE. Sous votre bon plaisir, quelque chose concernant le seigneur Hamlet.

POLONIUS. Ma foi, il a bien fait. On m'a dit que depuis peu Hamlet a eu avec toi de fréquents entretiens, et que tu t'e- montrée pour lui prodigue de ta société. Si cela est, et l'on m'en a informé pour que je me tinsse sur mes gardes, je dois te dire que tu n'envisages pas ta position avec la lucidité qui siérait à ma fille et qu'exige ton honneur. Qu'y a-t-il en- tre vous? dis-moi la vérité.

OPHÉLIE. Il m'a depuis peu fait mainte protestation de son affection pour moi.

POLONIUS. De son affection! Bah! Tu parles en fille novice, qui n'a point encore traversé ces épreuves. Ajoutes-tu foi à ses protestations, comme tu les appelles?

OPHÉLIE. Je ne sais, seigneur, ce que je dois en penser.

POLONIUS. Eh bien! moi, je vais te l'apprendre: il faut que tu sois bien enfant de prendre pour argent comptant ses pro- testations, qui certes sont fort loin d'être une monnaie de bon aloi. Estime-toi à un plus haut prix; sinon, pour parler sans périphrase, tu n'estimeras qu'une sotte.

OPHÉLIE. Seigneur, il m'a importunée de son amour d'une façon respectueuse.

POLONIUS. Oui, tu as raison d'appeler cela façon; allons donc!

OPHÉLIE. Et il a appuyé ses discours de tous les serments les plus saints.

POLONIUS. Véritables trébuchets à prendre des bécasses. Je sais, alors que le sang brûle, avec quelle prodigalité l'âme prête à la bouche des serments. Ma fille, ces lueurs qui donnent plus de lumière que de chaleur, et qui s'éteignent au moment même où elles commencent à briller, garde-toi de les prendre pour une véritable flamme. A dater d'aujourd'hui, sois un peu plus avare de ta virginale présence; ne mets pas tes entretiens à si bas prix, que pour les obtenir il suffise de les demander. Pour ce qui est du seigneur Hamlet et de la confiance que tu peux mettre en lui, considère qu'il est jeune, et peut se donner plus de liberté que tu n'en peux prendre. En un mot, Ophélie, ne crois point à ses serments, car ils ne sont point ce qu'ils semblent; interprètes de profanes désirs, ils empruntent pour mieux tromper le langage de la sincérité la plus sainte. Une fois pour toutes, et pour m'expliquer franchement, je t'ordonne, à dater de ce moment, de ne plus perdre ton temps à causer avec le seigneur Hamlet. Songes-y bien, je te l'ordonne. Viens.

OPHÉLIE. J'obéirai, mon père.

Ils sortent.

SCÈNE IV.

L'esplanade.

Arrivent HAMLET, HORATIO et MARCELLUS.

HAMLET. La bise est mordante. Il fait très-froid.

HORATIO. L'air est vif et piquant.

HAMLET. Quelle heure est-il?

HORATIO. Je pense qu'il n'est pas loin de minuit.

MARCELLUS. Minuit a sonné.

HORATIO. Vraiment? Je ne l'ai point entendu; en ce cas, nous approchons de l'heure où le fantôme a coutume de faire son apparition. (*On entend dans le lointain des fanfares guerrières mêlées au bruit de l'artillerie.*) Quel est ce bruit, monseigneur?

HAMLET. Le roi consacre cette nuit à la joie; il boit, et à chacune des coupes de vin du Rhin que sa majesté vide, les timbales et les clairons proclament la santé qu'il a portée.

HORATIO. Est-ce la coutume?

HAMLET. Oui, assurément; mais, — quoique je sois né dans ce pays et habitué à ses usages, — c'est, selon moi, une cou-

tume qu'il y a plus d'honneur à enfreindre qu'à observer. Ces orgies abrutissantes nous livrent, de l'orient à l'occident, au mépris des autres nations, qui nous qualifient d'ivrognes, et accolent à notre nom les épithètes les plus grossières; ce défaut ternit nos qualités les plus brillantes et leur ôte tout leur prix. C'est ce qui arrive aux individus. S'ils ont reçu de la nature, à leur naissance, quelque tache originelle dont on ne saurait leur faire un crime, puisque notre naissance est un fait indépendant de nous; s'ils sont affligés de quelque vice de tempérament contre lequel tous les efforts de le raison sont impuissants, de quelque habitude qui se mêle désagréablement à leurs manières et en altère le charme, il arrive à ces hommes, portant l'empreinte d'un défaut unique, livrée de la nature, cachet de leur étoile, — il arrive, dis-je, que toutes leurs vertus fussent-elles aussi pures que la grâce d'en haut, aussi infinies que l'humanité les comporte, seront entachées dans l'opinion de tous, par cette seule imperfection : il suffira de la plus légère parcelle d'alliage pour altérer toute leur substance, et les déprécier.

Arrive L'OMBRE.

HORATIO. Monseigneur, le voilà qui vient.

HAMLET. Anges du ciel, puissances miséricordieuses, défendez-nous! — Génie bienfaisant ou démon infernal, que tu exhales les parfums du ciel ou les émanations de l'enfer, que tes intentions soient sinistres ou charitables, tu m'apparais sous une forme qui m'est si chère, que je veux te parler. Je t'interpelle, Hamlet, sire, mon père, roi de Danemark : oh! réponds-moi; ne me laisse point, dans l'ignorance, mourir de l'émotion que j'éprouve; mais dis-moi pourquoi tes ossements bénits, enclos dans le cercueil, ont brisé leurs ligatures; pourquoi le sépulcre où nous t'avions enseveli en paix a soulevé ses marbres, et ouvert sa gueule immense pour te rejeter parmi nous. Comment se fait-il que toi, cadavre inanimé, revêtant l'acier de ton armure, tu reviens errer à la douteuse clarté de la lune, imprimant à la nuit un cachet d'épouvante, nous jetant, nous fragiles jouets de la nature, dans des angoisses de terreur, et plongeant nos âmes dans des pensées qui dépassent de bien loin leur portée? Réponds, pourquoi cela? dans quel but? Qu'exiges-tu de nous?

HORATIO. Il vous fait signe de le suivre, comme s'il voulait vous entretenir en particulier.

MARCELLUS. Voyez avec quel geste plein de courtoisie il vous invite à vous rendre avec lui dans un lieu plus écarté. Mais n'y allez pas.

HORATIO. Gardez-vous-en bien.

HAMLET. Il ne veut pas me parler; eh bien, je vais le vre.

HORATIO. N'en faites rien, monseigneur.

HAMLET. Pourquoi? qu'ai-je à redouter? Je ne fais pas plus de cas de ma vie que d'une épingle; et quant à mon âme, il ne peut rien contre elle, car elle est immortelle comme lui. — Il me fait signe de nouveau; je vais le suivre.

HORATIO. Et s'il allait, monseigneur, vous attirer vers l'océan ou sur la cime effrayante de quelque rocher se projetant sur sa base bien avant dans la mer; et là, s'il allait prendre quelque autre forme horrible dont la vue vous privera de votre raison et vous jettera dans un accès de démence? Songez-y. La tête tourne et le vertige vous saisit, rien qu'à regarder la mer à une telle profondeur et à l'entendre mugir à vos pieds.

HAMLET. Il continue à me faire signe. — Marche, je te suis.

MARCELLUS. Vous n'irez pas, monseigneur.

HAMLET. Ne me retenez pas.

HORATIO. Soyez raisonnable; vous n'irez pas.

HAMLET. J'entends la voix de ma destinée; elle crie; elle rend chacune de mes fibres aussi robuste que les muscles du lion de Némée. — (*L'Ombre lui fait signe de venir.*) Il m'appelle encore : — lâchez-moi, messieurs. — (*Il s'échappe de leurs bras.*) Par le ciel, je fais une ombre de celui qui voudra me retenir. — Écartez-vous, vous dis-je. — (*A l'Ombre.*) Marche, je te suis.

L'Ombre et Hamlet s'éloignent.

HORATIO. Son imagination le jette dans le délire.

MARCELLUS. Suivons-le : nous ne devons pas lui obéir en cette circonstance.

HORATIO. Allons sur ses pas. Quelle sera l'issue de tout ceci?

MARCELLUS. Il y a quelque chose de vicié dans la constitution du Danemark.

HORATIO. Le ciel avisera.

MARCELLUS. Allons, suivons-le.

Ils s'éloignent.

SCÈNE V.

Une partie plus reculée de l'esplanade.

Arrivent L'OMBRE et HAMLET.

HAMLET. Où veux-tu me conduire? parle : je n'irai pas plus loin.

L'OMBRE. Regarde-moi.

HAMLET. Je te regarde.

L'OMBRE. L'heure approche où je dois rentrer dans les flammes sulfureuses et dévorantes.

HAMLET. Hélas! pauvre âme!

L'OMBRE. Ne me plains pas, mais prête toute ton attention à ce que je vais te révéler.

HAMLET. Parle; mon devoir est de t'écouter.

L'OMBRE. Ce sera ton devoir aussi de me venger quand tu auras entendu.

HAMLET. Quoi?

L'OMBRE. Je suis l'âme de ton père, condamnée pendant un temps marqué à errer la nuit, et à jeûner le jour dans une prison de flamme, jusqu'à ce que les fautes qui ont souillé ma vie mortelle soient effacées par le feu expiatoire. S'il ne m'était interdit de révéler les secrets de ma prison, je te ferais un récit dont chaque mot frapperait ton âme d'épouvante, glacerait ton jeune sang; tes yeux, pareils à deux étoiles, s'élanceraient hors de leurs orbites; les boucles de ta chevelure se dérouleraient en désordre, et chacun de tes cheveux se dresserait sur ta tête comme les dards d'un porc-épic; mais ces mystères éternels ne sont pas faits pour des oreilles de chair et de sang. — Écoute, écoute, oh! écoute! si jamais tu aimas ton tendre père, —

HAMLET. O ciel!

L'OMBRE. Venge sa mort, causée par un meurtre infâme, abominable.

HAMLET. Un meurtre?

L'OMBRE. Un meurtre infâme; tous les meurtres le sont; mais il n'en fut jamais de plus infâme, de plus inouï, de plus abominable que celui-là.

HAMLET. Hâte-toi de m'instruire, afin que, rapide comme la méditation ou la pensée de l'amour, je vole à la vengeance.

L'OMBRE. J'aime à voir ton empressement, et il faudrait que tu fusses plus apathique que la plante épaisse et grasse qui pourrit immobile et inerte sur la rive du Léthé, si tu n'étais pas ému en ce moment. Maintenant, Hamlet, écoute-moi : on a fait courir le bruit que tandis que je dormais dans mon jardin, un serpent m'avait piqué ; c'est ainsi qu'un récit mensonger a trompé le Danemark sur la cause de ma mort ; mais connais la vérité, noble jeune homme ; le serpent dont le dard a tué ton père porte aujourd'hui sa couronne.

HAMLET. O mes prophétiques pressentiments ! mon oncle !

L'OMBRE. Oui, ce monstre incestueux, adultère, par la magie de sa parole, par ses dons criminels,—ô parole perverse ! ô dons abominables, qui ont le pouvoir de séduire à ce point !— réussit à faire partager sa honteuse passion à mon épouse, si vertueuse en apparence. O Hamlet ! quelle chute pour elle ! De moi, dont l'amour noble et digne n'avait pas un instant démenti la promesse que j'avais faite à l'autel, descendre à un misérable dont les qualités naturelles étaient peu de chose comparées aux miennes ! Mais de même que la vertu demeure inébranlable aux sollicitations du vice, dût-il lui apparaître sous la figure d'une divinité, de même l'impudicité, fût-elle associée à un ange de lumière, se lassera des plaisirs d'une couche céleste, et se ravalera aux plus grossiers rebuts. Mais attends ! je crois déjà sentir la brise matinale : il faut que j'abrége. Pendant que je dormais dans mon jardin, comme c'était ma coutume toutes les après-midi, prenant avantage de ma sécurité, ton oncle s'introduisit auprès de moi, muni d'une fiole de jusquiame, et me versa dans l'oreille cette liqueur fatale. Elle est pour le sang de l'homme un poison si actif, qu'avec la subtilité du vif-argent elle court et s'infiltre dans tous les canaux, dans toutes les veines du corps, où son action énergique caille et fige le sang le plus pur et le plus limpide, comme ferait une goutte d'acide dans du lait : tel fut son effet sur moi ; et une lèpre instantanée m'enveloppa comme d'une écorce et couvrit la surface lisse de mon corps d'une croûte infecte et hideuse. Voilà comment, dans mon sommeil, je perdis tout à la fois, par la main d'un frère, la vie, ma couronne et mon épouse. La mort me surprit en état flagrant de péché, sans préparation, sans avoir reçu les derniers sacrements, sans avoir eu le temps de régler les comptes de ma conscience, et obligé de comparaître devant mon juge, chargé de tout le poids de mes iniquités. O horrible ! horrible ! ô comble de l'horrible ! si tu as

quelque sensibilité, ne le souffre pas. Ne permets pas que le lit du roi de Danemark devienne la couche de la luxure et de l'inceste maudit. Mais, de quelque manière que tu poursuives cette vengeance, conserve-toi moral et pur, et n'entreprends rien contre ta mère. Abandonne son châtiment au ciel et aux aiguillons qu'elle porte dans son cœur, et qui la transpercent. Adieu; il faut que je te quitte; le ver luisant, dont le feu sans chaleur commence à pâlir, annonce l'approche du matin. Adieu, adieu, adieu; souviens-toi de moi.
L'Ombre s'éloigne.

HAMLET. O saintes légions du ciel! ô terre! quoi encore? Y joindrai-je l'enfer? — O opprobre! — Contiens-toi, contiens-toi, ô mon cœur! et vous mes muscles, ne vieillissez pas en un instant, mais redoublez d'énergie pour me soutenir. — Me souvenir de toi? Oui, ombre malheureuse, tant que la mémoire aura un siége dans ce cerveau en désordre. — Me souvenir de toi? oui, je veux du registre de ma mémoire effacer tous les souvenirs frivoles, toutes les maximes puisées dans les livres, tous les vestiges, toutes les impressions du passé, tout ce que la jeunesse et l'observation y ont déposé; et à leur place, sur les tablettes de mon cerveau, ton commandement figurera seul et dégagé de tout alliage impur; oui, j'en jure par le ciel. O femme perverse! ô scélérat, scélérat! caressant et damné scélérat! Mes tablettes; — notons-y qu'un homme peut sourire, sourire et n'être qu'un scélérat; du moins, je suis sûr qu'il en peut être ainsi en Danemark. (*Il écrit sur ses tablettes.*) Ainsi, mon oncle, vous êtes là. Venons maintenant à mon mot d'ordre; c'est, *adieu, adieu! souviens-toi de moi*. Je l'ai juré.

HORATIO, *de loin.* Monseigneur, monseigneur, —

MARCELLUS, *de loin.* Seigneur Hamlet, —

HORATIO, *de loin.* Que le ciel le protége!

HAMLET. Ainsi soit-il.

MARCELLUS, *de loin.* Holà, holà, monseigneur.

HAMLET. Arrive, mon bel oiseau, arrive [1].

---

[1] Il imite le cri du chasseur rappelant son faucon. Ici et dans le reste de cette scène se manifeste un commencement de perturbation cérébrale qui n'est point l'aliénation mentale caractérisée, mais qui, du moins, sert à expliquer les paroles bouffonnes ou incohérentes qui, à dater de ce moment, échappent parfois à Hamlet, et que certains commentateurs ont si justement blâmées.

Arrivent HORATIO *et* MARCELLUS.

MARCELLUS. Que s'est-il passé, monseigneur?

HORATIO. Quelles nouvelles, monseigneur?

HAMLET. Oh! des plus étranges.

HORATIO. Monseigueur, dites-nous-les!

HAMLET. Non, vous les rediriez.

HORATIO. Pas moi, monseigneur, j'en jure par le ciel.

MARCELLUS. Ni moi, monseigneur.

HAMLET. Qu'en dites-vous donc? Quel cœur d'homme l'aurait pensé? mais vous me promettez le secret?

HORATIO *et* MARCELLUS. Oui, par le ciel, monseigneur.

HAMLET. Il n'y a pas dans tout le Danemark un scélérat qui ne soit un coquin fieffé.

HORATIO. Il n'était pas nécessaire, monseigneur, qu'un spectre sortît du tombeau pour nous apprendre cela.

HANLET. C'est juste; oui, vous avez raison : sur quoi, sans entrer dans plus de détails, je trouve à propos que nous nous donnions une poignée de main, et que nous nous séparions, vous pour aller où vous appellent vos affaires et vos inclinations, — car chacun a ses inclinations et ses affaires, quelles qu'elles soient, — et moi, humble et chétif, voyez-vous, je vais prier.

HORATIO. Ce sont là des paroles vides et incohérentes, monseigneur.

HAMLET. Je suis fâché qu'elles vous offensent, oui, très-fâché.

HORATIO. Il n'y a point là d'offense, monseigneur.

HAMLET. Oui, par saint Patrice, il y a là une offense, et une bien grave. Quant à la vision de tout à l'heure, — c'est un honnête fantôme, permettez-moi de vous le dire : — quant à votre désir de connaître ce qui s'est passé entre nous, réprimez-le de votre mieux ; et maintenant, mes bons amis, je vous en conjure par notre titre d'amis, de condisciples, de compagnons d'armes, accordez-moi une grâce.

HORATIO. Quelle est-elle, monseigneur? nous vous l'accordons.

HAMLET. C'est de ne jamais révéler ce que vous avez vu cette nuit.

HORATIO *et* MARCELLUS. Nous vous le promettons, monseigneur.

HAMLET. Oui; mais jurez-le.

HORATIO. Sur ma parole, monseigneur, je n'en dirai jamais rien.

ACTE I, SCÈNE V.

MARCELLUS. Ni moi, monseigneur, je vous le promets.

HAMLET. Jurez sur mon épée.

MARCELLUS. Nous avons déjà juré, monseigneur.

HAMLET. Oui, mais sur mon épée.

LA VOIX DE L'OMBRE *crie de dessous terre.* Jurez!

HAMLET. Ah! ah! mon camarade, est-ce toi qui parles? es-tu là, mon brave? viens ici; — vous entendez le camarade qui est dans la cave; consentez à prêter ce serment.

HORATIO. Dites-nous-en les paroles, monseigneur.

HAMLET, *les emmenant à quelques pas plus loin.* Jurez sur mon épée de ne jamais parler de ce que vous avez vu.

L'OMBRE, *de dessous terre.*

HAMLET. *Hic et ubique*[1]? En ce cas, nous allons plus loin. (*Il s'éloigne de quelques pas.*) Approchez, messieurs, et la main étendue sur mon épée, jurez par ce glaive de ne jamais parler de ce que vous avez entendu.

L'OMBRE, *de dessous terre.* Jurez par son épée.

HAMLET. Bien dit, vieille taupe! Comme tu fais du chemin sous terre en peu de temps! l'excellent pionnier! — Éloignons-nous encore une fois, mes bons amis.

HORATIO. Par le jour et la nuit, voilà une étrange merveille.

HAMLET. Faisons-lui donc l'accueil que l'on fait aux étrangers. Le ciel et la terre, Horatio, recèlent plus de mystères que vos philosophes ne se l'imaginent; mais venez. — Quelque singularité que vous remarquiez dans ma conduite, si, par la suite, je juge convenable d'affecter des manières bizarres, jurez par le salut de vos âmes, qu'en me voyant ainsi, jamais il ne vous arrivera de vous croiser les bras ou de secouer la tête, ou de prononcer des paroles ambiguës, comme par exemple : « Fort bien, fort bien, nous savons ce que c'est; » ou, « Nous pourrions si nous voulions; » ou, « S'il nous prenait envie de parler; » ou bien encore, « Il y a des gens qui, s'ils l'osaient, » ou telles autres expressions équivoques, donnant à entendre que vous êtes dans ma confidence; jurez de n'en rien faire; et puisse, à l'heure où vous en aurez le plus pressant besoin, la grâce divine ne point vous faire faute!

L'OMBRE, *de dessous terre.* Jurez!

[1] Ici et partout.

HAMLET. Calme-toi, calme-toi, âme en peine! — Ainsi, messieurs, je me recommande à vous avec toute l'affection que je vous porte; et tout ce qu'un homme aussi chétif qu'Hamlet pourra faire pour vous témoigner son amitié et son attachement, Dieu aidant, il le fera. Rentrons ensemble, et toujours le doigt sur les lèvres, je vous prie. Il y a dans ce monde quelque grande perturbation! — O malédiction! Pourquoi suis-je appelé à la faire cesser! Allons, venez; partons ensemble.

Ils s'éloignent.

ACTE DEUXIÈME.

SCÈNE I.

Un appartement dans la maison de Polonius.

Entrent POLONIUS et RINALDO.

POLONIUS. Donne-lui cet argent et ces billets, Rinaldo.

RINALDO. Oui, monseigneur.

POLONIUS. Avant de l'aller voir, mon cher Rinaldo, tu feras très-sagement de prendre des renseignements sur son compte.

RINALDO. C'était mon intention, monseigneur.

POLONIUS. Bien dit, très-bien dit. Vois-tu, informe-toi d'abord des Danois qui sont à Paris; où, avec qui, et sur quel pied ils vivent; quelle est leur société, leur dépense; après t'être assuré, par toutes ces questions, qu'ils connaissent mon fils, tâche de recueillir à son égard des informations plus précises que tes questions n'auront l'air d'en demander : fais comme si tu ne le connaissais qu'imparfaitement; dis, par exemple, — « Je connais son père et sa famille; et lui-même il ne m'est par entièrement inconnu. » Entends-tu bien ceci, Rinaldo?

RINALDO. Fort bien, monseigneur.

POLONIUS. « Il ne m'est pas entièrement inconnu; »—mais, pourras-tu ajouter, « je le connais peu; cependant, si c'est celui dont je parle, c'est un jeune homme fort dissipé, adonné à tels ou tels dérèglements; » — et alors, impute-lui tous les vices qu'il te plaira, aucun cependant qui puisse le déshonorer, garde-t'en bien, mais tous les écarts, toutes les folies inséparables de la jeunesse qui a ses coudées franches.

RINALDO. Par exemple, le jeu, monseigneur.

POLONIUS. Oui, ou le vin, l'escrime, l'habitude de jurer, l'humeur querelleuse, la fréquentation des mauvais lieux : — tu peux aller jusque-là.

RINALDO. Monseigneur, il y aurait là de quoi le déshonorer.

POLONIUS. Point du tout, si, pour faire cette imputation, tu sais t'y prendre convenablement. Ne va pas aggraver la chose en l'accusant de débauche habituelle ; ce n'est pas là ce que je veux dire : mets dans tes reproches un tact habile ; fais en sorte qu'on ne puisse attribuer ses torts qu'aux défauts qui accompagnent ordinairement le jeune âge, l'abus de la liberté, l'entraînement d'un esprit fougueux, l'effervescence d'un sang bouillant.

RINALDO. Mais, monseigneur, —

POLONIUS. Pourquoi est-il à propos que tu agisses de cette manière ?

RINALDO. Voilà justement, monseigneur, ce que je voudrais savoir.

POLONIUS. C'est précisément où je voulais en venir ; et c'est un coup de maître, à mon avis. Après que tu auras imputé à mon fils ces légers défauts, qu'on peut tout au plus regarder comme des taches dans un bel ouvrage ; pour peu que ton interlocuteur, celui que tu veux sonder, ait remarqué dans le jeune homme dont tu parles quelques-uns des vices que nous venons d'énumérer, tu peux compter qu'il répondra sur-le-champ : « mon cher monsieur, » ou « mon ami, » ou « mon gentilhomme, » suivant la formule habituelle à l'individu, ou usitée dans le pays.

RINALDO. Fort bien, monseigneur.

POLONIUS. Eh bien donc, alors, — où en étais-je ? Par la sainte messe, je voulais dire quelque chose ; — où en suis-je resté ?

RINALDO. Vous en étiez à la réponse qu'on me fera.

POLONIUS. A la réponse qu'on te fera : — c'est cela ; il ne manquera pas de te répondre : — « Je connais ce jeune homme ; je l'ai vu hier ou l'autre jour, à telle époque, avec tels et tels ; là, comme vous dites, je l'ai surpris au jeu ou dans une orgie, ou se prenant de querelle dans une partie de paume ; ou bien, je l'ai vu entrer dans une maison suspecte, » ou autres choses semblables ; maintenant, tu vois ; c'est ainsi qu'avec l'amorce d'un mensonge on prend la vérité à l'hameçon. C'est ainsi que nous autres gens entendus, à force de circuits et de détours, en plaidant le faux nous découvrons le vrai. Et voilà comme, en suivant la marche que je viens de t'indiquer, tu te mettras au courant de la conduite de mon fils. Tu me comprends, n'est-ce pas ?

RINALDO. Oui, monseigneur.

POLONIUS. Que Dieu soit avec toi ! bon voyage.

RINALDO. Monseigneur, —

POLONIUS. Observe par toi-même ses penchants.

RINALDO. C'est ce que je ferai, monseigneur.

POLONIUS. Et laisse-lui jouer son jeu.

RINALDO. Bien, monseigneur.

POLONIUS. Adieu.

Rinaldo sort.

Entre OPHÉLIE.

POLONIUS, *continuant*. Eh bien, Ophélie, qu'y a-t-il donc ?

OPHÉLIE. O mon père, mon père ! vous me voyez encore toute effrayée.

POLONIUS. De quoi, au nom du ciel ?

OPHÉLIE. Mon père, j'étais occupée à coudre dans ma chambre, quand le seigneur Hamlet, — les vêtements en désordre, la tête nue, ses bas sans jarretières et tombant sur ses talons ; pâle et blanc comme son linge, les genoux tremblants et s'entrechoquant, et le visage empreint d'un tel cachet de désespoir qu'on eût dit qu'il s'était échappé de l'enfer pour apporter quelque horrible message, — s'est tout à coup présenté devant moi.

POLONIUS. Est-ce que son amour pour toi l'a rendu fou ?

OPHÉLIE. Je ne sais, mon père ; mais, en vérité, je le crains.

POLONIUS. Que t'a-t-il dit ?

OPHÉLIE. Il m'a prise par le poignet et m'a serrée fortement ; puis s'éloignant de la longueur de son bras, son autre main posée comme cela sur son front, il s'est mis à examiner attentivement mon visage, comme s'il eût voulu le dessiner.

Il est resté longtemps dans cette attitude ; enfin, — secouant légèrement mon bras, baissant et relevant la tête par trois fois, comme cela, il a poussé un soupir si douloureux et si profond que tout son corps en a paru ébranlé, et qu'on eût dit qu'il allait mourir. Cela fait, il m'a laissée et s'est éloigné en détournant la tête, comme un homme qui, pour trouver son chemin, n'a pas besoin de ses yeux ; effectivement, il a franchi la porte sans leur aide, et son regard, jusqu'au dernier moment, n'a cessé d'être fixé sur moi.

POLONIUS. Viens, suis-moi ? je vais trouver le roi. C'est bien là le délire de l'amour ; il tourne sa violence contre lui-même, et pousse la volonté à des actes de désespoir plus qu'aucune des passions qui affligent ici-bas notre nature. Je suis fâché, — Dis-moi, est-ce que tu lui aurais récemment adressé des paroles dures ?

OPHÉLIE. Non, mon père ; mais, conformément à vos ordres, j'ai refusé ses lettres et lui ai interdit ma présence.

POLONIUS. Voilà ce qui a égaré sa raison. Je suis fâché de ne l'avoir pas plus sagement jugé : j'ai craint que ses intentions ne fussent pas sérieuses et qu'il ne se proposât que de consommer ta ruine. Que je m'en veux de ma défiance ! Il semble que ce soit l'attribut des hommes de mon âge de pousser trop loin la prévoyance, comme c'est le défaut des jeunes gens d'en manquer. Viens, allons trouver le roi : il faut qu'il sache ce qui se passe ; car cet amour tenu caché pourrait attirer sur nous plus de malheurs que sa révélation ne peut provoquer de ressentiments.

Ils sortent.

SCÈNE II

Un appartement du château.

Entrent LE ROI, LA REINE et leur Suite, ROSENCRANTZ et GUILDENSTERN.

LE ROI. Soyez les bienvenus, cher Rosencrantz, et vous, Guildenstern ! Indépendamment du désir que nous éprouvions de vous voir, le besoin que nous avons de vos services nous a engagé à vous appeler auprès de nous sans délai. Vous avez entendu parler de la transformation d'Hamlet ; je dis transformation, parce que, à l'extérieur comme à l'intérieur, il n'est plus le même homme. La cause qui a ainsi altéré sa raison ne peut être que la mort de son père ; je n'en puis imaginer d'autre. Élevés avec lui dès votre enfance, sympathisant avec lui par l'âge et le caractère, — veuillez, je vous en prie, rester quelque temps ici à notre cour; tâchez, par votre société, de lui inspirer le goût des plaisirs, et mettez à profit toutes les occasions pour découvrir si son affliction n'a pas quelque cause inconnue dont la révélation nous permettrait d'y porter remède.

LA REINE. Messieurs, il a beaucoup parlé de vous; et j'ai la conviction qu'il n'y a pas au monde deux hommes auxquels il soit plus attaché. Si vous voulez bien nous faire l'amitié de passer quelque temps avec nous, et nous rendre le service que nous attendons de votre complaisance, vous pouvez compter sur des témoignages de reconnaissance dignes de la libéralité d'un roi.

ROSENCRANTZ. Vos majestés ont sur nous une autorité souveraine; au lieu de prier, elles ont le droit de signifier leur volonté suprême.

GUILDENSTERN. Nous vous obéirons l'un et l'autre; nous sommes tout entiers à votre disposition; nous mettons à vos pieds nos services et notre dévouement; commandez.

LE ROI. Merci, Rosencrantz, et vous, mon cher Guildenstern.

LA REINE. Merci, Guildenstern, — et vous, mon cher Rosencrantz; veuillez, je vous prie, vous rendre auprès de mon fils, aujourd'hui méconnaissable. — (*A sa suite.*) Que quelques-uns d'entre vous conduisent ces messieurs auprès d'Hamlet.

GUILDENSTERN. Fasse le ciel que notre présence lui soit agréable et nos soins salutaires!

LA REINE. Puisse-t-il en être ainsi!

Rosencrantz et Guildenstern sortent, suivis de quelques serviteurs.

Entre POLONIUS.

POLONIUS. Sire, les ambassadeurs sont revenus de Norwége, satisfaits du résultat de leur mission.

LE ROI. Tu ne m'as jamais annoncé que de bonnes nouvelles.

POLONIUS. Vraiment, sire! Soyez certain que dans mon âme, je mets sur la même ligne mon dévouement à mon roi, et mon devoir envers mon Dieu. A moins que la sagacité habituelle de mon intelligence ne soit en défaut, je crois avoir découvert la cause véritable de la folie d'Hamlet.

LE ROI. Oh! fais-la-moi connaître; il me tarde de l'apprendre.

POLONIUS. Veuillez commencer par donner audience aux ambassadeurs; ce que j'ai à vous dire sera le dessert de ce festin splendide.

LE ROI. Fais-leur toi-même les honneurs, et introduis-les.
Polonius sort.

LE ROI, *continuant*. Il m'annonce, ma chère Gertrude, qu'il a trouvé la cause et la source de la maladie de votre fils.

LA REINE. Je crains bien qu'il n'y en ait point d'autre que la mort de son père et notre mariage précipité.

LE ROI. Bien, nous le sonderons.

Rentre POLONIUS, suivi de VOLTIMAND et de CORNÉLIUS.

LE ROI. Soyez les bienvenus, mes bons amis! Parlez, Voltimand, quelles nouvelles nous apportez-vous de notre frère de Norwége?

VOLTIMAND. Il vous envoie ses compliments et ses salutations cordiales. Au premier mot que nous lui avons dit, il a expédié des ordres pour arrêter les préparatifs de guerre faits par son neveu. Jusqu'alors il les avait crus dirigés contre la Pologne; mais un plus ample examen l'ayant convaincu que c'était contre votre majesté, indigné qu'on osât se prévaloir ainsi de son état maladif, de son âge et de l'impuissance où il est réduit, il a envoyé à Fortinbras l'ordre de comparaître devant lui; celui-ci a obtempéré à cette injonction, et après avoir reçu du roi de Norwége une sévère réprimande, il a fait devant son oncle le serment de ne plus rien entreprendre contre votre majesté; sur quoi, le vieux monarque, transporté de joie, lui a accordé un subside annuel de trois mille écus, ainsi que l'autorisation d'employer contre les Polonais les soldats levés par lui. En même temps par la lettre que voici (*il lui remet un papier*), il vous prie de vouloir bien accorder à ses troupes le passage à travers votre territoire, aux conditions et sous les réserves stipulées dans cet écrit.

LE ROI. Nous sommes charmés de ce résultat; quant à cette requête, nous la lirons, nous l'examinerons plus à loisir, et nous y répondrons. En attendant, nous vous remercions d'avoir mené à bien cette affaire. Allez vous reposer; ce soir nous souperons ensemble. Vous êtes ici les bienvenus!
Voltimand et Cornélius sortent.

POLONIUS. Cette affaire est heureusement terminée. Sire, et vous, madame, discuter ce qui constitue l'autorité royale et en quoi consiste l'obéissance des sujets, pourquoi la nuit est la nuit, le jour le jour, et le temps le temps, ce serait perdre inutilement la nuit, le jour et le temps : en conséquence, puisque la brièveté est l'âme de l'esprit, tandis que la prolixité n'en est que le corps et l'enveloppe extérieure, je serai bref. Votre noble fils est fou ; je dis fou, car il y aurait de la folie à vouloir définir en quoi la folie véritable consiste ; mais laissons cela.

LA REINE. Venez au fait, et mettez-y moins d'art.

POLONIUS. Madame, je n'y mets aucun art, je vous le jure. Il n'est que trop vrai que votre fils est fou. Il est vrai que c'est dommage, et c'est grand dommage que ce soit vrai ; c'est là une sotte antithèse ; mais telle qu'elle est acceptez-la, car je ne veux employer aucun art. Il est donc fou ; ceci une fois accordé, il ne reste plus qu'à trouver la cause de cet effet, ou plutôt de ce défaut ; car cet effet, dans sa défectuosité, a une cause. Voilà ce qui reste à faire, et voilà comme je procède ; suivez-moi bien : j'ai une fille ; je l'ai tant qu'elle m'appartient ; ma fille, fidèle à son devoir et à l'obéissance qu'elle me doit, remarquez-le bien, m'a remis ceci. (*Il montre un papier.*) Réfléchissez, et tirez la conclusion.—(*Il lit.*) « A l'idole de mon âme, la céleste Ophélie, la beauté personnifiée. » — C'est là une mauvaise, une pitoyable expression : « Beauté personnifiée, » est une mauvaise expression ; mais écoutez la suite : — « Quelle conserve précieusement ces lignes dans son beau sein d'albâtre. »

LA REINE. Ceci est-il adressé par Hamlet à Ophélie ?

POLONIUS. Attendez un instant, madame ; je cite textuellement :

Il lit :

« Doute qu'au firmament les astres soient de flamme,
» Doute que dans les cieux marche l'astre du jour ;
» Mets la vérité même en doute dans ton âme ;
» Mais ne doute jamais, jamais de mon amour.

» Chère Ophélie, la poésie ne me va pas ; je ne sais point moduler mes soupirs avec art ; mais quant à savoir que je t'aime par-dessus tout, ô ma charmante ! tu peux le croire. Adieu. A toi pour toujours, ma bien-aimée, à toi, tant que cette machine mortelle m'appartiendra. HAMLET. »

Voilà ce que, dans son obéissance, ma fille m'a montré ;

antérieurement déjà, elle m'avait confié successivement, et à mesure qu'il les lui a faites, ses ouvertures amoureuses.

LE ROI. Mais comment a-t-elle accueilli son amour ?

POLONIUS. Pour qui me prenez-vous ?

LE ROI. Pour un homme loyal et honorable.

POLONIUS. Je chercherai toujours à me montrer tel ; mais quelle opinion auriez-vous de moi, si, voyant éclore ce violent amour, — et je vous dirai que je m'en étais aperçu avant que ma fille n'en eût parlé, — que penseriez-vous de moi, sire, ou vous, madame, si, jouant le rôle de pupitre ou de calepin, j'avais été le muet confident de leurs amours ; si, témoin de leur passion, j'avais imposé silence à mon cœur ; si je l'avais regardé d'un œil indifférent : quelle idée vous feriez-vous de moi ? Non, je me suis mis sur-le-champ à l'œuvre, et j'ai dit à ma jeune demoiselle : — « Le seigneur Hamlet est un prince placé hors de ta sphère : cela ne doit pas être : » et alors je lui ai prescrit de s'interdire sa société et de ne plus recevoir ni ses messages ni ses cadeaux. Elle a suivi mon conseil, et pour abréger cette histoire, le prince, se voyant ainsi rebuté, est tombé d'abord dans la tristesse, puis dans un dégoût absolu pour les aliments, puis dans l'insomnie, puis dans la langueur, puis dans la faiblesse de tête, et de là, toujours par gradation, dans la démence qui le fait maintenant délirer et que nous déplorons tous.

LE ROI. Penses-tu que ce soit cela ?

LA REINE. C'est très-probable.

POLONIUS. Quand m'est-il arrivé, je voudrais le savoir, de dire positivement : « Telle chose est, » quand il en était autrement ?

LE ROI. Jamais que je sache.

POLONIUS. Si ce que j'ai dit n'est pas, (*montrant sa tête, puis ses épaules*) qu'on fasse sauter ceci de dessus cela : pour peu que les circonstances me mettent sur la voie, je suis sûr de découvrir la vérité, fût-elle cachée au centre de la terre.

LE ROI. Par quel autre moyen pourrais-tu nous en donner l'assurance ?

POLONIUS. Vous savez qu'il se promène quelquefois quatre heures de suite dans cette galerie.

LA REINE. Il est vrai.

POLONIUS. Au moment où il y sera, je lui enverrai ma fille ;

vous et moi, cachés derrière une tapisserie, nous serons témoins de leur entrevue. S'il ne l'aime pas, si ce n'est pas l'amour qui lui a fait perdre la raison, que je cesse d'être admis aux conseils de l'état, qu'on m'envoie diriger une ferme et commander à des charretiers.

LE ROI. Nous essayerons de ce moyen.

Entre HAMLET, *lisant.*

LA REINE. Voyez l'infortuné s'avancer tristement, un livre à la main.

POLONIUS. Allez-vous-en tous deux, je vous en conjure; je vais l'aborder à l'instant. — Oh! laissez-moi faire.

Le Roi, la Reine et leur Suite sortent.

POLONIUS, *continuant.* Comment se porte monseigneur Hamlet?

HAMLET. Bien, Dieu merci.

POLONIUS. Me connaissez-vous, monseigneur?

HAMLET. Parfaitement; vous êtes un marchand de poisson.

POLONIUS. Vous vous trompez, monseigneur.

HAMLET. En ce cas, je voudrais vous voir aussi honnête homme qu'un de ces gens-là.

POLONIUS. Honnête homme, monseigneur?

HAMLET. Oui, seigneur; au train dont va le monde, c'est à peine si l'on trouve un honnête homme sur dix mille.

POLONIUS. C'est très-vrai, monseigneur.

HAMLET. En effet, si le soleil engendre des vers dans un chien mort, et, tout dieu qu'il est, caresse une charogne, — Avez-vous une fille?

POLONIUS. Oui, monseigneur.

HAMLET. Ne la laissez pas se promener au soleil : la conception est un bienfait du ciel; mais, comme votre fille peut concevoir,—mon cher, prenez-y garde.

POLONIUS. Que voulez-vous dire par là? — (*A part.*) C'est toujours ma fille qui l'occupe; cependant il ne m'a pas reconnu au premier abord; il m'a pris pour un marchand de poisson. Son cerveau est gravement atteint; et de fait, dans ma jeunesse, l'amour m'a quelquefois réduit à un état déplorable, approchant de celui-ci. Parlons-lui encore. — Que lisez-vous là, monseigneur?

HAMLET. Des mots, des mots, des mots.

POLONIUS. De quoi est-il question, monseigneur ?

HAMLET. Entre qui ?

POLONIUS. Je vous demande ce que contient le livre que vous lisez, monseigneur.

HAMLET. Des calomnies, seigneur. Le satirique auteur a l'impudence de dire que les vieillards ont la barbe grise ; que leur visage est ridé, que leurs yeux distillent à foison l'ambre et la gomme de prunier ; qu'ils ont une abondante disette d'esprit, et les jarrets extrêmement débiles ; toutes choses, seigneur, que je crois fermement et en conscience, mais qu'on ne doit pas se permettre d'écrire ; quant à vous seigneur, vous seriez aussi âgé que moi, si, comme l'écrevisse, vous pouviez aller à reculons.

POLONIUS, *à part*. Quoique ce soit là de la folie, cependant c'est une folie qui ne manque pas d'une certaine méthode[1]. —(*Haut.*) Voulez-vous venir prendre l'air, monseigneur ?

HAMLET. Quel air ? celui de la tombe ?

POLONIUS, *à part*. Quelle justesse il y a parfois dans ses répliques ! Les reparties des insensés ont souvent un bonheur d'à propos que la raison la plus saine ne saurait atteindre. Je vais le quitter et combiner les moyens d'amener une entrevue entre lui et ma fille.—Monseigneur, je vais humblement prendre congé de vous.

HAMLET. Vous ne sauriez me rien prendre dont je fasse plus volontiers l'abandon ; excepté ma vie, excepté ma vie, excepté ma vie.

POLONIUS. Adieu, monseigneur.

HAMLET. Le sot et ennuyeux vieillard !

Entrent ROSENCRANTZ et GUILDENSTERN.

POLONIUS. Vous cherchez le seigneur Hamlet ; le voici.

ROSENCRANTZ, *à Polonius*. Dieu vous garde, seigneur.

Polonius sort.

GUILDENSTERN. Mon noble seigneur, —

ROSENCRANTZ. Cher prince.

HAMLET. Mes bons, mes excellents amis ! Comment vous portez-vous, Guildenstern ? et vous, Rosencrantz ? Mes enfants, comment allez-vous ?

[1] *Insanire paret certâ ratione modoque.*
HORACE.

ROSENCRANTZ. Ni trop bien ni trop mal.

GUILDENSTERN. Nous avons le bonheur de ne point être affligés d'un excès de félicité : notre place n'est pas tout à fait au point culminant du chapeau de la fortune.

ROSENCRANTZ. Ni à la semelle de sa chaussure.

HAMLET. Vous êtes donc à la hauteur de sa ceinture, dans le giron de ses faveurs.

GUILDESTERN. Elle nous traite sans façon.

HAMLET. Ah! vous êtes dans l'intimité de la fortune ! je ne m'en étonne pas ; c'est une courtisane. Quelles nouvelles ?

ROSENCRANTZ. Aucune, monseigneur, si ce n'est que le monde est devenu vertueux.

HAMLET. En ce cas, la fin du monde approche; mais votre nouvelle n'est pas vraie. Permettez-moi de vous adresser une question qui vous touche de plus près. Dites-moi, mes chers amis, qu'avez-vous fait à la fortune, pour qu'elle vous envoie ici en prison ?

GUILDENSTERN. En prison, monseigneur ?

HAMLET. Le Danemark est une prison.

ROSENCRANTZ. Le monde alors en est une.

HAMLET. Oui, une vaste prison qui comprend un grand nombre de cellules, de cabanons et de cachots, parmi lesquels l'un des pires est le Danemark.

ROSENCRANTZ. Nous ne sommes pas de cet avis, monseigneur.

HAMLET. C'est qu'alors le Danemark n'est point une prison pour vous ; car le bien et le mal n'existent pour nous qu'autant que nous le jugeons tel : pour moi c'est une prison.

ROSENCRANTZ. C'est votre ambition qui du Danemark fait pour vous une prison ; votre âme y est trop à l'étroit.

HAMLET. O mon Dieu ! je tiendrais dans une coquille de noix; je m'y croirais au large et le roi d'un empire sans limites, si je n'avais pas de mauvais rêves.

GUILDENSTERN. Ce sont justement ces rêves-là qui constituent l'ambition ; car toute la substance de l'ambitieux n'est que l'ombre d'un rêve.

HAMLET. Un rêve n'est lui-même qu'une ombre.

ROSENCRANTZ. C'est vrai, et je considère l'ambition comme

chose si subtile et si légère, qu'à mon sens elle n'est que l'ombre d'une ombre.

HAMLET. Ainsi, les mendiants sont des corps, et les monarques, les héros ambitieux ne sont que leur ombre. Voulez-vous que nous allions à la cour? car, franchement, je ne me sens pas en train de discuter.

ROSENCRANTZ *et* GUILDENSTERN. Nous sommes à vos ordres.

HAMLET. Je ne l'entends point ainsi : je ne veux pas vous confondre avec le reste de mes serviteurs; car, à vous parler en honnête homme, je suis horriblement servi. Mais, franchement et en amis, qu'êtes-vous venus faire à Elseneur?

ROSENCRANTZ. Vous voir, monseigneur ; notre arrivée ici n'a pas d'autre motif.

HAMLET. Je suis tellement pauvre, que je suis même à court de remercîments ; mais je vous rends grâces, et mes remercîments, à coup sûr, mes bons amis, sont d'une obole trop chers encore. Ne vous a-t-on pas envoyé chercher? Êtes-vous venus de votre propre mouvement? Est-ce votre inclination qui vous amène? Allons, allons, soyez francs avec moi : allons, allons, parlez.

GUILDENSTERN. Que voulez-vous que nous vous disions, monseigneur ?

HAMLET. Tout ce qu'il vous plaira ; — mais répondez à ma question. On vous a envoyé chercher, et je lis dans vos traits une sorte d'aveu que votre candeur n'a pas le talent de dissimuler. Je sais que notre bon roi et notre excellente reine vous ont envoyé chercher.

ROSENCRANTZ. Dans quel but, monseigneur ?

HAMLET. C'est à vous de me le dire. Mais je vous adjure par les droits de notre amitié, par les sympathies de notre âge, par les devoirs que nous impose notre longue affection, enfin par toutes les raisons plus convaincantes encore que pourrait alléguer un orateur plus habile que moi, soyez francs et sincères avec moi ; vous a-t-on envoyé chercher, oui ou non?

ROSENCRANTZ, *bas, à Guildenstern.* Que faut-il répondre ?

HAMLET, *à part.* J'ai l'œil sur vous. — (*Haut.*) Si vous m'aimez, expliquez-vous franchement.

GUILDENSTERN. Monseigneur, on nous a envoyé chercher.

HAMLET. Je vais vous dire pourquoi : de cette manière, mes aveux iront au-devant de vos investigations, et le secret que vous devez au roi et à la reine ne recevra pas la plus légère atteinte. J'ai depuis peu, je ne sais pourquoi, perdu toute ma gaieté, renoncé à toute espèce d'exercice ; et je me sens dans l'âme une telle tristesse, que cette merveilleuse machine, la terre, ne me semble plus qu'un stérile promontoire ; ce dais superbe, le ciel, ce magnifique firmament suspendu sur nos têtes, ce dôme majestueux où étincelle l'or d'innombrables étoiles, tout cela ne me paraît plus qu'un amas infect de vapeurs pestilentielles. Quel chef-d'œuvre que l'homme ! quelle élévation dans son intelligence ! que ses facultés sont infinies ! que sa forme est imposante et admirable ! Comme ses actes le rapprochent de l'ange ! sa raison d'un Dieu ! c'est la merveille du monde ! le roi de la création animée ! et pourtant qu'est-elle à mes yeux, cette quintessence de poussière ? L'homme ne saurait me plaire, — ni la femme non plus, quoique votre sourire semble dire le contraire.

ROSENCRANTZ. Monseigneur, une pareille intention n'était pas dans ma pensée.

HAMLET. Pourquoi donc avez-vous ri quand j'ai dit que l'homme ne saurait me plaire ?

ROSENCRANTZ. C'est que je pensais que si l'homme n'avait plus le don de vous plaire, vous feriez un triste accueil aux comédiens que nous avons rencontrés en route, et qui viennent ici vous offrir leurs services.

HAMLET. Celui qui joue les rois sera le bienvenu ; sa majesté aura le tribut de mes hommages ; le chevalier errant jouera du fleuret et du bouclier ; l'amoureux ne soupirera pas en vain ; le comique achèvera en paix son rôle ; le bouffon fera rire les moins enclins à se désopiler la rate. Enfin l'amoureuse estropiera les vers blancs plutôt que de ne pas dire franchement ce qu'elle a sur le cœur. — Qui sont ces comédiens ?

ROSENCRANTZ. Ceux qui vous plaisaient tant, les tragédiens de la ville.

HAMLET. Pourquoi donc sont-ils devenus ambulants ? ils trouveraient à être sédentaires plus d'honneur et de profit.

ROSENCRANTZ. Je pense que les innovations récentes les en ont empêchés.

HAMLET. Leur réputation est-elle la même que lorsque j'habitais la ville ? Leurs représentations sont-elles aussi suivies ?

ROSENCRANTZ. Non, certes.

HAMLET. Comment cela se fait-il ? est-ce qu'ils commencent à se rouiller ?

ROSENCRANTZ. Point du tout ; leur zèle ne se ralentit pas ; mais vous saurez, monseigneur, qu'il nous est arrivé une nichée d'enfants à peine sortis de leur coquille, qui dans le dialogue le plus simple déclament sur le diapason le plus élevé, et que, pour cela on applaudit à outrance [1]. Ils sont à la mode, et ont jeté une telle défaveur sur les comédiens ordinaires, c'est ainsi qu'ils les appellent, que bien des gens portant l'épée ont peur des plumes d'oies, et n'osent plus se présenter à leur théâtre habituel.

HAMLET. Comment, ce sont des enfants ? Qui les entretient ? qui les paye ? leur intention est-elle de ne suivre leur profession qu'aussi longtemps qu'ils conserveront leurs voix d'enfants de chœur ? Et si par la suite ils deviennent à leur tour des comédiens ordinaires, ce qui est très-probable s'ils n'ont pas le moyen de faire autrement, ne seront-ils pas en droit de regarder comme leur ayant rendu un fort mauvais service les écrivains qui leur font aujourd'hui ravaler d'avance leur propre héritage ?

ROSENCRANTZ. Ma foi, on s'est donné bien du mouvement de part et d'autre, et la nation ne s'est pas fait faute de les mettre aux prises. Il y a eu un moment où il ne fallait pas espérer de recette si le poëte et les acteurs n'en venaient aux coups.

HAMLET. Est-il possible ?

GUILDENSTERN. Oh ! il y a eu bien des têtes en capilotade.

HAMLET. Et ce sont les enfants qui l'emportent ?

ROSENCRANTZ. Oui, monseigneur, ils emportent Hercule et son fardeau [2].

HAMLET. Cela n'a rien qui m'étonne : car mon oncle est roi de Danemark, et ceux qui lui faisaient la moue du vivant de mon père donnent maintenant vingt, quarante, cinquante, cent ducats pour son portrait en miniature. Par la sangbleu, il y a là-dedans quelque chose de surnaturel, et que la philosophie devrait s'appliquer à découvrir.

On entend le bruit d'une fanfare.

GUILDENSTEN. Voici les acteurs.

[1] Shakspeare fait ici allusion à plusieurs théâtres rivaux du sien, et où jouaient les enfants de la chapelle du roi.

[2] Ceci est probablement une allusion au théâtre du Globe, qui avait pour emblème Hercule portant le globe.

HAMLET. Messieurs, vous êtes les bienvenus à Elseneur. Donnez-moi la main. Allons : ce qui distingue un bon accueil, ce sont les prévenances et les attentions polies : laissez-moi m'acquiter envers vous sous ce rapport ; autrement je craindrais que ma courtoisie envers les acteurs, auxquels je vous préviens que mon intention est d'en montrer beaucoup, ne parût dépasser celle que je vous témoigne. Vous êtes les bienvenus; mais l'oncle que j'ai pour beau-père, et la mère que j'ai pour tante, sont dans une grave erreur.

GUILDENSTERN. En quoi, monseigneur ?

HAMLET. Je ne suis fou que lorsque le vent souffle du nord-nord-ouest ; quand le vent est au sud, je sais distinguer un milan d'un héron.

Entre POLONIUS.

POLONIUS. Salut, messieurs !

HAMLET. Écoutez, Guildenstern. (*A Rosencrantz.*) Et vous pareillement, — à bon entendeur demi-mot : ce grand enfant que vous voyez ici n'a pas encore quitté ses langes.

ROSENCRANTZ. Peut-être les a-t-il repris ; on dit que la vieillesse est une seconde enfance.

HAMLET. Je gage qu'il vient me parler des acteurs ; vous allez voir. — Vous avez raison, monsieur : c'était effectivement lundi matin.

POLONIUS. Monseigneur, j'ai une nouvelle à vous apprendre.

HAMLET. Monseigneur, j'ai une nouvelle à vous apprendre. Du temps que Roscius à Rome était acteur, —

POLONIUS. Les acteurs viennent d'arriver ici, monseigneur.

HAMLET. Bah ! bah !

POLONIUS. Sur mon honneur, —

HAMLET.
Chaque acteur arriva sur son âne monté.

POLONIUS. Ce sont les meilleurs acteurs du monde pour la tragédie, la comédie, le drame historique, la pastorale, la pastorale comique, la pastorale historique, la tragédie historique, la pastorale tragico-comico-historique, avec ou sans unité de lieu et d'action. Pour eux Sénèque ne saurait être trop triste, ni Plaute trop gai. Pour le style et la facilité d'expression, ils n'ont pas leurs pareils.

HAMLET. « O Jephté, juge en Israël, » quel trésor tu avais !

POLONIUS. Quel trésor avait-il, monseigneur?

HAMLET. Mais, —
> Une fille unique et charmante
> Que de tout son cœur il aimait.

POLONIUS, *à part*. Encore ma fille !

HAMLET. N'ai-je pas raison, vieux Jephté ?

POLONIUS. Si vous m'appelez Jephté, monseigneur, c'est sans doute parce que j'ai une fille que j'aime de tout mon cœur.

HAMLET. Cela ne s'ensuit pas.

POLONIUS. Qu'est-ce donc qui s'ensuit?

HAMLET. Le voici.
> Or, par hasard, il arriva
> Dans ce temps-là

Vous connaissez la suite.
> Or, vous connaissez cette histoire;
> Il arriva, comme bien pouvez croire.

Je vous renvoie pour le reste à la première partie de la complainte[1]; car voici qui me force d'abréger.

Entrent TROIS ou QUATRE COMÉDIENS.

HAMLET, *continuant*. Vous êtes les bienvenus, messieurs, tous les bienvenus. — Je suis charmé de te voir en bonne santé. — Soyez les bienvenus, mes bon amis. — O mon vieil ami, comme ton menton s'est ombragé depuis que je ne t'ai vu ! Voudrais-tu en Danemark me donner de l'ombrage ? — Ah ! vous voilà, ma jeune demoiselle ! Par Notre-Dame, depuis que je ne vous ai vue, vous vous êtes rapprochée du ciel, de la hauteur d'une galoche : fasse le ciel que votre voix, semblable à une monnaie de mauvais aloi, ne soit pas trop altérée pour avoir cours[2] ! — Messieurs, vous êtes tous les bienvenus; allons droit au fait comme les fauconniers français, qui donnent la chasse à la première proie venue : voyons, montrez-nous un échantillon de votre savoir-faire; allons, une tirade bien pathétique.

PREMIER COMÉDIEN. Quelle tirade, monseigneur?

---

[1] Il s'agit ici de ces noëls que les gens du peuple, à cette époque de l'année, allaient chantant en demandant l'aumône. Hamlet cite des bribes de ces noëls, et pour le reste, renvoie Polonius à la complainte originale.

[2] Ceci s'adresse à un acteur chargé des rôles de femmes, comme c'était l'usage à cette époque.

HAMLET. Je t'ai un jour entendu déclamer un morceau qui n'a jamais été dit sur la scène, ou, dans tous les cas, ne l'a été qu'une fois; car, si j'ai bonne mémoire, la pièce n'était pas du goût de tout le monde ; c'était du *caviar* [1] pour la foule ; mais suivant mon opinion, et celle de personnes dont le jugement en ces matières est de beaucoup supérieur au mien, ce n'en était pas moins une excellente pièce, bien conduite, et écrite avec autant de décence que d'art. Autant que je me le rappelle, on convenait généralement qu'on n'en avait point épicé les vers pour relever l'insipidité du fond; que le style ne contenait rien qui pût mériter à l'auteur le reproche d'affectation ; mais qu'au demeurant, la pièce, faite avec autant de simplicité que de méthode, était pleine de naturel et d'agrément, et d'une beauté sans prétention. Il y avait surtout un passage que j'aimais : c'était le récit d'Énée à Didon, et entre autres l'endroit où il raconte le meurtre de Priam. S'il est encore gravé dans ta mémoire, commence à ce vers; attends, laisse-moi me rappeler.

   Ce farouche Pyrrhus, ce tigre d'Hyrcanie, —

Ce n'est pas cela ; le morceau commence par Pyrrhus.

  Ce farouche Pyrrhus, de qui l'armure sombre,
  Ainsi que ses projets disparaissaient dans l'ombre,
    Aux flancs du sinistre cheval,
  Maintenant son aspect est plus terrible encore ;
    Maintenant un rouge infernal
    De la tête aux pieds le colore ;
  C'est le sang qu'a versé son courage fatal,
  C'est le sang des vieillards, des filles et des femmes.
    Il s'avance au milieu des flammes,
    Que Troie au loin reflète sur ses pas,
  De son roi malheureux éclairant le trépas
    Ainsi, dégouttant de carnage,
  L'exécrable Pyrrhus, les yeux étincelants
  Du feu de l'incendie et du feu de la rage,
  Cherche Priam courbé sous le fardeau des ans.

Toi, continue.

POLONIUS. Pardieu, monseigneur, voilà qui est bien déclamé, avec la mesure et les intonations convenables.

PREMIER COMÉDIEN.
  Il le trouve bientôt opposant à l'orage
   L'effort d'un impuissant courage.

[1] Le *caviar* est un mets russe, fort recherché, fait des œufs de l'esturgeon.

ACTE II, SCENE II.

Le fer dont son bras s'est armé,
Refusant d'obéir à cette main débile,
Retombe et demeure immobile.
Pyrrhus, de courroux enflammé,
Marche droit à Priam : le seul vent de sa lance
Fait tomber à ses pieds le vieillard sans défense.
Pergame a ressenti ce coup. Ses monuments
S'écroulent renversés jusqu'en leurs fondements ;
Et ce bruit, ô Pyrrhus, arrive à ton oreille ;
Pyrrhus lève le bras. O prodige ! ô merveille !
Prêt à frapper, son glaive ensanglanté
Dans l'air soudain s'est arrêté.
A le voir en cette posture
Immobile, on dirait un tyran en peinture :
Bouche béante, indécis, éperdu,
Entre deux sentiments il semble suspendu.
Ainsi, pendant l'instant qui précède un orage,
Tout fait silence sur la plage ;
Nul bruit dans l'air n'est entendu ;
Le ciel se tait ; les vents retiennent leur haleine ;
Le calme de la mort règne au loin dans la plaine.
Mais bientôt du tonnerre on entend les éclats ;
La foudre gronde avec fracas.
Ainsi, Pyrrhus, à ton morne silence
Bientôt succède la vengeance ;
Et jamais le marteau du Cyclope inhumain,
Forgeant de Mars l'armure impénétrable,
Avec moins de pitié ne tomba sur l'airain,
Que le fer de Pyrrhus sur ce front vénérable.
Sois maudite, Fortune, impudente catin,
Qui des mortels fais le destin.
Dieux puissants dont elle se joue,
De son pouvoir délivrez l'univers ;
Brisez les rayons de sa roue,
Et jetez-en les débris aux enfers.

POLONIUS. C'est trop long.

HAMLET. Pour le raccourcir on l'enverra au barbier en même temps que votre barbe. — (*Au Comédien.*) Continue, je te prie ; si on ne lui donne un ballet grotesque ou une scène grivoise, il s'endort. Continue ; arrivons à Hécube.

PREMIER COMÉDIEN.
Qui de son voile aurait vu la reine affublée...

HAMLET. La reine affublée !

POLONIUS. Très-bien ; reine affublée est bon.

PREMIER COMÉDIEN.
Nu-pieds, et menaçant les flammes de ses pleurs,

Un lambeau sur son front couronné de douleurs,
Et d'une couverture à la hâte saisie,
Couvrant la nudité de la reine d'Asie ;
Quiconque eût regardé ce spectacle touchant,
Le mortel le plus dur, le cœur le plus méchant
Aurait cent fois maudit la fortune cruelle :
Mais si les dieux avaient jeté les yeux sur elle,
Lorsqu'elle vit Priam sans défense immolé,
Par le fer de Pyrrhus lâchement mutilé ;
S'ils avaient entendu ses longs cris de détresse,
A moins que les douleurs de ce monde mortel
   Ne trouvent point de sympathie au ciel,
Le ciel se fût ému d'une sainte tristesse ;
La pitié pénétrant dans les âmes des dieux,
   De pleurs aurait mouillé leurs yeux.

POLONIUS. Voyez, il changé de couleur, il a les larmes aux yeux. — Assez, je te prie.

HAMLET. C'est bien, tu me réciteras le reste dans un autre moment. — (*A Polonius.*) Seigneur, veillez, je vous prie, à ce que ces comédiens soient bien traités ; vous m'entendez ? que rien ne leur manque ; car ils sont la chronique abrégée et vivante de l'époque ; mieux vaudrait pour vous une mauvaise épitaphe après votre mort, que leur blâme pendant votre vie.

POLONIUS. Monseigneur, je les traiterai selon leur mérite.

HAMLET. Beaucoup mieux, mon cher, beaucoup mieux ; si l'on traitait chacun selon son mérite, quel est celui qui échapperait aux étrivières ? Traitez-les d'une manière qui réponde à votre rang et à votre dignité ; moins ils auront de titres à votre bienveillance, plus elle aura de mérite. Emmenez-les.

POLONIUS. Venez, messieurs.

HAMLET. Suivez-le, mes amis ; nous donnerons demain une représentation.

Polonius sort avec les Comédiens, hormis un seul à qui Hamlet fait signe de rester.

HAMLET, *continuant*. Dis-moi, mon vieux camarade, pourriez-vous nous jouer le meurtre de Gonzague ?

PREMIER COMÉDIEN. Oui, monseigneur.

HAMLET. Vous nous le jouerez demain soir. Tu pourrais au besoin apprendre par cœur douze ou seize lignes que j'intercalerais dans la pièce ? tu le pourrais, n'est-ce pas ?

PREMIER COMÉDIEN. Oui, monseigneur.

HAMLET. Fort bien. — Suis ce seigneur, et fais tous tes efforts pour ne pas te moquer de lui.

Le Comédien sort.

HAMLET, *continuant, à Rosencrantz et à Guildenstern.* Mes bons amis, je vous quitte jusqu'à ce soir; vous êtes les bienvenus à Elseneur.

ROSENCRANTZ. Monseigneur!

HAMLET. Sur ce, je vous salue.

Rosencrantz et Guildenstern sortent.

HAMLET, *seul.* Enfin me voilà seul. Quel misérable je suis! N'est-ce pas une chose monstrueuse que ce comédien, dans une fiction, dans l'expression d'une douleur simulée, ait pu monter son âme au diapason de son rôle, et l'exalter au point de pâlir, d'avoir des larmes dans les yeux, le désespoir dans tous ses traits, la voix entrecoupée, et tout son être en harmonie avec sa situation feinte? — Et tout cela pour rien! pour Hécube! Qu'est Hécube pour lui, ou qu'est-il à Hécube, pour que son souvenir lui arrache des larmes? Que ferait-il donc s'il était à ma place, s'il avait autant de motifs de douleur que j'en ai? il inonderait la scène de ses larmes; on le verrait épouvanter l'oreille des spectateurs de ses accents terribles, frapper le coupable de vertige, effrayer l'innocent, plonger dans la stupeur les âmes simples, et porter à l'oreille et aux yeux un ébranlement général. — Et moi cependant, intelligence épaisse, âme de boue, je reste dans une stupide inaction, indifférent à ma propre cause; et je ne trouve rien à dire, non, rien, en faveur d'un roi qui a perdu la couronne et la vie par le plus exécrable attentat. Ah! je suis un lâche! Qui veut m'appeler infâme? me frapper sur la tête? m'arracher la barbe, et me la jeter à la face? me tirer par le nez? me dire que j'en ai menti par la gorge, et me faire avaler cet outrage? Qui le veut? Ah! je le souffrirais; car il faut que je sois inoffensif comme la colombe, et sans fiel pour ressentir une injure; autrement, j'aurais déjà engraissé tous les vautours du pays des entrailles de ce misérable. Sanguinaire et impudique scélérat! Monstre de perfidie, joignant sans remords le meurtre à l'adultère! Quelle stupide créature je suis! Qu'il est beau de me voir, moi, fils d'un père assassiné, moi, que le ciel et l'enfer excitent à la vengeance, exaler mon indignation en paroles, et me répandre en folles imprécations comme pourrait faire la dernière des prostituées! Oh! quelle honte! cherchons dans ma cervelle. (*Après une pause de quelques minutes.*) C'est cela, j'y suis!

J'ai entendu dire que des coupables, assistant à une représentation dramatique, se sont sentis tellement frappés au cœur par la scène jouée devant eux, qu'ils ont fait sur-le-champ, et à haute voix, l'aveu de leur crime; car le meurtre, tout muet qu'il est, se trahit miraculeusement et parle. Je veux que les comédiens représentent devant mon oncle le meurtre de mon père; j'observerai ses traits, je le sonderai dans le vif; s'il se trouble, je sais ce que je dois faire. L'esprit qui m'est apparu est peut-être un démon; le démon peut revêtir la forme d'un objet chéri; il est puissant sur les âmes mélancoliques; et qui sait s'il ne veut pas tirer de ma faiblesse même et de ma douleur les moyens de me damner? Je veux acquérir une certitude plus grande : le drame en question sera le piége où je prendrai la conscience du roi.

Il sort.

ACTE TROISIÈME.

SCÈNE 1.

Un appartement du château.

Entrent LE ROI, LA REINE, POLONIUS, OPHÉLIE, ROSENCRANTZ *et* GUILDENSTERN.

LE ROI. N'avez-vous donc pu dans vos intretiens avec lui, reconnaître la cause du désordre introduit dans son intelligence, de cette turbulente et dangereuse démence qui est venue si brusquement troubler la paix de ses jours?

ROSENCRANTZ. Il avoue qu'il sent l'égarement de sa raison, mais on ne peut l'amener à en dire la cause.

GUILDENSTERN. Et il paraît peu disposé à se laisser sonder. Sa folie ne manque pas d'une certaine habileté; et il se tient sur la défensive toutes les fois que nous essayons d'obtenir de lui quelque aveu sur son véritable état.

LA REINE. Vous a-t-il bien reçus?

ROSENCRANTZ. Avec toute l'affabilité d'un homme bien élevé.

GUILDENSTERN. Oui, mais avec une contrainte évidente.

ROSENCRANTZ. Nous faisant peu de questions; mais répondant aux nôtres sans le moindre embarras.

LA REINE. Avez-vous essayé de le distraire par quelques amusements ?

ROSENCRANTZ. Madame, le hasard nous a fait rencontrer en route certains comédiens ; nous lui en avons parlé, et cette nouvelle a paru lui faire plaisir. Ils sont ici dans le palais, et je crois qu'ils ont déjà reçu l'ordre de jouer ce soir devant lui.

POLONIUS. C'est très-vrai, et il m'a chargé de supplier vos majestés de vouloir bien assister à la représentation.

LE ROI. De tout mon cœur, et je suis heureux de le savoir dans ces dispositions. Veuillez, messieurs, le stimuler encore, et diriger vers ces amusements toute l'activité de son esprit.

ROSENCRANTZ. C'est ce que nous allons faire, seigneur.

Rosencrantz et Guildenstern sortent.

LE ROI. Ma chère Gertrude, laissez-nous aussi ; nous avons secrètement envoyé chercher Hamlet, afin qu'il se trouve comme par hasard en présence d'Ophélie. Son père et moi, espions légitimes, nous nous placerons de manière à ce que, voyant sans être vus, nous assistions à leur entretien, et puissions juger à ses discours si c'est bien réellement un amour malheureux qui le fait ainsi souffrir.

LA REINE. Je vais vous obéir. — Quant à vous, Ophélie, je souhaite que vos charmes soient la cause fortunée de la démence d'Hamlet ; je pourrai alors espérer que vos vertus le ramèneront, à la satisfaction de tous deux, à son état accoutumé.

OPHÉLIE. Madame, je le désire.

La Reine sort.

POLONIUS. Ophélie, promène-toi ici. —(*Au Roi.*) Permettez, sire, que nous nous placions. —(*A Ophélie.*) Lis dans ce livre ; cette lecture simulée donnera un motif à ta solitude. — C'est un tort que nous avons souvent : il n'arrive que trop fréquemment qu'avec un extérieur dévot et une attitude pieuse, nous parvenons à faire un saint du diable lui-même.

LE ROI, *à part.* Oh ! cela n'est que trop vrai. Quelle poignante douleur cette observation inflige à ma conscience ! Le visage de la courtisane n'est pas plus hideux sous son masque de céruse et de fard, que ne l'est mon forfait sous le vernis trompeur de mon langage. O pesant fardeau !

POLONIUS. Je l'entends venir ; retirons-nous, sire.

Le Roi et Polonius sortent.

Arrive **HAMLET**.

HAMLET. Être ou n'être pas, voilà la question! — Une âme courageuse doit-elle supporter les coups poignants de la fortune cruelle, ou s'armer contre un déluge de douleurs, et, en les combattant, y mettre un terme? — Mourir, — dormir, — rien de plus; et dire que par ce sommeil nous mettons fin aux souffrances du cœur et aux mille douleurs léguées par la nature à notre chair mortelle, — c'est là un résultat qu'on doit appeler de tous ses vœux. Mourir, — dormir, — dormir! rêver peut-être, — oui, voilà le point embarrassant; savons-nous quels rêves nous viendront dans ce sommeil de la mort, après que nous aurons rejeté loin de nous une existence agitée? il y a là de quoi nous faire réfléchir. C'est cette pensée-là qui rend si longue la vie du malheureux. Qui, en effet, voudrait supporter les flagellations et les outrages du monde, l'injure de l'oppresseur, les affronts de l'orgueilleux, les angoisses d'un amour dédaigné, les lenteurs de la loi, l'insolence des gouvernants et les mépris que l'ignorant inflige au mérite patient, lorsqu'il suffirait de la pointe d'un poignard pour se donner le repos? Qui voudrait se résigner à porter en gémissant le fardeau d'une vie importune, n'était la crainte de quelque chose par delà le trépas, ce pays inconnu duquel aucun voyageur n'est revenu encore? Voilà ce qui ébranle et trouble la volonté; voilà ce qui nous fait supporter nos douleurs présentes plutôt que de fuir vers d'autres maux que nous ne connaissons pas. Ainsi, la conscience fait des lâches de tous tant que nous sommes; ainsi, sur la couleur éclatante de la résolution la réflexion projette sa teinte pâle et livide, et il suffit de cette considération pour détourner le cours des entreprises les plus importantes, et leur faire perdre jusqu'au nom d'action. — Taisons-nous! j'aperçois la belle Ophélie! — Jeune beauté, ayez souvenir de mes péchés dans vos prières.

OPHÉLIE. Monseigneur, comment vous êtes-vous porté tous ces jours passés?

HAMLET. Bien! je vous rends humblement grâce.

OPHÉLIE. Monseigneur, j'ai de vous des gages de souvenir que depuis longtemps je désirais vous rendre. Veuillez les recevoir, je vous prie.

HAMLET. Moi? non, certes; je ne vous ai jamais rien donné.

OPHÉLIE. Monseigneur, vous savez très-bien que c'est vous qui m'avez fait ces dons, et les douces paroles dont vous les avez accompagnés en ont encore relevé le prix : maintenant qu'ils ont perdu leur parfum, reprenez-les ; car pour un noble cœur, les dons les plus riches deviennent sans valeur du moment où celui qui les a faits n'a plus pour nous que de l'indifférence. Tenez, monseigneur.

HAMLET. Ha! ha! êtes-vous vertueuse?

OPHÉLIE. Monseigneur?

HAMLET. Êtes-vous belle?

OPHÉLIE. Que veut dire votre altesse?

HAMLET. Que si vous êtes vertueuse et belle, vous devez interdire toute communication entre votre vertu et votre beauté.

OPHÉLIE. Quel commerce sied mieux à la beauté que celui de la vertu?

HAMLET. Tant s'en faut ; car l'influence de la beauté aura plus tôt métamorphosé la vertu en vile prostituée, que la force de la vertu n'aura transformé la beauté à son image. Ceci passait autrefois pour un paradoxe ; mais c'est aujourd'hui un fait dont la preuve est acquise. Il fut un temps où je vous aimais.

OPHÉLIE. En effet, monseigneur, vous me l'avez fait croire.

HAMLET. Vous avez eu tort de me croire ; car la vertu a beau s'inoculer à notre vieille nature, il nous reste toujours quelque chose de cette dernière. Je ne vous ai point aimée.

OPHÉLIE. Je n'en ai été que plus trompée.

HAMLET. Allez vous enfermer dans un cloître. Pourquoi vouloir donner le jour à une race de pécheurs? Pour ce qui est de moi, je me crois passablement honnête homme ; et toutefois je pourrais articuler contre moi de telles accusations, que mieux eût valu que ma mère ne m'eût pas mis au monde. Je suis au plus haut point orgueilleux, vindicatif, ambitieux ; je couve dans mon cerveau tant d'actions mauvaises, que ma pensée ne peut suffire à les préciser, mon imagination à leur donner une forme, et que le temps me manque pour les exécuter. Où est l'utilité que des êtres tels que moi rampent entre le ciel et la terre? Nous sommes tous des infâmes, ne vous fiez à aucun de nous : allez dans un cloître. Où est votre père?

OPHÉLIE. Chez lui, monseigneur.

HAMLET. Qu'on ferme les portes sur lui, afin d'empêcher qu'il ne joue le rôle de fou ailleurs que dans sa propre maison. Adieu!

OPHÉLIE. Aie pitié de lui, ciel miséricordieux !

HAMLET. Si vous vous mariez, je vous donnerai pour dot cette vérité désolante : — Soyez froide comme la glace, pure comme la neige, vous n'échapperez pas à la calomnie. Allez dans un cloître. Adieu ; ou, s'il vous faut absolument un mari, épousez un fou ; car les gens sensés savent trop bien quels monstres vous faites d'eux. Allez dans un cloître, et dépêchez-vous. Adieu.

OPHÉLIE. Puissances célestes, rendez-lui sa raison !

HAMLET. J'ai aussi entendu parler de votre babil : Dieu vous a donné une démarche, et vous vous en faites une autre ; vous sautillez, vous vous dandinez, vous minaudez, vous persiflez les créatures de Dieu, et vous donnez pour de l'ignorance ce qui n'est que de l'affectation. Allez, qu'on ne m'en parle plus ; c'est cela qui m'a rendu fou. Je dis que nous n'aurons plus de mariages ; ceux qui sont mariés, tous, hormis un seul, vivront ; les autres resteront comme ils sont. Allez dans un cloître, allez !

Hamlet sort

OPHÉLIE, *seule*. Oh ! quelle noble intelligence est ici détrônée ! Le coup d'œil de l'homme de cour, l'épée du guerrier, la parole du savant, l'espérance et la fleur de ce beau royaume, le miroir du bon ton, le type des nobles manières, le modèle sur lequel se portaient tous les regards, tout cela est détruit, détruit sans retour ! et moi ! des femmes la plus affligée et la plus malheureuse, moi qui ai savouré l'enivrante ambroisie de ses serments d'amour, je suis condamnée à voir cette haute et puissante raison, pareille à une cloche fêlée, ne plus rendre que des sons faux et discordants ; et tant de beauté et de jeunesse flétri dans sa fleur par le vent de la démence ! Oh ! malheureuse d'avoir vu ce que j'ai vu, et de voir ce que je vois !

Rentrent LE ROI *et* POLONIUS.

LE ROI. L'amour ! non, ce n'est pas de ce côté que se portent ses affections ; d'ailleurs son langage, bien qu'il manque un peu de logique, n'a point le caractère de la folie : il y a dans son âme quelque chose que couve sa douleur ; et je crains d'en voir éclore quelque danger qui nous soit fatal ; pour prévenir ce résultat, voici le parti auquel je me suis sur-le-champ arrêté : — Je veux qu'il parte sans délai pour l'Angleterre, afin de réclamer le tribut qu'on néglige d'acquitter. Peut-être que la mer, le changement de pays, la vue de nouveaux objets, chasseront de son cœur cette opiniâtre préoccupation qui échauffe son cerveau et le rend méconnaissable. — Qu'en pensez-vous?

POLONIUS. Vous ferez bien ; cependant je persiste à croire qu'un amour dédaigné est l'origine et le principe de sa douleur. — Eh bien, Ophélie, tu n'as pas besoin de nous répéter ce que t'a dit le seigneur Hamlet ; nous avons tout entendu. — Sire, vous ferez ce que vous jugerez à propos ; mais, si vous m'en croyez, vous permettrez qu'après la pièce, la reine sa mère le prenne en particulier et le presse de lui découvrir les motifs de son chagrin ; il faudra qu'elle lui tienne un langage sévère ; avec votre permission, je serai placé de manière à entendre toute leur conversation. Si elle ne peut réussir à le pénétrer, envoyez-le en Angleterre, ou reléguez-le dans le lieu que votre prudence aura choisi.

LE ROI. C'est ce que je ferai : la démence, chez les grands, doit être surveillée.

Ils sortent.

SCÈNE II.

Une salle du château.

Entrent HAMLET *et* PLUSIEURS COMÉDIENS.

HAMLET, *à l'un des Comédiens.* N'oublie pas, je te prie, de dire cette tirade comme je l'ai prononcée devant toi, en y mettant du feu et de l'énergie ; mais si tu la débites à la façon de la plupart de nos comédiens, j'aimerais autant voir ma prose dans la bouche du crieur public. Ne va pas non plus fendre l'air ainsi avec tes bras ; mets de la modération en tout ; au milieu même du torrent, de la tempête, de l'ouragan de la passion, songe à observer une mesure qui en adoucisse l'expression. Oh! rien ne me blesse au vif comme d'entendre de robustes gaillards à la large perruque, déchirer une passion en lambeaux, écorcher les oreilles des habitués du parterre, à qui, pour la plupart du temps, il ne faut qu'une pantomime absurde et du bruit. Qu'on me fouette ces drôles qui tranchent du Termagant[1] et enchérissent sur Hérode lui-même[2]. Évite ce défaut, je te prie.

PREMIER COMÉDIEN. Je vous le promets, monseigneur.

---

[1] C'est le nom que nos vieux romanciers donnent au dieu des Sarrasins.
[2] Le caractère donné à Hérode dans les anciens mystères était toujours celui d'un tyran plein de violence.

HAMLET. Ne va pas cependant pécher par trop de froideur; mais qu'en cela ton propre discernement te serve de guide. Accommode l'action à la parole, la parole à l'action, en observant toujours avec soin de ne jamais dépasser les bornes du naturel; car tout ce qui va au delà s'écarte du but de la scène, qui a été de tout temps et est encore maintenant de réfléchir la nature comme dans un miroir ; de montrer à la vertu ses propres traits, à la vanité sa propre image, à tous les temps et à tous les âges leur physionomie et leur empreinte. Si l'on va au delà de ce but, ou qu'on reste en deçà, on pourra faire rire l'ignorant, mais on affligera l'homme judicieux, dont le suffrage à lui seul a plus de poids que celui d'une salle tout entière. Oh! j'ai vu jouer et j'ai entendu louer à haute voix des acteurs qui, Dieu me pardonne, n'ayant rien de chrétien dans la voix, ni rien de chrétien, de païen ou même d'humain dans la tournure, se démenaient et hurlaient de telle sorte, que je les ai toujours crus l'ouvrage de quelque ignorant apprenti de la nature qui, voulant faire des hommes, avait manqué sa besogne, et n'avait produit de l'humanité qu'une abominable contrefaçon.

PREMIER COMÉDIEN. J'espère que nous avons passablement réformé cela chez nous.

HAMLET. Oh! réformez-le tout à fait; et que ceux qui parmi vous jouent les bouffons ne disent que ce qui est écrit dans leur rôle; il y en a parmi eux qui pour provoquer le rire d'une certaine portion de spectateurs ignares, improvisent quelque facétie au moment où la marche de la pièce réclame toute l'attention du spectateur : c'est indigne; et le bouffon qui a recours à ce moyen montre une prétention bien pitoyable. Allez vous préparer.

Les Comédiens sortent.

Entrent POLONIUS, ROSENCRANTZ et GUILDENSTERN.

HAMLET, *continuant, à Polonius.* Eh bien, seigneur, le roi est-il prêt à entendre notre pièce?

POLONIUS. Oui, et la reine également, et à l'instant même.

HAMLET. Dites aux acteurs de se dépêcher.

Polonius sort.

HAMLET, *continuant, à Rosencrantz et à Guildenstern.* Voulez-vous aussi aller accélérer leurs préparatifs?

TOUS DEUX. Oui, monseigneur

Rosencrantz et Guildenstern sortent.

Entre HORATIO.

HAMLET. Ah! te voilà, Horatio?

HORATIO. Me voici, monseigneur, à vos ordres.

HAMLET. Mon cher Horatio, tu es l'homme le meilleur dont j'aie jamais fréquenté la société.

HORATIO. Mon bien-aimé seigneur, —

HAMLET. Ne va pas croire que je te flatte; car quels avantages puis-je attendre de toi, qui pour te nourrir et te vêtir n'as d'autre revenu que ta gaieté? Pourquoi flatterait-on le pauvre? Non, que la langue emmiellée lèche l'opulence stupide; que la servilité ploie un genou docile là où elle a du profit à attendre. Écoute : depuis que mon âme bien-aimée a été maîtresse de son choix et a su distinguer parmi les hommes, elle t'a marqué du sceau de sa prédilection ; car elle a reconnu en toi un homme portant légèrement le fardeau de la souffrance ; un homme qui accepta toujours avec une égale reconnaissance les rigueurs et les faveurs de la fortune : et bien heureux les mortels dont les passions et le jugement se balancent avec un si parfait équilibre ; ils ne sont point sous les doigts de la fortune un instrument dont elle joue comme il lui plaît. Donnez-moi un homme qui ne soit pas l'esclave des passions, et je le porterai comme toi dans mon cœur, dans le sanctuaire de mes affections les plus intimes. — En voilà assez sur ce chapitre. — On doit ce soir jouer devant le roi un drame dans lequel il y a une scène qui rappelle à peu de chose près ce que je t'ai raconté de la mort de mon père; quand on sera arrivé à cette scène, je t'en prie, observe mon oncle avec toute la vigilance que mes soupçons autorisent : si le secret de son crime ne se révèle pas par quelques paroles, l'apparition que nous avons vue est l'ouvrage de l'enfer, et mes imaginations sont aussi noires que l'enclume de Vulcain. Observe-le attentivement; de mon côté, mes yeux ne quitteront pas son visage ; et ensuite nous rapprocherons nos deux jugements, pour tirer la conclusion de ce que nous aurons vu.

HORATIO. Fort bien, monseigneur ; si pendant la représentation il met mon observation en défaut et me dérobe un seul des mouvements de son âme, je payerai l'article volé.

HAMLET. Les voilà qui arrivent pour voir la pièce ; il faut que je reprenne mon rôle de spectateur insouciant.

Marche danoise, fanfare.

Entrent LE ROI, LA REINE, POLONIUS, OPHÉLIE, ROSENCRANTZ, GUILDENSTERN, *et autres.*

LE ROI. Comment se porte notre neveu Hamlet ?

HAMLET. On ne peut mieux, sur ma foi ; je suis au régime du caméléon ; je me nourris d'air, je me repais de promesses ; vous ne pourriez engraisser ainsi des chapons.

LE ROI. Je ne comprends rien à cette réponse, Hamlet ; ce n'est pas à moi qu'elle s'adresse.

HAMLET. Ni à moi. —(*A Polonius.*) Seigneur, ne m'avez-vous pas dit que vous aviez autrefois joué la comédie à l'université ?

POLONIUS. Il est vrai, monseigneur ; et je passais pour un acteur habile.

HAMLET. Quel rôle avez-vous joué ?

POLONIUS. Celui de Jules César. On m'assassinait au Capitole ; Brutus me poignardait.

HAMLET. C'était bien brutal à lui de tuer en pareil lieu un si excellent veau. — Les acteurs sont-ils prêts ?

ROSENCRANTZ. Oui, monseigneur ; ils attendent votre bon plaisir.

LA REINE. Viens ici, mon cher Hamlet ; assieds-toi près de moi.

HAMLET. Non, ma mère. (*Montrant Ophélie.*) Voici un métal dont l'attraction est plus grande.

POLONIUS, *au Roi.* Oh ! oh ! que dites-vous de cela ?

HAMLET. Madame, me permettez-vous de me mettre à vos genoux ?

Il s'assied aux pieds d'Ophélie.

OPHÉLIE. Non, monseigneur.

HAMLET. Je veux dire d'appuyer ma tête sur vos genoux.

OPHÉLIE. Oui, monseigneur.

HAMLET. Vous pensiez peut-être que j'avais une autre idée.

OPHÉLIE. Je ne pensais rien.

HAMLET. C'est là une pensée digne de trouver place au cœur d'une jeune fille.

OPHÉLIE. Quoi, monseigneur ?

HAMLET. Rien.

OPHÉLIE. Vous êtes gai, monseigneur.

HAMLET. Qui, moi ?

OPHÉLIE. Oui, monseigneur.

HAMLET. Oh! je suis votre bouffon, et voilà tout. Qu'a un homme de mieux à faire que d'être gai? Tenez, regardez comme ma mère a l'air joyeux; et cependant il n'y a que deux heures que mon père est mort.

OPHÉLIE. Mais non, monseigneur, il y a deux fois deux mois.

HAMLET. Si longtemps que cela? oh! en ce cas, que le diable porte le deuil; moi, je veux porter un vêtement d'hermine. O ciel! mort depuis deux mois, et pas encore oublié! on peut alors espérer voir le souvenir d'un grand homme survivre six mois à sa mort; mais, par Notre-Dame, il faut pour cela qu'il ait bâti des églises, sans quoi il court risque d'être oublié comme celui dont vous connaissez l'épitaphe

Oh! oh! oh! oh! ah! ah! ah! ah!
Il est oublié mon dada [1].

Les trompettes sonnent; la pantomime commence. On voit entrer un roi et une reine qui paraissent éprouver l'un pour l'autre une vive tendresse; ils s'embrassent; la reine se prosterne devant lui, et semble lui faire les plus ardentes protestations d'amour: il la relève, et incline sa tête sur son cou; puis il s'étend sur une pelouse émaillée de fleurs. Lorsqu'elle le voit endormi, elle le quitte; alors survient un autre personnage qui lui ôte sa couronne, la baise, verse du poison dans l'oreille du roi, et sort. La reine revient, trouve le roi mort, et exprime par ses gestes son désespoir. L'empoisonneur revient, suivi de deux ou trois personnages muets, et semble se lamenter avec elle. Le cadavre est emporté. L'empoisonneur fait sa cour à la reine, et lui présente des cadeaux; elle résiste d'abord, puis elle finit par agréer son amour [2].

Ils sortent.

OPHÉLIE. Que signifie cette scène, monseigneur?

HAMLET. Cela n'annonce rien de bon; il y a quelque anguille sous roche.

OPHÉLIE. Cette pantomime renferme sans doute le sujet de la pièce.

---

[1] *For, O, for O, the hobby horse is forgot.* C'est le refrain de quelque vieille chanson. Ici *hobby horse* signifie affection toute spéciale, idée favorite, marotte, dada; les Anglais disent: « *It is his hobby horse,* » comme nous disons: « C'est sa marotte; c'est son dada. » Du reste, tous les commentaires se sont mépris sur le sens de ce passage.

[2] Il est probable que cette scène muette a été intercalée après coup dans l'œuvre de Shakspeare; car on ne voit pas pourquoi la pantomime ne produit aucun effet sur l'usurpateur, tandis que la scène dialoguée le jette dans un trouble si grand.

Entre LE PROLOGUE.

HAMLET. Ce gaillard-là va nous l'apprendre; les comédiens sont incapables de garder un secret; ils ont l'habitude de tout dire.

OPHÉLIE. Va-t-il nous dire ce que signifiait cette pantomime?

HAMLET. Assurément, il vous expliquera toutes les pantomimes que vous voudrez; faites-lui-en voir de toutes les espèces, il vous en interprétera le sens.

OPHÉLIE. Vous êtes un méchant; laissez-moi suivre la pièce.

LE PROLOGUE.
Pour notre drame en ce moment,
Nous venons nous mettre humblement
Aux genoux de votre clémence,
Et réclamer votre indulgence.

HAMLET. Est-ce là un prologue ou la devise d'une bague

OPHÉLIE. C'est bien court, monseigneur.

HAMLET. Comme l'amour d'une femme.

Entrent UN ROI et UNE REINE

LE ROI *de théâtre.* « Trente fois le char de Phébus a fait le
» tour du liquide empire de Neptune et de la surface sphérique
» de la terre; et trente fois douze lunes ont de leur lumière
» empruntée éclairé ici-bas trente-fois douze nuits, depuis
» que l'amour a joint nos cœurs, et l'hyménée nos mains, par
» les liens sacrés d'une communauté indissoluble. »

LA REINE *de théâtre.* « Puissions-nous compter encore en
» nombre égal les révolutions du soleil et de la lune, avant
» que notre amour prenne fin! Mais, hélas! depuis quelque
» temps je vous trouve si souffrant, si triste, si changé, que
» cela m'inquiète. Toutefois, monseigneur, que mon inquié-
» tude ne vous afflige pas, car les femmes craignent d'autant
» plus qu'elles aiment davantage. Leurs alarmes sont en raison
» de leur amour; chez elles ces deux sentiments ou sont nuls,
» ou sont portés à l'extrême. L'expérience vous a prouvé toute
» l'étendue de ma tendresse; elle est la mesure exacte de ma
» crainte. Quand on aime beaucoup, l'appréhension la plus
» légère devient terreur; dans un cœur où les moindres
» craintes s'exagèrent et grandissent, il y a beaucoup d'amour. »

LE ROI *de théâtre.* « Cependant, ma bien-aimée, avant peu
» il faudra que je te quitte; mes organes cessent insensible-
» ment d'accomplir leurs fonctions; quant à toi, tu resteras

» après moi dans ce monde, pour y vivre honorée et chérie ;
» et sans doute tu retrouveras dans un époux aussi tendre,—»

LA REINE *de théâtre*. « Ah ! tout autre époux me serait
» odieux ! un tel amour, dans mon cœur, serait une trahison :
» que je sois maudite si je contracte un second hymen ! Point
» de second époux, sinon à la femme qui a tué le premier. »

HAMLET. Voilà de l'absinthe.

LA REINE *de théâtre*. « Les seconds mariages sont détermi-
» nés par de vils calculs d'intérêt, jamais par l'amour. Ce se-
» rait donner une seconde fois la mort à mon époux au tom-
» beau, que de recevoir dans ma couche un second mari. »

LE ROI *de théâtre*. « J'ai la conviction que ce que tu dis en
» ce moment, tu le penses ; mais il nous arrive souvent d'en-
» freindre ce que nous avons résolu ; les résolutions sont su-
» bordonnées à la mémoire ; leur enfantement est violent,
» mais elles ont peu de chances de vivre, pareilles au fruit
» qui reste attaché à l'arbre tant qu'il est vert, et qui tombe
» dès qu'il est mûr. Il est naturel que nous négligions l'ac-
» quittement d'une dette contractée envers nous-même : la
» promesse que nous nous sommes faite dans la chaleur de la
» passion, la passion finie, ne nous enchaîne plus ; quand les
» bonheurs et les chagrins violents s'éteignent, les projets
» qu'ils ont fait naître meurent avec eux : à l'excès de la joie
» succède l'excès de la douleur. Il faut peu de chose pour faire
» rire la douleur et pleurer la joie. Rien n'est éternel dans le
» monde ; il ne faut pas s'étonner que nos affections changent
» avec nos fortunes ; et c'est une question non encore résolue
» de savoir si c'est l'amour qui conduit la fortune, ou la for-
» tune qui conduit l'amour. Quand l'homme puissant est
» tombé, ses courtisans s'éloignent ; le pauvre qui s'élève voit
» tous ses ennemis devenir ses amis ; et jusqu'à ce jour l'affec-
» tion a suivi la fortune ; qui n'a pas besoin d'amis est sûr de
» ne pas en manquer ; et quiconque, dans ses nécessités, s'a-
» dresse au cœur vide d'un ami, s'en fait sur-le-champ un en-
» nemi. Mais pour conclure comme j'ai commencé, — nos
» volontés et nos destins vont tellement en sens contraires, que
» toujours nous voyons nos projets renversés : nos résolutions
» nous appartiennent ; leur accomplissement ne dépend pas de
» nous : ainsi, tu es bien décidée à ne pas prendre un second
» époux ; mais que le premier meure, et avec lui mourra ta
» résolution. »

LA REINE *de théâtre*. « Que la terre me refuse la nourri-
» ture, et le ciel sa lumière ! que le jour ne m'apporte aucun
» délassement, la nuit point de repos ! que mes espérances se
» changent en désespoir ! que je vive dans un cachot, au ré-
» gime d'un anachorète ! que je voie tous mes projets détruits,
» et toutes mes joies effacées ! que d'éternels tourments me
» poursuivent dans ce monde et dans l'autre, si une fois veuve
» je redeviens épouse ! »

HAMLET. Si jamais il lui arrive d'enfreindre ce serment, —

LE ROI *de théâtre*. « Voilà un serment bien solennel. Ma
» bien-aimée, laisse-moi un instant ; je sens ma tête s'appe-
» santir, et je ne serais pas fâché d'abréger les ennuis du jour
» par quelques instants de sommeil. »

Il s'endort.

LA REINE *de théâtre*. « Qu'un doux sommeil berce tes sens,
» et que jamais le malheur ne s'interpose entre nous. »

Elle sort.

HAMLET. Madame, comment trouvez-vous cette pièce ?

LA REINE. La reine fait trop de protestations, ce me semble.

HAMLET. Oh ! mais elle tiendra sa parole.

LE ROI. Connaissez-vous la pièce ? ne contient-elle rien de répréhensible ?

HAMLET. Non, non, tout s'y passe en plaisanteries ; on y empoisonne pour rire ; c'est la pièce la plus inoffensive du monde.

LE ROI. Quel en est le titre ?

HAMLET. *Le Trébuchet*[1]. Par métaphore, bien entendu. Cette pièce est le tableau d'un meurtre commis à Vienne : le roi se nomme Gonzague ; sa femme Baptista : vous allez voir tout à l'heure ; c'est un forfait abominable. Mais que nous importe ? votre majesté et moi, nous avons le cœur net, cela ne nous touche en rien : tant pis pour ceux qui ont la conscience chargée ; la nôtre est légère.

Entre LUCIANUS.

HAMLET, *continuant*. Celui-ci est un nommé Lucianus, neveu du roi.

OPHÉLIE. Vous faites l'office de chœur, monseigneur.

HAMLET. Je pourrais vous servir de truchement dans une

---

[1] Parce qu'elle est destinée à prendre l'usurpateur au piége, et à dévoiler son crime.

conversation entre vous et votre amant; il me suffirait pour cela de voir manœuvrer les deux marionnettes.

OPHÉLIE. Vous êtes mordant, monseigneur, vous êtes mordant.

HAMLET. Vous seriez désolée que mon tranchant fût émoussé.

OPHÉLIE. De mieux en mieux, de pire en pire.

HAMLET. C'est le sort qui vous attend dans le choix d'un époux. — Commence, meurtrier. — Laisse là tes abominables grimaces, et commence. — Viens.
Le lugubre corbeau
Par ses croassements appelle la vengeance.

LUCIANUS. « Ma main est d'accord avec ma noire pensée; la
» drogue est préparée, le moment est venu, l'occasion est pro-
» pice, nulle créature ne me voit. Mélange fatal, extrait d'herbes
» cueillies à minuit, que la malédiction d'Hécate a trois fois
» flétries, trois fois infectées, que ta magique puissance, que
» ta redoutable énergie, tarissent sur-le-champ les sources de
» la vie. »
Il verse le poison dans l'oreille du roi endormi.

HAMLET. Il l'empoisonne dans le jardin pour s'emparer de sa couronne; son nom est Gonzague; l'histoire est authentique, et écrite en italien fort élégant. Vous allez voir tout à l'heure comment le meurtrier obtient l'amour de la femme de Gonzague.

OPHÉLIE. Le roi se lève.

HAMLET. Quoi! un feu follet lui fait peur!

LA REINE. Comment se trouve monseigneur?

POLONIUS. Cessez la pièce!

LE ROI. Qu'on apporte des lumières. — Sortons!

POLONIUS. Des lumières, des lumières, des lumières!
Tous sortent, à l'exception d'Hamlet et d'Horatio.

HAMLET.
Lorsque le cerf blessé pleure, attendant la mort,
Son camarade intact, oublieux de son sort,
Promène insouciant son humeur vagabonde.
L'un veille alors que l'autre dort,
Et c'est ainsi que va le monde.

Si jamais la fortune vient à me traiter de Turc à Maure, ne suffirait-il pas d'une scène à effet comme celle-là, avec l'addition d'une forêt de plumes à mon chapeau et de deux roses de

Provence à mes escarpins, pour me faire admettre dans une troupe de comédiens?

HORATIO. Vous seriez reçu à demi-part [1].

HAMLET. Oh! à part entière.

> Tu dois savoir, mon cher Damon,
> Que le royaume est veuf de son monarque auguste.
> Qu'à la place d'un roi si juste
> Nous avons aujourd'hui sur le trône un — faisan.

HORATIO. Vous auriez pu rimer [2].

HAMLET. O mon cher Horatio, je gagerais mille livres sterling que l'ombre a dit vrai. As-tu remarqué?

HORATIO. Très-bien, monseigneur.

HAMLET. Quand il a été question d'empoisonnement, —

HORATIO. Je l'ai parfaitement observé.

HAMLET. Ha! ha! Allons, un peu de musique; allons, les flageolets. —

> Si pour le roi qui nous gouverne
> La comédie est sans appas,
> C'est — c'est qu'apparemment elle ne lui plaît pas.

— Allons, de la musique!

Entrent ROSENCRANTZ *et* GUILDENSTERN.

GUILDENSTERN. Monseigneur, permettez que je vous dise un mot.

HAMLET. Toute une histoire, si vous voulez.

GUILDENSTERN. Le roi, seigneur, —

HAMLET. Eh bien, qu'est-ce que vous me direz de lui?

GUILDENSTERN. Il s'est retiré dans son appartement, étrangement indisposé.

HAMLET. Par le vin?

GUILDENSTERN. Non, monseigneur; par la colère.

HAMLET. Vous auriez agi plus convenablement en allant avertir le médecin; car, moi, si j'essayais de guérir son mal, je ne ferais que l'irriter davantage.

GUILDENSTERN. Monseigneur, veuillez mettre quelque suite

---

[1] Du temps de Shakspeare, les acteurs ne recevaient point de traitement fixe; ils partageaient la recette avec le propriétaire de la salle, et étaient tarifés selon leur talent, soit à une part entière, soit à une fraction de part.

[2] C'est le mot *démon* qui devait arriver pour rimer avec *Damon*. Nous avons voulu ici que notre traduction répondît autant que possible à l'original

dans vos discours, et ne pas vous écarter aussi brusquement de la question.

HAMLET. Je vous écoute tranquillement; parlez.

GUILDENSTERN. La reine votre mère, profondément affligée, m'envoie auprès de vous.

HAMLET. Vous êtes le bienvenu.

GUILDENSTERN. Monseigneur, cette politesse est déplacée en ce moment : s'il vous plaît de me faire une réponse raisonnable, j'exécuterai l'ordre de votre mère; sinon, je vous prierai de m'excuser, je partirai, et tout sera dit.

HAMLET. Seigneur, je ne puis.

GUILDENSTERN. Quoi! monseigneur?

HAMLET. Vous faire une réponse raisonnable! mon intelligence est malade; mais je suis prêt à vous répondre, ou plutôt comme vous dites, à ma mère, le mieux qu'il me sera possible : sans plus de paroles, venez donc au fait. Ma mère, dites-vous, —

ROSENCRANTZ. Voici ce qu'elle nous a chargé de vous dire. Votre conduite l'a plongée dans l'étonnement et la stupeur.

HAMLET. O le fils merveilleux qui peut à ce point étonner sa mère! — Mais ne vient-il rien à la suite de cet étonnement d'une mère? Parlez.

ROSENCRANTZ. Elle désire vous entretenir dans son cabinet avant que vous alliez vous coucher.

HAMLET. Nous lui obéirons, fût-elle dix fois notre mère [1]. — Avez-vous autre chose à me dire?

ROSENCRANTZ. Monseigneur, il fut un temps où vous aviez de l'amitié pour moi.

HAMLET. Et j'en ai encore, je le jure par ces dix doigts.

ROSENCRANTZ. Monseigneur, quelle est la cause de votre égarement? c'est vous imposer une inutile contrainte que de faire à votre ami un secret de vos douleurs.

HAMLET. C'est l'avancement de ma fortune qui m'inquiète.

ROSENCRANTZ. Comment cela peut-il être, quand le choix du roi lui-même vous appelle à monter après lui sur le trône de Danemark?

---

[1] Il semble qu'il y ait contradiction entre le premier et le second membre de cette phrase; il n'en est rien cependant. Hamlet regarde sa mère comme d'autant plus coupable qu'elle est sa mère; mais fût-elle dix fois plus sa mère, et conséquemment dix fois plus coupable, il lui obéira.

HAMLET. C'est vrai ; mais, « pendant que l'herbe pousse, » — le proverbe est un peu vieux [1].

Entrent PLUSIEURS COMÉDIENS, *tenant chacun à la main un flageolet.*

HAMLET, *continuant.* Oh ! voilà les flageolets qui arrivent. — Donnez-m'en un. (*Il prend un flageolet des mains de l'un des comédiens. — A Guildenstern, qui lui fait signe.*) Vous voulez que je sorte avec vous ? — Pourquoi me poursuivre sans relâche, comme si vous me donniez la chasse ?

GUILDENSTERN. O monseigneur ! si mon zèle est trop hardi, c'est que mon affection me rend importun.

HAMLET. Je ne comprends pas bien cela. Voudriez-vous bien jouer de ce flageolet ?

GUILDENSTERN. Monseigneur, je ne saurais.

HAMLET. Je vous en prie.

GUILDENSTERN. Croyez-moi, je ne le puis.

HAMLET. Je vous en supplie.

GUILDENSTERN. Je ne sais pas le moins du monde jouer de cet instrument.

HAMLET. Ce n'est pas plus difficile que de mentir. Avec les doigts et le pouce bouchez et découvrez tour à tour ces trous ; soufflez dans celui-ci, et il en sortira une harmonie ravissante. Tenez, voici les touches.

GUILDENSTERN. Mais je ne puis en tirer aucun son harmonieux. Je n'ai pas le talent nécessaire.

HAMLET. Pour quel imbécile me prenez-vous donc ? Je suis à vos yeux un instrument dont vous voudriez tirer des sons, et que vous avez l'air de connaître parfaitement. Vous cherchez à sonder le fond de mon âme pour m'arracher mon secret ; vous voudriez me faire vibrer tout entier depuis ma clef la plus basse jusqu'à ma note la plus élevée. Il y a dans ce petit instrument que voici (*il montre le flageolet*) une délicieuse mélodie, une voix ravissante ; et cependant vous ne pouvez la faire parler. Par la sangbleu, me croyez-vous donc plus facile à manier qu'une flûte ? Donnez-moi le nom de tel instrument qu'il vous plaira, vous aurez beau faire, vous ne tirerez jamais rien de moi.

Entre POLONIUS.

HAMLET, *continuant.* Dieu vous bénisse, seigneur.

[1] Pendant que l'herbe pousse, le cheval a le temps de mourir de faim.

POLONIUS. Monseigneur, la reine désirerait vous parler sur-le-champ.

HAMLET, *s'approchant de l'une des fenêtres de l'appartement.* Voyez-vous, là-bas, ce nuage qui a presque la forme d'un chameau ?

POLONIUS, *regardant.* Par la sainte messe, on dirait effectivement un chameau !

HAMLET. Je crois plutôt qu'il ressemble à une belette.

POLONIUS. En effet, c'est bien là la forme d'une belette.

HAMLET. Ou à une baleine.

POLONIUS. Il ressemble beaucoup à une baleine.

HAMLET. En ce cas je vais aller trouver ma mère tout à l'heure. — Ils finiront par me rendre réellement fou. — J'y vais à l'instant.

POLONIUS. Je vais le lui dire.

Polonius sort.

HAMLET. A l'instant, c'est facile à dire. — Laissez-moi, mes amis.

Tous sortent, à l'exception d'Hamlet.

HAMLET, *seul.* Voici l'heure de la nuit propice aux magiques mystères, l'heure où les tombes s'ouvrent béantes, où l'enfer lui-même exhale sur la terre son souffle contagieux : maintenant, je me sens capable de boire du sang tout fumant et d'exécuter des actes que le jour consterné ne pourrait voir sans horreur. Doucement ; allons trouver ma mère. — O mon cœur ! ne dépouille point ta nature : ayons de la fermeté ; mais que jamais l'âme de Néron n'entre dans ma poitrine : soyons inflexible ; mais non dénaturé : qu'il y ait un poignard dans ma parole ; mais que ma main soit désarmée : qu'en cette occasion ma bouche et mon âme dissimulent. Quelque amertume que je mette dans mes paroles, ne consens jamais, ô mon âme ! à ce que je les appuie par des actes !

Il sort.

SCÈNE III.

Un appartement du château.

Entrent LE ROI, ROSENCRANTZ et GUILDENSTERN.

LE ROI. Il y a en lui quelque chose que je n'aime pas ; et je crois qu'il y aurait danger pour nous de laisser le champ libre à sa folie : faites donc vos préparatifs ; je vais sur-le-champ expédier votre commission, et je veux qu'il parte avec vous pour l'Angleterre : l'intérêt de notre couronne nous défend de rester plus longtemps exposé aux périls incessants dont sa démence nous menace.

GUILDENSTERN. Nous allons nous préparer. C'est une crainte salutaire et sainte que celle qui a pour objet d'assurer le salut des innombrables existences qui dépendent de celle de votre majesté.

ROSENCRANTZ. C'est un devoir pour chacun, dans sa sphère individuelle, d'appliquer toutes ses forces et toute son énergie à défendre sa vie de toute atteinte ; combien c'est une obligation plus sacrée encore pour celui au salut duquel se rattache la vie de tant d'autres ! Quant un roi meurt, il ne meurt pas seul ; c'est un gouffre qui attire à lui tout ce qui est dans son voisinage : roue colossale, fixée au sommet d'une haute montagne, ses rayons gigantesques sont chargés d'innombrables objets accessoires que sa chute entraîne nécessairement avec elle dans un commun désastre. Le roi ne peut souffrir sans qu'il s'exhale un gémissement universel.

LE ROI. Préparez-vous, je vous prie, à partir sans délai. Car nous sommes décidé à mettre un terme à des causes d'inquiétudes qui se donnent maintenant trop librement carrière.

ROSENCRANTZ *et* GUILDENSTERN. Nous allons nous hâter.

Rosencrantz et Guildenstern sortent.

Entre POLONIUS.

POLONIUS. Sire, il se rend à l'appartement de sa mère ; je me cacherai derrière la tapisserie, afin d'entendre leur conversation ; je vous promets qu'elle va le tancer vertement. Comme vous l'avez dit, et dit très-sagement, il importe qu'une autre oreille que celle d'une mère, naturellement portée à un excès d'indulgence, entende ce qu'ils se diront. Adieu, sire ; je viendrai vous trouver avant que vous vous mettiez au lit, et vous dirai ce que je saurai.

LE ROI. Je vous serai obligé.

Polonius sort.

LE ROI, *seul, continuant.* Oh ! mon forfait exhale vers le ciel une odeur empestée. Il est frappé de la plus ancienne malédiction, celle qui fut prononcée contre le premier fratricide. Je ne saurais prier, quelque désir que j'en aie : mon crime est plus fort que ma volonté ; je ressemble à un homme que deux occupations réclament, et qui, ne sachant par laquelle il doit commencer, n'en exécute aucune. Quoi donc! quand sur cette main maudite le sang fraternel formerait une couche plus épaisse que la main elle-même, le ciel n'a-t-il pas assez de miséricordes pour que l'onde de sa grâce la purifie et la rende aussi blanche que la neige? A quoi sert la bonté divine, sinon à effacer le délit? Et qu'est-ce que la prière, si elle n'a cette double vertu de prévenir notre chute, ou de nous faire pardonner quand nous sommes tombés? Adressons-nous donc au ciel; ma faute est consommée. Mais, hélas! comment dois-je formuler ma prière? Pardonnez-moi mon meurtre abominable! — C'est impossible, puisque je suis encore en possession des objets pour lesquels j'ai commis ce meurtre, — ma couronne, mon trône, ma femme. Peut-on obtenir le pardon de son crime, alors qu'on en conserve les fruits? Dans les voies corrompues de ce monde, l'iniquité, l'or en main, peut tenir la justice à distance; et souvent l'on voit les produits du crime acheter l'impunité du coupable : mais là-haut, il n'en est point ainsi; là, tout subterfuge est inutile; là, nos actes apparaissent dans leur réalité; et confrontés avec nos fautes, force nous est de les confesser. Que faire donc? quelle ressource me reste? Essayons ce que peut le repentir. Son efficacité est grande : mais que peut-il pour celui qui ne peut se repentir? O condition déplorable! ô conscience noire comme la mort! ô mon âme! tu es prise au piége, et plus tu fais d'efforts pour te dégager, plus tu aggraves ta situation. Anges, venez à mon aide; tentez pour moi un effort. Fléchissez, genoux rebelles! Et toi, mon cœur, que tes fibres d'acier s'amollissent comme celles de l'enfant qui vient de naître : rien n'est encore désespéré.

Il se retire à l'écart et s'agenouille.

Entre HAMLET.

HAMLET, *apercevant le Roi.* L'occasion est propice, maintenant qu'il est en prière : agissons donc : — Oui, mais alors il va droit au ciel : est-ce là la vengeance que je veux tirer de lui? Voilà qui mérite réflexion : un scélérat tue mon père; et, en retour, moi, son fils unique, j'envoie au ciel ce même scélérat. Ce serait le récompenser, et non le punir : il a fait mourir mon père, livré aux préoccupations de la chair, au moment où ses péchés étaient épanouis comme la végétation au mois de mai; et qui sait, hormis le ciel, quels comptes il a maintenant à rendre? Autant que nous pouvons le conjecturer, un jugement rigoureux doit peser sur lui : serait-ce donc me venger de son meurtrier, que de l'immoler au moment où il purifie son âme, alors qu'il est préparé pour son dernier voyage ? Non, rentre dans le fourreau, mon épée, et attends le moment de frapper un coup plus horrible. Quand il sera ivre, endormi, ou en proie à la colère, ou plongé dans les plaisirs d'un lit incestueux, ou absorbé par le jeu, ou le blasphème à la bouche, ou accomplissant quelque acte qui soit loin de porter le cachet du salut, alors frappe-le, afin qu'il tourne le dos au ciel, et que son âme soit aussi damnée et aussi noire que l'enfer où il ira. Ma mère m'attend : — (*Regardant le Roi.*) Prolonge encore tes jours malades, ce n'est qu'un répit que je te donne.

Il sort.

LE ROI *se lève et s'avance.* Mes paroles montent ; mes pensées restent en bas. Les paroles sans les pensées n'arrivent point au ciel.

Il sort.

SCÈNE IV.

Un autre appartement du château.

Entrent LA REINE et POLONIUS.

POLONIUS. Il va venir à l'instant. Réprimandez-le d'importance ; dites-lui que ses incartades ont été poussées trop loin pour être endurées plus longtemps ; et que votre majesté a dû s'interposer entre lui et la colère du roi. Je ne vous en dis pas davantage. Je vous en prie, parlez-lui ferme.

LA REINE. Je vous le promets ; soyez tranquille.—Éloignez-vous ; je l'entends venir.

Polonius se cache.

Entre HAMLET.

HAMLET. Eh bien ! ma mère, que me voulez-vous ?

LA REINE. Hamlet, tu as gravement offensé ton père.

HAMLET. Ma mère, vous avez gravement offensé mon père.

LA REINE. Allons, allons, ton langage est d'un insensé.

HAMLET. Allons, allons, le vôtre est d'une coupable.

LA REINE. Eh bien ! qu'est-ce à dire, Hamlet ?

HAMLET. Qu'y a-t-il donc ?

LA REINE. Oublies-tu qui je suis ?

HAMLET. Non, par la sainte croix : vous êtes la reine, la

femme du frère de votre époux ; et — plût à Dieu qu'il en fût autrement ! — vous êtes ma mère.

LA REINE. Attends, je vais t'envoyer quelqu'un qui saura te parler.

HAMLET. Allons, allons, asseyez-vous ; vous ne bougerez pas, vous ne sortirez pas d'ici que je ne vous aie mis devant les yeux un miroir, où vos yeux puissent voir jusque dans les plus intimes profondeurs de votre âme.

LA REINE. Que prétends-tu ? veux-tu m'assassiner ? Au secours ! au secours !

POLONIUS, *derrière la tapisserie.* Quoi donc ? holà ! au secours !

HAMLET, *mettant l'épée à la main.* Qu'est-ce que cela ? un rat ? Je gage un ducat qu'il est mort.

Il donne un coup d'épée dans la tapisserie.

POLONIUS, *derrière la tapisserie.* Oh ! je suis mort !

Il tombe et meurt.

LA REINE. Hélas ! qu'as-tu fait ?

HAMLET. Ma foi, je l'ignore ; est-ce le roi ?

Il soulève la tapisserie, et tire à lui le corps de Polonius.

LA REINE. Oh ! quel acte furieux et sanglant !

HAMLET. Un acte sanglant : — presque aussi répréhensible, ma mère, que de tuer un roi et d'épouser son frère.

LA REINE. Tuer un roi ?

HAMLET. Oui, madame ; c'est bien là ce que j'ai dit. — (*A Polonius.*) Quant à toi, pauvre sire, fou téméraire et indiscret, adieu ! je t'ai pris pour un personnage plus important ; subis ton sort ; tu as appris à tes dépens qu'il peut y avoir du danger à se mêler des affaires d'autrui. — (*A la Reine.*) Cessez de vous tordre les mains ! Silence ! asseyez-vous, et laissez-moi vous torturer le cœur ; c'est ce que je vais faire, si toutefois il lui reste encore quelque sensibilité, si l'habitude du crime ne l'a pas bronzé au point de le rendre insensible à toute émotion.

LA REINE. Qu'ai-je fait pour que tu oses me parler sur ce ton menaçant ?

HAMLET. Une action qui flétrit la grâce et l'incarnat de la pudeur ; qui transforme la vertu en hypocrisie ; qui arrache du front d'un amour innocent sa couronne de roses, et la remplace par une plaie hideuse ; qui rend les serments de l'hymen aussi mensongers que ceux des joueurs ! oh ! une action qui enlève au corps des contrats la sainteté qui en est l'âme, et fait de la religion une rhapsodie de mots. Le ciel s'en indigne, ce globe compacte et solide est attristé, et la consternation est peinte sur sa face, comme si le dernier jour du monde était venu.

LA REINE. Hélas! quelle est donc l'action que dénoncent cet effrayant prélude, cette voix foudroyante?

HAMLET, *lui montrant deux portraits en pied qui décorent l'appartement.* Regardez ces deux portraits, qui vous offrent l'image des deux frères. Voyez quelle grâce était empreinte sur ce visage; la chevelure bouclée d'Hypérion, le front de Jupiter lui-même, l'œil de Mars, où venait se peindre le commandement ou la menace; le port de Mercure, le messager céleste, alors qu'il vient de poser le pied sur une cime qui touche les nuages; un heureux assemblage de formes si parfaites, que chacun des dieux semblait y avoir imprimé son sceau, comme pour montrer au monde le modèle d'un homme véritable : c'était là votre époux. Tournez maintenant les yeux de ce côté. Voilà votre mari actuel, qui, pareil à l'épi que la nielle a gâté, a, par son contact homicide, fait périr son frère. Avez-vous des yeux? Avez-vous bien pu quitter ce riant et fertile plateau pour venir vous engraisser dans ce marécage? Oh! avez-vous des yeux? Vous ne pouvez imputer votre conduite à l'amour; car, à votre âge, l'effervescence du sang est calmée, et la passion refroidie se soumet à la raison. Et quelle est la créature rationnelle qui aurait pu se résoudre à échanger votre premier époux contre celui-ci? Vous êtes douée de sentiment, sans nul doute; autrement vous ne seriez pas un être animé : mais, assurément, il faut que chez vous le sentiment soit paralysé : car il n'est pas de démence qui ne laisse à celui qui lui est asservi une portion de discernement suffisante pour choisir entre des objets si dissemblables. Quel démon vous a donc égarée, en vous mettant un bandeau sur les yeux? La vue sans l'aide du toucher, le toucher sans le secours de la vue, l'ouïe sans l'usage des mains ou des yeux, l'odorat à lui seul, une portion même altérée d'un sens véritable, n'aurait pu tomber dans une méprise aussi stupide. O honte! où est ta rougeur? Enfer rebelle, si tu peux allumer ainsi la révolte dans les sens d'une femme depuis longtemps épouse et mère, que pour l'ardente jeunesse la vertu soit comme de la cire; qu'elle se fonde à sa propre flamme : qu'il n'y ait point de honte à céder quand la passion parle, puisque la glace elle-même brûle avec une telle activité, et que la raison prostitue aux désirs ses honteux services!

LA REINE. O Hamlet! n'en dis pas davantage : tu obliges mes yeux à se tourner sur mon âme; et j'y découvre des taches si noires et si fortement empreintes que rien ne peut les effacer.

HAMLET. Vivre dans la sueur impure d'une couche fétide, sur un fumier de corruption ; se vautrer dans la fange d'un sale amour, —

LA REINE. Oh! ne me parle plus : ces paroles me pénètrent comme autant de poignards; assez, cher Hamlet.

HAMLET. Un assassin, un scélérat! un misérable qui ne vaut pas la centième partie de votre premier époux ; — un roi pour rire, un coupeur de bourse, qui a filouté le pouvoir; qui trouvant la couronne sous sa main, l'a volée et mise dans sa poche!

LA REINE. Assez.

HAMLET. Un royal arlequin, —

Entre L'OMBRE.

HAMLET, *continuant*. Protégez-moi, et abritez-moi sous vos ailes, milice céleste! — Que me veux-tu, ombre chérie?

LA REINE. Hélas! il est fou.

HAMLET. Viens-tu réprimander les lenteurs de ton fils, qui, laissant le temps s'écouler, et son indignation se refroidir, néglige l'exécution de tes redoutables commandements? Oh! parle!

L'OMBRE. N'oublie pas! cette apparition n'a pour but que de réveiller ta résolution assoupie. Mais vois! ta mère est plongée dans la stupeur : oh! interpose-toi entre elle et les tourments de son âme! c'est dans les organisations les plus faibles que l'imagination fait le plus de ravages. Parle-lui, Hamlet.

HAMLET. Comment vous trouvez-vous, madame?

LA REINE. C'est à moi à te faire cette demande. Pourquoi tes yeux sont-ils fixés sur le vide? Pourquoi tiens-tu conversation avec l'air insubstantiel? Ton âme toute entière semble sortir par tes yeux égarés; et, pareils au soldat endormi qu'une alerte réveille en sursaut, tes cheveux, comme si la vie les animait, se dressent et se hérissent. O mon fils bien-aimé! jette sur la flamme de ta colère les froides ondes de la patience. Que regardes-tu?

HAMLET. Lui! lui! — Voyez comme il est pâle! Son aspect

et le motif qui l'amène suffiraient pour émouvoir les pierres elle-mêmes.—(*A l'Ombre.*) Ne jette pas sur moi tes regards; je crains que leur expression lamentable et touchante n'ôte à ma résolution son inflexible énergie : les actes que je dois accomplir changeraient de caractère; des larmes peut-être, au lieu de sang !

LA REINE. A qui parles-tu donc?

HAMLET. Ne voyez-vous rien là?

LA REINE. Rien absolument; et pourtant tout ce qui est ici, je le vois.

HAMLET. Et n'avez-vous rien entendu?

LA REINE. Rien, si ce n'est nos paroles.

HAMLET. Mais regardez donc là ! voyez comme il s'éloigne silencieux et sombre ! C'est mon père, vêtu comme il l'était de son vivant. Regardez, le voilà maintenant qui franchit le seuil de la porte !

L'Ombre sort.

LA REINE. C'est l'ouvrage de ton cerveau ; c'est l'une de ces créations fantastiques que le délire excelle à produire.

HAMLET. Le délire ! tâtez mon pouls, et voyez s'il n'a pas une marche aussi régulière et aussi saine que le vôtre. Ce n'est pas sous l'influence du délire que j'ai parlé : interrogez-moi, et au lieu de divaguer, comme c'est le propre de la folie, je vous répéterai textuellement mes paroles. Ma mère, au nom de la grâce, ne vous bercez pas de la pensée décevante que c'est ma démence et non votre faute qui vient de parler. Ce serait cicatriser la plaie à l'extérieur, pendant qu'au-dedans le mal invisible poursuivrait sans obstacle ses ravages destructeurs. Confessez-vous au ciel; repentez-vous du passé; prémunissez-vous pour l'avenir ; et n'allez pas, prodiguant l'engrais à une végétation malfaisante, ajouter encore à son énergie funeste. Pardonnez-moi ma vertu ; car dans ce monde vénal et grossier, la vertu doit demander pardon au vice, et implorer comme un grâce la permission de lui faire du bien.

LA REINE. O Hamlet! tu as déchiré mon cœur.

HAMLET. Oh! rejetez-en la partie corrompue, et avec l'autre moitié vivez plus tranquille et plus pure. Bonne nuit ! mais ne vous rendez point au lit de mon oncle; si vous n'avez pas la vertu, prenez-en du moins les allures. L'habitude, ce monstre qui ronge et neutralise en nous toute sensibilité, le démon de l'habitude est un ange en ceci, qu'elle donne également aux actions bonnes et vertueuses un vêtement qui leur sied. Abstenez-vous cette nuit ; cela vous rendra plus facile la prochaine abstinence ; la suivante vous coûtera moins encore ; car l'habitude peut presque changer l'empreinte de la nature, et dompter le démon ou l'expulser avec une merveilleuse puissance. Encore une fois, bonne nuit ! et quand vous sentirez le besoin de la bénédiction du ciel, je demanderai la vôtre. — (*Montrant Polonius.*) Quant à cet homme, je me repens de ce que j'ai fait ; mais le ciel l'a ordonné ainsi ; il a voulu, faisant de moi l'instrument de ses vengeances, le punir par moi, comme moi par lui. Je vais procéder à sa sépulture, et je répondrai de la mort que je lui ai donnée. Adieu donc !—Je suis obligé d'être cruel par humanité : un premier mal est fait ; le pire est encore à venir. — Un mot encore, madame.

LA REINE. Que faut-il que je fasse ?

HAMLET. Rien, absolument rien de ce que je vous ai dit de faire. Que le monarque aviné vous attire encore vers sa couche, qu'il vous caresse la joue, vous appelle son petit cœur ; et, en retour d'une couple de baisers de flamme, à l'aide de ses damnées et lubriques caresses, qu'il vous amène à lui tout révéler, à lui dire que je ne suis pas réellement fou, que ma démence est feinte : il sera bon que vous lui fassiez cette confidence ; et, en effet, quelle reine belle, sensée et sage, hésiterait à confier à cet animal immonde, à ce hideux reptile, de si importants secrets ? Qui se tairait en pareil cas ? Non, au mépris du bon sens et de la discrétion, portez la cage sur le toit, ouvrez-la, et laissez les oiseaux prendre leur volée ; puis, à l'exemple du singe de la légende, par manière d'expérience, mettez-vous dans la cage, et brisez-vous le cou en tombant.

LA REINE. Sois assuré que si les paroles se composent de souffle, et le souffle de vie, je n'ai pas de vie pour articuler ce que tu m'as dit.

HAMLET. Il faut que je parte pour l'Angleterre ; vous le savez sans doute ?

LA REINE. Hélas ! je l'avais oublié ; la chose est décidée.

HAMLET. Il y a des lettres scellées, et mes deux compagnons d'étude, — auxquels je me fie comme à des vipères armées de leurs dards empoisonnés,—sont porteurs de l'ordre ; ce sont eux qu'on a chargés de me frayer la route et de me conduire au piége tendu par la trahison. Laissons marcher les choses. C'est plaisir de voir l'artificier victime de l'explosion de son propre pétard; et j'aurai bien du malheur si je ne parviens à creuser à quelques pieds au-dessous de leur mine, et à les faire tous sauter en l'air : oh! rien n'est plaisant comme deux fourberies qui, manœuvrant l'une contre l'autre, se trouvent face à face. — La mort de cet homme va faire hâter mon départ. Portons son cadavre dans la pièce voisine. — Ma mère, bonne nuit! — Ce conseiller est maintenant singulièrement calme, discret et grave, lui qui de son vivant n'était qu'un sot babillard. — Allons, mon cher, que j'en finisse avec toi. — Bonne nuit, ma mère.

La Reine sort d'un côté, Hamlet de l'autre, en traînant le corps de Polonius.

ACTE QUATRIÈME.

SCÈNE I.

Même lieu.

Entrent LE ROI, LA REINE, ROSENCRANTZ et GUILDENSTERN.

LE ROI. Ces soupirs, cette poitrine qui se soulève avec effort, tout cela doit avoir une cause : faites-nous-la connaître, il convient que nous en soyons instruit. Où est votre fils?

LA REINE, *à Rosencrantz et à Guildenstern.* Laissez-nous seuls un instant.

Rosencrantz et Guildenstern sortent.

LA REINE, *continuant.* Ah! monseigneur, qu'ai-je vu cette nuit?

LE ROI. Quoi donc, Gertrude? En quel état est Hamlet?

LA REINE. En démence comme la mer et le vent, quand ils luttent à qui sera le plus fort. Dans l'un de ses accès effrénés, entendant quelque chose remuer derrière la tapisserie : « Un rat! un rat! » s'est-il écrié en tirant son épée, et dans le délire de sa raison, il a tué sans le voir cet excellent vieillard.

LE ROI. O douloureux événement! nous aurions eu le même sort si nous nous étions trouvé là; sa liberté est un danger pour tous, pour vous-même, pour moi, pour chacun de nous. Hélas! quelles raisons donner pour excuser cet acte sanguinaire? On en fera peser la responsabilité sur nous, dont la prévoyance aurait dû comprimer, isoler et mettre hors d'état de nuire ce jeune insensé; mais notre affection pour lui était si grande, que nous n'avons pas voulu comprendre ce que la prudence nous prescrivait de faire. Nous avons agi comme l'homme atteint d'un mal honteux qui, afin de le tenir secret, laisse sa dévorante énergie s'attaquer aux sources mêmes de la vie. Où est-il allé?

LA REINE. Mettre en lieu sûr le cadavre de celui qu'il a tué. Au milieu même de sa démence, sa sensibilité, comme un métal précieux dans un minerai grossier, se montre intacte et pure. Il pleure sur l'action qu'il a commise.

LE ROI. O Gertrude! sortons; dès que le soleil aura touché le sommet des montagnes, nous l'embarquerons et le ferons partir. Quant à cette odieuse action, il nous faudra employer pour la colorer et l'excuser toute notre autorité et tout notre art. — Holà, Guildenstern!

Rentrent ROSENCRANTZ et GUILDENSTERN.

LE ROI, *continuant*. Mes amis, allez vous adjoindre des gens qui vous prêtent main-forte. Hamlet, dans sa démence, a tué Polonius, dont il a emporté le cadavre hors de la chambre de sa mère. Allez, tâchez de découvrir où il est. Ne dites rien qui puisse irriter Hamlet, et transportez le corps dans la chapelle. Hâtez-vous, je vous peie.

Rosencrantz et Guildenstern sortent.

LE ROI, *continuant*. Venez, Gertrude; réunissons nos plus sages amis; faisons-leur connaître ce que nous nous proposons de faire, et le malheur qui est arrivé. Grâce à cette précaution, peut-être la calomnie, qui lance son trait empoisonné d'une extrémité du monde à l'autre, et dont les coups portent, aussi justes que ceux du canon, — n'atteindra pas notre nom et n'ira frapper que l'air impalpable. — Oh! sortons! mon âme est pleine de trouble et de terreurs.

Ils sortent

SCÈNE II.

Un autre appartement du château.

Entre HAMLET.

HAMLET. — Il est en lieu sûr.

PLUSIEURS VOIX, *de l'extérieur*. Hamlet! seigneur Hamlet!

HAMLET. Mais doucement; quel est ce bruit? Qui appelle Hamlet? Oh! les voilà qui viennent!

Entrent ROSENCRANTZ et GUILDENSTERN.

ROSENCRANTZ. Monseigneur, qu'avez-vous fait du cadavre

HAMLET. Je l'ai rendu à la poussière d'où il était sorti.

ROSENCRANTZ. Dites-nous en quel endroit il est, afin que nous puissions l'en retirer et le porter à la chapelle.

HAMLET. Ne le croyez pas.

ROSENCRANTZ. Que ne devons-nous pas croire?

HAMLET. Que je ferai à votre tête et non à la mienne. Et puis, être interrogé par une éponge! Quelle réponse voulez-vous que lui fasse le fils d'un roi?

ROSENCRANTZ. Est-ce que vous me prenez pour une éponge, monseigneur?

HAMLET. Oui, toi qui bois les faveurs du roi, ses récompenses, son pouvoir. Mais, au bout du compte, de tels officiers rendent au monarque un signalé service; ils sont pour lui ce qu'est pour le singe le fruit qu'il garde dans un coin de sa bouche pour l'avaler plus tard : quand il aura besoin de ce que vous aurez glané, il lui suffira de vous presser, et aussitôt, éponge que vous êtes, vous redeviendrez à sec.

ROSENCRANTZ. Je ne vous comprends pas, monseigneur.

HAMLET. J'en suis bien aise; les paroles d'un fripon élisent domicile dans l'oreille d'un sot.

ROSENCRANTZ. Monseigneur, veuillez nous dire où est le corps, et vous rendre avec nous auprès du roi.

HAMLET. Il y a un corps là où est le roi; mais le roi n'est pas dans ce corps. Le roi est une créature.

GUILDENSTERN. Une créature, monseigneur?

HAMLET. Une créature de rien! conduisez-moi auprès de lui. Nous allons jouer à cache-cache.

Ils sortent.

SCÈNE III.

Un autre appartement du château.

Entrent LE ROI et sa suite.

LE ROI. Je l'ai envoyé chercher, et j'ai donné des ordres pour découvrir le cadavre. Combien il est dangereux de laisser cet homme en liberté! cependant nous ne pouvons faire peser sur lui toute la rigueur des lois; il est aimé de la multitude insensée, qui dans ses affections se décide par les yeux et non par le jugement; et dans de telles occurrences, c'est le châtiment des coupables qu'on pèse, jamais le délit lui-même. Pour prévenir tout mécontentement, il faut que cet exil précipité paraisse le résultat d'une mûre délibération. Aux maux désespérés, il faut pour les guérir appliquer des remèdes désespérés, ou n'en point appliquer du tout.

Entre ROSENCRANTZ.

LE ROI, *continuant*. Eh bien, qu'est-il arrivé?

ROSENCRANTZ. Sire, nous n'avons pu obtenir de lui de nous dire où il a mis le corps.

LE ROI. Où est-il?

ROSENCRANTZ. Dans la pièce voisine, attendant sous bonne garde ce que vous ordonnerez de lui.

LE ROI. Qu'on l'amène devant nous.

ROSENCRANTZ. Holà, Guildenstern, amenez monseigneur.

Entrent HAMLET et GUILDENSTERN.

LE ROI. Eh bien, Hamlet, où est Polonius?

HAMLET. A un banquet.

LE ROI. A un banquet? où donc?

HAMLET. A un banquet où il ne mange pas, mais où il est mangé : une compagnie de vers politiques est attablée autour de lui. Le ver est le monarque des mangeurs ; nous engraissons toutes les créatures pour nous engraisser, et nous nous engraissons pour les vers. Un roi gras et un mendiant maigre, ce sont deux mets différents, deux plats servis à la même table, voilà tout.

LE ROI. Hélas! hélas!

HAMLET. Il peut arriver qu'un homme pêche avec un ver qui a mangé d'un roi, et mange du poisson qui a mangé d'un ver.

LE ROI. Que veux-tu dire par là?

HAMLET. Rien; je veux seulement vous montrer par quelle filière passe un monarque pour arriver dans les boyaux d'un pauvre homme.

LE ROI. Où est Polonius?

HAMLET. Au ciel. Envoyez-y voir; si votre messager ne l'y trouve pas, allez vous-même le chercher dans l'endroit opposé; dans tous les cas, si vous ne le trouvez pas d'ici à un mois, vous le sentirez en montant l'escalier de la galerie.

LE ROI, *à sa suite.* Allez l'y chercher.

HAMLET. Il attendra que vous veniez.
La Suite du roi sort.

LE ROI. Hamlet, dans l'intérêt de ta santé, qui nous est chère autant que nous est douloureux l'acte que tu as commis, il faut que tu partes en toute hâte; va donc te préparer. Le navire est prêt, le vent favorable; tes compagnons de voyage t'attendent, et tout est disposé pour te transporter en Angleterre.

HAMLET. En Angleterre?

LE ROI. Oui, Hamlet.

HAMLET. C'est bien.

LE ROI. Tu dirais encore, c'est bien, si tu savais mes projets.

HAMLET. Je vois un ange qui les voit. — Mais allons; en Angleterre! Adieu, ma mère bien-aimée.

LE ROI. Ton père qui te chérit, Hamlet.

HAMLET. Non, ma mère; le père et la mère sont le mari et la femme; le mari et la femme ne sont qu'une seule et même chair. Ainsi donc, ma mère. Partons pour l'Angleterre.
Il sort.

LE ROI, *à Rosencrantz et à Guildenstern.* Suivez-le pas à pas; engagez-le à se rendre promptement à bord; ne perdez pas de temps. Je veux que ce soir il ait quitté ces lieux. Allez; tout ce qui concerne cette affaire est expédié et scellé; hâtez-vous, je vous prie.
Rosencrantz et Guildenstern sortent.

LE ROI *seul, continuant.* Roi d'Angleterre, tu sais jusqu'où s'étend ma puissance; les blessures que t'a infligées l'épée des Danois saignent encore, et ton respect nous rend un libre hommage. Si donc tu fais cas de ma bienveillance, tu n'accueilleras pas froidement les ordres souverains consignés dans mes lettres, et qui exigent la mort immédiate d'Hamlet. Obéis-moi, roi d'Angleterre; car Hamlet est une fièvre qui brûle mon sang, et c'est à toi de m'en guérir. Jusqu'à ce que j'apprenne que la chose est faite, quoi qu'il m'arrive, il ne saurait y avoir de bonheur pour moi.
Il sort

SCÈNE IV.

Une plaine en Danemark.

Arrive FORTINBRAS, à la tête de ses troupes.

FORTINBRAS, *à l'un de ses Officiers*. Capitaine, allez saluer de ma part le roi de Danemark ; dites-lui que, conformément à sa promesse, Fortinbras lui demande le passage à travers son territoire ; vous savez où est le point de ralliement ; si sa majesté désire me parler, je m'empresserai d'aller lui rendre mes devoirs ; veuillez le lui dire.

L'OFFICIER. J'exécuterai vos ordres, monseigneur.

FORTINBRAS, *à ses troupes*. Avançons dans une attitude pacifique.

Fortinbras et son armée s'éloignent. L'Officier reste.

Arrivent HAMLET, ROSENCRANTZ, GUILDENSTERN, et plusieurs autres.

HAMLET, *à l'Officier*. Mon ami, quelles sont ces troupes ?

L'OFFICIER. C'est l'armée norwégienne, seigneur.

HAMLET. Quelle est sa destination ?

L'OFFICIER. Un point du territoire de la Pologne.

HAMLET. Qui la commande ?

L'OFFICIER. Le neveu du vieux roi de Norwége, Fortinbras.

HAMLET. Est-ce contre la Pologne tout entière que vous marchez, ou seulement contre un point de sa frontière ?

L'OFFICIER. S'il faut vous dire la vérité, seigneur, sans y rien ajouter, nous marchons pour conquérir un bout de territoire donc l'acquisition ne nous donnera que de la gloire sans profit. Je ne le prendrais pas à ferme pour cinq ducats ; et si on venait à le vendre, la Norwége ou la Pologne n'en retirerait pas davantage.

HAMLET. S'il en est ainsi, les Polonais ne le défendront pas.

L'OFFICIER. Si fait, et déjà ils y ont mis garnison.

HAMLET. Deux mille âmes et vingt mille ducats ne suffiront pas pour trancher cette question futile : c'est un de ces abcès qui, résultat d'une prospérité trop grande et d'une paix trop prolongée, crèvent à l'intérieur, sans que rien à l'extérieur annonce ce qui a pu causer la mort. — Je vous remercie beaucoup, mon ami.

L'OFFICIER. Dieu soit avec vous, seigneur.

L'Officier s'éloigne.

ROSENCRANTZ. Vous plaît-il, monseigneur, que nous poursuivions notre route ?

HAMLET. Je vous rejoins dans un moment. Prenez un peu les devants.

Rosencrantz et Guildenstern s'éloignent.

HAMLET *seul, continuant.* Comme en chaque occasion tout m'accuse et vient aiguillonner ma tardive vengeance! Qu'est-ce que l'homme, si son premier bien, la grande affaire de sa vie, consiste à dormir et à manger? c'est une brute, rien de plus. Sûrement, celui qui nous a doués de cette vaste compréhension qui embrasse le passé et l'avenir ne nous a pas donné cette intelligence, cette admirable raison pour qu'elle reste oisive et sans emploi. Soit oubli stupide, soit lâche scrupule qui me fait trop approfondir l'action que je médite, — pensée dans laquelle il entre un quart de sagesse et trois quarts de lâcheté, — je ne puis m'expliquer pourquoi j'en suis encore à me dire : « Voilà ce que j'ai à faire; » puisque j'ai des motifs suffisants, ainsi que la volonté, la force et les moyens nécessaires pour l'exécuter. Les plus irrécusables exemples m'y exhortent; témoin cette armée si nombreuse et si importante conduite par un prince jeune et délicat, dont le génie intrépide, gonflé d'une ambition divine, affronte en riant les chances de l'invisible avenir, exposant une vie mortelle et incertaine à tout ce que peuvent oser la fortune, la mort et le danger, et tout cela pour une bagatelle. La grandeur véritable consiste à ne s'émouvoir que pour de graves motifs, mais à trouver dans un fétu un sujet de querelle, quand l'honneur est en cause. Quelle est donc ma position à moi qui ai un père assassiné, une mère déshonorée, moi dont tant de motifs stimulent la raison et la colère, et qui laisse tout cela dormir ; tandis qu'à ma honte je vois vingt mille hommes s'exposer pour un vain fantôme de gloire à une mort imminente, marcher à leur tombeau comme ils iraient à leur lit, aller combattre pour un coin de terre qui ne pourrait contenir les combattants, qui ne serait même pas une tombe assez vaste pour recevoir les morts ? — Oh ! qu'à dater de ce moment mes pensées soient sanguinaires, ou qu'elles soient nulles !

Il s'éloigne.

SCÈNE V.

Elseneur. — Un appartement du château.

Entrent LA REINE et HORATIO.

LA REINE. Je ne veux pas lui parler.

HORATIO. Elle le demande avec instance; le fait est qu'elle extravague; elle est dans un état digne de pitié.

LA REINE. Que veut-elle?

HORATIO. Elle parle beaucoup de son père, prétend qu'on lui a dit qu'il se fait dans ce monde de méchants tours, soupire, se frappe la poitrine, s'emporte pour des riens. Elle profère des paroles équivoques qui ont à peine un sens. Ce qu'elle dit n'est rien, et cependant ses discours incohérents donnent à ceux qui les entendent l'envie de les comprendre. Ils cherchent à en deviner le sens, en comblent les vides et en complètent eux-mêmes la pensée. A voir les clignements d'yeux, les hochements de tête, et les gestes dont elle les accompagne, on dirait que ses paroles ont un sens; peut-être en ont-elles un; mais, en tous cas, il ne peut être que sinistre.

LA REINE. Il serait à propos de lui parler; car elle pourrait semer dans les esprits malveillants de dangereuses conjectures. Faites-la venir.

Horatio sort.

LA REINE, *seule, continuant*. A mon âme malade, et telle fut toujours la condition du crime, la moindre bagatelle semble l'avant-coureur de quelque grande calamité; telle est la défiance naturelle à une conscience coupable, que dans la peur d'être trahie elle se trahit elle-même.

HORATIO rentre avec OPHÉLIE.

OPHÉLIE. Où est la belle majesté du Danemark?

LA REINE. Eh bien, Ophélie?

OPHÉLIE chante.

A quoi connaîtrai-je donc
L'amant qui ton cœur engage?
Au chapeau de coquillage,
Aux sandales, au bourdon.

LA REINE. Hélas! chère Ophélie, que signifie cette chanson?

OPHÉLIE. Vous me le demandez? Tenez, écoutez bien ceci.

Elle chante:

Il est mort pour tout de bon;

On l'a mis au cimetière ;
A ses pieds est une pierre,
A sa tête un vert gazon.

Oh ! oh !

Elle sanglote.

LA REINE. Veuillez, ma chère Ophélie, —
OPHÉLIE. Écoutez, je vous prie.

Elle chante.

Son linceul blanc comme neige, —

Entre LE ROI.

LA REINE. Hélas ! voyez, seigneur.

OPHÉLIE *chante.*

Était parsemé de fleurs,
Qu'en marchant baignaient de pleurs
Ceux qui formaient le cortége.

LE ROI. Comment vous trouvez-vous, aimable Ophélie ?

OPHÉLIE. Bien ; Dieu vous garde ! On dit que la chouette était autrefois la fille d'un boulanger [1]. Mon Dieu, nous savons ce que nous sommes, mais nous ne savons pas ce que nous pouvons devenir. Que Dieu soit à votre table !

LE ROI. Elle pense à son père.

OPHÉLIE. Ne parlons plus de cela, je vous prie ; mais si l'on vous demande ce que cela veut dire, répondez :

Elle chante :

C'est demain la Saint-Valentin,
Lui dit sa gentille voisine ;
Attendez-moi de bon matin ;
Je serai votre Valentine.

Dès l'aube il se leva,
Et vite il s'habilla
Pour recevoir sa belle ;
Puis sa porte il ouvrit,
Elle entra demoiselle,
Et dame elle sortit.

LE ROI. Charmante Ophélie !

OPHÉLIE. En vérité, sans faire de serment, je vais finir.

---

[1] Selon une vieille légende, Notre-Seigneur ayant demandé du pain à la fille d'un boulanger, et celle-ci lui en ayant refusé, pour la punir il la changea en chouette.

Elle chante :
Ah! fi donc, la fâcheuse affaire !
Voilà l'histoire des amours.
Ce qu'on voudra leur laisser faire,
Les amants le feront toujours.

Avant le jour qui m'a vu choir,
Vous promettiez de m'épouser, dit-elle.
— Je l'aurais fait ; mais dans mon lit, ma belle,
Pourquoi diantre venir me voir?

LE ROI. Combien y a-t-il de temps qu'elle est dans cet état?

OPHÉLIE. J'espère que tout ira bien. Il faut avoir de la patience ; mais je ne puis m'empêcher de pleurer quand je pense qu'ils l'ont mis dans la terre froide et glacée. Mon frère le saura, et je vous remercie de votre bon conseil. Qu'on fasse approcher mon carrosse! Bonsoir, mesdames; bonsoir, belles dames; bonsoir, bonsoir.

Elle sort.

LE ROI, à *Horatio*. Suivez-la, et surveillez-la de près ; ne la perdez pas de vue, je vous prie.

Horatio sort.

LE ROI, *continuant*. Oh! c'est là le poison d'une douleur profonde, causée par la mort de son père. O Gertrude, Gertrude, quand les douleurs nous arrivent, ce n'est pas isolément qu'elles viennent, mais par bataillons. D'abord c'est le meurtre de son père ; puis le départ de votre fils, qui a lui-même violemment décrété son exil; le peuple troublé, mécontent, se livre, à propos de la mort de Polonius, à des pensées et à des conjectures malveillantes ; et nous avons agi à la légère en le faisant enterrer avec tant de précipitation ; la malheureuse Ophélie n'ayant plus la conscience d'elle-même, est privée de sa raison, sans laquelle nous ne sommes que des statues, que de véritables brutes. Pour dernier malheur enfin, et celui-là les vaut tous, son frère est secrètement revenu de France; il se repaît de ces étranges nouvelles, se tient enveloppé de nuages; il ne manque pas de bouches malveillantes qui, à l'occasion de la mort de son père, empoisonnent son oreille de leurs coupables propos; et la calomnie, en l'absence d'autre pâture ne se fait pas faute de colporter ses accusations contre notre propre personne. O ma chère Gertrude! tout cela, pareil à une machine meurtrière, me porte plus de coups qu'il n'en faut pour donner la mort.

Un grand bruit s'entend de l'extérieur.

LA REINE. Hélas! Quel est ce bruit?

LE ROI. Holà! quelqu'un!

Entre UN OFFICIER DU PALAIS.

LE ROI, *continuant.* Où sont mes suisses? qu'ils défendent la porte. Qu'y a-t-il?

L'OFFICIER. Fuyez, sire. L'Océan, franchissant ses rivages, n'envahit pas la plaine avec plus d'impétuosité et de violence que le jeune Laërte, dans sa rébellion, n'en met à triompher de la résistance de vos officiers. La populace l'appelle son souverain, et comme si le monde venait de naître, qu'il n'y eût plus de passé, etque les précédents et l'usage, sur lesquels toute parole s'appuie, fussent complétement oubliés, ils s'écrient : « Choisissons-nous un roi! Laërte sera roi! » Tous les chapeaux volent en l'air; toutes les mains applaudissent, et toutes les voix répètent : « Laërte sera roi! vive le roi Laërte! »

LA REINE. Avec quelle joie cette meute s'élance sur une piste trompeuse! Vous faites fausse route, Danois ingrats.

LE ROI. Ils ont forcé les portes.

Le bruit redouble.

Entre LAERTE, suivi d'une foule de Danois.

LAERTE. Où est-il, ce roi?—Messieurs, tenez-vousen dehors.

LES DANOIS. Non, entrons.

LAERTE. Je vous en prie, faites ce que je vous demande.

LES DANOIS. C'est juste, c'est juste.

Ils sortent de l'appartement.

LAERTE. Je vous remercie; gardez la porte. — (*Au Roi.*) O roi infâme! donne-moi mon père.

LE ROI. Du calme, mon cher Laërte.

LAERTE. Si une seule goutte de mon sang était calme, cette goutte me proclamerait bâtard, attesterait le déshonneur de mon père, imprimerait au front chaste de ma mère un stigmate d'infamie.

LE ROI. D'où vient, Laërte, une rébellion qui assume ces formes colossales? — Laissez-le faire, Gertrude; ne craignez rien pour notre personne : grâce au caractère sacré qui protége les rois, la trahison ne jette qu'un regard timide et incertain vers le résultat que poursuivent ses vœux, et les effets sont loin de répondre à son attente. — Dis-moi, Laërte, les motifs de cette irritation violente. — Laissez-le faire, Gertrude. — Parle.

LAERTE. Où est mon père?

LE ROI. Il est mort.

LA REINE. Mais le roi n'est pour rien dans son trépas.

LE ROI. Laissez-le m'interroger tout à son aise.

LAERTE. Comment est-il mort? Qu'on ne prétende pas m'en imposer. Aux enfers les serments d'allégeance! à tous les démons la foi jurée! au plus profond abîme la conscience et la fidélité! J'affronte la damnation, je le déclare fermement; —je renonce à tout dans ce monde et dans l'autre; arrive que pourra, pourvu que je tire de la mort de mon père une éclatante vengeance.

LE ROI. Qui pourra vous arrêter?

LAERTE. Ma volonté seule, et non celle de l'univers entier; et quant aux ressources dont je dispose, je les emploierai de manière qu'avec des moyens limités j'accomplirai beaucoup.

LE ROI. Mon cher Laerte, je comprends que tu désires savoir la vérité toute entière sur la mort de ton père bien-aimé. Mais es-tu résolu à confondre dans ta vengeance amis et ennemis, ceux qui ont perdu, et ceux qui ont gagné à son trépas?

LAERTE. Ses ennemis seulement.

LE ROI. Eh bien, veux-tu les connaître?

LAERTE. Quant à ses amis, je leur ouvre mes bras avec empressement; et pareil au pélican qui nourrit ses enfants aux dépens de sa vie, je suis prêt à leur donner mon sang.

LE ROI. A la bonne heure; tu parles maintenant en bon fils et en homme d'honneur. Je suis innocent de la mort de ton père, et je la déplore amèrement; c'est ce qui sera démontré à ta raison par des preuves aussi claires que le jour qui te luit.

LES DANOIS, *de l'extérieur.* Laissez-la entrer.

LAERTE. Quoi donc? quel est ce bruit?

Entre OPHÉLIE, bizarrement coiffée de fleurs et de pailles entrelacées dans sa chevelure.

LAERTE, *continuant.* O mon cerveau! desséchez-vous! Larmes, sept fois corrosives, brûlez mes yeux, et éteignez-y le sens de la vue! — Par le ciel, ta démence sera payée avec usure, jusqu'à ce que notre poids fasse pencher l'un des plateaux de la balance. O rose de mai! fille bien-aimée, tendre sœur, chère Ophélie ! — O ciel ! se peut-il que la raison d'une jeune fille soit aussi fragile que la vie d'un vieillard ? La nature a, dans son amour, comme un parfum subtil et rare, dont les émanations s'attachent à ce qu'elle aime.

OPHÉLIE *chante :*
La face découverte ils l'ont mis dans sa bière,
Et sur sa tombe ils ont versé des pleurs.

Adieu, mon tourtereau.

LAERTE. Tu posséderais toute ta raison et tu m'animerais à la vengeance, que tu ne pourrais à ce point m'émouvoir.

OPHÉLIE. Il faut que vous chantiez :
Et allons donc,
Descendez donc.

Oh ! il faut entendre chanter cela par la fileuse à son rouet ; c'est la romance de l'intendant déloyal qui enleva la fille de son maître.

LAERTE. Ces riens-là en disent plus que des choses sensées.

OPHÉLIE, *à Laërte, en lui présentant une fleur.* Voilà du romarin, c'est la fleur du souvenir. Souvenez-vous de moi, je vous prie, mon bien-aimé ; et voici des pensées ; c'est pour que vous pensiez à moi.

LAERTE. Il y a du sens dans son délire. Elle vient d'appliquer à propos la pensée et le souvenir.

OPHÉLIE, *au Roi.* Voilà pour vous du fenouil et des colombines. — (*A la Reine.*) Voilà de la rue pour vous, et en voici pour moi : — pour vous ce sera l'herbe de grâce, pour moi l'herbe de douleur. — Voici une marguerite. — Je voudrais bien vous donner des violettes, mais elles se sont toutes fanées quand mon père est mort : — on dit qu'il a fait une bonne fin ; —

Elle chante :
Car Robin[1] fait toute ma joie.

LAERTE. La mélancolie, l'affliction, la colère, l'enfer lui-même, tout devient charmant en passant par sa bouche.

OPHÉLIE *chante.*
Ne reviendra-t-il plus sur terre
Celui que nous pleurons encor ?

---

[1] C'est le nom d'un petit oiseau, le rouge-gorge, auquel se rattachaient plusieurs idées superstitieuses : s'il entrait dans une maison, c'était l'annonce d'une mort.

Non, il n'ouvrira plus ses yeux à la lumière.
Non, non, il est mort, il est mort.
Sa barbe et ses cheveux étaient blancs comme neige ;
Tous nos regrets sont superflus.
Non, non, il ne reviendra plus.
Prions Dieu pour son âme, et que Dieu la protége !

ainsi que toutes les âmes chrétiennes, si c'est la volonté de Dieu. Dieu soit avec vous !

Elle sort.

LAERTE. Vous voyez cela, ô mon Dieu !

LE ROI. Laërte, laisse-moi partager ta douleur ; c'est un droit qui m'appartient et que tu ne saurais me dénier sans injustice. Va en particulier réunir les plus sages d'entre tes amis; qu'ils nous entendent et jugent entre toi et moi. S'ils me trouvent coupable d'une manière directe ou indirecte, je t'abandonne, en expiation de ma faute, mon royaume, ma couronne, ma vie, et tout ce que je puis dire à moi; mais, dans le cas contraire, je te demande un peu de patience, et nous travaillerons de concert à t'obtenir une ample satisfaction.

LAERTE. J'y consens; les circonstances de sa mort, ses funérailles obscures où ni trophée, ni épée, ni écusson, n'a figuré sur sa dépouille mortelle, l'absence à son convoi de toute cérémonie funèbre, de toute solennité, tout cela est comme une voix que le ciel ferait entendre à la terre; et cette voix me crie de m'enquérir de ce qui s'est passé.

LE ROI. Que cette enquête ait lieu, et que la hache tombe sur la tête du coupable. Suis-moi, je te prie.

Ils sortent.

SCÈNE VI.

Un autre appartement du château.

Entrent HORATIO et UN SERVITEUR.

HORATIO. Qui sont ceux qui demandent à me parler ?

LE SERVITEUR. Des matelots, seigneur : ils ont, disent-ils, des lettres pour vous.

HORATIO. Qu'ils entrent.

Le Serviteur sort.

HORATIO, *seul, continuant*. Je ne vois pas de quel coin du monde il peut m'arriver des lettres, à moins que ce ne soit du seigneur Hamlet.

Entrent DES MATELOTS.

PREMIER MATELOT. Dieu vous bénisse, seigneur.

HORATIO. Qu'il te bénisse pareillement.

PREMIER MATELOT. Il le fera, seigneur, si c'est sa volonté. — (*Lui remettant une lettre.*) Voici une lettre pour vous, seigneur ; elle est de l'ambassadeur qui avait fait voile pour l'Angleterre, si toutefois vous vous nommez Horatio, comme on me l'assure.

HORATIO, *ouvrant la lettre, et lisant.* « Horatio, quand
» tu auras lu ces lignes, donne à ces gens les moyens d'arriver
» jusqu'au roi : ils ont des lettres pour lui. A peine étions-
» nous en mer depuis deux jours, qu'un corsaire armé jus-
» qu'aux dents nous a donné la chasse : voyant qu'il était
» meilleur voilier que nous, nous avons fait de nécessité vertu,
» et nous en sommes venus aux mains. Dans l'abordage, je
» me suis élancé sur leur pont; dans cet instant leur navire
» s'est dégagé du nôtre, et je me suis trouvé seul leur prison-
» nier. Ils se sont comportés envers moi en corsaires humains;
» mais ils savaient ce qu'ils faisaient, et ils comptent tirer de
» moi un bon parti. Fais parvenir au roi la lettre que je lui
» envoie, puis viens me rejoindre avec toute la diligence que
» tu mettrais à te soustraire à la mort. J'ai à confier à ton
» oreille des paroles qui te rendront muet ; et pourtant elles
» sont trop faibles encore pour la gravité des choses qu'elles
» doivent exprimer. Ces braves gens te conduiront où je suis.
» Rosencrantz et Guildenstern continuent leur route vers
» l'Angleterre. J'ai beaucoup à te dire sur leur compte. Adieu.
» Celui que tu sais être tout à toi, HAMLET. » — Venez, je vais vous donner les moyens de remettre vos lettres ; faites le plus de diligence possible afin de me conduire ensuite vers celui de qui vous les tenez.

Ils sortent.

SCÈNE VII.

Un autre appartement du château

Entrent LE ROI et LAERTE.

LE ROI. Votre conscience doit m'acquitter, et vous devez voir en moi un ami sincère, à présent que vous avez acquis la conviction que le meurtrier de votre père en voulait à ma vie.

LAERTE. Cela me paraît évident. — Mais dites-moi pourquoi, après des actes d'une nature si criminelle et si grave, vous n'avez pas poursuivi leur auteur, ainsi que votre salut, votre dignité, votre prudence, tout enfin vous en faisait un devoir ?

LE ROI. Oh ! pour deux raisons spéciales qui peut-être te paraîtront bien faibles, mais qui à mes yeux ont beaucoup de gravité. La reine sa mère l'idolâtre, et l'existence de ce fils est nécessaire à la sienne ; moi, de mon côté, — j'ignore si je dois m'en applaudir comme d'une vertu ou m'en plaindre comme d'un malheur, — elle est si étroitement enlacée à ma vie et à mon âme, que, pareil à l'astre qui ne se meut que dans sa sphère, je ne saurais vivre que par elle. L'autre motif qui m'empêche d'élever contre lui une accusation publique, c'est l'extrême affection que le peuple lui porte, affection qui couvre toutes ses fautes, et, pareille à ces sources qui changent le bois en pierre, convertirait jusqu'à ses chaînes en insigne de gloire. Dans ces circonstances, mes flèches, trop légères contre un vent si fort, au lieu d'aller frapper le but, seraient retournées vers l'arc qui les aurait lancées.

LAERTE. Ainsi, j'ai perdu un noble père, et je vois livrée à la plus déplorable démence une sœur dont le mérite — s'il est permis de louer ce qui a cessé d'être — surpassait en perfections tout ce que notre âge peut offrir ; — mais l'heure de ma vengeance arrivera.

LE ROI. Que ce souci ne trouble point ton sommeil ; ne me crois pas fait d'une étoffe assez molle et assez sotte pour qu'un péril qui a pu faire trembler jusqu'aux poils de ma barbe soit traité légèrement par moi. Bientôt tu en apprendras davantage. J'aimais ton père, et nous nous aimons nous-mêmes ; d'après cela, tu dois croire ; —

Entre UN MESSAGER.

LE ROI, *continuant*. Qu'y a-t-il ? quoi de nouveau ?

LE MESSAGER. Sire, il est arrivé des lettres d'Hamlet ; celle-ci est pour votre majesté ; cette autre pour la reine.

LE ROI. D'Hamlet ! Qui les a apportées ?

LE MESSAGER. Des matelots, dit-on : je ne les ai pas vus. Ces lettres m'ont été remises par Claudio, qui les avait reçues de celui qui en était porteur.

LE ROI, *prenant la lettre.* Laërte, tu vas en entendre la lecture. — (*Au Messager.*) Laisse-nous.

Le Messager sort.

LE ROI, *lisant.* « Haut et puissant monarque, on m'a dé-
» posé nu sur les terres de votre royaume; demain je solli-
» citerai la faveur de paraître aux yeux de votre majesté; et
» alors, si vous le permettez, je vous raconterai ce qui a occa-
» sionné mon retour étrange et inattendu.
» HAMLET. »

Qu'est-ce que cela veut dire? Sont-ils tous de retour? ou serai-ce quelque méprise, et rien de tout cela n'est-il vrai?

LAERTE. Connaissez-vous l'écriture?

LE ROI. C'est celle d'Hamlet. — *Nu,* — et dans un postscriptum, il ajoute *seul.* Peux-tu me dire ce que cela signifie?

LAERTE. Je m'y perds, sire; mais qu'il vienne. Je sens la chaleur revenir à mon cœur abattu, en songeant que je vais pouvoir lui dire en face : « C'est toi qui l'as fait. »

LE ROI. S'il en est ainsi, Laërte, — et comment cela se peut-il, ou plutôt comment pourrait-il en être autrement? — veux-tu suivre mon conseil?

LAERTE. Oui, sire, pourvu que vous ne me conseilliez pas de faire ma paix.

LE ROI. C'est ta paix avec toi-même que je veux que tu fasses. S'il est vrai qu'il soit de retour, — ce qui indiquerait qu'il recule devant ce voyage, et ne veut plus l'entreprendre, — je lui suggérerai l'idée de tenter une aventure, dont le projet est mûr dans ma tête, et où il ne peut manquer de succomber, sans que sa mort puisse attirer le blâme sur personne, si bien que sa mère elle-même absoudra l'événement, et n'y verra qu'un accident.

LAERTE. Sire, je suivrai vos conseils, mais plus volontiers encore si vous pouvez combiner votre plan de manière à ce que j'en sois l'agent principal.

LE ROI. Cela se rencontre on ne peut plus à propos. Depuis tes fréquents voyages, on t'a beaucoup vanté, et cela en présence d'Hamlet, pour un talent dans lequel, dit-on, tu excelles. Toutes tes qualités réunies ont excité chez lui moins de jalousie que celle-là seule, qui, à mon avis, est l'une des moins importantes.

LAERTE. Quelle est cette qualité, sire?

LE ROI. Ce n'est qu'un ruban au chapeau de la jeunesse, mais un ruban nécessaire; car une parure un peu légère et frivole ne sied pas moins à la jeunesse, qu'à l'âge mûr les vêtements plus chauds et plus amples dont sa santé et sa gravité lui font un devoir.—Il y a deux mois, se trouvait ici un gentilhomme de Normandie. — J'ai vu les Français, j'ai combattu contre eux, et je les connais pour d'habiles cavaliers; mais l'habileté de cet homme tenait de la magie. Il semblait avoir pris racine sur sa selle, et il faisait exécuter à son cheval de si merveilleuses prouesses, qu'on eût dit qu'ils étaient incorporés, et que l'intelligent animal et lui ne faisaient qu'un : il surpassa tellement mon attente, que tout ce que je pouvais imaginer de tours d'adresse et de voltige était encore fort au-dessous de ce qu'il exécutait.

LAERTE. Un Normand, dites-vous?

LE ROI. Un Normand.

LAERTE. Ce ne peut être que Lamond.

LE ROI. Lui-même.

LAERTE. Je le connais très-bien; il est le phénix, la perle de sa nation.

LE ROI. Il a rendu de toi un excellent témoignage ; il a fait le plus grand éloge de ton habileté dans le maniement des armes, et surtout de l'épée, déclarant impossible de trouver ton pareil, et jurant que les escrimeurs de sa nation n'avaient plus ni agilité, ni pose, ni coup d'œil, dès qu'ils se mesuraient avec toi : ces louanges qu'il te décernait avaient tellement envenimé la jalousie d'Hamlet, qu'il ne cessait de souhaiter et d'appeler ton retour, afin d'entrer en lice avec toi. En tirant parti de cette circonstance, —

LAERTE. Quel parti pourrions-nous en tirer, sire?

LE ROI. Laërte, aimais-tu sincèrement ton père, ou ta douleur n'en est-elle que le simulacre, toute sur le visage, et rien dans le cœur?

LAERTE. Pourquoi cette question?

LE ROI. Ce n'est pas que je pense que tu n'aimais pas ton père; mais l'affection est un sentiment qui naît en nous, et une expérience journalière nous fait voir que le temps en tempère la vivacité et l'ardeur. Il est jusque dans la flamme de l'amour une sorte de mouchure qui l'amortit, et rien ne conserve une bonté permanente; car le bon, à force de croître, dégénère en pléthore, et périt étouffé sous un excès d'embonpoint. Ce que nous nous proposons de faire, nous devons le faire au moment où nous le voulons ; car le *vouloir* change ; il est sujet à autant de tempéraments et de délais qu'il y a de langues, de mains et d'accidents qui viennent à la traverse ; et alors l'exécution n'est plus qu'un *devoir* dont l'accomplissement, pareil aux soupirs trop fréquents, nous fait du mal, tout en nous soulageant. Mais touchons la plaie dans le vif. — Hamlet revient ; qu'es-tu disposé à entreprendre pour te montrer le digne fils de ton père, non plus seulement en paroles, mais en réalité ?

LAERTE. Je l'égorgerais au milieu de l'église.

LE ROI. Effectivement le meurtre ne connaît point de sanctuaire, rien ne doit arrêter la vengeance. Mais, mon cher Laërte, veux-tu suivre mon avis ? tiens-toi dans ton appartement ; Hamlet en arrivant apprendra que tu es de retour ; j'aurai soin de faire devant lui préconiser tes talents, et de renchérir encore sur les éloges que le Français t'a donnés ; par là nous arriverons à vous mettre aux prises, et à établir des gageures sur les deux combattants. Lui, qui est insouciant, généreux, et sans une ombre de défiance, il n'examinera pas les fleurets ; en sorte qu'avec un peu d'adresse il te sera facile de choisir une épée non mouchetée, et au moyen d'une botte bien allongée, de lui rendre le coup qu'il a porté à ton père.

LAERTE. Je ferai ce que vous dites, et dans ce but je veux empoisonner mon épée. J'ai acheté à un empirique une drogue meurtrière ; pour peu que l'on y trempe la lame d'un poignard, et qu'avec cette lame on tire du sang, il n'est point de baume précieux, fût-il composé de tous les simples les plus efficaces qui croissent sous le ciel, qui puisse sauver de la mort l'individu qui en aura seulement été effleuré. Je tremperai la pointe de mon fer dans cette substance vénéneuse, afin que la plus légère égratignure lui soit mortelle.

LE ROI. Nous en reparlerons, et nous combinerons le moment et les moyens les plus favorables au rôle que nous voulons jouer ; si ce plan devait échouer et notre projet manquer par notre maladresse à l'exécuter, mieux vaudrait ne rien tenter. Il faut donc que cette première combinaison soit appuyée d'une seconde qui la remplace, dans le cas où, dans l'épreuve, l'arme viendrait à éclater. Un moment. — Voyons ; — nous établirons des paris importants sur vos talents respectifs.—J'y suis : quand dans la chaleur de l'action vous serez échauffés et altérés,—et pour amener ce moment, tu auras soin de pousser ton adversaire avec vigueur, — Hamlet demandera sans doute à boire ; je lui ferai alors présenter un breuvage préparé à cet effet ; et pour peu qu'il en boive une goutte, si par hasard il échappe à ta lame empoisonnée, nous n'en atteindrons pas moins notre but. — Mais silence ! quel est ce bruit ?

Entre LA REINE.

LE ROI, *continuant*. Qu'y a-t-il, ma chère Gertrude ?

LA REINE. Nos malheurs s'accumulent et se suivent avec une effrayante rapidité. Votre sœur est noyée, Laërte !

LAERTE. Noyée ! Où ?

LA REINE. Au bord du ruisseau voisin s'élève un saule, dont le blanchâtre feuillage se mire dans le cristal de l'onde. Elle s'était rendue en cet endroit, apportant de bizarres guirlandes de renoncules, d'orties, de marguerites, et de ces longues fleurs pourpres auxquelles nos bergers impudents donnent un nom grossier, mais que nos chastes filles appellent doigt de mort. Au moment où elle cherchait à suspendre sa sauvage couronne aux rameaux inclinés, la branche sur laquelle elle posait le pied s'est rompue, et tous ses trophées de verdure sont tombés avec elle dans l'onde éplorée. Ses vêtements, se déployant autour d'elle, l'ont quelque temps soutenue sur les flots comme une sirène ; et alors elle s'est mise à chanter des fragments de vieux airs, comme si elle n'eût pas eu le sentiment du danger qu'elle courait, ou comme si elle fût née dans cet élément : mais cette situation ne pouvait longtemps durer ; et bientôt ses vêtements, chargés de l'eau qu'ils avaient bue, ont interrompu le chant mélodieux, et entraîné l'infortunée au fond des flots, où elle est morte.

LAERTE. Hélas ! elle est donc noyée ?

LA REINE. Noyée, noyée !

LAERTE. Tu n'as déjà que trop d'eau, malheureuse Ophélie ; je retiendrai donc mes larmes. Vains efforts ! la nature parle ; il faut qu'elle suive sa loi, quoi que puisse en dire une fausse honte. Coulez donc, mes pleurs, et emportez avec vous tout ce qui me reste encore de sympathiques faiblesses. — Adieu, sire ; j'ai des paroles de feu qui jailliraient en flammes dévorantes, si ces larmes insensées ne les étouffaient.

Il sort.

LE ROI. Suivons-le, Gertrude. Que de peine j'ai eue à modérer sa fureur! Je crains bien que ce malheur ne lui lâche de nouveau la bride. Suivons-le donc.

Ils sortent.

ACTE CINQUIÈME

SCÈNE I.
Un cimetière.
Arrivent DEUX FOSSOYEURS, leur bêche à la main.

PREMIER FOSSOYEUR. Faut-il l'enterrer en terre sainte, celle qui est allée volontairement au-devant de son salut?

DEUXIÈME FOSSOYEUR. Je te dis que oui. Creuse donc vite sa fosse; le *coroner*[1] l'a visitée, et a décidé qu'elle recevrait une sépulture chrétienne.

PREMIER FOSSOYEUR. Comment cela se peut-il, à moins qu'elle ne se soit noyée à son corps défendant?

DEUXIÈME FOSSOYEUR. C'est ce qui a été reconnu.

PREMIER FOSSOYEUR. Il est bien plus probable qu'elle est morte *se offendendo*[2]. Il n'en peut être autrement. Voici comme je le prouve : Si je me noie volontairement, il y a évidemment là un acte; or, un acte se subdivise en trois branches : l'action, l'accomplissement et l'exécution ; *ergo*, elle s'est noyée volontairement.

DEUXIÈME FOSSOYEUR. Oui, mais écoutez-moi, monsieur le fossoyeur.

PREMIER FOSSOYEUR. Permets. L'eau est ici; fort bien; l'homme est là ; fort bien : si l'homme va trouver l'eau et se noie, alors, nécessairement, c'est de son propre mouvement qu'il meurt; remarque bien cela. Mais si au contraire c'est l'eau qui va le trouver et le noie, dès lors il ne se noie pas lui-même ; *ergo*, celui qui n'est pas coupable de sa mort n'a pas abrégé sa vie.

DEUXIÈME FOSSOYEUR. Mais est-ce la loi?

---

[1] Magistrat chargé de constater les morts violentes.
[2] En se suicidant.

PREMIER FOSSOYEUR. C'est la loi qui préside aux enquêtes du coroner.

DEUXIÈME FOSSOYEUR. Veux-tu que je te dise la vérité? Si la défunte n'avait pas été une demoiselle de qualité, on ne l'enterrerait pas en terre sainte.

PREMIER FOSSOYEUR. Tu dis vrai; et il est déplorable que les gens de qualité aient plus que les autres chrétiens, leurs égaux, le droit de se noyer ou de se pendre. Allons, ma bêche. Il n'y a pas de plus anciens gentilshommes que les jardiniers, les terrassiers et les fossoyeurs; ils continuent la profession d'Adam.

DEUXIÈME FOSSOYEUR. Était-il gentilhomme?

PREMIER FOSSOYEUR. Il est le premier qui ait eu des armes.

DEUXIÈME FOSSOYEUR. Bah! il n'en avait point.

PREMIER FOSSOYEUR. Quel païen es-tu donc? comment comprends-tu l'Écriture? L'Écriture dit qu'Adam travaillait à la terre; pouvait-il travailler sans pioche et sans bêche? C'étaient là ses armes. Je vais te poser une autre question : si tu ne me réponds pas juste, avoue-moi que tu n'es, —

DEUXIÈME FOSSOYEUR. Va toujours.

PREMIER FOSSOYEUR. Quel est celui qui bâtit plus solidement que le maçon, le constructeur de navires, ou le charpentier?

DEUXIÈME FOSSOYEUR. Le constructeur de potences; car son ouvrage survit à des milliers d'occupants.

PREMIER FOSSOYEUR. Bien répondu, sur ma parole. La potence ne va pas mal; mais à qui va-t-elle bien? à ceux qui font du mal; or tu fais mal de dire que la potence est plus solide que l'Église; *ergo*, la potence t'irait bien. Allons, cherche encore, va.

DEUXIÈME FOSSOYEUR. Quel est celui qui bâtit plus solidement que le maçon, le constructeur de navires, ou le charpentier?

PREMIER FOSSOYEUR. Oui, dis-le-moi; et je te tiens quitte.

DEUXIÈME FOSSOYEUR. Parbleu, j'y suis à présent.

PREMIER FOSSOYEUR. Voyons.

DEUXIÈME FOSSOYEUR. Ma foi, je renonce.

HAMLET et HORATIO paraissent à quelque distance.

PREMIER FOSSOYEUR. Cesse de te flageller la cervelle; tu

auras beau frapper ta bête, elle n'en ira pas plus vite. A l'avenir, quand on te fera cette question, réponds : C'est un fossoyeur ; les demeures qu'il construit dureront jusqu'au jugement dernier. Va chez Vaughan me chercher un verre de liqueur.

Le deuxième Fossoyeur s'éloigne.

LE PREMIER FOSSOYEUR *travaille en chantant.*

    Au temps de ma jeunesse,
    A l'âge des amours,
    Mon cœur, avec simplesse,
    Jurait d'aimer toujours.
    Depuis ce temps, ma belle,
    Mon cœur a bien changé ;
    De mon âme rebelle
    L'amour a pris congé.

HAMLET. Ce drôle n'a donc pas la conscience de ce qu'il fait, qu'il chante en creusant une fosse ?

HORATIO. L'habitude l'a familiarisé avec sa profession.

HAMLET. C'est vrai : la main qui travaille peu a le toucher plus délicat.

LE FOSSOYEUR *chante.*

    Avec sa griffe immonde
    L'âge m'a pris un jour,
    Et m'a dans l'autre monde
    Envoyé faire un tour.

Il déterre une tête de mort.

HAMLET. Il fut un temps où cette tête avait une langue et chantait ; et voilà ce drôle qui la fait rouler à terre, comme si c'était la mâchoire de Caïn, le premier homicide. Le crâne que cet imbécile traite avec si peu de cérémonie était peut-être celui d'un profond politique qui se croyait capable d'en imposer à Dieu lui-même ; n'est-il pas vrai ?

HORATIO. C'est possible, monseigneur.

HAMLET. Ou ce pouvait être celui d'un courtisan qui excellait à dire : « Salut, monseigneur. Comment se porte monseigneur ? » c'était peut-être la tête de monseigneur un tel qui vantait le cheval de monseigneur un tel, avec l'intention de demander qu'on lui en fît présent ; n'est-il pas vrai ?

HORATIO. Oui, monseigneur.

HAMLET. Oui, c'est cela. Et maintenant elle appartient aux vers ; elle n'a plus ni peau ni chair, et un fossoyeur lui assène un coup de bêche sur le museau. Voilà une étrange révolution, si nous étions assez avisés pour la voir. On joue aux quilles avec ces os, comme s'ils n'avaient rien coûté à former. Les miens me font mal rien que d'y penser.

LE FOSSOYEUR *chante.*

> Une bêche qui creuse,
> Un linceul blanc et chaud,
> Une fosse argileuse,
> C'est tout ce qu'il me faut.

Il déterre une seconde tête de mort

HAMLET. En voici une autre. Qui sait si ce n'est pas le crâne d'un homme de loi? où sont maintenant ses chicanes, ses distinctions subtiles, ses causes, ses autorités légales, ses finasseries? comment souffre-t-il que ce grossier drôle lui cogne la tête avec sa sale bêche? Que ne lui intente-t-il une action pour voies de fait et sévices graves? Qui sait? ce personnage était peut-être un gros acquéreur de biens fonds, avec ses droits, ses redevances, ses priviléges, ses hypothèques, ses contrats. Le voilà lui-même hypothéqué; et il a le privilége de voir sa tête saupoudrée de terre et de poussière. Eh quoi! toutes ses acquisitions si bien garanties n'ont-elles donc abouti qu'à lui assurer un espace égalant à peine la largeur et la longueur de deux contrats de vente? C'est à peine si ses titres de propriété tiendraient dans ce coffre; et c'est tout ce qui est alloué au propriétaire lui-même! Ha!

HORATIO. Pas davantage, monseigneur.

HAMLET. Ne fait-on pas le parchemin avec des peaux de mouton?

HORATIO. Oui, monseigneur, et aussi avec des peaux de veau.

HAMLET. Ce sont des moutons et des veaux que ceux qui ont foi en la validité de pareils titres. Je vais parler à ce drôle. — A qui est cette fosse?

LE FOSSOYEUR. A moi, seigneur.

Il chante:

> Une fosse argileuse,
> C'est tout ce qu'il me faut.

HAMLET. Je crois effectivement qu'elle est à toi, car tu es dedans.

LE FOSSOYEUR. Vous êtes dehors, et certes elle n'est pas à vous; mais moi, bien qu'elle ne me soit pas destinée, elle est pourtant à moi.

HAMLET. Tu mens; elle est pour un mort et non pour un vivant.

LE FOSSOYEUR. Voilà un démenti bien prompt et bien alerte; il ne se fera pas faute d'aller de moi à vous.

HAMLET. Pour quel homme creuses-tu cette fosse?

LE FOSSOYEUR. Ce n'est pas pour un homme, seigneur.

HAMLET. Pour quelle femme donc?

LE FOSSOYEUR. Ce n'est pas non plus pour une femme.

HAMLET. Qui doit-on y enterrer?

LE FOSSOYEUR. Une personne qui était femme; mais, Dieu veuille avoir son âme! elle est morte.

HAMLET. Comme ce maraud est positif! il ne faut lui parler que la carte à la main, si l'on ne veut se laisser enferrer par lui. Par le ciel! Horatio, voilà trois ans que j'en fais la remarque, le monde est devenu singulièrement retors, et le paysan suit le courtisan de si près, que son orteil lui écorche les talons. — Combien de temps y a-t-il que tu es fossoyeur?

LE FOSSOYEUR. J'ai commencé ce métier le jour où notre feu roi Hamlet vainquit Fortinbras.

HAMLET. Combien y a-t-il de cela?

LE FOSSOYEUR. Ne pouvez-vous le dire? Il n'y a pas d'imbécile qui ne le dise. Ce fut le jour même où naquit le jeune Hamlet, celui qui est devenu fou, et qu'on a envoyé en Angleterre.

HAMLET. Oui-dà; et pourquoi l'a-t-on envoyé en Angleterre?

LE FOSSOYEUR. Parce qu'il était fou : il retrouvera là-bas son bon sens; ou s'il ne le retrouve pas, il n'y aura pas grand mal.

HAMLET. Pourquoi?

LE FOSSOYEUR. Sa folie ne sera pas remarquée; tous les hommes de ce pays-là sont aussi fous que lui.

HAMLET. Comment est-il devenu fou?

LE FOSSOYEUR. D'une étrange manière, à ce qu'on assure.

HAMLET. De quelle manière?

LE FOSSOYEUR. Eh mais, en perdant la raison.

HAMLET. Quel en a été le sujet?

LE FOSSOYEUR. Un sujet danois, un sujet de ce pays où je suis fossoyeur depuis mon enfance, depuis trente ans.

HAMLET. Combien de temps un homme reste-t-il en terre avant de pourrir?

LE FOSSOYEUR. Ma foi, s'il n'est pas déjà pourri avant de mourir, — car nous avons, par le temps qui court, beaucoup de corps gangrenés, qui peuvent à peine soutenir l'inhumation, — il pourra se conserver huit ou neuf ans; un tanneur se conserve neuf ans.

HAMLET. Pourquoi plus longtemps qu'un autre?

LE FOSSOYEUR. L'exercice de sa profession lui a tellement tanné la peau, qu'elle reste très-longtemps imperméable; or, vous saurez que l'eau est le destructeur le plus actif des cadavres. Vous voyez bien cette tête de mort : elle est restée en terre vingt-trois ans.

HAMLET. A qui appartenait-elle?

LE FOSSOYEUR. A un étrange original. Qui croyez-vous que c'était?

HAMLET. Ma foi, je n'en sais rien.

LE FOSSOYEUR. Peste soit de l'extravagant! il m'a un jour versé sur la tête un flacon de vin du Rhin. Cette tête de mort, seigneur, était la tête d'Yorick, le fou du roi.

HAMLET. Cette tête que voici?

LE FOSSOYEUR. Celle-là même.

HAMLET, *prenant la tête de mort dans ses mains.* Donne, que je la voie. Hélas! pauvre Yorick! Je l'ai connu, Horatio; c'était une mine inépuisable de bons mots, une imagination vive et féconde; il m'a mille fois porté sur son dos; et maintenant je ne puis y penser sans horreur, sans que mon cœur se soulève. Là étaient ces lèvres que j'ai baisées je ne sais combien de fois. Où sont maintenant tes sarcasmes, tes saillies, tes chansons, tes éclairs de gaieté qui faisaient rire aux éclats tous les convives? Quoi! pas un seul lazzi pour te moquer de la grimace que tu fais? Les joues toutes décharnées? Va en cet état dans le boudoir de l'une de nos beautés du jour; dis-lui qu'elle a beau faire, dût-elle mettre un pouce de fard, il faudra qu'elle vienne à ce visage-là. Fais-la bien rire en lui disant cela. — Dis-moi une chose, Horatio.

HORATIO. Quoi, monseigneur?

HAMLET. Penses-tu qu'Alexandre en terre ait eu cette mine?

HORATIO. Oui, certes.

HAMLET. Et qu'il sentît aussi mauvais? pouah!
Il jette la tête de mort.

HORATIO. Oui, sans doute, monseigneur.

HAMLET. A quelles destinations grossières il est possible que nous descendions, Horatio! Qui sait si, en suivant dans ses transformations successives la cendre glorieuse d'Alexandre, on n'arriverait pas à la trouver occupée à boucher le trou d'une futaille?

HORATIO. Ce serait entrer dans un examen trop minutieux.

HAMLET. Pas le moins du monde. Nous pouvons suivre cette enquête sans extravagance, et avec des probabilités de la mener à bonne fin. Par exemple, Alexandre est mort; Alexandre a été enterré; Alexandre est redevenu poussière; la poussière est de la terre; de la terre on tire l'argile; et qui empêche que cette argile, dernière métamorphose d'Alexandre, soit employée à boucher un baril de bière? L'impérial César, mort et devenu poussière, sert à boucher un trou et à intercepter le passage de l'air; et cette argile, qui tenait l'univers dans la crainte, va calfeutrer un mur pour nous défendre de la bise. Mais silence! silence! écartons-nous, le roi vient.

Arrivent processionnellement des **PRÊTRES**, portant la bière d'Ophélie, que suivent **LAERTE** et le Cortége funèbre; puis viennent **LE ROI, LA REINE** et leur suite.

HAMLET, continuant. La reine aussi! toute la cour! A qui rendent-ils les derniers devoirs? Pour qui ces funérailles incomplètes? Ceci annonce que la personne dont ils suivent le cercueil a d'une main violente mis elle-même fin à ses jours. Elle devait être d'un certain rang. Tenons-nous tapis un instant, et observons.
Il s'éloigne à quelque distance avec Horatio.

LAERTE. Quelles cérémonies restent encore à accomplir?

HAMLET. C'est Laërte, un noble jeune homme; regarde.

LAERTE. Que reste-t-il à faire?

PREMIER PRÊTRE. Nous avons fait pour ses funérailles tout ce qu'il nous était possible de faire: sa mort était suspecte, et si des ordres supérieurs n'avaient imposé silence aux canons de l'Église, elle aurait été déposée en terre profane, où elle serait restée jusqu'au jour où retentira la trompette du jugement dernier. Au lieu de prier pour elle, on eût jeté sur sa dépouille des tessons, des cailloux, des pierres. Et cependant on lui a accordé la couronne virginale; des fleurs ont jonché sa tombe, et le son des cloches l'a accompagnée à sa dernière demeure.

LAERTE. Ne fera-t-on plus rien pour elle?

PREMIER PRÊTRE. Plus rien! nous profanerions le service des morts, si nous chantions un *Requiem*, si nous implorions pour elle le repos réservé aux âmes parties en paix.

LAERTE. Déposez-la dans la terre, et puisse de son beau corps, de sa chair pure et sans tache, éclore des violettes! C'est moi qui te le dis, prêtre farouche, ma sœur prendra au ciel place parmi les anges, pendant que tu rugiras en enfer

HAMLET. Quoi! la belle Ophélie!

LA REINE, *jetant des fleurs sur le corps*. Des fleurs à cette jeune fleur! Adieu! J'espérais te voir la femme de mon Hamlet; je comptais être appelée, fille charmante, à parer ton lit nuptial, non à semer de fleurs ton cercueil.

LAERTE. Oh! qu'une triple et dix fois triple malédiction descende sur la tête du scélérat dont le forfait a provoqué la perte de ta raison! — Attendez, pour fermer la tombe, que je l'aie encore une fois pressée dans mes bras. (*Il saute dans la fosse.*) Maintenant enterrez à la fois les vivants et les morts; élevez sur nous une montagne qui dépasse en hauteur l'antique Pélion ou le bleuâtre Olympe, dont le front se cache dans les nuages.

HAMLET, *s'avançant*. Quel est-il, celui dont la douleur s'exprime avec tant d'emphase, dont la voix éplorée arrête dans leur cours les astres étonnés de l'entendre? Je suis Hamlet le Danois.

Il s'élance dans la fosse.

LAERTE, *se jetant sur lui*. Que l'enfer prenne ton âme!

HAMLET. C'est là une abominable prière. Ne me saisis pas ainsi à la gorge; retire tes mains, je te le conseille; je ne suis ni méchant ni emporté; mais il est dangereux de me pousser à bout, et tu feras sagement d'y songer. Écarte tes mains.

LE ROI. Séparez-les.

LA REINE. Hamlet! Hamlet!

TOUS. Messieurs!

HORATIO. Contenez-vous, monseigneur.

On les sépare et ils sortent de la fosse.

HAMLET. Oui, pour un sujet comme celui-là, je suis homme à combattre avec lui tant que mes paupières n'auront pas cessé tout mouvement.

LA REINE. O mon fils! pour quel sujet?

HAMLET. J'aimais Ophélie; les affections de quarante mille frères n'auraient pu toutes ensemble égaler la mienne. — (*A Laërte.*) Que te sens-tu en état de faire pour elle?

LE ROI. Oh! il est fou, Laërte.

LA REINE. Pour l'amour de Dieu, ne faites pas attention à ce qu'il dit.

HAMLET. Voyons, dis-moi ce que tu comptes faire? Pleurer? combattre? jeûner? te déchirer de tes propres mains? boire l'Issel[1]? manger un crocodile? Je puis faire tout cela. — Es-tu venu ici pour te lamenter? pour me braver en te précipitant dans la fosse? Fais-toi enterrer vivant avec elle, j'en ferai autant; et puisque tu parles de montagnes, qu'on entasse sur nous la terre par millions d'arpents, jusqu'à ce que le sommet de notre pyramide tumulaire aille toucher la zone brûlante, et qu'à côté d'elle le mont Ossa ne paraisse pas plus gros qu'une verrue! Tu auras beau jeter feu et flammes, je te tiendrai tête.

LA REINE. C'est un accès de folie qui va lui durer pendant quelque temps; puis, aussi patient que la colombe dont la jeune couvée vient d'éclore, il restera silencieux et immobile.

HAMLET, *à Laërte.* Dis-moi : pourquoi me traiter ainsi? Je t'ai toujours aimé : mais n'importe; Hercule lui-même aurait beau faire, il faut que le chat miaule, et que le chien ait son jour.

Il s'éloigne.

LE ROI. Suivez-le, je vous prie, mon cher Horatio.

Horatio s'éloigne.

LE ROI, *continuant, à Laërte.* Prends patience, en te rappelant notre entretien d'hier soir. — (*A la Reine.*) Ma chère Gertrude, faites surveiller votre fils. — (*A part.*) Il faut à ce tombeau donner pour monument une victime vivante. Bientôt nous trouverons le calme; jusque-là, patientons.

Ils s'éloignent.

SCÈNE II.

Une salle du château.

Entrent HAMLET et HORATIO.

HAMLET. Assez sur ce point, mon cher; passons à l'autre; tu te rappelles bien toutes les circonstances?

[1] Fleuve de l'Allemagne septentrionale.

HORATIO. Je me les rappelle, monseigneur.

HAMLET. Mon cœur était en proie à une sorte de lutte qui ne me permettait pas de dormir; j'étais plus mal à l'aise qu'un mutin mis aux fers. Adoptant tout à coup une résolution téméraire, — Et grâces soient rendues à la témérité; rappelons-nous que parfois notre imprudence nous vient en aide, alors que nos profonds calculs sont impuissants; et cela doit nous apprendre qu'il est une Providence dont la main façonne nos projets, que nous n'avions qu'imparfaitement ébauchés.

HORATIO. Rien de plus vrai.

HAMLET. Je sortis de ma cabine, et couvert de ma robe de voyage, je les cherchai à tâtons dans les ténèbres; je parvins à les trouver, fouillai dans leur porte-manteau, et retournai à ma chambre : là, le péril me faisait écarter tout scrupule, je n'hésitai pas à décacheter leurs dépêches; sais-tu ce que j'y trouvai, Horatio? — ô royale scélératesse! — S'appuyant sur divers motifs, tels que le salut du Danemark et de l'Angleterre, et le danger qu'il y aurait à me laisser vivre, le roi y ordonnait expressément, qu'après avoir lu cette lettre, sans y mettre le moindre retard, pas même le temps d'aiguiser la hache, on me fît trancher la tête.

HORATIO. Est-il possible?

HAMLET. Voici la lettre; tu la liras à loisir. Mais veux-tu savoir ce que je fis alors?

HORATIO. Dites, je vous prie.

HAMLET. Ainsi pris dans les rets d'un infâme guet-apens, je fis un appel aux ressources de mon cerveau; mon plan fut bientôt dressé : je m'assis, rédigeai une dépêche, que j'écrivis en beaux caractères. Autrefois, à l'exemple de nos hommes d'état, je regardais comme une honte d'avoir une belle écriture, et tu ne saurais croire combien je me suis donné de peine pour perdre ce talent; mais, en ce moment, il me fut d'une merveilleuse utilité. Veux-tu savoir la teneur de ce que j'écrivis?

HORATIO. Oui, monseigneur.

HAMLET. S'adressant au monarque anglais comme à son fidèle tributaire, s'il voulait qu'entre eux la palme de l'affection continuât à fleurir, la paix à porter sa couronne d'épis, et à resserrer les nœuds d'une union durable, le roi de Danemark demandait instamment qu'aussitôt après la lecture de cette lettre, sans autre examen, sans leur donner le temps de se confesser, les porteurs de la dépêche fussent mis à mort.

HORATIO. Comment avez-vous scellé cet ordre?

HAMLET. Ici encore la Providence m'a servi : j'avais dans ma bourse le cachet de mon père, reproduction exacte du sceau du Danemark. Je ployai cette dépêche dans la même forme que l'autre; j'y mis la suscription et la scellai, puis je la plaçai à l'endroit où j'avais pris celle-ci, et l'on ne s'aperçut point de l'échange. Le lendemain eut lieu notre combat : et tu sais ce qui est arrivé depuis.

HORATIO. Ainsi Guildenstern et Rosencratz vont subir leur sort.

HAMLET. Ils ont recherché cette mission; ils ne pèsent point sur ma conscience. Ils ne devront s'en prendre qu'à eux-mêmes de leur mésaventure. C'est un malheur pour de vils subalternes de se trouver engagés entre les glaives irrités de deux puissants adversaires.

HORATIO. Quel roi est-ce là, bon Dieu?

HAMLET. Mon devoir maintenant ne te semble-t-il pas clairement tracé? Celui qui a tué mon roi, qui a déshonoré ma mère, qui s'est interposé entre le choix de la nation et mes espérances, qui a tendu à ma vie de tels piéges; et avec tant de perfidie, n'est-il pas juste que mon bras le punisse? Et ne serait-ce pas un crime digne de damnation, de laisser ce vivant ulcère poursuivre ses ravages?

HORATIO. Il ne peut tarder à apprendre d'Angleterre le dénouement de cette affaire.

HAMLET. Il l'apprendra bientôt. Le temps qui doit s'écouler jusque-là m'appartient; et la vie d'un homme peut être tranchée en moins de temps qu'il n'en faut pour compter jusqu'à deux. Mais, mon cher Horatio, je suis désolé de m'être oublié vis-à-vis de Laërte; car, par ce que j'éprouve moi-même, je juge de ce qu'il doit éprouver. Je ferai toujours cas de son estime; mais l'emphatique exaltation de sa douleur m'avait mis hors de moi.

HORATIO. Chut! qui vient ici?

Entre OSRIC.

OSRIC. Je me réjouis de voir votre altesse de retour en Danemarck.

HAMLET. Je vous rends grâces, seigneur. — (*A Horatio.*) Connais-tu cet insecte?

HORATIO. Non, monseigneur.

HAMLET. Tu n'en es que plus moral ; car c'est un vice de le connaître. Il possède beaucoup de terres, et des plus fertiles ; qu'un sot animal commande à d'autres animaux, il est sûr d'avoir sa crèche mise à la table du roi : ce n'est qu'un nigaud ; mais, comme je l'ai dit, il possède une vaste étendue de fange.

OSRIC. Mon doux seigneur, si cela ne dérange pas votre altesse, j'aurais quelque chose à vous communiquer de la part de sa majesté.

HAMLET. Je l'écouterai avec empressement. Employez votre chapeau à son véritable usage ; il est fait pour couvrir la tête.

OSRIC. Je remercie votre altesse ; il fait très-chaud.

HAMLET. Non, croyez-moi ; il fait très-froid ; le vent est au nord.

OSRIC. En effet, monseigneur, il fait passablement froid.

HAMLET. Je ne sais si c'est l'effet d'une prédisposition particulière, mais je trouve qu'il fait une chaleur étouffante.

OSRIC. Effectivement, monseigneur, la chaleur est grande, à un point que — je ne saurais exprimer. — Mais, monseigneur, sa majesté m'a chargé de vous dire qu'elle a fait une gageure considérable dont vous êtes l'objet. Voici de quoi il s'agit.

HAMLET, *lui faisant signe de se couvrir.* Veuillez, je vous prie, —

OSRIC. Non, d'honneur ; c'est pour ma commodité. Vous saurez, monseigneur, qu'il vient d'arriver à la cour un gentilhomme accompli, Laërte, doué des qualités les plus rares, d'une société agréable, et bien fait de sa personne. Enfin, pour parler de lui comme il le mérite, on peut dire qu'il est la carte et le calendrier des gens comme il faut ; car on trouve réunies en lui toutes les qualités qu'un gentilhomme peut désirer prendre pour modèle.

HAMLET. Seigneur, il n'a pas à se plaindre du portrait que vous faites de lui ; — néanmoins, j'en ai la conviction, l'arithmétique de la mémoire s'embrouillerait à vouloir dresser l'inventaire détaillé de ses perfections ; et après tout cela, on ne lui rendrait encore qu'une justice imparfaite. Quoi qu'il en soit, et pour ne dire que la stricte vérité, je le tiens pour un cavalier distingué et d'un rare mérite ; je le dis en toute sincérité, pour trouver qui lui ressemble, il faut regarder dans son miroir, et ses imitateurs ne sont tout au plus que son ombre.

ORSIC. Votre altesse parle de lui avec une grande conviction d'estime.

HAMLET. De quoi s'agit-il, seigneur? Pourquoi affubler ce gentilhomme dans la grossière étoffe de notre langage?

OSRIC. Monseigneur?

HORATIO. Ne serait-il pas possible de parler une langue intelligible? Oui, assurément, n'est-ce pas, seigneur?

HAMLET. A quel propos avez-vous mentionné le nom de ce gentilhomme?

OSRIC. De Laërte?

ORATIO. Sa bourse est déjà vide; il a dépensé tout l'or de ses paroles.

HAMLET. Oui, seigneur.

OSRIC. Je sais que vous n'êtes pas ignorant, —

HAMLET. Je voudrais que vous eussiez de moi cette opinion; toutefois, vous l'auriez, que cela ne prouverait pas beaucoup en ma faveur. — Poursuivez, seigneur.

OSRIC. Vous n'êtes pas ignorant de la supériorité de Laërte, —

HAMLET. C'est ce que je n'oserais affirmer, de peur de me comparer à lui. Pour connaître un homme à fond, il faudrait être lui-même.

OSRIC. Je veux parler, monseigneur, de sa supériorité à manier son arme; d'après la réputation qu'on lui a faite, son mérite en ce point n'a pas d'égal.

HAMLET. Quelle est son arme?

OSRIC. L'épée et la dague.

HAMLET. Ce sont deux de ses armes; mais poursuivez.

OSRIC. Le roi, seigneur, a parié six chevaux barbes, contre lesquels, à ce que j'ai ouï dire, il a de son côté parié six épées et six dagues françaises, avec leurs accessoires, tels que bandoulières, ceinturons *et cætera*. Trois des trains sont, ma foi, d'un goût exquis; et en tout dignes des poignées; ce sont des trains élégants et d'un travail fort ingénieux.

HAMLET. Que voulez-vous dire avec vos trains?

HORATIO. Je savais bien qu'avant de finir vous auriez besoin de commentaires.

OSRIC. Les trains, monseigneur, ce sont les ceinturons.

HAMLET. L'expression serait plus convenable, si nous portions un canon au côté : jusque-là, nous ferons bien de maintenir le terme de ceinturon. Mais continuez. Six chevaux barbes contre six épées françaises et leurs accessoires, y compris trois ceinturons des plus élégants; c'est là l'enjeu français contre l'enjeu danois. Dans quel but cette gageure?

OSRIC. Le roi, monseigneur, a parié que, sur douze passes entre vous et Laërte, il ne vous porterait pas plus de trois bottes. Laërte a parié pour neuf sur douze; et la question va être décidée sur-le-champ, si votre altesse daigne répondre.

HAMLET. Et si je réponds négativement ?

OSRIC. Je veux dire, monseigneur, si vous consentez à entrer en lice.

HAMLET. Seigneur, je vais me promener dans cette salle; voici l'heure que j'ai l'habitude de consacrer à quelque délassement; je suis aux ordres de sa majesté. Qu'on apporte les fleurets; pour peu que ce gentilhomme y consente, et que le roi persiste dans son désir, je lui ferai gagner son pari, si je puis; sinon, j'en serai pour ma honte et les bottes que j'aurai reçues.

OSRIC. Rendrai-je ainsi votre réponse ?

HAMLET. En voilà le fond ; ajoutez-y les ornements que votre esprit vous fournira.

OSRIC. Mon dévouement se recommande à votre altesse.

Il sort.

HAMLET. Tout à vous, tout à vous. Il fait bien de se recommander lui-même; c'est une tâche dont personne ne voudrait se charger.

HORATIO. L'oiseau s'éloigne en traînant après lui sa coquille.

HAMLET. Lorsqu'il était à la mamelle, il adressait des compliments au sein de sa nourrice avant d'y boire. Pareil à beaucoup de gens de sa trempe, dont un monde ignorant raffole, il lui suffit d'attraper le ton du jour et les formes extérieures de la politesse; grâce à cette sorte de crème fouettée, ces gens-là en imposent même aux esprits sensés ; mettez-les à l'épreuve ; vous ne trouverez plus en eux que des bulles de savon qui crèvent au premier souffle.

Entre UN SEIGNEUR DE LA COUR.

LE SEIGNEUR. Monseigneur, le roi vous a envoyé complimenter par le jeune Osric, qui lui a rapporté que vous l'attendiez dans cette salle. Sa majesté m'envoie vous demander si vous êtes toujours disposé à faire assaut avec Laërte, ou si vous désirez ajourner la partie.

HAMLET. Je persiste dans ma résolution ; et je suis aux ordres du roi ; s'il est prêt, je le suis ; sur-le-champ, ou quand on voudra, pourvu que je sois aussi bien disposé qu'à présent.

LE SEIGNEUR. Le roi, la reine et toute la cour vont venir.

HAMLET. Ils seront les bienvenus.

LE SEIGNEUR. La reine désire qu'avant de commencer l'assaut, vous adressiez à Laërte quelque paroles amicales.

HAMLET. Elle me donne là un bon conseil.

Le Seigneur sort.

HORATIO. Vous perdrez ce pari, monseigneur.

HAMLET. Je ne le pense pas : depuis son départ pour la France, je me suis continuellement exercé ; je gagnerai la partie. Mais tu ne saurais croire quel sentiment de malaise et de tristesse me pèse sur le cœur ; n'importe.

HORATIO. Monseigneur, —

HAMLET. Ce n'est qu'un enfantillage, un je ne sais quel pressentiment qui peut-être troublerait une femme.

HORATIO. Si vous éprouvez la moindre répugnance, obéissez à cette impulsion ; je vais leur dire de ne pas venir ici, et les prévenir que vous êtes indisposé.

HAMLET. N'en fais rien ; je brave les présages ; il ne meurt point un passereau sans un ordre spécial de la Providence. Si mon heure est venue, elle n'est pas à venir ; si elle n'est pas à venir, elle est venue : maintenant, ou plus tard, il faut toujours qu'elle vienne ; l'important est d'être toujours prêt. Puisque nul, en mourant, n'a le sentiment de ce qu'il quitte, qu'importe le moment où cette séparation a lieu !

Entrent LE ROI, LA REINE, LAERTE, OSRIC, *plusieurs Seigneurs, des Serviteurs portant des fleurets, etc.*

LE ROI. Viens, Hamlet, viens, et prends cette main que je te présente.

Il met la main de Laërte dans celle d'Hamlet.

HAMLET. Pardonnez-moi, Laërte ; je vous ai offensé ; mais

accordez-moi le pardon d'un gentilhomme. Toutes les personnes ici présentes savent, et vous-même vous avez dû l'apprendre, que ma raison est affligée d'un cruel égarement. Si j'ai fait quelque chose qui ait pu blesser vos sentiments, votre honneur et votre susceptibilité, ce ne peut être, je le déclare hautement, que le résultat de la démence. Est-ce Hamlet qui a offensé Laërte? Non, ce n'a jamais pu être Hamlet; si Hamlet ne s'appartient plus, et si, alors qu'il n'est plus lui-même, il insulte Laërte, Hamlet n'est point coupable de cette faute; il la désavoue. Qui donc l'a commise? sa démence. S'il en est ainsi, l'infortuné Hamlet est du nombre des parties lésées, et dans sa démence il trouve une ennemie. Laërte, en présence de cette assemblée, je désavoue toute intention malveillante, et votre générosité m'absoudra en ne voyant en moi qu'un homme qui, lançant une flèche par dessus la maison, a eu le malheur de blesser son frère.

LAERTE. Ma fierté est satisfaite, et c'est elle surtout qui, en cette circonstance, devrait m'exciter à la vengeance; mais retranché dans les limites de mon honneur, je me refuse à toute réconciliation jusqu'à ce que j'aie consulté l'opinion d'arbitres vénérables, d'une réputation incontestée, et que leur sentence pacifique ait mis mon nom à l'abri de tout reproche. En attendant, j'accepte votre ouverture amicale, dans les sentiments qui vous l'ont dictée, et je ne ferai rien qui lui soit contraire.

HAMLET. J'accepte avec joie cette assurance, et la loyauté la plus franche présidera, de ma part, à cette joute fraternelle. Donnez-nous les fleurets; allons.

LAERTE. Voyons, qu'on m'en donne un.

HAMLET. Je vais servir à vous faire briller, Laërte; mon ignorance mettra en relief votre talent, comme une nuit sombre fait ressortir la clarté des étoiles.

LAERTE. Vous vous moquez de moi.

HAMLET. Non, en vérité.

LE ROI. Donnez-leur des fleurets, jeune Osric. Mon neveu Hamlet, tu connais la gageure?

HAMLET. Je la connais, sire. Votre majesté a parié pour le plus faible.

LE ROI. Je n'ai aucune crainte à cet égard; je vous ai vus tous deux; mais comme il s'est perfectionné, entre vous la partie est égale.

LAERTE. Celui-ci est trop lourd; voyons-en un autre.

HAMLET. Celui-ci me convient. Ces fleurets ont tous la même longueur?

OSRIC. Oui, monseigneur.

LE ROI. Mettez les flacons de vin sur cette table : si Hamlet porte la première ou la seconde botte, ou s'il riposte à la troisième, que toutes les batteries fassent feu à la fois; le roi boira à l'amélioration de la santé d'Hamlet, et dans sa coupe il jettera une perle plus précieuse qu'aucune de celles qui, sous les quatre derniers règnes, ont orné la couronne de Danemark. Donnez-moi les coupes; que les timbales annoncent aux trompettes, les trompettes aux canonniers des remparts, les canons au ciel, le ciel à la terre, que le roi boit à la santé d'Hamlet. — Allons, commencez; — et vous, juges du camp, soyez attentifs.

HAMLET. En garde, Laërte.

LAERTE. En garde, Hamlet.

Ils commencent l'assaut.

HAMLET, *qui a touché Laërte*. Une.

LAERTE. Non.

HAMLET. Qu'on décide.

OSRIC. Hamlet a touché, c'est incontestable.

LAERTE. A la bonne heure; recommençons.

LE ROI. Arrêtez, donnez-moi du vin; Hamlet, cette perle est à toi; je bois à ta santé. Donnez-lui cette coupe.

Faisant semblant de mettre une perle dans la coupe, il y jette du poison. Les trompettes sonnent; le bruit du canon se fait entendre.

HAMLET. Laissez-moi faire auparavant une nouvelle passe; je boirai tout à l'heure; continuons. (*L'assaut recommence.*) Voilà encore une botte; qu'en dites-vous?

LAERTE. Touché, touché; je le reconnais.

LE ROI. Notre fils gagnera.

LA REINE. Avec son embonpoint, il a l'haleine courte. Tiens, Hamlet, prends mon mouchoir; essuie-toi le front. La reine boit à ton succès.

Elle prend la coupe destinée à Hamlet.

HAMLET. Je vous rends grâces, madame.

LE ROI. Gertrude, ne buvez pas.

LA REINE. Je boirai, seigneur; — excusez-moi, je vous prie.

LE ROI, *à part*. C'est la coupe empoisonnée : il est trop tard.

ACTE V, SCÈNE II.

HAMLET. Je n'ose pas boire encore, madame; tout à l'heure.

LA REINE. Laisse-moi t'essuyer le visage.

LAERTE, *au roi*. Sire, cette fois je le toucherai.

LE ROI. Je ne le crois pas.

LAERTE, *à part*. Et pourtant, c'est en quelque sorte contre ma conscience.

HAMLET. Allons, la troisième passe, Laërte. Vous n'y allez pas sérieusement; mettez-y, je vous prie, tout votre savoir-faire; je crains que vous ne me traitiez en enfant.

LAERTE. Vous croyez? En garde !

Ils recommencent.

OSRIC. Rien de part ni d'autre.

LAERTE. A vous, maintenant.

Laërte blesse Hamlet; puis, dans la chaleur de l'action, ils échangent leurs fleurets, et Hamlet blesse Laërte.

LE ROI. Séparez-les; ils ne se possèdent plus.

HAMLET. Non, continuons.

La Reine tombe.

OSRIC. Secourez la reine; ô ciel !

HORATIO. Leur sang coule à tous deux : — Qu'y a-t-il, monseigneur ?

OSRIC. Qu'y a-t-il, Laërte ?

LAERTE. Je suis pris à mon propre piége, Osric; je meurs justement, victime de ma perfidie.

HAMLET. Comment se trouve la reine ?

LE ROI. Elle s'est évanouie à la vue de leur sang.

LA REINE. Non, non; la coupe, la coupe; — ô mon cher Hamlet ! — La coupe, la coupe; je suis empoisonnée.

Elle meurt.

HAMLET. O crime infâme ! — Holà ! fermez les portes : trahison ! Qu'on cherche le coupable.

Laërte tombe.

LAERTE. Le voici, Hamlet : Hamlet, tu es blessé à mort; il n'est point de remède au monde qui puisse te sauver; tu n'as pas une demi-heure à vivre. Tu tiens à la main l'arme perfide, démouchetée, empoisonnée; ma trahison a tourné contre moi-même; regarde, je suis ici gisant pour ne plus me relever. Ta mère est empoisonnée; je n'en puis dire davantage; c'est le roi, le roi qui a tout fait.

HAMLET. Cette arme est, dis-tu, empoisonnée? — Eh bien, poison, fais ton office.

Il perce le Roi de son fleuret à plusieurs reprises.

OSRIC *et* LES SEIGNEURS. Trahison! trahison!

LE ROI, *se débattant contre Hamlet.* Oh! défendez-moi, mes amis; je ne suis que blessé.

HAMLET, *approchant des lèvres du roi la coupe empoisonnée, et le forçant à boire.* Tiens, Danois incestueux, fratricide et damné, avale cette potion: — y trouves-tu ta perle? va rejoindre ma mère.

Le Roi meurt.

LAERTE. Il n'a que ce qu'il mérite; le poison avait été préparé par lui. Pardonnons-nous mutuellement, noble Hamlet; que ma mort et celle de mon père ne pèsent pas sur toi, ni la tienne sur moi.

Il meurt.

HAMLET. Que le ciel t'en absolve! Je te suis. — Je meurs, Horatio. — Malheureuse reine, adieu! — Vous qui, pâles et tremblants, contemplez cette catastrophe, qui assistez en personnages muets ou en spectateurs à ce drame terrible; oh! si j'en avais le temps; si la mort, ce sergent redoutable chargé de m'appréhender au corps, mettait moins de rigueur dans son arrestation, je vous dirais, — mais laissons cela: — Horatio, je meurs; tu vis; justifie-moi, et plaide ma cause auprès de ceux qui voudront connaître la vérité.

HORATIO. Ne l'espérez pas. Il y a en moi plus de l'antique Romain que du Danois. Il reste encore du poison dans cette coupe.

Il prend la coupe empoisonnée.

HAMLET, *la lui arrachant.* Si tu es un homme, donne-moi cette coupe; lâche-la; par le ciel, je veux l'avoir. O mon cher Horatio! quel nom flétri je laisserai après moi, si la vérité reste sous le voile qui la couvre! Si jamais j'occupai une place dans ton cœur, sèvre-toi quelque temps du bonheur de mourir, et résigne-toi à traîner péniblement dans ce monde odieux une vie haletante, pour raconter mon histoire. (*On entend le bruit lointain d'une marche militaire et d'une décharge de mousqueterie.*) Quel est ce bruit de guerre que j'entends?

OSRIC. C'est le jeune Fortinbras, qui, revenu vainqueur de son expédition de Pologne, salue, par cette salve guerrière, l'arrivée des ambassadeurs d'Angleterre.

HAMLET. Oh! je meurs, Horatio. La puissance du poison dompte mon énergie; il ne me reste plus assez de vie pour entendre les nouvelles d'Angleterre; mais je prévois que, dans l'élection d'un monarque, le choix du peuple se fixera sur Fortinbras; je lui donne ma voix mourante; dis-le-lui; et raconte-lui en détail toutes les circonstances qui m'ont amené là. Le reste, c'est le silence.

Il meurt.

HORATIO. Maintenant se brise un noble cœur. Adieu, aimable prince; et que les concerts des anges bercent votre sommeil! Pourquoi ce bruit de tambours dans cette enceinte?

On entend une marche militaire.

Entrent FORTINBRAS, LES AMBASSADEURS D'ANGLETERRE et autres.

FORTINBRAS. Où est-il cet affreux spectacle?

HORATIO. Que demandez-vous à voir? d'immenses malheurs, des événements étranges? Ne cherchez pas plus loin.

FORTINBRAS. Quel abominable carnage! — O mort superbe! quel festin prépares-tu donc dans ta caverne éternelle, que tu as d'un seul coup impitoyablement immolé tant de princes?

PREMIER AMBASSADEUR. Ce spectacle est effrayant; et les dépêches que nous apportons d'Angleterre arrivent trop tard. Il ne peut plus nous entendre, celui à qui nous venions annoncer que ses ordres sont exécutés, que Rosencrantz et Guildenstern sont morts. Qui nous remerciera de nos peines?

HORATIO. Ce ne serait pas lui, lors même qu'il serait en état de le faire; il n'a jamais commandé leur mort. Mais puisque vous êtes arrivés, vous de la guerre de Pologne, vous d'Angleterre, pour assister à ce tragique dénouement, donnez ordre que ces corps soient solennellement exposés aux regards du public; et permettez que j'apprenne au peuple qui l'ignore comment ces événements sont arrivés. Vous entendrez alors le récit d'actes incestueux, sanglants, dénaturés; d'accidents providentiels, de meurtres involontaires, de trépas ouvrage de la perfidie et de la violence, et pour conclusion, de complots échoués et retombant sur la tête de leurs auteurs; voilà ce que ma bouche sincère vous révélera.

FORTINBRAS. Hâtons-nous d'aller écouter ce récit; que l'on convoque tous les grands pour l'entendre. Pour moi, c'est avec douleur que j'embrasse ma fortune; j'ai quelques droits à la reconnaissance de ce royaume, et l'occasion se présente de les revendiquer.

HORATIO. C'est encore de quoi j'aurai occasion de parler, et j'aurai à vous offrir un suffrage qui en entraînera beaucoup d'autres. Mais hâtons-nous, pendant que les esprits sont encore absorbés par leur émotion; n'attendons pas que des complots et des méprises fassent naître de nouveaux malheurs.

FORTINBRAS. Que quatre capitaines portent Hamlet sur un lit de parade, avec tous les honneurs dus aux guerriers; car il est probable que, s'il eût vécu, il se fût montré un grand roi; que sur son passage la musique guerrière résonne, et que tous les honneurs militaires lui soient rendus. Enlevez son corps. — Un tel spectacle siérait sur un champ de bataille; mais ici il fait peine à voir. Allez ordonner à nos soldats de faire feu.

Marche funèbre. Ils sortent d'un pas lent et solennel, après quoi, une décharge d'artillerie se fait entendre.

FIN D'HAMLET.

CONTE D'HIVER,

DRAME EN CINQ ACTES.

PERSONNAGES.

LÉONTE, roi de Sicile.
MAMILLIUS, son fils.
CAMILLE,
ANTIGONE, } seigneurs siciliens.
CLÉOMÈNE,
DION,
UN AUTRE SEIGNEUR SICILIEN.
ROGER, bourgeois sicilien.
UN DOMESTIQUE, au service du jeune prince Mamillius.
OFFICIERS d'une cour de justice.
POLYXÈNE, roi de Bohême.
FLORIZEL, son fils.
ARCHIDAMUS, seigneur bohémien.
UN MARIN.
UN GEOLIER.
UN VIEUX BERGER, réputé père de Perdita
UN BOUFFON, son fils.
UN DOMESTIQUE du vieux berger.
AUTOLYCUS, vagabond.
LE TEMPS, faisant le rôle du chœur antique.
HERMIONE, femme de Léonte.
PERDITA, fille de Léonte et d'Hermione.
PAULINE, femme d'Antigone.
ÉMILIE, } attachées au service de la reine.
DEUX AUTRES DAMES,
MOPSA, } bergères.
DORCA,
Seigneurs, Dames, Domestiques, Satyres, Bergers, Bergères, Gardes, etc.

La scène est tantôt en Sicile, tantôt en Bohême.

ACTE PREMIER

SCÈNE I.

La Sicile. — Une antichambre dans le palais de Léonte.

Entrent CAMILLE et ARCHIDAMUS.

ARCHIDAMUS. S'il vous arrive jamais, Camille, de visiter la Bohême dans des circonstances semblables à celles qui m'ont amené ici, vous verrez, comme je vous l'ai dit, qu'il y a une grande différence entre notre Bohême et votre Sicile.

CAMILLE. Je pense que, l'été prochain, le roi de Sicile se propose de rendre au roi de Bohême la visite qu'il lui doit à juste titre.

ARCHIDAMUS. L'accueil que nous vous ferons sera loin de répondre à notre affection, car...

CAMILLE. De grâce...

ARCHIDAMUS. En vérité, je ne vous dis que ce dont j'ai la

certitude : nous ne pouvons avec la même magnificence.....
d'une manière aussi splendide... Je ne sais comment m'exprimer... Nous vous donnerons des boissons soporifiques, afin que votre intelligence endormie ne s'aperçoive pas de notre insuffisance, et que si elle nous refuse des éloges, du moins elle ne nous accuse pas.

CAMILLE. Vous payez beaucoup trop cher ce que nous vous donnons de notre propre volonté.

ARCHIDAMUS. Croyez-moi, je vous parle le langage que mon intelligence me fournit, et que ma sincérité me met à la bouche.

CAMILLE. Le roi de Sicile ne saurait témoigner trop d'amitié au roi de Bohême. Ils ont été élevés ensemble; et l'affection qui a pris racine entre eux ne saurait manquer aujourd'hui de pousser des jets. Depuis que les nécessités de leur dignité royale les ont obligés à vivre loin l'un de l'autre, ils ont eu ensemble de fréquents entretiens, sinon personnellement, du moins par leurs plénipotentiaires, par un affectueux échange de cadeaux, de lettres, d'ambassades; en sorte qu'absents, ils semblaient être ensemble ; ils se donnaient la main comme à travers un abîme, et s'embrassaient des deux points opposés de l'horizon. Que le ciel maintienne leur affection !

ARCHIDAMUS. Je pense que rien au monde ne saurait l'altérer ; c'est une œuvre dans laquelle la perversité même échouerait. Vous êtes heureux de posséder un jeune prince tel que Mamillius. Je n'ai jamais vu de gentilhomme de plus grande espérance.

CAMILLE. Je suis tout à fait de votre avis : c'est un enfant distingué, qui fait la consolation des sujets, et rajeunit les vieillards; ceux qui avant sa naissance marchaient sur des béquilles, souhaitent de vivre pour le voir devenir homme.

ARCHIDAMUS. Croyez-vous que sans cela ils seraient bien aises de mourir ?

CAMILLE. Oui, s'ils n'avaient pas d'autre désir de vivre.

ARCHIDAMUS. Si le roi n'avait pas de fils, ils souhaiteraient vivre avec des béquilles jusqu'à ce qu'il en eût un.

Ils sortent.

SCÈNE II.

Même pays. — Une salle du palais.

Entrent LEONTE et sa suite, POLYXÈNE, HERMIONE, MAMILLIUS et CAMILLE.

POLYXÈNE. Le berger a vu changer neuf fois l'astre humide des nuits depuis que nous avons laissé notre trône vacant; nos remercîments, mon cousin, prendraient un espace de temps tout aussi long, et cependant nous n'en partirions pas moins chargé d'une dette éternelle. Ainsi, comme un zéro, qui, par la place qu'il occupe, augmente la valeur des autres chiffres, avec l'unique remercîment que je vous adresse, je multiplie mille fois ceux qui l'ont précédé.

LÉONTE. Suspendez un instant vos remercîments, et ne vous acquittez qu'en partant.

POLYXÈNE. Seigneur, c'est demain que je pars. Je suis inquiet de ce qui peut advenir ou se préparer pendant mon absence. Je crains qu'il ne souffle sur mes états un vent malfaisant qui me fasse dire : Je l'avais bien prévu! En outre, mon séjour s'est assez prolongé pour fatiguer votre majesté.

LÉONTE. Nous sommes robuste, mon cousin : vous n'êtes pas de force à nous fatiguer.

POLYXÈNE. Je ne puis rester plus longtemps.

LÉONTE. Encore une quinzaine.

POLYXÈNE. Il faut absolument que je parte demain.

LÉONTE. Eh bien, partageons la différence; restez une huitaine; il ne faut pas me contredire.

POLYXÈNE. N'insistez pas, je vous en conjure. Personne au monde ne pourrait aussi bien que vous réussir à me persuader; et si ma présence vous était absolument nécessaire, quelque fondé que pût être mon refus, je me rendrais à vos instances. Mes affaires me rappellent dans ma patrie; me retenir, ce serait me nuire par un excès d'amitié; mon séjour est pour vous une occasion de dépense et d'embarras; pour vous épargner l'un et l'autre, permettez, mon cousin, que je prenne congé de vous.

LÉONTE. Vous ne dites rien, Hermione. Parlez.

HERMIONE. Je comptais, seigneur, garder le silence jusqu'à ce que vous l'eussiez amené à faire le serment de ne pas rester.

Vous n'y mettez pas assez de chaleur. Dites-lui que la Bohême est tranquille; hier encore nous en avons reçu des nouvelles satisfaisantes; dites-lui cela : vous aurez réfuté son meilleur argument.

LÉONTE. Bien parlé, Hermione.

HERMIONE. S'il nous disait qu'il brûle de revoir son fils, ce serait une raison puissante; qu'il le dise donc, et qu'il parte; qu'il le jure, et il ne restera pas plus longtemps; et nous le chasserons d'ici avec nos quenouilles. (*A Polyxène.*) Cependant, veuillez nous accorder une semaine encore votre royale présence. Quand vous recevrez mon époux en Bohême, je vous permets de l'y retenir un mois au delà du jour fixé pour son départ : — et néanmoins, Léonte, mon amour pour vous n'est pas d'une minute en arrière de celui de toute autre femme pour son époux. — (*A Polyxène.*) Vous resterez, n'est-ce pas ?

POLYXÈNE. Non, madame.

HERMIONE. Allons, vous resterez.

POLYXÈNE. Vraiment, je ne puis.

HERMIONE. Vraiment ! vous me résistez en vain. Quand vous jureriez par toutes les étoiles du firmament, je ne vous dirais pas moins : Seigneur, vous ne partirez pas; le vraiment d'une reine a bien autant de puissance que celui d'un roi. Eh bien ! persistez-vous encore à partir ? Obligez-moi à vous retenir, non comme mon hôte, mais comme mon prisonnier; il en résultera qu'à votre départ vous me payerez rançon; cela vous épargnera les remercîments. Qu'en dites-vous ? voulez-vous être mon prisonnier, ou mon hôte ? Par votre redoutable vraiment, vous serez l'un ou l'autre.

POLYXÈNE. En ce cas, je serai donc votre hôte, madame; me dire votre prisonnier, ce serait vous offenser, ce qui m'est moins facile qu'à vous de m'en punir.

HERMIONE. Je ne serai donc pas votre geôlière, mais votre affectueuse hôtesse. Venez, j'ai à vous questionner sur les bons tours de mon époux et les vôtres, quand vous étiez jeunes; vous étiez alors de jolies espiègles.

POLYXÈNE. Nous étions, belle reine, de jeunes étourdis qui ne voyaient d'autre avenir qu'un lendemain semblable au jour de la veille et une éternelle adolescence.

HERMIONE. Mon époux n'était-il pas le plus mauvais sujet des deux ?

POLYXÈNE. Nous étions comme deux agneaux jumeaux folâtrant au soleil et bêlant l'un après l'autre; nous passions de l'innocence à l'innocence; nous ne connaissions pas le mal et ne le soupçonnions pas dans autrui. Si nous avions continué à vivre de cette manière, si un sang plus chaud n'avait jamais exalté nos esprits, nous aurions pu répondre hardiment au ciel: *non coupable* [1], le péché originel excepté.

HERMIONE. Je dois en conclure que depuis vous avez fait bien du chemin.

POLYXÈNE. O reine, digne objet de mes respects, nous avons depuis rencontré des tentations; car dans ces jours de notre adolescence, ma femme était une petite fille, et vous-même vous ne vous étiez pas encore offerte aux regards de mon jeune camarade.

HERMIONE. Grâce au ciel, vous ne pouvez rien en conclure, à moins de dire que votre femme et moi nous sommes de mauvais anges. N'importe, continuez; nous prenons la responsabilité des offenses que nous vous avons fait commettre, pourvu que vous ayez péché avec nous pour la première fois, et que vous n'ayez continué de pécher qu'avec nous seules, sans jamais faire de faux pas avec d'autres.

LÉONTE. Se rend-il enfin?

HERMIONE. Il restera, seigneur.

LÉONTE. Je le lui avais inutilement demandé. Ma chère Hermione, vous n'avez jamais parlé plus à propos.

HERMIONE. Jamais?

LÉONTE. Jamais! une seule fois exceptée.

HERMIONE. Eh quoi! est-il donc vrai que j'aie parlé une fois à propos? Quand cela m'était-il donc déjà arrivé? Dites-le-moi, je vous prie; bourrez-moi d'éloges, et que j'en sois engraissée comme un chapon. Le silence gardé sur une bonne action en étouffe dans leur germe des milliers qu'elle aurait fait éclore. Les louanges sont notre salaire; avec un doux baiser vous nous ferez parcourir vingt lieues; avec l'éperon, pas un arpent. Mais revenons au fait; ma dernière bonne action a été d'obtenir qu'il restât: quelle a été la première? Ou je me trompe fort, ou elle doit avoir une sœur aînée; puisse-t-elle

---

[1] Allusion aux formes de la justice criminelle en Angleterre. Le président pose à l'accusé cette question : *Êtes-vous coupable ou non coupable ?* à quoi l'accusé ayant répondu *non coupable*, on passe à l'audition des témoins.

mériter l'approbation du ciel! Vous dites donc qu'il m'est déjà arrivé de parler à propos? dites-moi à quelle occasion..... voyons, je brûle de le savoir.

LÉONTE. C'est quand il fallut trois longs mois, trois mois ennuyeux pour vous faire consentir à mettre votre main blanche dans la mienne, et à m'engager votre foi en me disant : *Je suis à vous pour toujours.*

HERMIONE. Ce fut effectivement une action méritoire ; ainsi, vous le voyez, j'ai deux fois parlé à propos. La première, j'ai acquis un royal époux ; la seconde, j'ai obtenu la prolongation de la société d'un ami.

Elle présente la main à Polyxène.

LÉONTE, *à part.* Trop ardent, trop ardent ; l'union des cœurs poussée si loin doit amener l'union des personnes. Un frisson me saisit, mon cœur palpite ; mais ce n'est pas de joie, non, ce n'est pas de joie. Il est possible que ces prévenances aient un motif honorable ; cette liberté peut être le résultat d'un naturel sensible, affectueux, expansif, et n'avoir rien que de convenable ; c'est possible : mais se presser la main, se froisser les doigts comme ils font maintenant, échanger des sourires d'intelligence comme devant un miroir, et puis pousser de profonds soupirs comme la fanfare du cerf aux abois... oh ! ce sont là des démonstrations qui n'accommodent ni mon cœur ni mon front. — Mamillius, es-tu mon fils?

MAMILLIUS. Oui, mon père.

LÉONTE. En vérité? (*Observant Polyxène et Hermione.*) Ils jouent encore des doigts. (*A Mamillius.*) Eh bien! petit mauvais sujet, es-tu mon enfant?

MAMILLIUS. Si vous le voulez bien, mon père.

LÉONTE. Il te manque une tête et des cornes comme j'en ai pour être fait à mon image ; et cependant ils disent que nous nous ressemblons comme des œufs : ce sont des propos de femmes, et il faut bien qu'elles disent quelque chose. Mais quand ces propos-là seraient aussi faux que du drap noir faux teint, que le vent, que les flots ; aussi faux que peut désirer les dés celui qui ne met point de distinction entre le bien d'autrui et le sien : il n'en est pas moins vrai que cet enfant me ressemble. — Viens, mon petit page ; fixe sur moi tes yeux bleus, petit fripon ! mon ange ! mon mignon ! se peut-il que ta mère, — serait-il possible?... Imagination ! tu ébranles notre raison jusqu'en ses fondements, tu rends possible ce qu'on jugerait

impossible, tu communiques avec les songes; comment cela se
peut-il? Tu coagis avec l'idéal et tu ne ressembles à rien; dès
lors il est très-possible que tu coagisses avec quelque chose de
réel; c'est ce que tu fais, et cela sans notre participation; je
le sens au trouble de mon cerveau, au durcissement de mon
front.

POLYXÈNE. Qu'a donc le roi de Sicile?

HERMIONE. Il paraît quelque peu agité.

POLYXÈNE. Qu'avez-vous, seigneur? comment vous trouvez-
vous, mon frère bien-aimé?

HERMIONE. On dirait que quelque chose vous préoccupe
fortement; êtes-vous fâché, seigneur?

LÉONTE. Non, en vérité. — Comme la nature parfois trahit
sa sensibilité folle et nous expose à la risée des cœurs plus ro-
bustement conformés! En contemplant les traits de mon fils,
il m'a semblé que j'étais rajeuni de vingt-trois ans; je me
voyais en jaquette, dans mon fourreau de velours vert, avec
ma dague emmuselée de peur qu'elle ne mordît son maître et
ne lui devînt funeste, comme les ornements le sont presque
toujours; je croyais ressembler trait pour trait à ce jeune bour-
geon, à ce gentilhomme en herbe. (*A Mamillius.*) Mon petit
ami, empocheras-tu une insulte?

MAMILLIUS. Non, mon père, je me battrai.

LÉONTE. Tu te battras?... grand bien te fasse! (*A Polyxène.*)
Mon cousin, êtes-vous aussi fou de votre jeune prince que nous
semblons l'être du nôtre?

POLYXÈNE. Quand je suis chez moi, seigneur, il est mon
unique exercice, mon seul amusement, ma seule occupation;
maintenant mon ami dévoué, le moment d'après mon ennemi,
mon flatteur, mon guerrier, mon homme d'état, mon tout. Il
rend une journée de juillet aussi courte qu'une journée de dé-
cembre, et les distractions que me donnent ses enfantillages
guérissent les idées noires qui épaissiraient mon rang.

LÉONTE. Ce petit bonhomme me rend le même service:
nous allons tous deux faire un tour de promenade et vous laisser marcher d'un pas plus grave. — Hermione, si vous m'aimez, montrez-le dans l'accueil que vous ferez à notre frère;
que pour lui tout ce qu'il y a de plus cher en Sicile soit réputé
bon marché. Après vous et mon jeune promeneur, mon cœur
n'a rien de plus cher que lui.

HERMIONE. Quand vous voudrez nous rejoindre, vous nous retrouverez dans le jardin; faudra-t-il vous y attendre?

LÉONTE. Prenez la direction qu'il vous plaira; partout où vous serez sous la voûte du ciel, je suis sûr de vous trouver. (*A part, en continuant d'observer Polyxène et Hermione.*) Je pêche maintenant, bien que tu n'aperçoives pas ma ligne. Va, va; comme elle rapproche son visage du sien! comme elle déploie toute la liberté d'une femme avec un mari indulgent!

Hermione, Polyxène et leur suite sortent.

LÉONTE, *continuant*. Déjà disparus? Je suis embourbé, j'en ai par-dessus les oreilles. (*A Mamillius.*) Joue, mon enfant, joue; ta mère joue, et moi aussi je joue une partie fâcheuse, dont le résultat doit me couvrir de honte jusqu'au tombeau! la dérision et le mépris sonneront mon glas mortuaire!... Joue, mon enfant, joue; il y a eu, ou je me trompe fort, des maris trompés avant moi; et au moment où je te parle, plus d'un époux donne le bras à sa femme sans se douter qu'elle a failli en son absence, et qu'un complaisant voisin a été pêcher dans ses eaux. Il est une chose qui me console, c'est que d'autres hommes ont des portes, et que ces portes sont ouvertes contre leur volonté. Si tous ceux qui ont des femmes déloyales se livraient au désespoir, il y aurait le dixième du genre humain qui se perdrait; il n'y a pas de remède à la chose: c'est une planète libertine; partout où elle domine elle exerce une influence prédominante; sa puissance s'étend de l'ouest à l'est, du sud au nord. Il n'y a point de barricade qui puisse défendre le cœur d'une femme; il laissera entrer et sortir l'ennemi avec armes et bagages: c'est une maladie dont des milliers d'entre nous sont atteints sans s'en douter.

MAMILLIUS. Mon père, on dit que je vous ressemble.

LÉONTE. C'est toujours une consolation. — Eh quoi! vous êtes là, Camille?

CAMILLE. Oui, monseigneur.

LÉONTE. Va jouer, Mamillius. Tu es un brave garçon.

Mamillius sort.

LÉONTE, *continuant*. Camille, ce grand personnage va prolonger ici son séjour.

CAMILLE. Vous avez eu grand'peine à faire tenir son ancre; vous aviez beau la jeter, elle ne voulait pas mordre.

LÉONTE. L'as-tu remarqué?

CAMILLE. Il n'a pas voulu se rendre à vos instances; il avait, disait-il, des affaires urgentes.

LÉONTE. Tu t'en es donc aperçu? Je les entends déjà chuchoter à mes oreilles : « Le roi de Sicile est un et cætera. » Il s'écoulera du temps avant que je l'entende pour la dernière fois. — Comment se fait-il, Camille, qu'il ait consenti à rester?

CAMILLE. Il s'est rendu à la demande de notre vertueuse reine.

LÉONTE. De la reine, soit; vertueuse, cela devrait être; cela est, et cela n'est pas. Crois-tu que d'autres que toi s'en soient aperçus? car ton intelligence est comme une pompe; elle aspire à elle beaucoup plus que les intelligences vulgaires. — N'est-ce pas, cela n'a dû être remarqué que par les natures privilégiées, par les esprits d'une haute portée. Les âmes subalternes n'ont rien compris à cette affaire?

CAMILLE. Quelle affaire, seigneur? j'ai compris que le roi de Bohême reste ici quelque temps encore.

LÉONTE. Comment?

CAMILLE. Qu'il passera ici encore quelque temps.

LÉONTE. Oui, mais pourquoi?

CAMILLE. Pour complaire à votre majesté et à notre très-gracieuse reine.

LÉONTE. Pour complaire à votre reine? — Complaire? — cela suffit. Camille, je t'ai confié mes pensées les plus intimes, mes affaires les plus secrètes. J'ai mis à nu mon âme devant toi, comme devant mon confesseur; et je te quittais comme un pénitent converti; mais je me suis trompé sur ton intégrité, ou plutôt sur ce que je regardais comme tel.

CAMILLE. A Dieu ne plaise, seigneur.

LÉONTE. J'ai eu tort de compter sur toi; tu n'es pas loyal; ou si tu inclines vers la loyauté, tu es un lâche qui donne secrètement des accrocs à la probité et ne suit pas le droit chemin. De deux choses l'une, tu es ou un serviteur investi de toute ma confiance, et négligent à y répondre, ou un insensé qui voit que l'on m'abuse, qu'on me dérobe ce que j'ai de plus précieux, et prends le tout en plaisanterie.

CAMILLE. Mon gracieux seigneur, je puis être négligent, sot et peureux; nul homme ici-bas, dans la multitude infinie des affaires de ce monde, n'est totalement exempt de négligence, de sottise et de peur. Seigneur, si jamais il m'est arrivé de mettre dans vos affaires une négligence volontaire, c'était pure sottise à moi. Si j'ai joué exprès le rôle de sot, c'était imprudence de ma part, et faute d'avoir suffisamment réfléchi aux conséquences. Si j'ai craint de faire une chose nécessaire, quand le succès m'en paraissait douteux, c'est une crainte qui peut affecter les plus sages : ce sont là, seigneur, des faiblesses permises, dont la loyauté n'est jamais totalement exempte. Mais que votre majesté s'explique plus clairement avec moi : faites-moi connaître ma faute sous ses traits véritables ; si je la nie, c'est que je n'en suis point coupable.

LÉONTE. N'as-tu pas vu, Camille, — mais, sans nul doute, tu l'as vu, sinon le cristal de tes yeux est plus épais que la corne d'un cocu, — n'as-tu pas entendu dire — car dans une chose aussi visible, il est impossible que les langues restent muettes — ou, n'as-tu pas pensé — car tout homme à qui la faculté de penser a été accordée a dû faire cette réflexion — que ma femme est infidèle? Si tu l'avoues, — et tu le dois, à moins de déclarer impudemment que tu n'as ni yeux, ni oreilles, ni intelligence, alors dis que ma femme est une prostituée, qu'elle mérite un nom aussi infâme que la fille qui se livre avant d'avoir engagé sa foi : dis-le, et prouve-le.

CAMILLE. Je ne pourrais entendre ainsi calomnier ma reine sans en tirer immédiatement vengeance ; certes, vous n'avez jamais rien dit de moins séant que ce que vous venez de dire ; quand ce serait vrai, le répéter serait un crime non moins grand.

LÉONTE. N'est-ce donc rien que de se parler tout bas? d'appuyer joue contre joue? N'est-ce rien quand les visages se touchent, quand les lèvres se baisent intérieurement, quand le rire est interrompu par un soupir, — signe infaillible d'une vertu profanée, — quand le pied marche sur le pied, quand on se retire à l'écart pour se parler, qu'on accuse la lenteur de l'horloge, qu'on désire que les heures soient des minutes, que midi soit minuit, que tous les yeux soient aveuglés et malades, hormis les leurs, qui voudraient pécher à l'insu de tout le monde. N'est-ce donc rien que cela? Alors, le monde, et tout ce qu'il contient, ne sont rien ; ce firmament qui s'étend sur nos têtes n'est rien ; le roi de Bohême n'est rien, ma femme n'est rien, et tous ces riens n'ont rien, si cela n'est rien.

CAMILLE. Monseigneur, guérissez-vous de cette fatale pensée et sans délai ; car elle est on ne peut plus dangereuse.

LÉONTE. Soit ; mais elle est vraie.

CAMILLE. Non, non, monseigneur.

LÉONTE. Elle l'est; tu mens, tu mens ; je te dis que tu mens, Camille, et je te hais. Tu es un sot, un misérable sans intelligence, ou tu n'es qu'un temporiseur sceptique, voyant du même œil le bien et le mal, et également enclin à tous deux. Si le rang de ma femme était aussi corrompu que sa conduite, elle ne vivrait pas la durée d'un sablier.

CAMILLE. Qui donc est son corrupteur ?

LÉONTE. Celui qui la porte sans cesse pendue à son cou comme une médaille, le roi de Bohême, qui, — Si j'avais autour de moi de loyaux serviteurs, ayant des yeux pour veiller sur mon honneur, comme ils veillent à leurs profits et à leurs avantages personnels, ils feraient ce qui empêcherait qu'il y en eût davantage de fait ; et toi, son échanson, toi, que j'ai tiré de l'obscurité pour t'élever à une position honorable, toi, qui peux voir aussi distinctement que le ciel voit la terre, et la terre le ciel, combien je suis outragé, tu pourrais assaisonner une coupe qui fermerait pour jamais les yeux de mon ennemi, et cette potion serait pour moi un cordial salutaire.

CAMILLE. Je le puis, seigneur, et cela non avec une potion violente, mais avec un poison lent dont les fatals effets ne se trahiraient pas. Mais je ne puis croire à un tel crime dans mon auguste maîtresse, si souverainement vertueuse. Mon attachement pour vous, —

LÉONTE. Mets en doute ce que je te dis, et sois damné. Penses-tu que j'aie le caractère assez bilieux, l'esprit assez troublé pour me tourmenter ainsi moi-même ? pour salir la blancheur de ma couche, dont la pureté donne à l'époux un doux sommeil, et qui, une fois souillée, est pleine d'aiguillons, d'épines, d'orties et de queues de scorpions ? Voudrais-je flétrir la naissance de mon fils, que je crois de moi, et que j'aime comme tel, si je n'avais pour cela des raisons suffisantes ? Le voudrais-je ? L'homme peut-il porter jusque-là la folie ?

CAMILLE. Je dois vous croire, seigneur. Je vous crois ; et je vous débarrasserai du roi de Bohême, pourvu que vous me promettiez, quand il ne sera plus, de rendre votre affection à la reine, et de la traiter comme auparavant ; je vous fais cette demande dans votre propre intérêt et pour fermer la bouche à la médisance dans les cours et les états des rois vos alliés.

LÉONTE. La conduite que tu me conseilles est précisément

celle que je me proposais de suivre : je ne veux imprimer aucune tache à son honneur, aucune.

CAMILLE. Allez donc, seigneur ; montrez au roi de Bohême, ainsi qu'à la reine, le visage serein de l'amitié au milieu d'un banquet. Je suis son échanson ; s'il reçoit de ma main un breuvage salutaire, rayez-moi de la liste de vos serviteurs.

LÉONTE. C'est assez ; fais cela, et la moitié de mon cœur est à toi ; ne le fais pas, et tu auras porté ton propre arrêt.

CAMILLE. Je le ferai, seigneur.

LÉONTE. Je leur montrerai un visage ami, ainsi que tu me l'as conseillé.

Il sort.

CAMILLE. O malheureuse reine ! — Mais moi, dans quelle position me trouvé-je ? Il faut que j'empoisonne le vertueux Polyxène ; pourquoi ? pour obéir à un maître qui, en guerre contre lui-même, voudrait que tout ce qui lui appartient fût comme lui. — En faisant cette action, j'avance ma fortune. Quand l'histoire me présenterait des milliers d'exemples d'hommes qui ont porté la main sur l'oint du Seigneur, et n'en ont pas moins prospéré, je ne le ferai pas : mais puisqu'il n'en est aucun de consigné ni sur l'airain, ni sur la pierre, ni sur le parchemin, que la scélératesse elle-même s'y refuse. Il faut que je quitte la cour ; que je fasse ce qu'on me demande ou ne le fasse pas, ma ruine est certaine. Heureuse étoile, luis sur moi ! Voici le roi de Bohême.

Entre POLYXÈNE.

POLYXÈNE. Voilà qui est étrange. Il me semble qu'ici ma faveur commence à décliner. Ne pas me parler ? — Bonjour, Camille.

CAMILLE. Sire, salut !

POLYXÈNE. Quoi de nouveau à la cour ?

CAMILLE. Rien d'extraordinaire, seigneur.

POLYXÈNE. Le roi a une singulière mine ; on dirait qu'il a perdu une province ou une région qui lui est aussi chère que lui-même. Tout à l'heure je l'ai abordé avec les compliments d'usage, mais il a détourné les yeux, le mouvement de sa lèvre a exprimé le dédain, et il s'est éloigné, me laissant réfléchir à ce que peut présager ce changement dans ses manières.

CAMILLE. Je n'ose point le savoir, seigneur.

POLYXÈNE. Comment, tu n'oses point ! Tu le sais, et tu

n'oses me le confier. Il doit en être ainsi, car, ce que tu sais, tu le sais certainement, et tu ne peux pas dire que tu n'oses pas le savoir. Mon cher Camille, l'altération de tes traits est un miroir qui me montre le changement effectué en moi; car, pour que ma position soit ainsi changée, il faut qu'il se soit fait en moi quelque altération.

CAMILLE. Il y a un mal dont quelqu'un de vous est atteint; mais je ne puis nommer ce mal; et c'est vous qui l'avez communiqué, tout bien portant que vous êtes.

POLYXÈNE. Eh quoi! c'est de moi qu'on l'a gagné? est-ce que j'aurais par hasard le regard homicide du basilic? J'ai regardé des milliers d'individus qui ne s'en sont pas plus mal portés pour cela; mais mon regard n'a encore tué personne. Camille, s'il est vrai que tu es homme d'honneur, instruit, expérimenté, qualités non moins recommandables que la noblesse que nos ancêtres nous ont transmise, je t'en conjure, si tu sais quelque chose qu'il m'importe de savoir, que j'en sois instruit, ne me le laisse pas ignorer.

CAMILLE. Je ne puis répondre.

POLYXÈNE. Un mal que j'ai communiqué, quoique je sois bien portant? Il faut que tu me répondes. Écoute-moi, Camille, je t'en conjure par tout ce qu'il y a de plus sacré aux yeux de l'honneur, et la demande que je te fais a ce caractère, déclare-moi quel malheur tu redoutes pour moi, s'il est proche ou éloigné, et comment je puis le conjurer, s'il est possible de le faire, sinon, comment je dois le supporter.

CAMILLE. Je vais vous le dire, seigneur, puisque j'en suis sommé au nom de l'honneur, et par un homme que je crois homme d'honneur. Écoutez donc mon conseil, que vous devez suivre avec autant de célérité que j'en mettrai à l'articuler; sinon, vous et moi sommes perdus.

POLYXÈNE. Poursuis, mon cher Camille.

CAMILLE. Je suis chargé par lui de vous tuer.

POLYXÈNE. Par qui, Camille?

CAMILLE. Par le roi.

POLYXÈNE. Pourquoi?

CAMILLE. Il pense, il fait plus, il jure avec autant d'assurance que s'il l'avait vu ou vous avait servi d'agent en cette circonstance, que vous avez eu avec la reine des rapports criminels.

POLYXÈNE. Ah! si cela est vrai, que le meilleur de mon sang se change en gelée infecte; que mon nom soit accolé au nom de celui qui a trahi le Juste [1]; que ma réputation la plus pure exhale une odeur fétide qui, partout où j'arrive, frappe les odorats les plus insensibles; qu'on redoute mon approche, qu'on la fuie à l'égal de la peste la plus contagieuse dont il ait jamais été parlé ou dont l'histoire fasse mention!

CAMILLE. C'est en vain que, pour le détromper, vous jureriez par tous les astres du ciel et par toutes leurs influences; autant vaudrait défendre à la mer d'obéir à la lune, que d'essayer, par des serments et des conseils, d'ébranler l'édifice de sa folie appuyée sur la base de sa croyance, et qui durera autant que lui.

POLYXÈNE. Comment cette idée lui est-elle venue?

CAMILLE. Je l'ignore: ce que je sais, c'est qu'au lieu de rechercher l'origine du mal, le plus sûr est de s'en garantir. Si donc vous avez confiance en ma loyauté, et vous en avez pour garant ma personne que je vous livre en otage, partons dès ce soir; je parlerai en secret aux gens de votre suite; je leur ferai quitter la ville par différentes portes et par groupes de deux et de trois individus. Quant à moi, je mets à votre service toute ma destinée, irréparablement compromise par la révélation que je viens de vous faire. Point d'hésitation; par l'honneur des auteurs de vos jours; je vous ai dit la vérité: si vous en cherchez d'autres preuves, je n'oserai pas attendre l'issue de vos investigations; et votre position sera aussi périlleuse que celle de l'homme condamné de la bouche même du roi, et dont l'exécution est ordonnée.

POLYXÈNE. Je te crois; j'ai lu les sentiments de son cœur dans les traits de son visage. Donne-moi ta main, sois mon guide; et ta place sera à côté de la mienne; mes vaisseaux sont prêts, et depuis deux jours mes gens attendent mon départ. — Cette jalousie est bien étrange; plus elle est extraordinaire, plus elle doit être grande; et plus il est puissant, plus les effets de sa colère doivent être violents. Comme il se croit déshonoré par un homme qui s'est toujours dit son ami, sa vengeance n'en sera que plus terrible. La crainte s'empare de moi; qu'une prompte fuite assure mon salut; et puisse-t-il ne rien arriver à la reine, innocent objet de ses soupçons! Viens, Camille, je te respecterai comme un père si tu me tires de ce danger sain et sauf. Fuyons!

[1] Judas Iscariote.

CAMILLE. C'est à mon autorité que sont confiées les clefs de toutes les portes de la ville; que votre majesté ne perde pas de temps : allons, seigneur, partons.

Ils sortent.

ACTE DEUXIÈME.

SCÈNE I.

Même lieu.

Arrivent HERMIONE, MAMILLIUS, et les Dames de la suite de la Reine.

HERMIONE. Prenez l'enfant, il me fatigue; je n'y puis plus tenir.

PREMIÈRE DAME, *à Mamillius.* Venez, mon gracieux seigneur; voulez-vous jouer avec moi?

MAMILLIUS. Non, je ne veux plus de vous.

PREMIÈRE DAME. Pourquoi, mon doux seigneur?

MAMILLIUS. Vous m'embrassez trop fort, et vous me parlez comme si j'étais encore un enfant. (*A une autre dame.*) Je vous aime mieux, vous.

DEUXIÈME DAME. Et pourquoi, monseigneur?

MAMILLIUS. Ce n'est pas parce que vous avez les sourcils noirs; cependant on dit que ce sont les sourcils noirs qui vont le mieux aux dames, pourvu qu'ils ne soient pas trop touffus, mais qu'ils forment comme un demi-cercle, un croissant tracé à la plume.

DEUXIÈME DAME. Qui vous a appris cela?

MAMILLIUS. Le visage des femmes. Dites-moi, je vous prie, de quelle couleur sont vos sourcils?

PREMIÈRE DAME. Bleus, monseigneur.

MAMILLIUS. Non, c'est pour vous moquer de moi; j'ai quelquefois vu le nez des dames bleu, jamais leurs sourcils.

DEUXIÈME DAME. Écoutez : votre mère prend de l'embonpoint; un de ces jours nous offrirons nos services à un beau prince nouveau-né, et alors vous serez charmé de jouer avec nous, si nous voulons de vous.

PREMIÈRE DAME. Sa taille, depuis peu, s'est singulièrement élargie; fasse le ciel qu'elle ait une heureuse délivrance!

HERMIONE. Quel sujet occupe donc votre sagesse? Allons; monsieur, venez; maintenant je suis à vous. Voyons, prenez place au milieu de nous, et contez-nous une histoire.

MAMILLIUS. Faut-il qu'elle soit gaie ou triste?

HERMIONE. Aussi gaie que tu voudras.

MAMILLIUS. En hiver une histoire triste est plus de saison. Je sais une histoire de revenants.

HERMIONE. Contez-nous-la, monsieur. Asseyez-vous, et faites de votre mieux pour m'effrayer avec vos lutins; c'est à quoi vous excellez.

MAMILLIUS. Il y avait une fois un homme...

HERMIONE. Allons, asseyez-vous; maintenant, poursuivez.

MAMILLIUS. Qui habitait auprès d'un cimetière... Je vais vous conter cela bien bas; les grillons eux-mêmes ne m'entendront pas.

HERMIONE. Approchez-vous donc, et contez-le-moi à l'oreille.

Entrent LÉONTE *et sa suite,* ANTIGONE *et plusieurs Seigneurs.*

LÉONTE. Quoi! vous l'avez rencontré là, lui et sa suite? Camille était avec lui?

PREMIER SEIGNEUR. Je les ai rencontrés derrière le petit bois de pins. Je n'ai vu de ma vie des gens marcher d'un tel pas; je les ai suivis des yeux jusqu'à leurs vaisseaux.

LÉONTE. Combien mon indignation était fondée! combien étaient justes mes conjectures!... Oh! plût à Dieu que je me fusse trompé! Que je suis malheureux d'avoir si bien deviné! Il peut y avoir une araignée dans la coupe, et cependant un homme peut y boire sans y prendre aucun venin, car son imagination n'est pas infectée; mais si quelqu'un présente à ses yeux l'ingrédient abhorré et lui fait connaître ce qu'il a bu, et sa gorge et ses flancs font de violents effort pour le rejeter. J'ai bu, et j'ai vu l'araignée; Camille leur a servi d'agent et de complice! Il y a un complot ourdi contre ma vie et ma couronne; tout ce que je soupçonnais s'est réalisé; l'hypocrite scélérat dont j'employais le ministère était déjà employé par lui. Il a découvert mon projet, et moi, je suis leur dupe et leur jouet. Comment les portes se sont-elles si facilement ouvertes pour eux?

PREMIER SEIGNEUR. Par l'influence de son autorité, qui fréquemment s'est fait obéir ainsi par vos ordres.

LÉONTE. Je ne le sais que trop. (*A la Reine.*) Donnez-moi l'enfant; je suis aise que vous ne l'ayez pas nourri; bien qu'il ait quelques traits de moi, néanmoins vous lui avez trop communiqué de votre sang.

HERMIONE. Que voulez-vous dire? Est-ce un badinage?

LÉONTE. Emmenez cet enfant; je ne veux pas qu'il approche d'elle; qu'on l'emmène, et qu'elle joue avec celui qu'elle porte dans ses flancs; car c'est Polyxène qui l'a mise dans cet état de grossesse.

HERMIONE. Et moi, je dis que non! et je suis certaine que vous me croyez, bien que vous affectiez le contraire.

LÉONTE. Regardez-la bien, messieurs, observez-la bien; vous serez tentés de dire : *Elle est belle;* mais la justice vous forcera d'ajouter : *C'est dommage qu'elle ne soit pas honnête et vertueuse.* Louez-la seulement pour sa beauté extérieure, qui, à mon avis, mérite les plus grands éloges; et sur-le-champ viennent les haussements d'épaules, les *hum!* et les *ha!* ces petits fers chauds à l'usage de la calomnie, je me trompe, de la pitié, car la calomnie s'attache à flétrir la vertu. Quand vous avez dit qu'elle est belle, avant que vous ayez eu le temps d'ajouter qu'elle est honnête, voici venir les haussements d'épaules, les *hum!* les *ha!* Je le déclare, moi, qui ai plus de motifs que personne de le déplorer, elle est adultère.

HERMIONE. Si un scélérat le disait, le plus consommé scélérat du monde, sa scélératesse en serait doublée. Vous vous méprenez, seigneur.

LÉONTE. Vous vous êtes méprise, madame, en prenant Polyxène pour Léonte. O toi, créature, je ne veux pas t'appeler du nom qui te convient, de peur que la grossièreté barbare, s'autorisant de mon exemple, n'applique le même langage à tous les rangs indistinctement, et n'efface toute distinction entre le prince et le mendiant. J'ai dit qu'elle est une adultère; j'ai dit avec qui; j'ajoute qu'elle est coupable de haute trahison. Camille est son complice : il sait ce qui devrait la faire rougir, lors même qu'elle n'aurait de confident de sa honte que son vil galant; il sait qu'elle a profané le lit nuptial, et qu'elle peut aller de pair avec ces femmes auxquelles le vulgaire prodigue les épithètes les plus énergiques. En outre, elle est complice de leur évasion récente.

HERMIONE. Non! sur ma vie! je ne suis coupable d'aucun des forfaits qu'on m'impute. Quand vous serez mieux informé, combien vous regretterez de m'avoir ainsi diffamée! Mon doux seigneur, je ne sais même si alors l'aveu de votre erreur sera une réparation suffisante du mal que vous me faites maintenant.

LÉONTE. Non, non; si je me trompe dans l'opinion sur laquelle je me fonde, la terre n'a pas assez de surface pour soutenir la toupie d'un écolier. Qu'on la mène en prison : quiconque parlera pour elle sera coupable à mes yeux.

HERMIONE. Nous sommes sous l'influence de quelque planète ennemie; il faut me résigner jusqu'à ce que le ciel daigne jeter sur moi un regard plus propice. Messieurs, je n'ai pas le don des larmes comme la plupart de celles de mon sexe; l'absence de cette vaine rosée tarira peut-être votre pitié; mais (*mettant la main sur son cœur*) j'ai là une vertueuse douleur qui me brûle, et que des larmes ne sauraient éteindre; je vous en conjure, messieurs, que votre bienveillance tempère le jugement que vous porterez sur moi... Sur ce, que la volonté du roi soit faite.

LÉONTE, *aux Gardes*. M'avez-vous entendu?

HERMIONE. Quels sont ceux qui viennent avec moi? Je supplie votre majesté de permettre que mes femmes m'accompagnent; car, vous le savez, mon état l'exige. — Folles que vous êtes, ne pleurez pas, vous n'en avez point sujet. Quand vous apprendrez que votre maîtresse a mérité la prison, alors sur mon passage fondez en larmes.... Adieu, seigneur : je n'ai jamais souhaité vous voir triste; maintenant, je le désire. — Mes femmes, suivez-moi, on vous le permet.

LÉONTE. Allez; exécutez vos ordres; qu'on s'éloigne.

La Reine et ses Femmes sortent avec les Gardes.

PREMIER SEIGNEUR. J'en conjure votre majesté, veuillez rappeler la reine.

ANTIGONE. Faites attention à ce que vous faites, seigneur; craignez que votre justice ne soit que de la violence, ce qui ferait trois grandes victimes, vous-même, la mère et votre fils.

PREMIER SEIGNEUR. Quant à elle, seigneur, j'en offre ma vie pour garant, et je supplie votre majesté de vouloir bien l'accepter; j'affirme que la reine est pure aux regards du ciel et aux vôtres, pure de ce dont vous l'accusez.

ANTIGONE. Si l'événement prouve qu'il en est autrement, je m'installe à demeure dans le logement de ma femme; je ne la laisse plus sortir sans moi; je ne serai satisfait qu'autant que je la verrai et la sentirai près de moi; car si la reine est parjure, toutes les femmes, depuis la première jusqu'à la dernière, sont parjures.

LÉONTE. Taisez-vous.

PREMIER SEIGNEUR. Seigneur, —

ANTIGONE. C'est dans votre intérêt, non dans le nôtre, que nous parlons. Vous êtes induit en erreur par un instigateur qui sera damné pour ce fait. Si je connaissais le scélérat, j'en aurais bientôt fait justice. Si l'honneur de la reine a souffert la moindre atteinte, — j'ai trois filles; l'aînée a onze ans, la seconde neuf, la troisième cinq; si cette accusation se trouve fondée, je les en punirai; sur mon honneur, je les mutilerai toutes; elles ne verront pas l'âge de quatorze ans pour donner le jour à une postérité bâtarde; elles sont cohéritières; je me châtrerais moi-même plutôt que de souffrir qu'elles missent au monde d'autres enfants que des enfants légitimes.

LÉONTE. En voilà assez. Vous apportez à l'appréciation de cette affaire un sens aussi inerte que l'odorat d'un mort; mais moi je la sens, je la vois comme vous sentez ma main qui vous touche.

Il appuie sa main sur le bras d'Antigone.

ANTIGONE. S'il en est ainsi, nous n'avons pas besoin de tombeau pour ensevelir la vertu; il n'y en a pas un atome sur toute la surface de cette terre corrompue pour en corriger l'infection.

LÉONTE. Est-ce que je suis indigne de créance?

ANTIGONE. Plût à Dieu que ce fût vous, et non moi, qui, en cette occasion, fût indigne de créance! J'aimerais bien mieux voir justifier son honneur que vos soupçons, quelque blâme qu'il pût en rejaillir sur vous.

LÉONTE. Qui m'oblige à vous consulter là-dessus? Suivons plutôt notre impulsion forcée. Notre prérogative n'a pas besoin de vos conseils; c'est par pure bienveillance que je vous en ai parlé; si, dans votre stupidité réelle ou feinte, vous ne pouvez ou ne voulez pas accepter pour vrai ce qui nous semble tel, sachez que nous nous passerons désormais de vos avis; cette affaire ne concerne que nous; nous seuls avons quelque chose à y gagner ou à y perdre.

ANTIGONE. Je souhaiterais, seigneur, que vous vous fussiez borné à former en silence votre jugement, sans en parler à personne.

LÉONTE. Comment cela eût-il été possible? ou votre jeune âge vous rend bien ignorant, ou il faut que vous soyez né stupide. La fuite de Camille est venue prouver encore leur intimité, qui est évidente à l'intelligence la plus grossière; il n'y manque que la preuve oculaire; toutes les autres circonstances concourent à confirmer la chose : voilà ce qui m'a poussé à en agir ainsi. Cependant, pour plus de certitude, car en matière aussi importante, une erreur serait déplorable, j'ai dépêché à la ville sacrée de Delphes, au temple d'Apollon, Cléomène et Dion, dont vous connaissez la capacité et les lumières. Ils me rapporteront la réponse de l'oracle, et, le conseil du dieu une fois connu, je suspendrai ou continuerai mes poursuites. Ai-je bien fait?

PREMIER SEIGNEUR. On ne peut mieux, seigneur.

LÉONTE. Bien que je sois convaincu et n'aie pas besoin d'en savoir plus que je n'en sais, cependant l'oracle servira à tranquilliser d'autres esprits dont la crédulité ignorante refuse d'accueillir la vérité. Nous avons donc jugé à propos d'ordonner que la reine fût séquestrée de notre personne, et emprisonnée, de peur qu'elle ne fût tentée d'imiter la trahison des deux coupables qui ont pris la fuite. Venez, suivez-nous; il faut que nous informions le public de cette affaire, qui va tous nous mettre en émoi.

ANTIGONE, *à part*. Qui ferait rire bien du monde, selon moi, si la vérité était connue.

Ils sortent.

SCÈNE II.

Même pays. — Le greffe d'une prison.

Entrent PAULINE et plusieurs Domestiques.

PAULINE. Faites venir le concierge de la prison; faites-lui savoir qui je suis.

Un Domestique sort.

PAULINE, *continuant*. Vertueuse reine! pour qui nulle cour en Europe n'est trop brillante, que fais-tu en prison?

Rentre le Domestique, accompagné du GEOLIER.

PAULINE, *continuant*. Messire, vous me connaissez, n'est-ce pas?

LE GEÔLIER. Je vous connais pour une vertueuse dame, que j'honore infiniment.

PAULINE. En ce cas, veuillez me conduire auprès de la reine.

LE GEÔLIER. Je ne le puis, madame. J'ai des ordres contraires on ne peut plus formels.

PAULINE. Eh bien, à la bonne heure! interdire à des visiteurs de qualité tout accès auprès d'une reine vertueuse et loyale! Est-il permis, dites-moi, de voir l'une de ses femmes, peu importe laquelle? Par exemple, Émilie?

LE GEÔLIER. Si vous voulez bien, madame, faire retirer vos domestiques, je vous amènerai Émilie.

PAULINE. Faites-la venir, je vous prie. — (*A ses Domestiques.*) Retirez-vous.

Les Domestiques sortent.

LE GEÔLIER. Il faudra en outre, madame, que je sois présent à votre entretien.

PAULINE. Eh bien, soit.

Le Geôlier sort.

PAULINE, *continuant.* Que d'embarras pour flétrir ce qui est pur!

Rentre le GEOLIER, accompagné d'ÉMILIE.

PAULINE. Chère demoiselle, comment se trouve notre gracieuse reine?

ÉMILIE. Aussi bien que peut l'être un personnage aussi auguste et aussi malheureux; par suite des secousses qu'elle a subies, et des chagrins les plus cuisants qu'une faible femme ait jamais eus à supporter, elle est accouchée un peu avant son terme.

PAULINE. D'un fils?

ÉMILIE. D'une fille, d'un enfant fort et bien portant, et qui vivra très-probablement; la reine trouve dans son enfant une grande consolation, et elle lui dit : « Pauvre prisonnière, je suis aussi innocente que toi. »

PAULINE. J'en ferais serment! Maudites soient les funestes idées que le roi s'est mises en tête! Il faut qu'on le lui dise, et on le lui dira : ce devoir sied surtout à une femme, et je veux le remplir; si je mêle du miel à mes paroles, que ma langue soit paralysée, et ne puisse jamais plus servir d'organe à ma colère. — Écoutez, Émilie. Présentez à la reine mes humbles respects; si elle ne craint pas de me confier son enfant, j'irai le montrer au roi, et je plaiderai hautement sa cause devant lui. Qui sait s'il ne se laissera pas attendrir à la vue de cet enfant? souvent le silence de la naïve innocence persuade là où la parole échoue.

ÉMILIE. Madame, vos intentions sont évidemment si honorables et si bienveillantes, qu'un heureux succès ne peut manquer de couronner votre démarche; nulle au monde n'est plus digne que vous d'une telle mission. Veuillez passer dans la pièce voisine; je vais informer la reine de votre offre généreuse; elle-même aujourd'hui ruminait ce projet; mais elle n'osait en proposer l'exécution à aucune personne honorable, dans la crainte d'essuyer un refus.

PAULINE. Dites-lui, Émilie, que j'emploierai pour elle les ressources oratoires que le ciel m'a données; si ma parole est aussi éloquente que mon âme est résolue, je ne doute pas du succès.

ÉMILIE. Que le ciel vous récompense! Je vais trouver la reine; veuillez passer dans une pièce plus rapprochée.

LE GEÔLIER. Madame, s'il plaît à la reine de vous envoyer l'enfant, je ne sais si je dois le laisser passer, n'ayant point d'ordre à cet égard.

PAULINE. Ne craignez rien, mon ami; l'enfant était prisonnier dans le ventre de sa mère; la loi et la nature veulent qu'il soit libre et affranchi. Il n'a point encouru la colère du roi; il n'est point complice du crime de la reine, si toutefois cette dernière est coupable.

LE GEÔLIER. Je le crois.

PAULINE. Soyez donc sans crainte; sur mon honneur, je vous réponds qu'il n'en résultera aucun danger pour vous.

Ils sortent.

SCÈNE III.

Même pays. — Un appartement du palais.

Entrent LÉONTE *et sa suite,* ANTIGONE, *plusieurs Seigneurs et quelques Domestiques.*

LÉONTE. Point de repos ni le jour ni la nuit; c'est faiblesse que de s'affecter ainsi; ce serait pure faiblesse, si les auteurs de ma honte n'étaient vivants. — L'un des coupables, c'est elle, l'épouse adultère; — car le monarque impudique est hors de la portée de mon bras, hors des atteintes de ma colère, à l'épreuve de mes complots; mais elle, je la tiens à ma discrétion. Si je la faisais périr, si je la livrais aux flammes du bûcher, je retrouverais une moitié de mon repos. — Holà! quelqu'un!

UN DOMESTIQUE, *s'avançant.* Seigneur.

ACTE II, SCÈNE III.

LÉONTE. Comment se porte mon fils?

LE DOMESTIQUE. Il a bien reposé cette nuit; on pense que son indisposition est terminée.

LÉONTE. Généreux enfant! le déshonneur de sa mère l'a profondément affecté; on l'a vu aussitôt décliner et languir; il a voulu s'en punir lui-même; la gaieté, l'appétit, le sommeil, l'ont quitté à l'instant, et il est tombé dans un marasme complet. — Laissez-moi seul. Allez voir comment il se porte.

Le Domestique sort.

LÉONTE, *continuant.* Allons, allons, ne pensons point au séducteur! de ce côté, mes pensées de vengeance se refoulent sur moi; il est trop puissant par lui-même, par ses partisans, par ses alliances. — Qu'il vive, jusqu'à ce que vienne une occasion favorable; pour le moment, contentons-nous d'assouvir sur elle ma vengeance. Camille et Polyxène se rient de moi; ils s'amusent de ma douleur; ils ne riraient pas, si je pouvais les atteindre; elle ne rira pas, elle qui est en mon pouvoir.

Entre PAULINE, portant un enfant.

PREMIER SEIGNEUR. Vous ne pouvez entrer.

PAULINE. Ah! secondez-moi plutôt, nobles seigneurs. Craignez-vous donc plus sa passion tyrannique que vous ne tremblez pour les jours de la reine, âme innocente et vertueuse, plus pure qu'il n'est jaloux?

ANTIGONE. En voilà assez!

UN DOMESTIQUE. Madame, il n'a pas dormi cette nuit; il a donné l'ordre de ne laisser approcher personne.

PAULINE. Pas tant de chaleur, messire; je viens lui apporter le sommeil. Ce sont des gens comme vous qui errez comme des ombres autour de lui, et poussez un profond soupir à chacun de ses vains gémissements; — c'est vous qui entretenez la cause de ses insomnies; je viens avec des paroles aussi salutaires que vraies et loyales, je viens, dis-je, le guérir de cette humeur malfaisante qui l'empêche de dormir.

LÉONTE. Quel est ce bruit que j'entends?

PAULINE. Il n'y a pas de bruit, seigneur, mais un entretien nécessaire, dans lequel il est question de votre majesté.

LÉONTE. Comment? — Qu'on fasse sortir cette audacieuse. Antigone, je t'avais ordonné de ne point la laisser approcher de moi; je savais qu'elle en ferait la tentative.

ANTIGONE. Je lui ai défendu, seigneur, de se présenter à vous, sous peine d'encourir votre déplaisir et le mien.

LÉONTE. N'as-tu point d'autorité sur elle?

PAULINE. Il en a pour m'interdire tout ce qui est mal; mais ici, à moins qu'il ne fasse comme vous, et ne m'emprisonne pour ma conduite honorable, je ne lui obéirai pas.

ANTIGONE. Vous l'entendez? Lorsqu'elle veut prendre les rênes, je la laisse galoper à son gré; mais jamais elle ne fait de faux pas.

PAULINE. Mon souverain seigneur, je viens, — et je vous conjure de m'écouter, moi, votre loyale sujette, votre médecin, votre obéissant conseiller, qui, tout en soulageant vos maux, fais moins de parade de son zèle que ceux qui semblent le plus vos conseillers; je viens, dis-je, de la part de la vertueuse reine.

LÉONTE. La vertueuse reine!

PAULINE. Oui, vertueuse, seigneur; je dis vertueuse reine, et si j'étais homme, quand je ne serais que le dernier des serviteurs qui vous entourent, je soutiendrais, les armes à la main, qu'elle est vertueuse.

LÉONTE. Qu'on la chasse d'ici.

PAULINE. Que celui qui fait bon marché de ses yeux mette le premier la main sur moi; je sortirai de mon propre mouvement; mais auparavant, je remplirai mon message. — La vertueuse reine, car elle est vertueuse, vous a donné une fille; la voici! elle la recommande à votre bénédiction.

Elle dépose l'enfant aux pieds du roi.

LÉONTE. Va-t'en, sorcière mâle; qu'elle parte! qu'on mette à la porte cette rusée entremetteuse!

PAULINE. Non, il n'en est rien; mon ignorance de ce métier-là est aussi grande que la vôtre quand vous me donnez un pareil nom; je ne suis pas moins honnête que vous n'êtes insensé, ce qui, au train dont va le monde, suffit amplement, je vous jure, pour être réputée honnête.

LÉONTE. Traîtres! quoi! vous ne voulez pas la chasser? Rendez-lui cet enfant bâtard. — (*A Antigone.*) Imbécile, qui te laisses dominer par ta femme, — ramasse cette bâtarde; ramasse-la, te dis-je, et donne-la à ta vieille mégère.

PAULINE, *à Antigone.* Que tes mains soient à jamais déshonorées, si tu ramasses la princesse qu'il vient de désigner d'une manière aussi avilissante que mensongère.

LÉONTE. Il craint sa femme.

PAULINE. Je voudrais qu'il en fût de même de vous; alors, sans nul doute, vous ne méconnaîtriez pas vos enfants.

LÉONTE. Une race de traîtres!

ANTIGONE. Je ne le suis pas, j'en jure par la lumière du jour.

PAULINE. Ni moi, ni aucun des individus ici présents, hormis un seul, et c'est lui-même; car il livre au glaive tranchant de la calomnie son propre honneur, celui de sa femme, de son fils, sa plus chère espérance, de cette enfant au berceau; il ne veut pas, et en cette occasion il est malheureux qu'on ne puisse l'y forcer, il ne veut pas déraciner une opinion fausse et aussi viciée que le chêne et la pierre sont sains et robustes.

LÉONTE. Une coureuse dont la langue est intarissable, qui depuis peu a battu son mari, et maintenant s'attaque à moi! — Ce marmot n'est point de moi, il est de Polyxène. Qu'on l'emporte, et qu'on le livre aux flammes en même temps que sa mère.

PAULINE. C'est votre enfant, et je pourrais vous dire, suivant le vieil adage, qu'il a le malheur de vous ressembler. — Regardez, messieurs, c'est en diminutif le portrait du père: voilà bien ses yeux, son nez, sa lèvre, le froncement de ses sourcils; voilà son front, voilà les fossettes charmantes de ses joues et de son menton; voilà son sourire, la forme de sa main, de ses ongles, de ses doigts : — O bienfaisante nature, qui as formé cette enfant si semblable à son père, si tu présides aussi à la formation de son esprit, bannis-en avec soin la jalousie, de peur qu'à son exemple elle ne soupçonne ses enfants de ne pas être de son mari.

LÉONTE. Vile sorcière! — Et toi, idiot, qui ne peux pas arrêter sa langue, tu mériterais d'être pendu.

ANTIGONE. Si l'on pendait tous les maris qui ne peuvent accomplir une pareille tâche, c'est à peine s'il vous resterait un sujet.

LÉONTE. Encore une fois, fais-la sortir d'ici.

PAULINE. Un époux indigne et dénaturé ne ferait pas davantage.

LÉONTE. Je te ferai brûler vive.

PAULINE. Cela m'est égal. L'hérétique ne sera pas celle qu'on brûlera, mais celui qui allumera le bûcher. Je ne vous appellerai pas tyran; mais le cruel traitement infligé à la reine, sans pouvoir alléguer contre elle d'autre grief que les chimères de votre imagination malade, ressemble beaucoup à de la tyrannie, et doit vous rendre un objet de honte et de scandale aux yeux du monde.

LÉONTE, *à Antigone.* Je te somme, au nom de ton serment d'obéissance, de la chasser de mon appartement. Si j'étais un tyran, où serait sa vie ? elle n'oserait pas m'appeler tyran, si elle me croyait tel. Qu'on l'emmène !

PAULINE. Point de violence, je vous prie ; je vais sortir. Veillez sur votre enfant, monseigneur ; il est à vous : que le ciel lui envoie un protecteur plus sûr que vous ! — Pourquoi porter vos mains sur ma personne ? — Vous qui montrez tant d'indulgence pour son égarement, nul de vous ne lui fera jamais aucun bien. — Allez, allez ! — Adieu, je pars.

Elle sort.

LÉONTE. C'est toi, traître, qui as poussé ta femme à me faire cette scène ! — Mon enfant ? qu'on l'ôte de mes yeux ! — Toi, qui montres pour lui tant de tendresse, emporte-le, et fais-le à l'instant consumer par les flammes, toi-même, et nul autre que toi. Emporte-le sur-le-champ ; viens m'apprendre dans une heure que mon ordre est exécuté ; fais-le certifier par de valables témoignages ; sinon, je te ferai mettre à mort avec tous les tiens. Si tu refuses et préfères subir les coups de ma colère, dis-le, et de mes propres mains je vais briser le crâne de cet enfant bâtard. Va le livrer au feu, car c'est toi qui as fait agir ta femme.

ANTIGONE. Sire, je n'y suis pour rien ; ces seigneurs, mes nobles collègues, peuvent l'attester.

PREMIER SEIGNEUR. Nous l'attestons. Sire, il n'est point coupable de la démarche de sa femme.

LÉONTE. Vous êtes tous des imposteurs.

PREMIER SEIGNEUR. Que votre majesté veuille nous accorder plus de confiance. Nous vous avons toujours fidèlement servi ; veuillez nous rendre cette justice..... nous vous demandons à genoux, comme récompense de nos loyaux services, tant passés que futurs, de vouloir bien changer votre résolution : elle est trop horrible, trop sanguinaire, pour n'avoir pas de funestes conséquences. Vous nous voyez tous à vos pieds.....

LÉONTE. Je suis une plume, jouet de tous les vents qui soufflent ! Vivrai-je pour voir cet enfant du crime s'agenouiller devant moi et m'appeler son père ? mieux vaut le brûler maintenant que le maudire alors ! mais soit, il vivra. — Non, il ne vivra pas. (*A Antigone.*) Approche. Toi, qui de concert avec ta fine mouche, ta sage femme, as interposé tes soins officieux pour sauver la vie de cette bâtarde, — car c'est une bâtarde, aussi vrai que cette barbe est grise, — qu'es-tu disposé à risquer pour sauver les jours de ce marmot?

ANTIGONE. Je suis disposé à entreprendre toute tâche qui ne sera pas au-dessus de mes forces, et que l'honneur pourra m'imposer ; en tous cas, je suis prêt à sauver cette pauvre innocente au prix du peu de sang qui me reste. Je ferai tout ce qui sera possible.

LÉONTE. Ce que j'ai à te demander est possible : jure sur cette épée d'exécuter ce que je vais te prescrire.
Il lui présente la garde de son épée.

ANTIGONE. Sire, je le jure.

LÉONTE. Songe à tenir ton serment, entends-tu? car la moindre omission sera l'arrêt non-seulement de ta mort, mais encore de celle de ta femme à la langue effrénée, et à laquelle je pardonne pour cette fois. Je t'enjoins, au nom de l'obéissance que tu me dois, d'emmener cette fille bâtarde, de la transporter sur quelque plage lointaine et déserte, située hors de mes domaines, et là, de l'abandonner sans pitié à sa destinée et à la rigueur des éléments. Comme un hasard étrange nous l'a amenée, je t'ordonne, au nom de la justice, sous peine de voir damner ton âme et livrer ton corps aux tortures, de l'exposer à la merci du hasard, arbitre de sa vie ou de sa mort. Enlève-la !

ANTIGONE. Je jure de le faire, bien qu'une mort immédiate m'eût semblé plus clémente. — Viens, pauvre enfant ! puisse un génie bienfaisant te donner pour nourrices les vautours et les corbeaux ! les loups et les ours, dit-on, dépouillant leur férocité, ont rempli parfois ce secourable office. — Sire, soyez heureux plus que ne le mérite un pareil acte ! — Et que la bénédiction du ciel te protége contre tant de cruauté, pauvre créature condamnée à périr !
Il sort avec l'enfant

LÉONTE. Non, je ne veux pas élever l'enfant d'un autre.

UN DOMESTIQUE. Sire, il y a une heure qu'on a reçu des nouvelles des députés envoyés pour consulter l'oracle. Cléomène et Dion, arrivés de Delphes, sont tous deux débarqués, et sont en route pour se rendre à la cour.

PREMIER SEIGNEUR. Sire, ils ont accompli leur mission avec une extrême promptitude.

LÉONTE. Ils ont été absents vingt-trois jours ; c'est une grande célérité ; cela semble indiquer que le grand Apollon veut que la vérité soit manifestée sans délai. Préparez-vous, messieurs ; convoquez une cour de justice, où nous ferons comparaître notre épouse déloyale. Elle a été publiquement accusée ; il faut qu'elle soit jugée publiquement, et avec toutes les formes requises. Tant qu'elle vivra, mon cœur sera pour moi un poids accablant. Laissez-moi, et songez à exécuter mes ordres.

Ils sortent.

ACTE TROISIÈME.

SCÈNE I.

Une rue dans une ville de Sicile.

Arrivent CLÉOMÈNE et DION.

CLÉOMÈNE. Le climat est pur, l'air est doux, l'île fertile ; le temple surpasse de beaucoup les récits qu'on en fait.

DION. Moi, je citerai, car c'est là surtout ce qui m'a frappé, les célestes vêtements, je ne puis autrement les appeler, et l'air vénérable de ceux qui les portaient. Et le sacrifice ! comme au moment de l'offrande la cérémonie avait un caractère solennel et céleste !

CLÉOMÈNE. Mais ce qui a surtout surpris mes sens, ce qui m'a comme anéanti, c'est la voix de l'oracle, dont l'éclat soudain ressemblait au tonnerre de Jupiter.

DION. Si le résultat de notre voyage est aussi avantageux à la reine — et fasse le ciel qu'il le soit ! — qu'il a été pour nous intéressant, agréable et rapide, notre temps aura été utilement employé.

CLÉOMÈNE. Veuille le grand Apollon ordonner tout pour le mieux ! Ces proclamations dans lesquelles Hermione est si violemment accusée ne me présagent rien de bon.

DION. Cette violence même doit amener une prompte issue de l'affaire. Quand la teneur de l'oracle d'Apollon, revêtue du sceau du grand prêtre, sera connue, il en résultera quelque

révélation extraordinaire. — Allons, — des chevaux de rechange ; — et puisse le résultat définitif être heureux !
Ils s'éloignent.

SCÈNE II.

Même pays. — Une cour de justice.

LÉONTE, LES SEIGNEURS et **LES OFFICIERS DE LA COUR** sont assis sur leurs siéges.

LÉONTE. Nous le disons avec douleur, c'est à notre grand regret que cette procédure a lieu. L'accusée est la fille d'un roi, notre épouse, et une épouse que nous n'avons que trop aimée. — Qu'on ne nous accuse pas de tyrannie; car nous procédons avec toutes les formes de la publicité; la justice aura son cours, qu'elle prononce la condamnation ou l'acquittement de l'accusée. — Amenez la prisonnière.

UN OFFICIER DE LA COUR. C'est le bon plaisir de sa majesté que la reine comparaisse en personne devant la cour. — Silence !

HERMIONE *est amenée, conduite par des gardes*; PAULINE *et ses femmes l'accompagnent.*

LÉONTE. Lisez l'acte d'accusation.

L'OFFICIER, *lisant.* « Hermione, femme de l'illustre Léonte,
» roi de Sicile, vous êtes ici accusée de haute trahison, pour
» avoir commis le crime d'adultère avec Polyxène, roi de Bo-
» hême, et pour avoir, de complicité avec Camille, conspiré
» contre la vie de notre souverain seigneur le roi, votre royal
» époux. Des circonstances ayant fait découvrir en partie ce
» complot, vous, Hermione, contrairement à la fidélité et au
» devoir d'une loyale sujette, vous avez, autant qu'il était en
» vous, aidé vos complices à se mettre en sûreté et à s'enfuir
» pendant la nuit. »

HERMIONE. Tout ce que j'ai à dire consistant à nier les faits de l'accusation, et n'ayant d'autre témoignage à produire en ma faveur que celui qui émane de moi, il ne me servira de rien de dire que je ne suis pas coupable. Ma vertu étant qualifiée d'imposture, tout ce que je dirai sera réputé faux. Néanmoins, — si, comme je le crois, les actions humaines apparaissent sans voile aux regards de la Divinité, — je ne doute pas que l'innocence ne fasse rougir une accusation mensongère et trembler la tyrannie. — Seigneur, vous savez mieux que personne, bien que vous sembliez l'ignorer, que ma vie passée a été aussi vertueuse, aussi chaste, aussi fidèle qu'elle est maintenant malheureuse ; et cependant mon malheur surpasse tout ce qu'on pourrait produire sur la scène de plus déchirant pour émouvoir le spectateur. Moi, épouse d'un roi, partageant son trône, fille d'un puissant monarque, mère d'un prince, espoir de l'état, — me voilà condamnée à plaider pour ma vie et mon honneur, en présence de qui veut m'entendre ! Pour ce qui est de ma vie, j'en fais le cas qu'on fait d'un état de souffrance qu'on désire voir abréger. Pour mon honneur, il doit se refléter sur les miens, et c'est lui seul que je dois défendre. J'en appelle à votre conscience, seigneur : je vous adjure de dire si avant l'arrivée de Polyxène à votre cour je n'étais pas dans votre estime, si je ne méritais pas d'y être. Depuis son arrivée, qu'ai-je fait qui justifie ma présence en ce lieu ? Si, d'intention ou de fait, j'ai le moins du monde franchi la limite de l'honneur, que les cœurs de tous ceux qui m'entourent s'endurcissent pour moi ! que les plus proches d'entre les miens crient *opprobre* sur ma tombe !

LÉONTE. Je n'ai jamais entendu dire que ceux qui avaient eu l'audace du crime en manquassent pour le nier.

HERMIONE. C'est vrai ; mais cette vérité ne m'est pas applicable.

LÉONTE. Vous ne voulez pas avouer ?

HERMIONE. En ce qui me concerne, je ne puis rien avouer de ce qui m'est reproché. Quant à Polyxène, mon co-accusé, j'avoue que je lui portais l'affection qu'il pouvait honorablement me demander. Ce sentiment était tel qu'une femme de mon rang pouvait l'accorder. En cela, j'obéissais à vos ordres ; ne m'y point conformer, c'eût été désobéissance à votre égard, et ingratitude envers un homme qui était votre ami d'enfance, et dont l'affection pour vous datait de l'époque où elle avait pu s'exprimer par la parole. Quant à la conspiration dont on m'accuse, j'ignore de quoi il est question, bien que ce soit un des griefs sur lesquels je suis appelée à répondre. Tout ce que je puis dire, c'est que Camille était un honnête homme. Quant au motif qui lui a fait quitter la cour, si les dieux n'en savent pas plus que moi, ils l'ignoreront entièrement.

LÉONTE. Vous étiez instruite de son départ, de même que vous savez fort bien ce que vous vous étiez chargée de faire en son absence.

HERMIONE. Seigneur, vous tenez un langage que je ne

comprends pas. Ma vie est à la merci de vos rêves, et vous pouvez la prendre.

LÉONTE. Mes rêves, ce sont vos actions; vous avez eu de Polyxène un enfant bâtard, — et je l'ai rêvé : — de même que vous avez dépouillé toute honte, — ainsi font vos semblables, — de même vous avez abjuré toute sincérité; mais vos dénégations ne vous serviront de rien. Ton enfant a été proscrit, n'ayant point de père qui le reconnût; ce qui est plus ton crime que le sien; et toi, tu sentiras le poids de notre justice, dont le moindre châtiment sera la mort.

HERMIONE. Seigneur, épargnez-moi vos menaces; cette mort dont vous voulez me faire un épouvantail, je l'implore; la vie n'est plus un bien pour moi. Ce qui en faisait l'orgueil et le charme, votre affection, je l'ai perdue, je le sens, je le vois; mais j'ignore comment j'ai pu la perdre. Ma seconde joie, mon fils, le premier fruit de mes entrailles, on m'interdit sa présence, comme si ma société était contagieuse. Ma troisième consolation, ma fille, née sous une funeste étoile, on l'arrache de mes bras, sa bouche innocente humide encore du lait maternel, et on la dévoue au supplice! Moi-même, on me proclame partout une vile prostituée. Une haine grossière me refuse ce qu'on ne refusa jamais à aucune femme, les délais nécessaires après ma délivrance. — Enfin on me traîne en ce lieu, en plein air, avant que les forces me soient revenues. Dites-moi maintenant, monseigneur, quels motifs j'ai pour aimer la vie, et pourquoi je craindrais de mourir? — Poursuivez donc. Cependant, écoutez-moi encore : ne vous méprenez pas sur mon compte. Quant à la vie, je n'en fais aucun cas; mais pour mon honneur, que je voudrais mettre à l'abri de toute atteinte, si l'on me condamne sur des conjectures, sans autre preuve que vos jaloux soupçons, je vous le dis, ce ne sera pas de la justice, mais de la cruauté. Je vous prends tous à témoin que je m'en rapporte à l'oracle; qu'Apollon soit mon juge!

PREMIER SEIGNEUR. Votre demande est juste. Ainsi, qu'on produise, au nom du dieu, l'oracle d'Apollon.

Plusieurs Officiers de la cour s'éloignent.

HERMIONE. L'empereur de Russie était mon père. Oh! que n'est-il vivant, pour être témoin du jugement de sa fille! oh! que ne peut-il voir la profondeur de ma misère, pour avoir pitié de sa fille, non pour la venger!

Reviennent LES OFFICIERS, *suivis de* CLÉOMÈNE *et de* DION.

UN OFFICIER DE LA COUR. Cléomène, et vous, Dion, jurez sur ce glaive de justice que vous avez été tous deux à Delphes; que vous en avez rapporté cet oracle, délivré par les mains du grand prêtre d'Apollon et scellé de son sceau; et que, depuis ce temps, vous n'avez point eu l'audace de briser le sceau sacré et de lire les secrets qu'il couvre.

CLÉOMÈNE *et* DION. Nous le jurons!

LÉONTE. Brisez le sceau, et lisez.

L'OFFICIER, *lisant*. « Hermione est chaste, Polyxène irré-
» prochable, Camille un sujet loyal, Léonte un tyran jaloux; sa
» fille innocente est légitime, et le roi vivra sans héritier, si
» l'enfant qui a été exposé et perdu n'est pas retrouvé. »

LES SEIGNEURS. Béni soit le grand Apollon!

HERMIONE. Qu'il soit béni!

LÉONTE, *à l'Officier*. Avez-vous exactement lu?

L'OFFICIER. Oui, seigneur, j'ai lu ce qui est consigné sur ce papier.

LÉONTE. Il n'y a pas un mot de vérité dans l'oracle : le jugement va continuer; tout cela est fausseté pure.

Arrive à la hâte UN DOMESTIQUE.

LE DOMESTIQUE. Monseigneur le roi, le roi!

LÉONTE. De quoi s'agit-il?

LE DOMESTIQUE. Sire, vous me haïrez quand je vous l'aurai dit : le prince votre fils, profondément affecté du procès de la reine, est parti.

LÉONTE. Comment! parti?

LE DOMESTIQUE. Il est mort!

LÉONTE. Apollon est courroucé, et le ciel lui-même châtie mon injustice. (*Hermione s'évanouit.*) — Qu'a-t-elle donc?

PAULINE. Cette nouvelle est mortelle pour la reine. — Regardez et voyez l'ouvrage de la mort.

LÉONTE. Qu'on l'emporte; son cœur est trop plein; elle reprendra ses sens. — J'ai trop ajouté foi à mes soupçons. Prodiguez-lui, je vous en conjure, tous les soins qui pourront la rappeler à la vie.

Pauline et les femmes de la reine l'emportent.

LÉONTE, *continuant*. Apollon, pardonne-moi la sacrilège profanation de ton oracle! — Je veux me réconcilier avec Polyxène, rendre ma tendresse à la reine, rappeler le vertueux Camille, que je proclame publiquement un homme loyal et généreux. Poussé par ma jalousie à des pensées de sang et de vengeance, je jetai les yeux sur Camille pour empoisonner Polyxène, ce qui aurait eu lieu, si Camille, dans sa vertueuse prudence, n'avait mis des retards à l'exécution de ma volonté impatiente. Son obéissance devait être amplement récompensée; la mort devait punir sa désobéissance; lui, plein d'humanité et d'honneur, il a révélé mon projet à mon hôte royal; il a volontairement renoncé à la haute position qu'il occupait ici, et sans autre richesse que sa vertu, il s'est livré au hasard certain d'une destinée incertaine et précaire. — Combien mon ombre fait ressortir sa lumière! combien le contraste de sa vertu ajoute encore à l'horreur de mon crime!

Revient PAULINE.

PAULINE. Malédiction! oh! coupez mon lacet, ou mon cœur en se brisant va le rompre.

PREMIER SEIGNEUR. D'où vient ce transport, madame?

PAULINE. Tyran, quels tourments ingénieux tiens-tu en réserve pour moi? La roue, les tortures, le bûcher, l'écorcheur, le plomb fondu, l'huile bouillante, sont-ils prêts? Quel supplice ancien ou nouveau m'as-tu préparé, moi dont chaque parole doit provoquer les plus cruels châtiments de ta fureur? Ta tyrannie agissant de concert avec ta jalousie, folles chimères, imaginations puériles, qu'on ne pardonnerait pas à un enfant de neuf ans, — oh! songe au mal qu'elles ont fait, et alors deviens insensé; qu'une folie furieuse s'empare de toi; car toutes tes sottises passées ne sont rien auprès de celle-là. C'était peu que d'avoir lâchement trahi Polyxène, de t'être montré stupide, inconstant, d'une ingratitude monstrueuse; c'était peu que d'avoir tenté de faire du vertueux Camille l'assassin d'un roi; c'étaient là des fautes légères auprès des forfaits monstrueux qui les ont suivies. Je compte pour peu de chose, ou pour rien, d'avoir jeté aux oiseaux de proie ta fille au berceau, bien qu'un damné n'eût pu le faire sans verser des larmes au milieu des flammes de l'enfer. Je ne t'impute même pas directement la mort du jeune prince qui, victime d'un sentiment d'honneur, trop vif dans un âge si tendre, n'a pu survivre à la douleur de voir un père insensé et brutal diffamer sa vertueuse mère. Tous ces malheurs, je ne t'en rends point responsable; mais quant au dernier de tous, ô vous qui m'écoutez, quand je vous l'aurai dit, criez tous : Malheur ! malheur ! — La reine, la plus douce, la plus aimable des femmes, la reine est morte ; et la vengeance du ciel n'est point descendue encore.

PREMIER SEIGNEUR. Les puissances célestes nous en préservent !

PAULINE. Elle est morte, vous dis-je. Je le jure : si vous ne voulez en croire ni mes paroles ni mes serments, allez, et voyez. Si vous pouvez rendre à ses lèvres leur incarnat, à ses yeux leur éclat, rappeler la chaleur dans ses membres, le souffle dans sa poitrine, je vous servirai comme je servirais les dieux. — Mais, ô tyran, ne te repens point de ces forfaits ; car toutes tes douleurs ne pourraient en soulever le poids, tu n'as plus d'autre ressource que le désespoir. Quand tu resterais mille ans nu, dans le jeûne, et agenouillé sur une montagne stérile, au milieu des orages d'un hiver éternel, les dieux ne daigneraient pas détourner vers toi leurs regards.

LÉONTE. Poursuis, poursuis ; tu ne saurais m'en trop dire ; je mérite de tous les plus sanglants reproches.

PREMIER SEIGNEUR, *à Pauline*. N'en dites pas davantage ; quelques malheurs qui soient survenus, vous avez poussé trop loin la hardiesse de votre langage.

PAULINE. J'en suis fâchée maintenant ; tous les torts que je puis avoir, quand je viendrai à les connaître, je m'en repentirai. Hélas ! je me suis trop livrée à l'aveugle entraînement de mon sexe : je vois qu'il est blessé au cœur. — Quand le mal est fait et qu'il est sans remède, l'affliction est inutile. Ne vous affectez pas de ce que je vous ai dit, je vous en conjure ; punissez-moi plutôt de vous avoir rappelé ce que vous devez oublier. Mon digne prince, mon royal souverain, pardonnez à une femme égarée : l'attachement que je portais à la reine, — Encore ? insensée que je suis ! je ne veux plus vous parler ni d'elle ni de vos enfants ; je ne vous rappellerai pas mon époux, que j'ai perdu aussi : appelez la résignation à votre aide, et je ne dirai plus rien.

LÉONTE. Tu as bien fait de me dire la vérité, je la préfère de beaucoup à ta pitié. Conduis-moi, je te prie, auprès des corps inanimés de ma femme et de mon fils. Ils seront déposés dans le même tombeau ; je veux qu'on y lise les causes de leur mort, pour perpétuer ma honte. Chaque jour j'irai visiter la chapelle où ils reposeront, et les larmes que j'y verserai seront

mon unique plaisir. Je continuerai à remplir ce devoir aussi longtemps que les forces de la nature me le permettront. Viens, conduis-moi vers ces objets douloureux.
Ils s'éloignent.

SCÈNE III.

La Bohême. Une contrée déserte au bord de la mer.

Arrivent ANTIGONE portant l'enfant, et UN MARIN.

ANTIGONE. Ainsi vous êtes sûr que notre vaisseau a touché les déserts de la Bohême ?

LE MARIN. Oui, seigneur ; et je crains que nous n'ayons pris terre dans un mauvais moment. Le ciel a mauvaise mine et nous menace d'un orage. Je crois en conscience que les dieux voient avec colère la mission dont nous sommes chargés, et nous regardent d'un œil irrité.

ANTIGONE. Que leur volonté sacrée soit faite ! Retournez à bord ; veillez à votre navire ; je ne tarderai pas à vous rejoindre.

LE MARIN. Dépêchez-vous, et ne pénétrez pas trop avant dans les terres ; il est probable que nous allons avoir une tempête ; d'ailleurs cet endroit est renommé pour les bêtes féroces qui en font leur repaire.

ANTIGONE. Allez, je vous suis à l'instant.

LE MARIN. Je suis bien aise de me voir ainsi débarrassé de ma part dans une pareille expédition.
Ils s'éloignent.

ANTIGONE. Viens, pauvre enfant ! — J'ai ouï dire, sans le croire, que les âmes des morts reviennent : si cela est possible, ta mère m'est apparue la nuit dernière ; car jamais rêve ne ressembla plus à la réalité. J'ai vu s'approcher de moi une femme, la tête penchée tantôt d'un côté, tantôt d'un autre ; je n'ai jamais vu un vase de douleur si plein et si gracieux. Vêtue d'une robe d'une éclatante blancheur, comme la sainteté même, elle s'est approchée de la cabine où j'étais couché ; sa bouche s'est ouverte comme pour parler ; un torrent de larmes a coulé de ses yeux. Après avoir ainsi soulagé sa douleur, elle m'a dit ces paroles : « Mon cher Antigone, puisque, malgré toi, et pour accomplir ton serment, le destin t'a chargé d'exposer mon pauvre enfant, — il est en Bohême de lointaines solitudes ; va en pleurant y déposer ma fille, et abandonne-la au milieu de ses cris. Comme elle est réputée perdue pour toujours, appelle-la, je te prie, du nom de Perdita : en punition de ce cruel office dont ton maître t'a chargé, tu ne reverras plus Pauline, ton épouse! » — A ces mots, elle a poussé un cri perçant, et s'est évanouie dans l'air. Effrayé, je suis resté quelque temps avant de me remettre de mon émotion : il me semblait que c'était une réalité, et non un songe. Les songes ne sont que de vaines illusions; toutefois je veux, avec une foi superstitieuse, me laisser guider par celui-ci. Je crois qu'Hermione a été mise à mort, et que c'est la volonté d'Apollon que cette enfant, engendrée par le roi Polyxène, soit déposée, pour y vivre ou y mourir, sur les terres de son père véritable. — Jeune plante, puisses-tu croître et fleurir! (*Il dépose l'enfant à terre et un paquet à côté de lui.*) Reste ici : voici de quoi te faire reconnaître un jour; et voici de l'or, qui pourra, si la fortune le permet, servir à t'élever convenablement, et plus tard t'appartenir. — La tempête commence. Pauvre infortunée, qui pour expier la faute de ta mère te vois ainsi abandonnée, exposée à tout ce qui peut survenir!— Je ne puis pleurer; mais mon cœur saigne; et je maudis le serment fatal qui me force à remplir un pareil ministère. — Adieu! le ciel devient de plus en plus menaçant; sans doute ton sommeil sera rudement bercé : je n'ai jamais vu le jour aussi sombre. Quel cri sauvage viens-je d'entendre? — Heureux si je puis regagner mon navire! —On me donne la chasse; je suis perdu!

Il s'enfuit poursuivi par un ours.

Arrive UN VIEUX BERGER.

LE BERGER. Je voudrais qu'il n'y eût point d'âge intermédiaire entre l'âge de dix ans et celui de vingt-trois : car, dans l'intervalle, on ne voit que filles rendues enceintes, qu'insultes à la vieillesse, que vols, que batailles. — Quel est ce bruit que j'entends? — Tout autre que ces têtes folles de dix-neuf et vingt-deux ans chasserait-il par un temps comme celui-ci? Ils ont fait enfuir deux de mes meilleurs moutons; je crains bien que le loup ne les ait trouvés plutôt que leur maître : si j'ai quelque chance de les rencontrer, c'est au bord de la mer, où ils broutent du lierre. Puissé-je être assez heureux pour cela! — Oh! oh! qu'est-ce que cela? (*Il ramasse l'enfant.*) Merci de moi, un enfant! un très-bel enfant, ma foi! Est-ce un garçon ou une fille? Une jolie petite fille! Quelque faux pas sans doute; sans être sorcier, je devine qu'il y a là-dessous quelque femme de chambre ; c'est de la besogne d'antichambre, faite sur l'escalier ou entre deux portes. Ceux qui l'ont faite avaient plus chaud que la pauvre petite en ce moment. Je veux la recueillir par pitié ; cependant j'attendrai que mon fils vienne ; je viens à l'instant d'entendre sa voix. Holà ! ho !

Arrive LE BOUFFON

LE BOUFFON. Ho ! ho !

LE BERGER. Je ne te croyais pas si près. Si tu veux voir une chose dont tu parleras encore quand tu seras mort et enterré, viens ici. Qu'as-tu donc ?

LE BOUFFON. Oh ! j'ai vu deux spectacles si étranges, l'un sur mer, l'autre sur terre ! — Mais on ne peut appeler cela une mer, car elle est confondue avec le firmament ; entre les deux, vous ne pourriez passer la pointe d'une aiguille.

LE BERGER. Qu'est-ce que c'est donc, mon garçon ?

LE BOUFFON. J'aurais voulu que vous vissiez comme elle gronde, comme elle mugit, comme elle se rue sur le rivage ! mais ce n'est pas de cela qu'il s'agit ! Oh ! quels cris lamentables poussaient les pauvres gens ! tantôt on les voyait, tantôt on ne les voyait plus : tantôt le navire allait donner de son mât de perroquet contre la lune ; tantôt il disparaissait sous la mousse et l'écume, comme un bouchon dans une cuve de bière ! Et puis, ce qui se passait sur la terre ! — Voir l'ours déchirer l'épaule du pauvre diable ; l'entendre m'appeler à son secours, me dire qu'il était noble et se nommait Antigone ; — mais pour en finir avec le navire, — voir comme la mer l'a avalé ; et les pauvres gens qui hurlaient, et la mer qui se moquait d'eux ; — et le pauvre gentilhomme qui hurlait de son côté, et l'ours qui se moquait de lui, les uns et les autres rugissant plus haut que la mer et l'orage !

LE BERGER. Bonté divine, quand donc as-tu vu cela, mon enfant ?

LE BOUFFON. A l'instant même ; je n'ai pas cligné des yeux deux fois depuis que je l'ai vu ; les naufragés ne sont pas encore refroidis sous l'eau, et l'ours n'a pas encore à moitié dîné de la chair du gentilhomme ; il est encore à la besogne en ce moment.

LE BERGER. Que n'étais-je là pour secourir ce pauvre homme !

LE BOUFFON. Il est fâcheux que vous ne vous soyez pas

trouvé près du navire pour l'aider à se tenir sur l'eau. (*A part.*) Là, je vous assure que votre charité n'aurait pas eu pied.

LE BERGER. Ce sont de grands malheurs! de grands malheurs! Mais regarde ici, mon garçon. Rends grâce au ciel. Tu as rencontré des mourants, moi un nouveau-né. Voici qui vaut la peine d'être vu; regarde, des langes dignes de l'enfant d'un grand seigneur. (*Lui remettant le paquet.*) Vois ce qu'il y a là-dedans; ouvre. Voyons; les fées m'ont prédit que je serais riche : c'est quelque enfant qu'elles auront changé au berceau. Ouvre ce paquet; qu'y a-t-il dedans?

LE BOUFFON. Vous êtes un heureux vieillard; si les péchés de votre jeunesse vous sont pardonnés, vous prospérerez sur vos vieux jours. De l'or! de l'or!

LE BERGER. C'est de l'or des fées, mon fils; je t'en réponds. Prends-le, et garde-le soigneusement; retournons chez nous par le plus court chemin. Nous avons du bonheur, mon garçon, et, pour continuer à en avoir, il ne faut que garder le secret. — Laissons là nos brebis perdues. — Viens, allons vite à la maison.

LE BOUFFON. Retournez chez nous avec votre trouvaille; moi, je vais voir si l'ours a quitté le gentilhomme et combien il en a mangé; ils ne sont méchants que lorsqu'ils ont faim : s'il en reste encore, je l'enterrerai.

LE BERGER. C'est une bonne action; si aux vestiges tu peux reconnaître qui il est, tu viendras me chercher pour le voir.

LE BOUFFON. Oui, sans doute, et vous m'aiderez à le mettre en terre.

LE BERGER. Voici un heureux jour, mon fils, et nous en tirerons bon parti.

Ils s'éloignent.

ACTE QUATRIÈME.

Arrive LE TEMPS, faisant fonction de chœur.

LE TEMPS. Moi qui plais à quelques-uns et qui éprouve tout le monde, qui suis la joie des bons et la terreur des méchants, qui crée et détruis l'erreur, je prends maintenant sur moi, en ma qualité de Temps, de déployer mes ailes. Ne m'imputez pas à crime, si dans mon vol rapide je franchis un laps de seize années, et laisse dans l'oubli ce vaste intervalle; car j'ai le pouvoir de renverser les lois établies; je puis en un instant faire surgir ou abolir une coutume. Laissez-moi être ce que j'étais avant que l'ordre ancien et les modernes usages fussent en vigueur. J'ai assisté comme témoin aux siècles qui les ont vus naître; j'en fais autant pour les choses nouvelles maintenant existantes; je ternirai l'éclat du présent, et lui donnerai le vernis antique de cette histoire. Avec votre permission, je retourne mon sablier, et fais parcourir aux événements un long espace, comme si vous aviez dormi dans l'intervalle. Léonte a renoncé à sa folle jalousie; dans sa douleur, il s'est condamné à la solitude. Figurez-vous, gracieux spectateurs, que je suis maintenant dans la fertile Bohême, et rappelez-vous que j'ai fait mention d'un fils du roi de ce pays; vous saurez que ce fils se nomme Florizel; bientôt je vous parlerai aussi de Perdita, qui est devenue d'une beauté sans égale. Je ne veux pas vous instruire d'avance de sa destinée; à mesure que les événements se produiront, vous les connaîtrez. — La fille d'un berger et tout ce qui se rapporte à elle, voilà le sujet que le Temps va présenter à votre attention. Permettez-le-moi, s'il vous est parfois arrivé d'employer plus mal votre temps; dans le cas contraire, le Temps lui-même vous le déclare, il désire sincèrement que cela ne vous arrive jamais.

Il se retire.

SCÈNE I.

La Bohême. Un appartement dans le palais de Polyxène.

Entrent POLYXÈNE et CAMILLE.

POLYXÈNE. Je t'en supplie, mon cher Camille, ne m'importune pas davantage; ce m'est une grande douleur que de te refuser quelque chose; ce serait la mort que de t'accorder ce que tu me demandes.

CAMILLE. Voilà quinze ans [1] que je n'ai vu mon pays natal: quoique la plus grande partie de ma vie se soit passée à l'étranger, c'est dans ma patrie que je voudrais mourir. En outre, le monarque repentant, mon maître, me demande; je puis adoucir ses chagrins; du moins, je le crois; c'est un motif de plus pour que je parte.

---

[1] D'après ce qui précède, il devrait dire seize ans.

POLYXÈNE. Si tu m'aimes, Camille, n'efface pas tous tes services passés en me quittant maintenant ; si tu m'es nécessaire, ton mérite en est cause. Mieux eût valu pour moi ne pas te posséder que de te perdre ainsi : après avoir établi un courant d'affaires que toi seul peux mener à fin, il faut que tu restes pour les diriger, ou tu détruiras par ton départ les services que tu m'as rendus ; j'en ai peut-être tenu trop peu de compte ; mais je veux désormais m'appliquer à les reconnaître, et fortifier encore les liens d'affection qui nous unissent. Ne me parle plus de cette fatale contrée, la Sicile ; son nom seul m'afflige en me rappelant ce roi repentant, comme tu l'appelles, cet ami réconcilié avec moi ; la perte de son inestimable épouse et de ses enfants est une plaie qui saigne encore dans mon cœur.—Mais dis-moi, quand as-tu vu le prince Florizel, mon fils ? Il n'est pas moins douloureux pour un roi d'avoir des enfants indignes de lui, que de les perdre lorsqu'il a éprouvé leurs vertus.

CAMILLE. Seigneur, il y a trois jours que je n'ai vu le prince : quelles occupations fortunées l'absorbent, c'est ce que j'ignore ; mais je remarque depuis peu qu'on le voit rarement à la cour, et qu'il est moins assidu aux exercices de son rang.

POLYXÈNE. Je m'en suis aperçu également, Camille ; et cela m'inquiète au point que j'ai donné des ordres pour qu'on surveillât ses mouvements ; par ce moyen, j'ai appris qu'il passe presque tout son temps dans la maison d'un rustique berger, qui n'avait rien autrefois, et qui maintenant est devenu riche sans que ses voisins puissent s'expliquer l'origine de sa fortune.

CAMILLE. J'ai entendu parler de cet homme : il a, dit-on, une fille d'un rare mérite, et dont la réputation s'étend bien au-delà de la sphère naturellement assignée à son humble condition.

POLYXÈNE. On me l'a également rapporté ; mais je crains l'appât qui attire là mon fils. Tu m'y accompagneras ; sans nous faire connaître, nous aurons un entretien avec le berger ; nous n'aurons pas de peine, je pense, à tirer de sa simplicité le secret de l'assiduité de mon fils dans sa maison. Je t'en prie, sois de moitié avec moi dans cette affaire, et ne pense plus à la Sicile.

CAMILLE. Je m'empresse d'obéir à vos ordres.

POLYXÈNE. Mon bien-aimé Camille !—Allons nous déguiser.

Ils sortent

SCÈNE II.

Même pays. — Une grande route près de la cabane du berger.

Arrive AUTOLYCUS *en chantant.*

AUTOLYCUS.

Quand dans nos prés brille la renoncule
　Et la jeune fille au vallon,
　Aux rameaux la sève circule ;
　Du doux printemps c'est la saison.

Quand sur la haie en fleur sèchent draps et chemise, —
　De ces oiseaux entendez-vous les chants ? —
　A cet aspect mon appétit s'aiguise ;
　Car un quartaut de bière a des charmes touchants.

　Quand du pinson, de l'alouette,
　Le chant joyeux résonne au loin,
　Au pré je conduis ma grisette ;
　Le pied lui glisse dans le foin.

J'ai servi le prince Florizel ; et dans mon temps j'ai porté du velours.

Il chante :

　Dois-je me désoler pour cela, ma voisine ?
　Pour moi la lune brille, et brillera demain.
　　C'est lorsque au hasard je chemine,
　　Que je vais le mieux mon chemin.

　　Sur son dos portant sa sacoche,
　　Voyez passer le chaudronnier.
　　Je puis faire aussi mon métier,
　　Sans craindre qu'on me le reproche.

Je fais le commerce des draps de lit ; quand le milan fait son nid, il y a diminution dans le linge. Mon père m'a baptisé du nom d'Autolycus ; né sous la planète de Mercure, j'ai reçu ici-bas la mission d'escamoteur de bagatelles. Le jeu et les femmes m'ont donné l'équipement que voilà ; mon revenu est dans la filouterie ; le gibet et les vols de grand chemin sont au-dessus de ma capacité ; j'ai peur des coups et de la potence. Il n'y faut pas penser. — Une prise ! une prise !

Arrive LE BOUFFON.

LE BOUFFON. Voyons : onze moutons donnent vingt-huit livres de laine, qui produisent une livre sterling et quelques schellings. — Combien quinze cents moutons donnent-ils de laine ?

AUTOLYCUS, *à part*. Si le piége résiste, la bécasse est à moi.

LE BOUFFON. Je ne puis faire ce compte-là sans jetons. — Voyons, que faut-il que j'achète pour la fête de nos toisons? (*Il tire de sa poche un papier, et lit.*) *Trois livres de sucre, cinq livres de raisins de Corinthe, du riz.* — Qu'est-ce que ma sœur fera du riz? Mais mon père l'a chargée de régler en maîtresse absolue tout ce qui concerne la fête. Elle a préparé vingt-quatre bouquets pour les tondeurs, tous chanteurs à trois parties, et qui s'en acquittent bien : la plupart ténors et basse-tailles; mais il y a parmi eux un puritain qui chante des psaumes sur la cornemuse. — Il me faut du *safran* pour colorer les gâteaux aux poires; du *macis*, — *des dattes*, — point. Cela n'est pas sur ma note. *Sept muscades, une ou deux racines de gingembre;* mais cela, je puis le demander. — *Quatre livres de prunes, et autant de raisins secs.*

AUTOLYCUS, *se traînant à terre, et poussant un profond gémissement.* Oh! pourquoi suis-je né?

LE BOUFFON. Merci de moi!

AUTOLYCUS. Oh! secourez-moi, secourez-moi!... enlevez-moi ces haillons; et puis la mort! la mort!

LE BOUFFON. Hélas! mon pauvre camarade, au lieu de t'enlever tes guenilles, tu aurais besoin qu'on t'en donnât d'autres encore pour te couvrir.

AUTOLYCUS. Ah! messire, leur odeur fétide est pour moi un supplice plus grand que les coups violents que j'ai reçus par millions.

LE BOUFFON. Pauvre malheureux! ce n'est pas une petite affaire qu'un million de coups.

AUTOLYCUS. Messire, j'ai été volé et battu; on m'a pris mon argent et mes habits, et on m'a mis ces abominables guenilles.

LE BOUFFON. Est-ce un cavalier ou un piéton qui a fait cela?

AUTOLYCUS. Un piéton, messire, un piéton.

LE BOUFFON. Ce doit être un piéton, à en juger par l'équipement qu'il t'a laissé : si c'est là un vêtement de cavalier, il faut qu'il ait vu bien du service; donne-moi ta main que je t'aide à te relever... voyons, donne-moi ta main.

Il l'aide à se relever.

ACTE IV, SCÈNE II.

AUTOLYCUS. Oh! messire, doucement... oh!

LE BOUFFON. Le pauvre homme!

AUTOLYCUS. Doucement, messire, doucement; je crains, messire, que mon épaule ne soit disloquée.

LE BOUFFON. Eh bien! peux-tu te tenir debout?

AUTOLYCUS. Doucement, messire... (*Il fouille dans la poche du Bouffon.*) Doucement, messire, doucement; vous m'avez rendu un charitable office.

LE BOUFFON. As-tu besoin d'argent? j'ai un peu d'argent à ton service.

AUTOLYCUS. Non, messire, non; non, je vous en conjure. J'ai un mien parent à trois quarts de mille d'ici; c'est chez lui que j'allais : j'y trouverai de l'argent et tout ce qu'il me faudra. Ne m'offrez point d'argent, je vous prie; cela me perce le cœur.

LE BOUFFON. Quelle espèce d'homme est celui qui t'a volé?

AUTOLYCUS. C'est un drôle qui va dans les campagnes avec un trou-madame. Je l'ai connu autrefois pour un domestique du prince; on l'a chassé de la cour, je ne sais pour laquelle de ses vertus.

LE BOUFFON. Tu veux dire de ses vices; on ne chasse pas les vertus de la cour; au contraire, on les y choie pour les engager à s'y fixer; mais elles n'y font jamais qu'un séjour passager.

AUTOLYCUS. C'est vices que j'ai voulu dire. Je connais parfaitement cet homme-là; il a été depuis conducteur de singes, ensuite porteur d'exploits, huissier, puis il a composé un spectacle de marionnettes pour jouer l'*Enfant prodigue;* après quoi il s'est marié à la femme d'un chaudronnier, à un mille de l'endroit où sont ma terre et mon bien; enfin, après avoir fait un grand nombre de métiers malhonnêtes, il s'est arrêté à celui de vagabond; quelques-uns l'appellent Autolycus.

LE BOUFFON. Le misérable! c'est un filou; il hante les fêtes, les foires et les combats d'ours.

AUTOLYCUS. C'est vrai, messire : c'est lui, c'est le scélérat qui m'a mis dans ces haillons.

LE BOUFFON. Il n'y a pas de plus lâche coquin dans toute la Bohême; si tu lui avais montré les dents et craché au visage, il se serait enfui.

AUTOLYCUS. Je vous avouerai, messire, que je n'aime pas à me battre; de ce côté-là, je manque de cœur, et il le savait bien, je vous le certifie.

LE BOUFFON. Comment vous trouvez-vous maintenant?

AUTOLYCUS. Beaucoup mieux que je n'étais; je puis me nir debout et marcher : je vais même prendre congé d et cheminer tout doucement vers la demeure de m

LE BOUFFON. Voulez-vous que je vous y conduise?

AUTOLYCUS. Non, mon aimable et obligeant messire.

LE BOUFFON. Adieu donc; car il faut que j'aille acheter des épices pour la fête de nos toisons.

Il s'éloigne.

AUTOLYCUS. Que la prospérité vous accompagne! — Ta bourse n'est pas assez garnie maintenant pour acheter tes épices; j'irai te rejoindre à la fête des toisons. Si je ne fais pas suivre cette aubaine de plusieurs autres et si je ne tonds pas les tondeurs, je veux qu'on m'efface des rôles, et que mon nom soit inscrit sur les registres de la vertu.

Il chante :

Du sentier suivons le détour;
En marchant, gaîment le temps passe.
Un cœur joyeux va tout le jour;
Un cœur chagrin se lasse.

Il s'éloigne.

SCENE III.

Même pays. — La cabane du berger.

Entrent FLORIZEL *et* PERDITA.

FLORIZEL. Ces vêtements inaccoutumés donnent à vos charmes une nouvelle vie : vous n'êtes point une bergère, vous êtes Flore ramenant avec elle le printemps. Cette fête des toisons ressemble à une réunion de demi-dieux, et vous en êtes la reine.

PERDITA. Mon gracieux seigneur, il me siérait mal de vous reprocher ce que votre conduite a d'extraordinaire : vous sur qui le pays a les yeux fixés, vous avez daigné voiler votre grandeur sous l'habit d'un berger; et moi, pauvre fille obscure, vous m'avez parée comme une déesse. Si nos fêtes n'avaient leurs folies que la coutume fait pardonner, je rougirais de vous voir vêtu de la sorte et de me voir ainsi parée.

FLORIZEL. Je bénis le moment où mon bon faucon a pris son vol à travers le champ de votre père.

PERDITA. Veuille le ciel que vous ayez sujet de bénir ce moment! pour moi, la distance qui nous sépare me remplit de crainte. En ce moment même je tremble à la pensée que le hasard pourrait amener ici votre père, comme il vous y a conduit vous-même. O fatalité! de quel œil verrait-il son noble ouvrage sous une reliure aussi vulgaire[1]? que dirait-il? Et comment pourrais-je, sous cette magnificence empruntée, soutenir son regard sévère?

FLORIZEL. Ne songez qu'à la joie. Les dieux eux-mêmes, abaissant leur divinité sous le joug de l'amour, ont parfois emprunté la forme d'animaux. On a vu Jupiter se faire taureau et mugir, le verdâtre Neptune se faire bélier et braire, et le brillant dieu du jour, Apollon, dépouillé de ses rayons, se transformer comme moi en humble berger. Jamais leurs métamorphoses n'ont eu lieu pour un objet si rare, ni dans des intentions aussi pures, puisque mes désirs ne vont point au delà des limites de l'honneur, et que ma passion n'est pas plus brûlante que ma foi.

PERDITA. Mais, seigneur, votre résolution ne saurait prévaloir contre un obstacle qu'elle rencontrera nécessairement, la puissance du roi ; et alors il y aura nécessité ou que votre résolution change, ou que je cesse de vivre.

FLORIZEL. Ma bien-aimée Perdita, n'assombrissez pas la joie de cette fête par ces tristes pensées. Je serai à vous, ma belle Perdita, ou je ne serai plus à mon père ; car je ne puis être ni à moi ni à personne, si je ne suis pas à vous. Voilà ma résolution irrévocable, dût la destinée dire : « Non. » Soyez gaie, mon aimable amie ; que le premier objet venu chasse ces pensées de votre cœur. Vos hôtes vont arriver ; que votre front s'éclaircisse comme si c'était le jour de la célébration nuptiale, ce jour qui, nous l'avons juré, doit luire un jour pour nous.

PERDITA. O fortune, sois-nous propice!

---

[1] A propos de ce passage, le docteur Johnson déplore que Shakspeare ait mis dans la bouche d'une simple paysanne une métaphore de ce genre. Il oublie que cette paysanne est réputée la fille d'un paysan enrichi, et qu'elle est représentée comme bien supérieure à sa condition.

Entrent LE BERGER, POLYXÈNE et CAMILLE, déguisés, LE BOUFFON, MOPSA, DORCAS, *et plusieurs Villageois et Villageoises.*

FLORIZEL. Voyez, vos hôtes approchent : préparez-vous à leur faire un joyeux accueil, et que la gaieté colore nos visages.

LE BERGER. Fi donc, ma fille ! quand ma femme vivait, ce jour-là, elle cumulait les fonctions de pannetier, de sommelier et de cuisinier ; elle était tout à la fois maîtresse et servante : elle recevait tout le monde, servait tout le monde ; chantait sa chanson, dansait sa contredanse ; tantôt au bout de la table, tantôt au milieu ; sur l'épaule de celui-ci, puis de celui-là ; la face animée par le mouvement qu'elle se donnait ; et pour se rafraîchir le sang elle buvait à la santé d'un chacun. Mais toi, tu te tiens sur la réserve comme si tu étais le saint qu'on fête, tandis que tu es l'hôtesse de l'assemblée. Fais accueil, je te prie, à ces amis inconnus ; ce sera le moyen de nous rendre meilleurs amis encore quand nous nous connaîtrons. Allons, que ta rougeur disparaisse, et montre-toi ce que tu es, l'ordonnatrice de la fête. Allons, fais-nous compliment sur notre bienvenue à la fête de tes toisons ; cela portera bonheur à tes troupeaux.

PERDITA, *à Polyxène.* Salut, seigneur. La volonté de mon père est que je fasse les honneurs de ce jour. — (*A Camille.*) Soyez le bienvenu, seigneur. — Dorcas, donne-moi ces fleurs. — Honorés seigneurs, voilà pour vous du romarin et de la rue : ces fleurs gardent tout l'hiver leur éclat et leur parfum : à vous deux grâce et long souvenir. Soyez les bienvenus à notre fête.

POLYXÈNE. Belle bergère, vous avez raison d'offrir à notre vieillesse les fleurs de l'hiver.

PERDITA. Seigneur, à cette époque avancée de l'année, — alors que l'été n'est pas encore expiré, et que l'hiver tremblant n'est pas né encore, — les plus belles fleurs de la saison sont les œillets et les giroflées rayées, que quelques-uns nomment fleurs bâtardes. Nos rustiques jardins en sont dépourvus, et je ne me soucie pas d'en avoir des rejetons.

POLYXÈNE. Pourquoi, vierge charmante, les dédaignez-vous ?

PERDITA. Parce que dans la production de leurs bigarrures l'art se joint à la souveraine créatrice, la nature.

POLYXÈNE. Quand cela serait, la nature ne peut être perfectionnée que par des moyens qu'elle-même a créés ; en sorte que l'art, qui, dites-vous, ajoute à la nature, n'est lui-même que le produit d'un art supérieur que la nature a fait. Ainsi vous voyez, jeune beauté, que nous marions une tendre tige avec un tronc sauvage, et faisons produire à l'arbre le plus vil de nobles rejetons. C'est un art qui corrige la nature, ou plutôt qui la modifie : mais cet art lui-même, c'est encore la nature.

PERDITA. Il est vrai.

POLYXÈNE. Enrichissez donc votre jardin de giroflées, et ne les qualifiez pas de fleurs bâtardes.

PERDITA. Je n'en planterai jamais une seule tige ; pas plus que je ne voudrais, si je portais du fard, que ce jeune homme me trouvât belle et qu'il ne voulût m'épouser que pour cela. — Voilà des fleurs pour vous ; la chaude lavande, la menthe, la savorée, la marjolaine, le souci qui se couche avec le soleil et avec lui se lève humide de pleurs : ce sont des fleurs du milieu de l'été, et je pense qu'on les offre aux hommes de moyen âge. Vous êtes les très-bien venus.

CAMILLE. Si j'étais un de vos moutons, je cesserais de paître, et vivrais du plaisir de vous regarder.

PERDITA. Hélas ! vous deviendrez si maigre, que la bise de janvier vous traverserait de part en part. — (*A Florizel.*) Vous, le plus beau de mes amis, je voudrais avoir à vous offrir quelques fleurs du printemps, qui pussent convenir à votre âge. — (*Aux jeunes villageois.*) Et à vous aussi ; — (*aux villageoises*) ainsi qu'à vous, qui portez encore à vos branches virginales votre fleur printanière. — O Proserpine, que n'ai-je maintenant les fleurs que, dans ton effroi, tu laissas tomber du char de Pluton ; les narcisses qui viennent avant que l'hirondelle ose se montrer, et rendent les zéphirs de mars épris de leur beauté ; les sombres violettes aux parfums plus suaves que les yeux de Junon ou l'haleine de Cythérée ; les pâles primeroses qui meurent vierges, avant d'avoir vu le brillant Phébus dans sa force, malheur fréquent aux jeunes filles ; les superbes jonquilles et l'impériale ; les lis de toute espèce, y compris la fleur de lis ! voilà les fleurs que je voudrais avoir pour en composer vos guirlandes et pour vous en couvrir tout entier, mon doux ami.

FLORIZEL. Eh quoi ! comme un corps prêt à porter en terre?

PERDITA. Non, mais comme un lit de fleurs destiné au repos et aux ébats de l'amour; non comme un corps inanimé, mais comme un corps vivant, et qui, s'il doit être enseveli, ne le sera que dans mes bras. Allons, prenez vos fleurs; il me semble que je fais ici le rôle que j'ai vu faire dans les pastorales de la Pentecôte : il faut que cette robe ait singulièrement changé mon humeur.

FLORIZEL. Ce que vous faites surpasse toujours ce que vous avez fait. Quand vous parlez, ma douce amie, je voudrais vous entendre parler toujours; quand vous chantez, je voudrais vous voir tout faire en chantant, acheter et vendre, donner l'aumône, prier, régler vos affaires. Quand vous dansez, je me prends à désirer que vous soyez une vague de la mer, sans cesse balancée par le même mouvement. La manière dont vous faites toutes choses donne à chacun de vos actes une grâce particulière, je ne sais quoi de royal, et les revêt comme d'une couronne.

PERDITA. O Doriclès, vos louanges sont trop fortes : si votre jeunesse, dont la sincérité se trahit à votre rougeur, n'indiquait en vous un berger candide et pur, j'aurais raison de craindre, mon cher Doriclès, que vous ne me fissiez la cour avec de mauvaises intentions.

FLORIZEL. Vous n'avez pas plus à le craindre que je n'y songe moi-même. — Mais venez; notre danse, je vous prie. Votre main, ma chère Perdita; ainsi s'appareillent deux tourterelles qui ne veulent plus se quitter.

PERDITA. Je vous en réponds.

POLYXÈNE. Voilà la plus jolie villageoise qui jamais ait foulé la verte pelouse; son air et ses actes ont quelque chose de plus élevé que sa condition, je ne sais quoi de trop noble pour cette cabane.

CAMILLE. Il lui dit quelque chose qui fait monter l'incarnat sur ses joues : en vérité, c'est la crême des jeunes filles.

LE BOUFFON. Allons, la musique, jouez.

DORCAS. C'est Mopsa qui doit être votre maîtresse; mangez de l'ail pour corriger ses baisers.

MOPSA. En vérité !

LE BOUFFON. Pas un mot, pas un mot; tenons-nous prêts : attention ! — Allons, jouez !

Danse de Bergers et de Bergères.

POLYXÈNE, *au vieux berger*. Bon berger, dites-moi, je vous prie, quel est ce villageois qui danse avec votre fille?

LE BERGER. Son nom est Doriclès; il se vante de posséder de riches pâturages; je ne le tiens que de lui, mais je le crois. Il a l'air sincère : il dit qu'il aime ma fille ; je le crois aussi. A le voir debout occupé à contempler ma fille, et lisant, pour ainsi dire, dans ses yeux, on dirait la lune se mirant dans l'eau. A vous parler franchement, je pense qu'ils s'aiment également, et qu'il n'y a pas entre leurs deux tendresses la différence d'un demi-baiser.

POLYXÈNE. Elle danse avec grâce.

LE BERGER. C'est ainsi qu'elle fait toute chose ; ce n'est pas à moi de le dire, je devrais me taire. N'importe ; si le jeune Doriclès fixe son choix sur elle, elle lui apportera une dot à laquelle il ne s'attend pas.

Entre UN DOMESTIQUE.

LE DOMESTIQUE. Ah ! maître si vous entendiez le colporteur qui est à la porte, vous ne voudriez plus danser à l'avenir au son du chalumeau et du tambourin; la cornemuse elle-même ne pourrait vous émouvoir : il chante toute sorte d'airs, plus vite que vous ne compteriez de l'argent; il les débite comme s'il avait mangé des ballades, et que toutes les oreilles fussent tendues pour l'entendre.

LE BOUFFON. Il ne pouvait venir plus à propos. Qu'il entre, je n'aime rien tant qu'une ballade bien triste sur un air joyeux, ou gaie sur un air lamentable.

LE DOMESTIQUE. Il a des chansons pour les hommes et pour les femmes; il en a de toutes les tailles. Il n'y a pas de marchand de gants qui accommode mieux ses pratiques. Il a pour les jeunes filles des chansons d'amour on ne peut plus jolies et sans indécence, ce qui est rare. Il faut entendre ses refrains, ses *flons flons*, ses *lon, lan, la*, ses *trémoussez-vous, fillettes !* Et au moment même qu'un vaurien choisirait pour entendre malice et glisser quelque gros mot, il vous fait répondre à la fille : *Laissez-moi, monsieur, laissez-moi !* Elle s'en débarrasse et vous renvoie mon homme par un *laissez-moi, monsieur, laissez-moi !*

POLYXÈNE. C'est un habile homme.

LE BOUFFON. Sur ma parole, tu parles là d'un gaillard admirable ! A-t-il quelques marchandises autres que des lacets ?

LE DOMESTIQUE. Il a des rubans de toutes les couleurs de l'arc-en-ciel, des points d'Angleterre, des points superbes, plus que tous les avocats du monde n'en pourraient traiter, quand ils viendraient par centaines; des passements, des galons, des cambrais, des linons. Il vous met tous ces articles en chansons, comme si c'étaient autant de dieux et de déesses. Vous diriez qu'une chemise est un ange, tant il en élève jusqu'aux cieux les manches et le jabot.

LE BOUFFON. Fais-le venir, je te prie, et qu'il arrive en chantant.

PERDITA. Qu'on l'avertisse de ne point mêler à ses chansons des paroles trop libres.

LE BOUFFON. Ma sœur, il y a de ces colporteurs qui ont plus de mérite que vous ne pourriez croire.

PERDITA. Ou que je n'ai envie de m'en enquérir.

Entre AUTOLYCUS, chantant.

AUTOLYCUS.
Je vends du linon blanc et beau,
Du crêpe noir comme un corbeau;
Gants parfumés comme les roses
Dans nos jardins fraîches écloses;
Masques, pour cacher à nos yeux
Plus d'un visage gracieux;
Beaux bracelets et colliers d'ambre;
Parfums pour embaumer la chambre;
Jolis rubans, belles croix d'or,
Dont l'amant pare son trésor;
Épingles et fines aiguilles
Pour habiller les jeunes filles.
Beaux jouvenceaux, achetez-moi
Voyez vos belles en émoi.

LE BOUFFON. Si je n'étais pas amoureux de Mopsa, tu n'aurais pas un sou de moi; mais ensorcelé comme je le suis, j'achèterai quelques rubans et quelques paires de gants.

MOPSA. On me les avait promis pour la veille de la fête; mais ils viennent encore à temps.

DORCAS. Il vous a promis plus que cela, ou bien il y a des gens qui mentent.

MOPSA. Il vous a donné tout ce qu'il vous a promis, peut-être même davantage, et ce que vous rougiriez de lui rendre.

LE BOUFFON. N'y a-t-il donc plus de retenue parmi les jeunes filles? retourneront-elles leurs jupes par dessus leur visage? Ne pouvez-vous attendre pour nous dire ces beaux secrets l'heure de traire les vaches, d'aller au four, ou de vous mettre au lit? faut-il donc bavarder ainsi devant tous nos hôtes? Il est fort heureux qu'ils soient occupés à causer tout bas. Dépêchez-vous de donner carrière à vos langues, et puis, plus un mot.

MOPSA. J'ai fini. Voyons, vous m'avez promis un collier et une paire de gants parfumés.

LE BOUFFON. Ne vous ai-je pas dit comment j'ai été filouté sur la grand'route, et dépouillé de tout mon argent?

AUTOLYCUS. Effectivement, il y a des filous dans la campagne; il convient de prendre ses précautions.

LE BOUFFON. Ne crains rien, mon ami; tu ne perdras rien ici.

AUTOLYCUS. Je l'espère bien, messire; car j'ai dans ma balle plus d'un objet précieux.

LE BOUFFON. Qu'est-ce que cela? des ballades?

MOPSA. Achetez-en, je vous prie. J'aime une ballade imprimée; car alors on est sûr que c'est la vérité.

AUTOLYCUS. En voici une sur un air plaintif. On y voit comme quoi la femme d'un usurier accoucha de vingt sacs d'argent à la fois, et comme quoi elle voulait à toute force manger des têtes de couleuvres et de crapauds sur le gril.

MOPSA. Croyez-vous que ce soit vrai?

AUTOLYCUS. Très-vrai; cela est arrivé il y a tout au plus un mois.

DORCAS. Dieu me préserve d'épouser un usurier!

AUTOLYCUS. On y a joint le nom de la sage-femme, une certaine madame Caquet, ainsi que le nom de cinq ou six honnêtes matrones qui étaient présentes. Croyez-vous que je sois homme à colporter des mensonges?

MOPSA, *au Bouffon.* Je vous en prie, achetez-la.

LE BOUFFON. Allons, mettez-la de côté; voyons encore d'autres ballades; nous ferons après les autres emplettes.

AUTOLYCUS. Voici une autre ballade : il y est question d'un poisson qui a paru sur la côte, le vendredi, quatre-vingtième jour d'avril, à quarante mille brasses au-dessus de l'eau, et qui a chanté cette ballade contre les jeunes filles qui font les cruelles; on pense que c'était une femme métamorphosée en poisson pour avoir refusé de changer de chair avec un homme dont elle était aimée. La ballade est touchante et vraie.

DORCAS. Cela est vrai aussi, le croyez-vous?

AUTOLYCUS. Il y a la signature de cinq magistrats, et des témoignages plus que ma balle ne pourrait en contenir.

LE BOUFFON. Mettez-la aussi de côté; passons à une autre.

AUTOLYCUS. Voici une ballade gaie; mais elle est fort jolie.

MOPSA. Ayons-en quelques-unes de gaies.

AUTOLYCUS. Elle est on ne peut plus joviale, et se chante sur l'air : *Deux filles aimaient un garçon*. Il n'y a pas de fille dans la province qui ne la chante; on me la demande continuellement, je vous assure.

MOPSA. Dorcas et moi nous pouvons la chanter; si vous voulez faire votre partie, vous allez entendre : elle est à trois voix.

DORCAS. Il y a un mois qu'on nous a donné l'air.

AUTOLYCUS. Je puis chanter ma partie; vous savez que c'est mon métier : commençons.

CHANT.

AUTOLYCUS.
Je pars.

DORCAS.
Où vas-tu donc?

MOPSA.
Où portes-tu tes pas?

AUTOLYCUS.
Non, non, vous ne le saurez pas.

MOPSA.
Tu m'as juré de me tout dire;
Tes secrets n'en sont point pour moi.

DORCAS.
Voyons, veux-tu m'y conduire?
J'y veux aller avec toi.

MOPSA.
Que vas-tu visiter? dis-le-moi, je te prie!
La métairie ou le moulin?

AUTOLYCUS.
Le moulin ni la métairie.

DORCAS.
De ta part ce serait vilain.

MOPSA.
Tu me jurais éternelle tendresse.

DORCAS.
Je devais être ta maîtresse

MOPSA.
Où vas-tu donc?

ACTE IV, SCÈNE III.

DORCAS.
Où portes-tu tes pas?
AUTOLYCUS.
Non, non, vous ne le saurez pas.

LE BOUFFON. Nous chanterons plus tard cette chanson entre nous; mon père est en conversation animée avec ces messieurs; ne les dérangeons pas. Allons, l'ami, prends ta balle et suis-moi. — Jeunes filles, je vous ferai à toutes deux des emplettes : colporteur, nous voulons avoir le premier choix. — Suivez-moi, jeunes filles.

AUTOLYCUS, *à part*. Je t'assure que tu payeras pour elles.

Il chante :
Que voulez-vous, ma belle?
Voulez-vous du lacet,
Ou bien de la dentelle
Pour en orner votre bonnet?
Vous qui faites ma joie,
Voulez-vous de la soie?
De quelque ornement séducteur
Voulez-vous parer votre tête?
Venez trouver le colporteur;
Avec de l'argent tout s'achète.

Le Bouffon, Autolycus, Dorcas et Mopsa sortent.

Arrive UN DOMESTIQUE.

LE DOMESTIQUE. Maître, il y a trois charretiers, trois bergers, trois bouviers et trois gardeurs de pourceaux, qui se sont couverts de poil de la tête aux pieds; ils se donnent le nom de satyres, et ils ont une danse que les filles disent n'être qu'une galimafrée de gambades, parce qu'elles n'en font point partie; mais elles-mêmes sont d'avis qu'elle plaira beaucoup, si toutefois elle ne semble pas trop brusque aux personnes qui ne connaissent que des danses lentes et réservées.

LE BERGER. Laisse-nous; nous n'en voulons point; nous n'avons déjà eu que trop d'enfantillages saugrenus. — (*A Polyxène.*) Je sais, seigneur, que cela vous fatigue.

POLYXÈNE. La fatigue est pour ceux qui contribuent à notre amusement; laissez-nous voir, je vous prie, ces quatre trios de bergers.

LE DOMESTIQUE. L'un des trios, s'il faut les croire, a dansé devant le roi, et le moins mauvais des trois saute à douze pieds et demi de distance.

LE BERGER. Cesse ton babil ; puisque ces messieurs y consentent, fais-les venir ; mais qu'ils se dépêchent.

LE DOMESTIQUE. Ils attendent à la porte, seigneur.

Il sort.

Rentre LE DOMESTIQUE, suivi de douze Villageois, déguisés en Satyres ; ils exécutent une danse, puis ils sortent.

POLYXÈNE, *au Berger.* Bon vieillard, vous en saurez davantage plus tard. — (*A part.*) Les choses ne sont-elles pas déjà allées trop loin ? Il est temps de les séparer. Il est ingénu et laisse éclater ses sentiments. — (*Haut, à Florizel.*) Eh bien, beau berger, votre cœur est plein de quelque sentiment qui vous empêche de prendre part à la fête. Pour moi, quand j'étais jeune, et faisais ma cour comme vous en ce moment, je comblais ma belle de présents. J'aurais vidé la balle du colporteur de tous ses soyeux trésors, et les aurais versés aux pieds de ma maîtresse ; vous l'avez laissé partir sans lui rien acheter. Si votre belle était d'humeur à mal interpréter les choses, et à prendre cela pour un manque d'amour ou de générosité, vous seriez embarrassé de lui répondre, en supposant du moins que vous teniez à ne pas vous brouiller ensemble.

FLORIZEL. Digne vieillard, je sais qu'elle ne fait aucun cas de pareilles futilités ; les dons qu'elle attend de moi sont soigneusement enfermés dans mon cœur, duquel je lui ai déjà fait don, mais que je ne lui ai pas encore livré.—(*A Perdita.*) Oh ! permettez que j'exhale ma vie devant ce vieillard, qui, je le vois, a aimé dans son temps. Donnez-moi votre main, cette main aussi douce que le duvet de la colombe, aussi blanche qu'elle, ou que les dents d'un Africain, ou que la neige deux fois vannée au souffle des aquilons.

POLYXÈNE. Eh bien ! après ? — Comme ce jeune berger semble polir avec complaisance dans sa main cette main déjà si blanche ! — Je vous ai interrompus. — Mais revenons à votre protestation. Que j'entende l'expression de vos sentiments.

FLORIZEL. Écoutez ; je vous en prends à témoin.

POLYXÈNE. Et mon voisin aussi ?

FLORIZEL. Lui aussi, et d'autres encore, et tous les hommes, la terre, le ciel et l'univers entier, je vous atteste tous, —que si j'avais au front la couronne d'un puissant monarque, et que j'en fusse digne ; — si j'étais le plus beau jeune homme que les yeux aient jamais contemplé ; si j'avais plus de force et de science que jamais homme n'en eut en partage, — tous ces dons ne seraient rien pour moi sans son amour ; je les lui consacrerais tous ; je les dévouerais à son service, ou les condamnerais au néant.

POLYXÈNE. Voilà une bien riche offrande.

CAMILLE. Et qui témoigne d'une affection bien vraie.

LE BERGER. Mais vous, ma fille, lui en dites-vous autant?

PERDITA. Je ne saurais dire si bien, ni mieux penser. Je juge par mes sentiments de la pureté des siens.

LE BERGER. Donnez-vous la main ; c'est une affaire conclue. — Amis inconnus, je vous en prends à témoin, je lui donne ma fille, avec une fortune égale à la sienne.

FLORIZEL. Il faudra alors que cette dot consiste dans la vertu de votre fille : après la mort de quelqu'un que je ne nommerai pas, j'aurai plus de richesses que vous ne pourriez l'imaginer, assez pour exciter votre surprise. Mais, voyons, fiancez-nous en présence de ces témoins.

LE BERGER. Allons, votre main ; — et vous, ma fille, la vôtre.

POLYXÈNE. Doucement, berger ; un moment, je vous prie : Florizel, avez-vous encore votre père ?

FLORIZEL. Oui, sans doute ; mais qu'importe ?

POLYXÈNE. A-t-il connaissance de ceci ?

FLORIZEL. Il ne le sait ni ne le saura jamais.

POLYXÈNE. Il me semble qu'un père n'est pas déplacé au banquet de noces de son fils. Encore une question, je vous prie. Votre père n'est-il pas incapable de s'occuper d'affaires raisonnables ? Son intelligence n'est-elle pas altérée par l'âge et les infirmités ? Peut-il parler, entendre, distinguer un homme d'un homme, administrer ses biens ? N'est-il pas confiné au lit et retombé dans l'enfance ?

FLORIZEL. Non, seigneur. Il a plus de santé et de force qu'on n'en a communément à son âge.

POLYXÈNE. Par ma barbe blanche, votre conduite à son égard n'est pas d'un fils respectueux. Il est juste que le fils choisisse lui-même sa femme ; mais il est juste que le père, qui met tout son bonheur à avoir une postérité digne de lui, soit consulté dans une affaire de cette nature.

FLORIZEL. J'accorde tout cela ; mais mon vénérable seigneur, pour des raisons qu'il n'est pas besoin que vous sachiez, je n'instruirai pas mon père de cette affaire.

POLYXÈNE. Donnez-lui-en connaissance.

FLORIZEL. Je n'en ferai rien.

POLYXÈNE. Je vous en prie.

FLORIZEL. Non ; cela ne se peut.

LE BERGER. Faites-le-lui savoir, mon gendre : quand il connaîtra votre choix, il n'aura aucun sujet d'être fâché.

FLORIZEL. Allons, allons, il n'en saura rien. — Soyez témoins de notre union.

POLYXÈNE, *se découvrant*. De votre divorce, mon jeune messire, que je n'ose appeler mon fils. Tu es trop vil pour que je t'avoue, toi l'héritier d'un sceptre, qui t'abaisses à prendre ici la houlette ! — (*Au Berger.*) Pour toi, vieux scélérat, je suis fâché de ne pouvoir, en te faisant pendre, abréger tes jours que d'une semaine. (*A Perdita.*) Et toi, jeune et rusée ensorceleuse, qui devais nécessairement savoir à quel royal étourdi tu avais affaire, —

LE BERGER. O mon Dieu !

POLYXÈNE. Je ferai déchirer ta beauté par des ronces, et la rendrai plus humble encore que ta condition. — (*A Florizel.*) Pour toi, jeune insensé, si jamais j'apprends que tu soupires de ne plus voir cette fille, — (et ma volonté est que tu ne la revoies jamais), — je te déshérite de ma succession, et je ne reconnaîtrai pas plus en toi mon sang et ma race que dans tout autre descendant de Deucalion. Souviens-toi de mes paroles, et suis-moi à la cour. — (*Au Berger.*) Toi, villageois grossier, bien que tu aies encouru tout mon déplaisir, je veux bien pour cette fois t'en épargner le redoutable châtiment. — Et toi, jeune enchanteresse, digne objet des vœux d'un pâtre, et même de ce jeune homme, s'il n'y allait pas de notre honneur, — si jamais il t'arrive de lui ouvrir la porte de cette agreste demeure, ou d'étreindre sa personne dans tes embrassements, je te destine une mort aussi cruelle que tu es faible et délicate.

Il sort.

PERDITA. Perdue sans ressource ! je n'ai pas été trop effrayée ; une ou deux fois j'ai été sur le point de lui répondre et de lui dire hardiment que le même soleil qui luit sur son palais luit aussi sur notre cabane. — (*A Florizel.*) Seigneur, veuillez nous quitter. Je vous ai dit ce qu'il adviendrait de tout ceci ; je vous conjure de songer à vos intérêts et à votre position : c'était un rêve ; je suis éveillée, et ne veux pas le pousser plus loin. J'irai traire mes brebis et pleurer.

CAMILLE. Eh bien! bon vieillard, parlez avant de mourir.

LE BERGER. Je ne puis ni parler ni penser ; c'est à peine si j'ose entrevoir la réalité. — (*A Florizel.*) O seigneur, vous avez causé la perte d'un homme de soixante-trois ans, qui croyait descendre en paix dans la tombe, mourir sur le lit où son père est mort, et reposer auprès de sa cendre honorée ; mais maintenant le bourreau roulera autour de moi mon linceul, et me déposera en un lieu où nul prêtre ne jettera de la poussière sur ma dépouille. — (*A Perdita.*) Fille perverse et maudite, tu savais que ce jeune homme était ton prince, et tu avais l'audace de lui donner ta foi et d'accepter la sienne. — Je suis perdu, je suis perdu ! Si je pouvais mourir maintenant, tous mes vœux seraient comblés.

Il sort.

FLORIZEL, *à Perdita.* Pourquoi me regardez-vous ainsi ? je suis affligé, non effrayé ; mes projets sont ajournés, ils ne sont point changés. Ce que j'étais, je le suis ; plus on veut me ramener en arrière, plus je vais en avant, on ne me conduit point en lesse malgré moi.

CAMILLE. Mon gracieux seigneur, vous connaissez le caractère de votre père : en ce moment il ne souffrirait aucune représentation, et je ne pense pas que vous vous proposiez de lui en faire ; je ne crois même pas qu'il puisse soutenir votre vue. Ne vous offrez donc point en sa présence avant que sa colère soit calmée.

FLORIZEL. Je n'en ai point l'intention. Vous êtes Camille, je pense?

CAMILLE. Lui-même, monseigneur.

PERDITA. Combien de fois vous ai-je dit que les choses finiraient ainsi, et que mes grandeurs ne dureraient que jusqu'au moment où elles seraient connues?

FLORIZEL. Elles ne peuvent finir que par la violation de mes engagements ; et si jamais cela arrive, que la nature brise les flancs de la terre et détruise les germes qu'elle contient! — Levez les yeux. Que mon père me déshérite ; mon héritage est votre affection.

CAMILLE. Écoutez les conseils.....

FLORIZEL. J'écouterai ceux de mon amour ; si la raison

veut s'y soumettre, j'écouterai la raison ; sinon, ma passion appelant à son aide le délire, l'accueillera avec joie.

CAMILLE. C'est du désespoir, seigneur.

FLORIZEL. C'est possible ; mais il est conforme à mon vœu, et je suis forcé de le croire vertu. Camille, ni la Bohême, ni tous les honneurs qu'on y peut recueillir, ni tout ce que le soleil voit, ni tout ce que la terre enferme dans ses entrailles, ni tout ce que cache la mer profonde dans ses abîmes inconnus, ne me feront enfreindre le serment que j'ai fait à ma bien-aimée. Ainsi, je vous en conjure, vous qui avez toujours été le vertueux ami de mon père, quand ses yeux me chercheront en vain, — car mon intention est de ne plus le revoir,— que vos sages conseils tempèrent la violence de sa douleur. Je vais désormais être aux prises avec la fortune. Je vous confie, et vous pouvez le lui redire, que je vais m'embarquer sur les flots avec celle qu'il m'est défendu de posséder sur le rivage ; par un heureux hasard, ici tout près, m'attend un vaisseau que j'avais destiné à un autre usage. Quant à la direction que je dois prendre, il n'est nécessaire ni pour vous ni pour moi que je vous le dise.

CAMILLE. Seigneur, je souhaiterais que vous fussiez plus accessible aux conseils, ou plus fort contre l'adversité.

FLORIZEL, *à Perdita, en la prenant à part*. Écoutez, Perdita. (*A Camille.*) Je suis à vous dans un instant.

CAMILLE, *à part*. Il est inébranlablement résolu à s'enfuir. Je serais heureux si je pouvais faire servir son départ à mes vues, le mettre à l'abri de tout danger, lui témoigner honorablement mon affection ; et moi-même revoir ma chère Sicile, et ce malheureux roi, mon maître, qu'il me tarde tant de presser dans mes bras.

FLORIZEL. Mon cher Camille, des affaires si pressantes me réclament, que je suis obligé de vous quitter sans cérémonie.

Il fait quelques pas pour s'éloigner.

CAMILLE. Je pense, seigneur, que vous n'ignorez pas les faibles services que mon affection pour votre père m'a porté à lui rendre.

FLORIZEL. Vous vous êtes noblement conduit ; quand la bouche de mon père fait votre éloge, c'est pour lui la plus délicieuse musique ; et la plus chère de ses sollicitudes est de vous récompenser autant qu'il vous estime.

CAMILLE. Eh bien ! seigneur, puisqu'il vous plaît de croire

que j'aime le roi, et, avec lui, ce qui lui tient de plus près, c'est-à-dire votre gracieuse personne, suivez mon conseil, si toutefois le projet que vous avez mûri et arrêté peut subir quelques modifications. Sur mon honneur, je vous indiquerai un lieu où vous recevrez un accueil convenable à votre dignité; vous pourrez y posséder votre maîtresse, car je vois que rien désormais ne peut vous séparer, si ce n'est la mort, dont le ciel vous préserve! vous pourrez l'épouser; pendant votre absence, je m'emploierai auprès du roi votre père, de manière à calmer son ressentiment et à vous réconcilier avec lui.

FLORIZEL. Comment, Camille, un pareil miracle pourra-t-il se faire? Dites-le-moi, et je verrai en vous plus qu'un homme, et vous aurez à jamais ma confiance.

CAMILLE. Avez-vous fixé le lieu où vous désirez vous rendre?

FLORIZEL. Pas encore; un accident inattendu ayant nécessité notre aventureux pèlerinage, c'est au hasard aussi que nous confions notre destinée, et nous nous abandonnerons au souffle des vents.

CAMILLE. Écoutez-moi donc; — si votre projet est irrévocable, si vous persistez à fuir, — faites voile pour la Sicile; là, présentez-vous à Léonte avec votre belle princesse, car elle le sera, je le vois; elle sera vêtue comme il convient à la compagne de votre couche. Il me semble déjà voir Léonte vous ouvrant ses bras, et vous accueillant les larmes aux yeux, demandant au fils pardon de ses torts envers le père, baisant les mains de la jeune princesse et se partageant entre sa cruauté passée et son affection présente, refoulant la première au fond des enfers, et cultivant la seconde pour la faire croître plus vite que la pensée ou le temps.

FLORIZEL. Digne Camille, quel prétexte lui donnerai-je pour justifier ma visite?

CAMILLE. Vous direz que vous venez de la part de votre père pour le complimenter et le consoler. Je vous mettrai par écrit la conduite que vous devrez tenir avec lui et les choses que vous lui direz, comme les tenant de votre père, et qui ne sont connues que de nous trois; je vous indiquerai jour par jour ce que vous devrez dire, en sorte qu'il croira que vous êtes dépositaire de tous les secrets de votre père, et l'organe de ses sentiments les plus intimes.

FLORIZEL. Je vous suis obligé; il y a de la sagesse dans ce que vous me conseillez.

CAMILLE. Cela vaut infiniment mieux que de vous élancer sur les flots vers des rivages inconnus et des misères certaines; ne pouvoir vous rattacher à aucune espérance, abandonner l'une pour saisir l'autre; n'avoir rien de plus assuré que vos ancres, qui ne peuvent rien faire de mieux pour vous que de vous retenir là où il vous est insupportable de rester. Et puis, vous le savez, la prospérité est le lien véritable de l'amour; l'affliction flétrit son teint délicat et altère ses sentiments.

PERDITA. L'une de ces choses est vraie; je pense que l'affliction détruit la beauté; mais elle ne peut rien sur les sentiments.

CAMILLE. Vraiment? On trouverait difficilement une fille comparable à vous.

FLORIZEL. Mon cher Camille, son éducation est aussi brillante que sa naissance est humble.

CAMILLE. Je ne puis pas dire que c'est dommage qu'elle manque d'instruction; car elle paraît capable d'en apprendre à ceux qui enseignent.

PERDITA. Seigneur, pardonnez-moi; je vous remercie par ma rougeur.

FLORIZEL. Ma charmante Perdita! — mais dans quelle situation épineuse nous nous trouvons! — Camille, sauveur de mon père et maintenant le mien, — providence de notre maison, — que ferons-nous? Je n'ai point le train et l'équipement qui conviennent au fils du roi de Bohême, et nous ne paraîtrons en Sicile, —

CAMILLE. Monseigneur, tranquillisez-vous à cet égard. Vous n'ignorez pas sans doute que toute ma fortune est dans ce pays-là; j'aurai soin de vous fournir les moyens de soutenir votre dignité, comme si vous étiez mon représentant. Par exemple, seigneur, afin de vous donner la certitude que rien ne vous manquera, — un mot, je vous prie.

Ils s'entretiennent à part.

Entre AUTOLYCUS.

AUTOLYCUS. Ah! ah! quelle imbécile que la probité! et la loyauté, sa sœur, quelle sotte demoiselle! J'ai vendu toute ma pacotille; pierres fausses, rubans, miroirs, boules de parfums, broches, calepins, ballades, couteaux, lacets, gants, cordons de souliers, bracelets, bagues de corne, tout est parti; il ne reste plus rien dans ma malle : c'était à qui achèterait le premier; on eût dit que mes colifichets étaient bénits, et devaient procurer à l'acheteur la bénédiction du ciel. Par ce moyen j'ai vu quelles étaient les bourses les mieux garnies, et j'ai mis à profit cette observation. Mon bouffon, à qui il ne manque que bien peu de chose pour être un homme raisonnable, s'était tellement épris des chansons de jeunes filles, qu'il n'a pas voulu bouger qu'il n'ait eu l'air et les paroles; cela n'a pas manqué d'attirer autour de moi le reste du troupeau, si bien que le sens de l'ouïe absorbait tous les autres; vous auriez pincé une jeune fille qu'elle ne l'eût pas senti : c'était l'affaire de rien que d'escamoter une bourse dans un gousset; j'aurais pu subtiliser les clefs pendues à des chaînes; on n'avait d'oreilles, de sentiment que pour la chanson de votre serviteur, et sa sotte insignifiance excitait l'admiration. J'ai profité de ce moment de léthargie pour escamoter et couper le plus grand nombre des bourses de la fête; et si le vieux bonhomme n'était pas venu en pestant contre sa fille et le fils du roi, et n'avait pas mis mes oisons en fuite, je n'aurais pas laissé une bourse en vie dans toute l'armée.

CAMILLE, FLORIZEL et PERDITA s'avancent.

CAMILLE. Mes lettres, qui arriveront en même temps que vous, dissiperont ce doute.

FLORIZEL. Et celles que vous écrira le roi Léonte, —

CAMILLE. Satisferont votre père.

PERDITA. Puissiez-vous réussir! tout ce que vous dites promet les plus heureux résultats.

CAMILLE, *apercevant Autolycus.* Quel est cet homme? servons-nous de lui; n'omettons rien de ce qui peut nous venir en aide.

AUTOLYCUS, *à part.* S'ils ont entendu ce que j'ai dit, gare à la potence!

CAMILLE. Eh bien! mon brave homme, pourquoi trembles-tu ainsi? Ne crains rien; on ne veut pas te faire de mal.

AUTOLYCUS. Je suis un pauvre diable, seigneur.

CAMILLE. Continue à l'être; personne ne veut t'enlever ce privilége-là; toutefois il faut que nous fassions un échange avec l'extérieur de ta pauvreté; déshabille-toi donc sur-le-champ; tu dois penser qu'il y a pour nous nécessité d'en agir ainsi; change donc de vêtements avec ce monsieur. Quoique le troc ne soit pas à son avantage, tu peux compter qu'il y aura encore pour toi quelque chose par-dessus le marché.

AUTOLYCUS. Je suis un pauvre diable, seigneur. (*A part.*) Je vous connais parfaitement.

CAMILLE. Dépêche-toi, je te prie. Ce monsieur est déjà à moitié déshabillé.

AUTOLYCUS. Est-ce sérieusement, seigneur ? (*A part.*) Je vois où vous voulez en venir.

CAMILLE. Allons, dépêche-toi.

AUTOLYCUS. Je gagne effectivement au change ; mais je ne puis en conscience l'accepter.

CAMILLE. Déshabille-toi, déshabille-toi. (*Florizel et Autolycus changent de vêtements.—A Perdita.*) Heureuse amante, — que ma prophétie s'accomplisse pour vous ! Retirez-vous sous quelque abri : prenez le chapeau de votre bien-aimé, et enfoncez-le sur vos yeux. Quittez les vêtements de votre sexe, et déguisez-vous de manière à gagner le navire sans être reconnue, car je crains pour vous les regards.

PERDITA. Je vois que la pièce est arrangée de façon qu'il faut absolument que j'y joue un rôle.

CAMILLE. C'est indispensable. — (*A Florizel.*) Avez-vous fini ?

FLORIZEL. Si je venais maintenant à rencontrer mon père, il ne m'appellerait pas son fils.

CAMILLE, *à Perdita.* Allons, vous n'avez pas besoin de chapeau. Venez, madame. — (*A Autolycus.*) Adieu, mon ami.

AUTOLYCUS. Adieu, seigneur.

FLORIZEL. O Perdita ! qu'allions-nous oublier tous deux ? un mot, je vous prie.

Il la prend à part et s'entretient tout bas avec elle.

CAMILLE, *à part.* La première chose que je vais faire maintenant sera d'instruire le roi de leur évasion et du lieu où ils se proposent d'aller. J'espère l'engager à les y suivre ; de cette manière, nous reverrons tous deux la Sicile, bonheur que mes vœux appellent avec toute la violence d'un désir de femme.

FLORIZEL. Que la fortune nous soit en aide ! Ainsi, Camille, nous allons gagner le rivage.

CAMILLE. Le plus vite sera le mieux.

Florizel, Perdita et Camille sortent.

AUTOLYCUS, *seul.* Je vois de quoi il est question. Il faut qu'un coupeur de bourse ait l'oreille fine, l'œil bon, la main légère ; il faut aussi un bon nez pour flairer la besogne aux autres sens. Je vois que, par le temps qui court, c'est l'homme injuste qui prospère. Quel échange avantageux, même sans un sou de retour ! et quelle bonne somme on m'a donnée par dessus le marché ! Assurément, les dieux sont de connivence avec nous cette année, et nous pouvons tout faire d'inspiration. Le prince lui-même s'occupe d'une œuvre d'iniquité, fuyant loin de son père et traînant après lui sa maîtresse : si je pensais ne pas faire un acte de loyauté en instruisant le roi de cette affaire, j'irais l'en informer. Je suis d'avis qu'il y a plus de coquinerie à n'en rien dire, et en cela je suis conséquent avec ma profession.

Entrent LE BOUFFON et LE BERGER.

AUTOLYCUS, *continuant*. Rangeons-nous, rangeons-nous ; — voilà un surcroît de besogne pour une cervelle active : il n'y a pas de ruelle, de boutique, d'église, de cour de justice, d'exécution, qui ne fournissent à un homme intelligent l'occasion d'exercer son industrie.

LE BOUFFON. Vous voyez ; vous voilà dans une jolie position ! Il n'y a pas d'autre moyen que de dire au roi que c'est un enfant trouvé, et qu'elle n'est ni de votre chair ni de votre sang. Votre chair et votre sang n'ont point offensé le roi ; donc, votre chair et votre sang ne doivent pas être punis par lui, montrez les objets qu'on a trouvés avec elle, les papiers secrets qui l'accompagnaient. Cela fait, si vous m'en croyez, vous enverrez promener la loi.

LE BERGER. Je dirai tout au roi, sans rien omettre ; je lui dirai aussi les escapades de son fils, qui assurément se conduit fort mal envers le roi et envers moi, de s'amuser ainsi à faire de moi un beau-frère du roi.

LE BOUFFON. Beau-frère, dites-vous ? C'est effectivement le moins que vous auriez pu être ; et alors notre sang serait devenu plus cher de je ne sais combien l'once.

AUTOLYCUS, *à part*. C'est sagement raisonné, drôle !

LE BERGER. Allons donc trouver le roi ; il y a dans ce paquet de quoi lui faire gratter sa barbe.

AUTOLYCUS, *à part*. Je ne sais pas jusqu'à quel point cette plainte peut être un obstacle à la fuite de mon maître.

LE BOUFFON. Fasse le ciel qu'il soit à son palais !

AUTOLYCUS, *à part*. Quoique je ne sois pas honnête homme de mon naturel, il m'arrive quelquefois de l'être par hasard.

— Mettons dans ma poche cette barbe de colporteur. — (*Il ôte sa barbe et s'avance.*) Eh bien ! villageois, où allez-vous?

LE BERGER. Au palais, avec la permission de votre seigneurie.

AUTOLYCUS. Vous y avez des affaires? quelles sont-elles? avec qui? Dites-moi ce que contient ce paquet, le lieu de votre demeure, vos noms, votre âge, votre avoir, votre famille, enfin tout ce qu'il est nécessaire que je sache.

LE BOUFFON. Nous ne sommes que de bonnes gens, tout simples et tout unis, seigneur.

AUTOLYCUS. Vous mentez; vous êtes grossiers et velus. Pas de mensonge; cela ne convient qu'aux marchands, qui nous payent souvent de mensonges, nous autres gens de guerre. Il est vrai qu'au lieu de l'acier d'une dague, nous leur donnons en retour de la monnaie de bon aloi. Ainsi, ils vous vendent le mensonge; ils ne nous le donnent pas.

LE BOUFFON. Votre seigneurie allait nous en donner un, si elle ne s'était pas reprise.

LE BERGER. Avec votre permission, seigneur, êtes-vous de la cour?

AUTOLYCUS. Avec ou sans ma permission, je suis de la cour. Ne vois-tu pas un air de cour dans les plis de mon manteau? N'ai-je pas la démarche d'un homme de la cour? Un parfum de cour ne s'exhale-t-il pas de toute ma personne? Ne sens-tu pas le mépris d'un courtisan se refléter sur ta bassesse? Penses-tu, parce que je cherche à tirer de toi le secret de tes affaires, que je ne sois pas un homme de cour? Je suis courtisan de pied en cap; je puis à la cour avancer ou entraver tes affaires à mon gré. C'est pourquoi je t'ordonne de me les faire connaître.

LE BERGER. Seigneur, j'ai à parler au roi.

AUTOLYCUS. Quel avocat as-tu auprès de lui?

LE BOUFFON, *au Berger*. Avocat est le mot qu'on emploie à la cour pour faisan. Répondez que vous n'en avez pas.

LE BERGER. Je n'en ai point, seigneur. Je n'ai ni faisan, ni coq, ni poule.

AUTOLYCUS. Que nous sommes heureux de ne pas être des ignorants! Et cependant la nature aurait pu me faire de la même étoffe que ces pauvres gens; aussi, je ne veux pas faire le fier avec eux.

LE BOUFFON. Ce doit être un homme de cour puissant.

LE BERGER. Ses vêtements sont riches, mais il ne les porte pas avec grâce.

LE BOUFFON. On dirait qu'il met sa grandeur à paraître original. Ce doit être un grand homme, croyez-moi. La preuve, c'est qu'il se cure les dents.

AUTOLYCUS. Eh bien! ce paquet? Que contient-il? pourquoi ce coffre?

LE BERGER. Seigneur, il y a dans ce paquet et ce coffre des secrets que le roi seul doit connaître, et qu'il connaîtra avant qu'il soit une heure, si je puis parvenir à lui parler.

AUTOLYCUS. Vieillard, tu as perdu tes peines.

LE BERGER. Pourquoi, seigneur?

AUTOLYCUS. Le roi n'est point au palais; il s'est rendu à bord d'un vaisseau nouvellement lancé, pour chasser la mélancolie et prendre l'air : car, si tu es capable de choses sérieuses, tu dois savoir que le roi est profondément affligé.

LE BERGER. On dit, seigneur, que c'est à propos de son fils, qui a voulu épouser la fille d'un berger.

AUTOLYCUS. Si ce berger n'est pas déjà pris, qu'il s'enfuie au plus vite! les malédictions qui seront son partage, les tortures qu'il aura à endurer, seront de nature à briser la vigueur d'un homme, le cœur d'un monstre.

LE BOUFFON. Croyez-vous, seigneur?

AUTOLYCUS. Ce n'est pas lui seul qui aura à souffrir tout ce que l'imagination peut inventer de plus cruel, la vengeance de plus amer; ses parents, fût-ce au cinquantième degré, seront tous livrés au bourreau; c'est grand dommage, mais c'est nécessaire. Un vieux gardeur de moutons vouloir que sa fille soit dans les grandeurs! Il en est qui disent qu'il sera lapidé; mais moi, je prétends que cette mort est trop douce pour lui. Faire de notre trône une bergerie! c'est trop peu que mille morts; la plus cruelle ne l'est pas assez pour un tel crime.

LE BOUFFON. Avec la permission de votre seigneurie, pourriez-vous me dire si le bonhomme a un fils?

AUTOLYCUS. Il a un fils qui sera écorché vif; puis on le frottera de miel et on le placera sur un nid de guêpes où il restera jusqu'à ce qu'il soit aux trois quarts mort. Alors on le ranimera avec de l'eau-de-vie ou toute autre liqueur forte; puis, tout saignant, par le jour le plus chaud qu'annonce l'almanach, on le placera contre un mur de brique, exposé aux rayons d'un soleil du midi, jusqu'à ce qu'il meure sous la piqûre des mouches. Mais pourquoi parler de ces scélérats, de ces traîtres, dont les souffrances ne doivent exciter que nôtre rire, tant leur crime est capital? Dites-moi, car vous me paraissez de bonnes gens sans malice, quelle affaire avez-vous auprès du roi? Comme mon rang me donne quelque considération, j'offre de vous conduire à bord du navire où il se trouve, de vous présenter à lui, et de lui parler en votre faveur; si, après le roi, quelqu'un peut assurer le succès de votre démarche, c'est moi.

LE BOUFFON, *à son père.* Il paraît jouir d'un grand crédit; approchez-vous de lui; donnez-lui de l'or. Quoique les hommes puissants soient des ours intraitables, ce sont des ours qu'on mène par le nez avec de l'or. Faites toucher le dedans de votre bourse au dehors de sa main, et ne vous inquiétez plus de rien... N'oubliez pas qu'il s'agit d'être lapidé et écorché vif.

LE BERGER. Puisqu'il vous plaît, seigneur, de vous charger de notre affaire, veuillez prendre cet or que j'ai sur moi : je vous en donnerai encore autant, et vous laisse ce jeune homme comme otage jusqu'à ce que je vous l'aie apporté.

AUTOLYCUS. Quand j'aurai fait ce que j'ai promis?

LE BERGER. Oui, seigneur.

AUTOLYCUS. Fort bien! donnez-moi toujours la première moitié. — (*Au Bouffon.*) Êtes-vous compromis dans cette affaire?

LE BOUFFON. Jusqu'à un certain point, seigneur; mais, bien que mon cas soit lamentable, j'espère ne pas être échorché vif.

AUTOLYCUS. Oh! c'est là le sort réservé au fils du berger... Oui, oui, on en fera un exemple.

LE BOUFFON, *à son père.* Allons, tranquillisez-vous; allons trouver le roi, et montrons-lui nos figures étrangères. Il faut qu'il sache qu'elle n'est pas plus votre fille qu'elle n'est ma sœur; sans quoi nous sommes perdus. —(*A Autolycus.*) Seigneur, quand l'affaire sera terminée, je vous donnerai autant que ce vieillard; et comme il l'a dit, jusqu'à ce que cette somme vous ait été remise, je resterai auprès de vous comme otage.

AUTOLYCUS. Je m'en rapporte à vous. Prenez les devants et dirigez-vous du côté du rivage; je vais jeter un coup d'œil par-dessus la haie; puis je vous suis.

LE BOUFFON. Nous sommes bien heureux d'avoir rencontré cet homme, on ne peut plus heureux.

LE BERGER. Marchons devant comme il nous l'ordonne; c'est la Providence qui l'envoie pour nous être utile.

Le Berger et le Bouffon sortent.

AUTOLYCUS, *seul.* Quand même je voudrais être honnête homme, je vois bien que la destinée ne le permettrait pas; elle jette au-devant de moi les bonnes fortunes. En ce moment elle me gratifie d'une double occasion : de l'or, et le moyen d'être utile au prince mon maître. Et qui sait si cela ne pourra pas servir à mon avancement? Je vais conduire auprès de lui ces deux taupes, ces deux aveugles. S'il juge à propos de les remettre à terre, s'il pense que la plainte qu'ils ont à faire au roi ne le concerne en rien, qu'il me traite s'il veut de coquin pour avoir fait l'officieux hors de propos; je suis fait à ce titre-là et à la honte qui s'y attache. En tout cas, je vais les lui présenter; il est possible que l'affaire soit importante.

Il sor

ACTE CINQUIÈME

SCÈNE I.

La Sicile. — Un appartement dans le palais de Léonte.

Entrent LÉONTE *et sa suite,* CLÉOMÈNE, DION, PAULINE.

CLÉOMÈNE. Sire, vous avez assez fait : vous avez rempli tous les devoirs d'une religieuse douleur; vous n'avez point commis de fautes que vous n'ayez expiées; votre pénitence a surpassé vos offenses. Imitez du moins l'exemple que vous donne le ciel; il vous a pardonné vos fautes; pardonnez-vous-les.

LÉONTE. Tant que je garderai son souvenir et celui de ses vertus, je ne saurais oublier ni mes torts envers elle, ni le mal que je me suis fait à moi-même en me privant d'un héritier de ma couronne et en causant la mort de la plus adorable compagne sur laquelle un homme ait jamais placé ses espérances.

PAULINE. Il est vrai, seigneur; si vous épousiez l'une après l'autre toutes les femmes, et si, pour en composer une parfaite, vous réunissiez les perfections de toutes les autres, vous ne trouveriez point encore l'égale de celle que vous avez tuée.

LÉONTE. Je le crois. Tuée! que j'ai tuée! Je l'ai tuée en effet; mais c'est me porter un coup bien cruel que de me le dire; ce reproche est aussi amer dans votre bouche qu'il l'est dans ma pensée : je vous en prie, ne me l'adressez que rarement.

CLÉOMÈNE. Ne le lui adressez jamais, madame; vous auriez pu dire mille choses plus à propos et plus conformes à votre bonté naturelle.

PAULINE. Vous êtes de ceux qui voudraient le voir se remarier.

DION. Si vous ne partagez point à cet égard notre avis, vous êtes sans entrailles pour l'état; vous ne rendez pas justice à la mémoire de sa royale épouse; vous ne considérez point les dangers que le défaut de lignée dans sa majesté peut attirer sur son royaume et sur ses sujets inquiets. Quoi de plus pieux que de se réjouir de la félicité dont jouit la reine dans un monde meilleur? Quoi de plus propre à consolider le trône, à assurer le bien-être du présent et le salut de l'avenir, que de bénir la couche nuptiale de sa majesté, en lui donnant une compagne charmante?

PAULINE. Il n'en est point qui soit capable de soutenir la comparaison avec celle qui n'est plus. D'ailleurs les dieux veulent que leurs desseins impénétrables soient accomplis. Le divin Apollon n'a-t-il pas dit, et son oracle ne porte-t-il pas expressément que le roi Léonte n'aura pas d'héritier jusqu'à ce que l'enfant perdu soit retrouvé, ce qui, aux yeux de la raison humaine, n'est pas moins impossible que de voir mon Antigone sortir de la tombe et revenir auprès de moi, lui qui, j'en ai la certitude, a péri avec l'enfant? Vous demandez que le roi agisse en contradiction avec les décrets du ciel et s'oppose à ses volontés. — (*A Léonte.*) Ne vous affligez pas de n'avoir pas de postérité; la couronne trouvera toujours un héritier. Le grand Alexandre légua la sienne au plus digne; c'était le moyen d'avoir pour successeur le plus capable et le plus vertueux.

LÉONTE. Chère Pauline, — vous qui, je le sais, honorez la mémoire d'Hermione, — oh! que n'ai-je toujours suivi vos conseils! — en ce moment je contemplerais encore les yeux de ma compagne chérie, je déroberais encore un doux trésor sur ses lèvres, —

PAULINE. Et ce larcin les laisserait plus riches encore.

LÉONTE. Vous dites vrai; il n'est plus d'épouse comme elle : ainsi plus de mariage. En me voyant m'unir à une compagne moins digne et la mieux traiter qu'elle, son âme sainte reprendrait possession de son corps, et sur ce théâtre où nous paraissons nous autres coupables, elle viendrait me dire avec amertume : « Pourquoi donc avoir moins fait pour moi ? »

PAULINE. Elle aurait raison d'agir ainsi, si elle en avait le pouvoir.

LÉONTE. Elle l'aurait, et m'exciterait à poignarder ma nouvelle épouse.

PAULINE. J'en ferais autant : si j'étais son ombre sur la terre, je vous dirais de considérer les yeux de votre nouvelle compagne, et de me dire quels sont ceux de ses attraits impuissants qui vous l'ont fait choisir. Puis, jetant un cri perçant dont vos oreilles seraient déchirées, je vous dirais ces mots : « Souviens-toi de moi! »

LÉONTE. Ses yeux étaient des étoiles, de véritables étoiles, et tous les autres ne sont que des charbons éteints ! Ne craignez pas que je prenne une nouvelle épouse; je n'en ferai rien, Pauline.

PAULINE. Voulez-vous jurer de ne jamais vous marier, si ce n'est de mon consentement?

LÉONTE. Jamais, Pauline; je le jure par le salut de mon âme.

PAULINE. Messieurs, soyez témoin de son serment.

CLÉOMÈNE. Vous allez trop loin.

PAULINE. A moins que ses yeux ne rencontrent une femme qui ressemble complétement à Hermione et qui soit son vivant portrait.

CLÉOMÈNE. Madame, —

PAULINE. J'ai fini. Cependant si le roi veut se marier, — si vous le voulez absolument, sire, confiez-moi le soin de vous choisir une épouse ; elle ne sera pas aussi jeune que l'était la première ; mais elle sera telle, que, si l'ombre de votre première épouse revenait à la lumière, elle se réjouirait de la voir dans vos bras.

LÉONTE. Ma fidèle Pauline, je ne me marierai pas que vous ne me l'ayez ordonné.

PAULINE. Cela n'aura lieu que lorsque votre première épouse revivra ; jusque-là, jamais.

Arrive UN OFFICIER.

L'OFFICIER. Un homme qui se dit le prince Florizel, fils de Polyxène, accompagné d'une princesse, — la plus belle que j'aie encore vue, — demande à paraître en présence de votre majesté.

LÉONTE. Que me veut-il? Il ne vient pas dans un appareil conforme à la grande dignité de son père; son arrivée imprévue et soudaine m'annonce que ce n'est pas une visite naturelle et régulière, mais accidentelle et forcée. Comment est sa suite?

L'OFFICIER. Peu nombreuse, et de chétive apparence.

LÉONTE. Vous dites que la princesse est avec lui?

L'OFFICIER. Oui, sire; c'est bien le morceau d'argile le plus incomparable que le soleil ait jamais éclairé.

PAULINE. O Hermione! de même que le présent se fait valoir aux dépens du passé, de même ta tombe doit céder le pas à ce qui brille aujourd'hui. — Seigneur, il fut un temps où vous-même vous disiez et vous écriviez, — mais ce que vous avez écrit alors est maintenant plus froid que la froide dépouille de l'objet de vos éloges, — vous disiez qu'*elle n'avait jamais eu et n'aurait jamais d'égale.* — C'est ainsi que vos vers vantaient autrefois sa beauté; il faut que votre admiration ait bien rétrogradé pour dire que vous en avez vu une plus accomplie.

L'OFFICIER. Veuillez m'excuser, madame; avec votre permission, j'ai presque oublié l'une; l'autre, quand vous l'aurez vue, obtiendra aussi vos éloges. Si elle voulait fonder une secte, elle éteindrait la ferveur de toutes les autres, et ferait des prosélytes de tous ceux à qui elle dirait de la suivre.

PAULINE. Quoi donc? même des femmes?

L'OFFICIER. Les femmes l'aimeront, parce que c'est une femme supérieure à tous les hommes; les hommes, parce qu'elle est la plus parfaite de toutes les femmes.

LÉONTE. Allez, Cléomène, et, accompagné de quelques amis de distinction, amenez-les recevoir nos embrassements.

Cléomène, plusieurs Seigneurs et l'Officier sortent.

LÉONTE, *continuant.* Cette visite inattendue me semble bien étrange.

PAULINE. Si notre jeune prince, la perle des enfants, vivait maintenant, il aurait dignement soutenu le parallèle avec celui-ci ; il n'y avait pas entre leurs âges un mois de différence.

LÉONTE. Assez, je vous prie ; vous savez que je ne puis en attendre parler sans que la douleur de sa mort ne se renouvelle pour moi. Sans doute, quand je verrai ce jeune homme, vos paroles éveilleront en moi des pensées capables de m'ôter la raison.—Ils viennent.

Rentrent CLÉOMÈNE, *suivi de* FLORIZEL, *de* PERDITA *et des Seigneurs.*

LÉONTE, *continuant.* Prince, votre mère a fidèlement gardé la foi conjugale ; car, en vous concevant, elle a mis sur vous l'empreinte du roi votre père. Si je n'avais que vingt-un ans, l'image de votre père est tellement gravée dans vos traits, vous avez si bien son air, que je vous appellerais mon frère, comme j'avais coutume de l'appeler ; et, dans mon illusion, je vous parlerais de ce que nous avons fait autrefois ensemble. Soyez mille fois le bienvenu, ainsi que cette belle princesse, ou plutôt cette déesse ! — Hélas ! j'ai perdu deux enfants qui auraient pu briller ainsi entre le ciel et la terre, et commander l'admiration comme vous le faites, couple charmant. Ce fut alors aussi que je perdis, par ma faute, la société de votre père, que je désire revoir une fois encore, tout courbé que je suis sous le poids du malheur.

FLORIZEL. Par son ordre, je suis venu en Sicile, et je vous apporte de sa part les félicitations et les vœux qu'un roi peut offrir à un roi, un frère à son frère ; si les infirmités, qui sont le partage de la vieillesse, n'avaient mis obstacle à sa volonté, il aurait lui-même franchi, pour vous voir, les terres et les mers qui séparent son trône du vôtre ; car il vous aime, c'est lui qui m'a chargé de vous le dire, plus que tous les sceptres du monde et que tous ceux qui les portent.

LÉONTE. O mon frère ! le meilleur des hommes ! mes torts envers toi se représentent à ma mémoire, et tes intentions bienveillantes accusent ma négligence ! — Soyez ici le bienvenu comme le printemps l'est sur la terre. A-t-il donc aussi exposé cette jeune merveille aux périls ou tout au moins à la rudesse du redoutable Neptune, pour venir voir un homme qui ne vaut pas les fatigues qu'elle s'est imposées, encore moins les périls auxquels elle a exposé sa personne ?

FLORIZEL. Seigneur, elle vient de la Libye.

LÉONTE. Où le belliqueux Smalus, ce prince illustre et respecté, se fait tout à la fois chérir et craindre ?

FLORIZEL. Oui, seigneur ; nous avons quitté ce prince dont les larmes, en prenant congé d'elle, ont bien prouvé qu'elle était sa fille. De là, favorisés par un bon vent du sud, nous sommes venus ici, pour exécuter l'ordre que m'avait donné mon père, de visiter votre majesté ; j'ai congédié sur les rivages de la Sicile une grande partie des gens de ma suite ; ils retournent en Bohême, pour annoncer au roi mon succès en Libye, ainsi que mon heureuse arrivée et celle de ma femme dans ces lieux où nous sommes.

LÉONTE. Que les dieux propices épurent notre atmosphère de toute infection, pendant votre séjour parmi nous ! Vous avez pour père un homme vertueux et accompli ; j'ai tramé contre sa personne, toute sacrée qu'elle est, de coupables projets dont le ciel irrité m'a puni en me laissant sans postérité, tandis que lui qui a bien mérité du ciel, il a le bonheur de posséder en vous un fils digne d'un si vertueux père. Que je serais heureux si je pouvais maintenant contempler un fils et une fille tels que vous !

Entre UN SEIGNEUR.

LE SEIGNEUR. Sire, ce que je vais dire ne mériterait aucune créance, si la preuve n'en était pas si proche. Le roi de Bohême en personne m'envoie vous présenter ses salutations, et vous prier de faire arrêter son fils, qui, foulant aux pieds sa dignité et son devoir, et renonçant à ses hautes destinées, s'est enfui du palais de son père avec la fille d'un berger.

LÉONTE. Où est le roi de Bohême ? parlez !

LE SEIGNEUR. Il est dans cette ville. Je le quitte à l'instant. Je vous parle sous l'impression du sentiment de surprise qu'excite en moi l'étrangeté de mon message. Pendant qu'il se dirigeait en toute hâte vers votre cour, à la poursuite sans doute de ce couple charmant, il a rencontré en chemin le père et le frère de cette prétendue princesse, qui tous deux avaient quitté leur pays avec ce jeune prince.

FLORIZEL. Camille m'a trahi, lui dont la foi et la loyauté avaient jusqu'alors résisté à toutes les épreuves.

LE SEIGNEUR. Vous avez raison de l'accuser ; il est avec le roi votre père.

LÉONTE. Qui ? Camille ?

LE SEIGNEUR. Camille, seigneur ; je lui ai parlé. Il est maintenant occupé à interroger ces pauvres gens. Je n'ai jamais vu deux malheureux aussi tremblants; ils s'agenouillent, baisent la terre, accompagnent de serments chacune de leurs paroles; le roi de Bohême se bouche les oreilles, et menace de leur infliger mille morts en une seule.

PERDITA. O mon pauvre père! le ciel nous a suscité des traîtres; il ne veut pas que notre hymen soit célébré.

LÉONTE. Êtes-vous mariés?

FLORIZEL. Sire, nous le sommes pas, et tout annonce que nous ne le serons jamais, je le vois bien; avant que cet événement s'accomplisse, les étoiles toucheront les vallées : les dés sont contre nous.

LÉONTE. Seigneur, est-elle fille de roi?

FLORIZEL. Elle le sera quand elle sera ma femme.

LÉONTE. Si j'en juge par l'ardeur que met votre père à vous poursuivre, cette époque se fera longtemps attendre. Je suis fâché, extrêmement fâché que vous ayez encouru le déplaisir de celui auquel le devoir vous lie; je regrette aussi que l'objet de votre choix soit moins bien partagée en qualité et en naissance qu'elle ne l'est en beauté, car alors vous pourriez la posséder sans obstacle.

FLORIZEL, *à Perdita.* Levez les yeux, ma bien-aimée; quand la fortune, revêtant la forme d'un ennemi visible, se réunirait à mon père pour nous poursuivre, elle serait impuissante à changer nos cœurs.—(*A Léonte.*) Seigneur, rappelez-vous l'époque où vous aviez mon âge, et où vous aimiez comme moi : devenez mon avocat; à votre demande, mon père accordera les grâces les plus importantes, comme choses de peu de valeur.

LÉONTE. Si je le croyais ainsi disposé, je lui demanderais votre inestimable fiancée, dont il ne paraît pas faire grand cas.

PAULINE. Sire, il y a trop de jeunesse dans vos yeux : un mois avant que la reine votre épouse ne mourût, elle méritait plus ces regards passionnés que celle que vous contemplez en ce moment.

LÉONTE. Je songeais à elle en regardant cette jeune beauté.— (*A Florizel.*) Mais je n'ai point encore répondu à votre demande. Je vais trouver votre père; puisque vos désirs sont contenus par la barrière de l'honneur, je serai leur appui et le vôtre. J'y vais de ce pas; suivez-moi donc, et voyez-moi faire; venez, cher prince.

Ils sortent.

SCÈNE II.

Même pays. — Devant le palais.

Arrivent AUTOLYCUS et UN BOURGEOIS.

AUTOLYCUS. Dites-moi, seigneur, étiez-vous présent à cette relation ?

LE BOURGEOIS. J'étais présent à l'ouverture du paquet, et j'ai entendu le vieux berger raconter la manière dont il l'avait trouvé ; sur quoi, après quelques moments de surprise, on nous a tous fait sortir de l'appartement ; je crois encore avoir entendu dire au berger qu'il avait trouvé l'enfant.

AUTOLYCUS. Je serais bien aise de savoir l'issue de tout cela.

LE BOURGEOIS. Je vous ai raconté la chose en gros et à bâtons rompus ; — mais ce qui m'a surtout frappé, c'est le changement qui s'est opéré dans le roi et dans Camille ; à force de se regarder l'un l'autre, on eût dit que leurs yeux allaient sortir de leurs orbites ; il y avait des paroles dans leur silence, un langage dans leurs gestes ; ils semblaient avoir reçu la nouvelle d'un monde sauvé ou d'un monde détruit. Un remarquable étonnement se peignait en eux ; mais le spectateur le plus intelligent qui n'aurait pu juger que par ses yeux n'aurait pu dire si c'était joie ou douleur ; seulement, il était évident que ce devait être l'une ou l'autre portée au dernier excès.

Arrive UN AUTRE BOURGEOIS.

LE PREMIER BOURGEOIS, *continuant*. Voici quelqu'un qui, peut-être, en saura davantage. — Roger, quelles nouvelles ?

DEUXIÈME BOURGEOIS. Réjouissances et feux de joie. L'oracle est accompli ; la fille du roi est retrouvée ; tant de merveilles se sont révélées depuis une heure, que les faiseurs de ballades ne pourront les célébrer toutes.

Arrive UN TROISIÈME BOURGEOIS.

LE DEUXIÈME BOURGEOIS, *continuant*. Voici l'intendant de la dame Pauline ; il pourra vous en dire davantage. — Eh bien, seigneur, où en sont les choses ? cette nouvelle qu'on dit vraie ressemble tellement à un vieux conte, que sa vérité est fortement mise en doute. Est-il vrai que le roi ait retrouvé son héritière ?

TROISIÈME BOURGEOIS. C'est on ne peut plus vrai ; si jamais vérité fut prouvée, c'est celle-là. Toutes les preuves concordent tellement, que ce que vous entendez, vous jureriez que vous le voyez. Le manteau de la reine Hermione; le collier autour du cou de l'enfant; les lettres d'Antigone trouvées avec elle, et dont on a reconnu l'écriture : — la majesté de sa personne, sa ressemblance avec sa mère; — le caractère de noblesse que la nature a mis en elle, et qui est bien supérieur à sa condition première, beaucoup d'autres circonstances encore prouvent avec certitude qu'elle est la fille du roi. Avez-vous assisté à l'entrevue des deux rois?

DEUXIÈME BOURGEOIS. Non.

TROISIÈME BOURGEOIS. En ce cas, vous avez perdu un spectacle digne d'être vu, et que des paroles ne sauraient peindre. Vous auriez vu une joie couronner l'autre; en sorte qu'on eût dit que la douleur pleurait de prendre congé d'eux; car leur joie nageait dans les larmes. On les voyait lever les yeux et les mains vers le ciel; et l'émotion altérait leurs traits à tel point, qu'on les reconnaissait non à leur physionomie, mais à leurs vêtements. Notre roi, ivre de joie d'avoir retrouvé sa fille, comme si cette joie était devenue une douleur, s'écrie : « O ta mère! ta mère! » Puis, il demande pardon au roi de Bohême; puis il embrasse son gendre; puis il retourne à sa fille, la presse dans ses bras d'une énergique étreinte; et puis il remercie le vieux berger, qui reste immobile comme un aqueduc rouillé qui a vu s'écouler plus d'un règne. Je n'ai jamais ouï parler de pareille entrevue; un récit ne saurait en donner une idée, et la description est impuissante à la reproduire.

DEUXIÈME BOURGEOIS. Qu'est devenu, je vous prie, Antigone, qui a emporté l'enfant loin d'ici?

TROISIÈME BOURGEOIS. C'est encore une de ces histoires incroyables qui se feraient écouter quand toute foi serait éteinte et toutes les oreilles incrédules. Il a été mis en pièces par un ours; c'est ce que certifie le fils du berger, qui a, pour appuyer son témoignage, non-seulement sa qualité d'idiot, ce qui est déjà beaucoup, mais encore un mouchoir et des bagues d'Antigone, que Pauline a reconnus.

PREMIER BOURGEOIS. Que sont devenus son navire et ses compagnons?

TROISIÈME BOURGEOIS. Ils ont été submergés au milieu des flots, à la vue du berger, au moment même où leur maître a péri; en sorte que, lorsque l'enfant a été trouvé, tous ceux qui avaient coopéré à son exposition étaient morts. Mais, dans le cœur de Pauline, quel noble combat entre la joie et la douleur! on la voit tour à tour pleurer la mort de son mari, et rendre grâces au ciel de l'accomplissement de l'oracle. Elle soulève de terre la princesse et la serre avec force dans ses bras, comme si elle craignait de la perdre encore.

PREMIER BOURGEOIS. La grandeur de ce drame méritait d'avoir des rois et des princes pour spectateurs; car il avait des princes et des rois pour acteurs.

TROISIÈME BOURGEOIS. Un des moments les plus touchants, celui qui a surtout tiré des larmes de mes yeux, c'est lorsque, au récit de la mort de la reine avoué par le roi dans toutes ses circonstances, et sincèrement déplorée par lui, sa fille, qui écoutait avec une attention profonde, après avoir donné successivement divers signes de douleur, a fini par pousser un *hélas*, et par répandre ou plutôt par saigner des larmes ; car en cet instant, j'en suis sûr, son cœur a pleuré du sang. Alors le spectateur le plus insensible a changé de couleur; les uns perdaient connaissance; tous donnaient des signes d'affliction; si le monde entier avait assisté à cette scène, la douleur eût été universelle.

PREMIER BOURGEOIS. Sont-ils retournés à la cour?

TROISIÈME BOURGEOIS. Non; on a parlé à la princesse de la statue de sa mère, qui est en la possession de Pauline;—ce travail a demandé plusieurs années, et vient d'être terminé par cet admirable maître d'Italie, Jules Romain, qui, s'il possédait lui-même l'éternité et avait la puissance d'animer son œuvre, suppléerait à la nature, tant il l'imite avec perfection : il a fait la statue d'Hermione si ressemblante, qu'on est tenté de lui adresser la parole et d'attendre sa réponse. — C'est là que, dans l'empressement de leur affection, ils se sont rendus, et ils se proposent d'y souper.

PREMIER BOURGEOIS. Je soupçonnais qu'il y avait là pour elle quelque objet important; car, depuis la mort d'Hermione, elle n'a jamais manqué de se rendre, deux ou trois fois par jour, à cette demeure solitaire. Voulez-vous que nous y allions, pour nous associer à la joie commune?

TROISIÈME BOURGEOIS. Quel est celui qui, pouvant y être admis, ne s'empresserait de s'y rendre? Chaque coup d'œil fait découvrir dans ce chef-d'œuvre de nouvelles beautés. Notre absence nous prive de connaissances précieuses; allons-y.

Les Bourgeois s'éloignent.

ACTE V, SCÈNE II.

AUTOLYCUS, *seul*. Maintenant, si je n'avais pas contre moi la tache de mon ancienne conduite, les faveurs pleuvraient sur ma tête. C'est moi qui ai conduit auprès du prince le vieillard et son fils ; je lui ai dit que je les avais entendus parler d'un paquet et de je ne sais quoi encore ; mais absorbé par son amour pour celle qu'il croyait la fille d'un berger, et qui commençait déjà à éprouver le mal de mer, lui-même ne se trouvant guère mieux, et le mauvais temps continuant, les choses en sont restées là, et ce mystère, pour le moment, n'a pas été découvert. Mais cela m'est égal ; car, si j'avais amené la révélation de ce secret, cet acte aurait été déplacé parmi mes autres méfaits.

Arrivent LE BERGER et LE BOUFFON.

AUTOLYCUS, *continuant*. Voilà ceux à qui j'ai fait du bien sans le vouloir ; les voilà déjà dans tout l'éclat de leur bonne fortune.

LE BERGER. Viens, mon garçon ; j'ai passé l'âge d'avoir des enfants ; mais tes fils et tes filles naîtront tous gentilshommes et grandes dames.

LE BOUFFON, *à Autolycus*. Je vous rencontre à propos : vous avez refusé de vous battre avec moi parce que je n'étais pas né gentilhomme. Voyez-vous ces habits ? Dites que vous ne les voyez pas, et que vous persistez à ne pas me croire né gentilhomme. Voyons, donnez-moi un démenti, et essayez à présent si je suis ou ne suis pas gentilhomme né.

AUTOLYCUS. Je sais, seigneur, que vous êtes maintenant gentilhomme né.

LE BOUFFON. Et voilà quatre grandes heures que je le suis.

LE BERGER. Et moi aussi, mon garçon.

LE BOUFFON. C'est vrai ; — mais j'ai été gentilhomme né avant mon père : car le fils du roi m'a pris par la main, et m'a appelé son frère ; et puis les deux rois ont appelé mon père leur frère ; et puis le prince, mon frère, et la princesse, ma sœur, ont appelé mon père leur père ; et nous avons pleuré, et ce sont les premières larmes de gentilhomme que nous ayons jamais versées.

LE BERGER. J'espère bien que ce ne sont pas les dernières que nous verserons.

LE BOUFFON. Oui certes ; ou ce serait jouer de malheur, dans la position fortunée où nous sommes.

AUTOLYCUS. Je vous supplie humblement, seigneur, de vouloir bien me pardonner les torts que j'ai pu avoir envers votre seigneurie, et de donner un bon témoignage de moi au prince mon maître.

LE BERGER. Accorde-lui sa demande, mon fils; car nous devons être gentils, maintenant que nous sommes gentilshommes.

LE BOUFFON. Tu amenderas ta vie?

AUTOLYCUS. Oui, avec la permission de votre seigneurie.

LE BOUFFON. Donne-moi ta main. Je jurerai au prince que tu es aussi honnête homme qu'on en puisse trouver en Bohême.

LE BERGER. Tu pourras le dire; mais non le jurer.

LE BOUFFON. Ne pas le jurer, maintenant que je suis gentilhomme! que des paysans et des rustres le disent; moi, je le jurerai.

LE BERGER. Et si c'est faux, mon fils?

LE BOUFFON. Quand ce serait faux mille fois, un vrai gentilhomme peut le jurer dans l'intérêt de son ami. — (*A Autolycus.*) Va, je jurerai au prince que tu es un brave et que tu ne t'enivres jamais; je sais fort bien que tu n'es pas brave et que tu t'enivres; mais cela ne m'empêchera pas de le jurer; et je voudrais que tu fusses brave.

AUTOLYCUS. Je ferai mon possible pour cela, seigneur.

LE BOUFFON. Oui, fais ton possible; si je ne m'étonne pas que tu oses t'enivrer, n'étant pas brave, ne me crois jamais. — Écoute! les rois et les princes nos parents vont voir en ce moment la statue de la reine. Viens, suis-nous; nous serons pour toi des maîtres bienveillants.

Ils s'éloignent.

SCÈNE III.

Même pays. — Une salle dans la maison de Pauline.

Arrivent LÉONTE et sa suite, POLYXÈNE, FLORIZEL, PERDITA, CAMILLE, PAULINE et plusieurs Seigneurs.

LÉONTE. O prudente et vertueuse Pauline! quelles puissantes consolations j'ai reçues de vous!

PAULINE. Mon souverain seigneur, si je n'ai pas toujours réussi, mes intentions ont toujours été bonnes : vous avez amplement payé tous mes services; mais la visite qu'avec votre frère couronné et ces jeunes époux, héritiers de votre

ACTE V, SCÈNE III.

sceptre, vous avez daigné faire à mon humble demeure, c'est là un surcroît de faveur que ma vie ne sera jamais assez longue pour reconnaître.

LÉONTE. O Pauline, l'honneur que nous vous faisons est un embarras pour vous; mais nous sommes venus pour voir la statue de la reine; nous avons parcouru votre galerie, et les curiosités qu'elle renferme nous ont fait un vif plaisir; mais nous n'avons point vu ce que ma fille est venue voir, la statue de sa mère.

PAULINE. De même que vivante elle était sans égale, de même son image inanimée surpasse, j'en ai l'assurance, tout ce que vous avez jamais vu, tout ce que la main de l'homme a jamais exécuté. Voilà pourquoi je la garde dans un lieu retiré et solitaire. Mais nous y voici, préparez-vous à voir la vie aussi naturellement imitée que le soleil paisible imite la mort; regardez, et avouez que c'est un bel ouvrage. (*Elle écarte un rideau et découvre une statue.*) Votre silence me plaît; il n'atteste que mieux votre surprise; cependant parlez. — (*A Léonte.*) Vous, d'abord, sire, ne lui trouvez-vous pas quelque ressemblance?

LÉONTE. Voilà bien son attitude! Accable-moi de reproches, marbre chéri, afin que je puisse dire, en effet, que tu es Hermione; ou plutôt, en te taisant, tu n'en es que mieux Hermione; car elle était aussi timide que l'enfance et la grâce. — Cependant, Pauline, Hermione avait moins de rides; il me semble qu'elle n'avait pas l'air aussi âgé.

POLYXÈNE. A beaucoup près.

PAULINE. L'art du statuaire n'en est que plus parfait; il l'a fait vieillard de seize ans, et l'a représentée comme elle serait maintenant, si elle vivait.

LÉONTE. Comme elle aurait pu vivre en me rendant aussi heureux que sa vue maintenant me perce l'âme. Oh! elle avait ce maintien, cet air majestueux (plein de vie alors, et non comme maintenant, insensible et glacé), quand pour la première fois je lui adressai mes hommages! Je rougis; il me semble que j'entends ce marbre me reprocher d'être plus marbre que lui. — O royal chef-d'œuvre! il y a dans ta majesté un magique pouvoir qui évoque le souvenir de mes forfaits, qui rend ta fille immobile d'admiration, et fait d'elle une statue comme toi.

PERDITA. Laissez-moi faire, et ne m'accusez pas de superstition, si je m'agenouille et implore sa bénédiction.—Ma mère, ma reine adorée, qui avez cessé de vivre quand ma vie commençait à peine, donnez-moi votre main ; que je la baise.

PAULINE. Oh ! arrêtez! la statue vient d'être posée ; les couleurs n'ont pas encore séché[1].

CAMILLE, *à Léonte.* Seigneur, votre affliction a été trop vive ; le souffle de seize hivers n'a pu l'emporter ; seize étés ne l'ont point tarie. Il est bien peu de bonheurs qui aient eu une si longue durée ; il n'y a pas de douleur qui ne soit éteinte plus tôt.

POLYXÈNE, *à Léonte.* Mon frère bien-aimé, que celui qui fut la cause première de tout ceci ait le pouvoir de vous ôter une partie de votre douleur, en la partageant avec vous.

PAULINE. Seigneur, si j'avais pu prévoir que la vue de ma pauvre statue, car elle m'appartient, ferait sur vous une impression si vive, je ne vous l'aurais pas montrée.

LÉONTE. Ne tirez pas le rideau.

PAULINE. Je ne veux plus que vous la regardiez ; vous iriez peut-être vous imaginer qu'elle se meut.

LÉONTE. Eh bien ! qu'elle se meuve ! Je voudrais être mort, n'était qu'il me semble que déjà,—Quel est celui qui l'a faite ?—(*A Polyxène.*) Voyez, seigneur ; ne dirait-on pas qu'elle respire, et que ces veines contiennent du sang véritable?

POLYXÈNE. C'est un chef-d'œuvre : on croit voir sur ses lèvres la chaleur de la vie.

LÉONTE. Bien que son œil soit fixe, on dirait qu'il remue, tant l'art a poussé loin l'illusion.

PAULINE. Je vais tirer le rideau; mon seigneur est transporté à tel point, que bientôt il croira que cette statue est vivante.

LÉONTE. O chère Pauline, faites-le moi croire pendant vingt ans de suite; aucune sensation rationnelle de la vie ne saurait égaler le bonheur de ce délire. Laissez-moi la contempler encore.

PAULINE. Je suis fâchée, seigneur, de vous avoir ému à ce point ; mais je pourrais vous affliger davantage encore.

LÉONTE. Faites-le, Pauline ; car cette affliction m'est aussi douce que le cordial le plus salutaire.—Il me semble qu'elle respire : quel habile ciseau a jamais taillé jusqu'au souffle ? Que personne ne se rie de moi, je veux l'embrasser.

---

[1] Chez les anciens, et même au moyen âge, on avait coutume de peindre les statues.

PAULINE. Arrêtez, seigneur. Le vermillon de ses lèvres est humide encore ; en l'embrassant, vous le gâteriez et vous souillerez vos lèvres de l'huile de la peinture. Tirerai-je le rideau ?

LÉONTE. Non, pas d'ici à vingt ans.

PERDITA. Je pourrais rester tout ce temps à la contempler.

PAULINE. Ou restez-en là et quittez immédiatement la chapelle, ou préparez-vous à un redoublement de surprise. Si vous pouvez soutenir cette vue, la statue va se mouvoir ; elle va descendre de son piédestal et vous prendre par la main ; mais alors vous croirez, et c'est une accusation contre laquelle je proteste, et j'ai recours au ministère des esprits infernaux.

LÉONTE. Je consens à voir tout ce que vous pouvez faire, à entendre tout ce que vous pouvez dire ; car il vous est aussi facile de lui donner la parole que le mouvement.

PAULINE. Il est nécessaire que vous appeliez votre foi à votre aide. Demeurez donc tous immobiles ; ou s'il en est qui regardent ce que je vais faire comme une œuvre illicite, que ceux-là se retirent.

LÉONTE. Continuez ; personne ne bougera.

PAULINE. Musique, éveillez-la ; jouez ! (*La musique se fait entendre.*) Il est temps ; descendez, cessez d'être de marbre, approchez ; frappez d'étonnement tous ceux qui vous regardent ; venez, léguez à la mort votre muette immobilité ; car la vie vous arrache à son pouvoir. — Vous le voyez, elle se meut.

Hermione descend de son piédestal.

PAULINE, *continuant.* Ne tressaillez point ; ses actions seront aussi innocentes que le charme que j'emploie est légitime. Ne l'évitez point que vous ne la voyiez mourir de nouveau ; ce serait la tuer une seconde fois. Faites plus ; présentez-lui votre main : quand elle était jeune, vous lui faisiez la cour ; à présent qu'elle est âgée, c'est elle qui sollicite votre amour.

LÉONTE, *embrassant Hermione.* Oh ! je sens la chaleur de la vie !... Si c'est là l'œuvre de la magie, la magie est un acte aussi légitime que celui de manger.

POLYXÈNE. Elle l'embrasse.

CAMILLE. Elle se suspend à son cou ; si elle appartient à la vie, qu'elle parle donc aussi.

POLYXÈNE. Oui ; et qu'elle nous dise où elle a vécu, et comment elle s'est échappée des régions de la mort.

PAULINE. Si vous n'appreniez que par ouï-dire qu'elle est vivante, vous traiteriez ce récit de conte fabuleux; mais il est évident qu'elle vit, bien qu'elle ne parle pas encore. Attendez un peu.—(*A Perdita.*) Veuillez intervenir, belle princesse; prosternez-vous et implorez la bénédiction de votre mère. — (*A Hermione.*) Tournez les yeux de ce côté, madame; votre Perdita est retrouvée.

Elle lui présente Perdita, qui s'agenouille devant Hermione.

HERMIONE. Dieux, abaissez sur nous vos regards; épanchez l'urne sainte de vos grâces sur la tête de ma fille! — Dis-moi, mon enfant, où a-t-on sauvé tes jours? où as-tu vécu? comment t'es-tu retrouvée à la cour de ton père? car tu sauras que, moi, — ayant appris de Pauline que l'oracle donnait l'espoir que tu vivais encore, — je me suis conservée pour en attendre l'accomplissement.

PAULINE. Vous aurez le temps d'apprendre tout cela; il serait à craindre que, par la même occasion, on ne troublât votre bonheur en vous demandant un semblable récit.—Allez ensemble, vous tous que la fortune favorise; faites partager à tous votre allégresse. Moi, tourterelle vieillie, je vais me réfugier sur quelque rameau flétri, de là, pleurer jusqu'à la mort de l'époux que je ne dois plus revoir.

LÉONTE. Oh! calmez vos regrets, Pauline : vous vous êtes engagée à prendre un époux de ma main, comme moi une femme de la vôtre; c'est une convention faite entre nous et appuyée de nos serments. Vous m'avez fait retrouver mon épouse; par quels moyens, c'est ce que j'ignore; car je l'ai vue dans le cercueil et je l'ai crue morte, et j'ai fait vainement bien des prières sur sa tombe.—Je ne chercherai pas bien loin pour vous trouver un époux honorable.—Approchez, Camille, et prenez sa main; son mérite et sa vertu sont connus de tous, et attestés par deux rois.—Quittons ce lieu.—(*A Hermione.*) Eh bien! regardez mon frère.—Pardonnez-moi tous deux d'avoir interposé mes injustes soupçons entre vos regards innocents. (*Montrant Florizel.*) Voilà votre gendre, le fils du roi; le ciel a voulu qu'il engageât sa foi à votre fille. — Chère Pauline, conduisez-nous dans un lieu où nous puissions à loisir nous questionner mutuellement, et savoir le rôle que chacun de nous a joué dans le long intervalle qui s'est écoulé depuis notre séparation. Hâtez-vous de nous conduire.

Ils sortent.

FIN DE CONTE D'HIVER.

TABLE.

Tout est bien qui finit bien. ... 1
La méchante mise à la raison. ... 82
Macbeth. ... 161
Hamlet. ... 227
Conte d'hiver. ... 337

www.ingramcontent.com/pod-product-compliance
Lightning Source LLC
Chambersburg PA
CBHW051832230426
43671CB00008B/926